高校研究生思想政治理论课系列教材

ZHONGGUO TESE SHEHUI ZHUYI
LILUN YU SHIJIAN YANJIU

中国特色社会主义理论与实践研究

(第三版)

谭毅　沈成飞 ◎ 主编

中山大学出版社
SUN YAT-SEN UNIVERSITY PRESS
·广州·

版权所有　翻印必究

图书在版编目（CIP）数据

中国特色社会主义理论与实践研究/谭毅，沈成飞主编. —3版. —广州：中山大学出版社，2019.8

（高校研究生思想政治理论课系列教材）

ISBN 978-7-306-06652-7

Ⅰ.①中… Ⅱ.①谭… ②沈… Ⅲ.①中国特色社会主义—研究 Ⅳ.①D616

中国版本图书馆CIP数据核字（2019）第135987号

出 版 人：	王天琪
策划编辑：	邹岚萍
责任编辑：	邹岚萍
封面设计：	曾　斌
责任校对：	靳晓虹
责任技编：	何雅涛
出版发行：	中山大学出版社
电　　话：	编辑部 020-84111996，84113349，84111997，84110779
	发行部 020-84111998，84111981，84111160
地　　址：	广州市新港西路135号
邮　　编：	510275　传　真：020-84036565
网　　址：	http://www.zsup.com.cn　E-mail：zdcbs@mail.sysu.edu.cn
印 刷 者：	广州一龙印刷有限公司
规　　格：	787mm×1092mm　1/16　22.75印张　445千字
版次印次：	2012年9月第1版　2015年9月第2版
	2019年8月第3版　2019年8月第6次印刷
印　　数：	9601～12000册
定　　价：	56.00元

如发现本书因印装质量影响阅读，请与出版社发行部联系调换

内容简介

本书是根据马克思主义研究和建设工程重点教材《中国特色社会主义理论与实践研究》(2018年版)编写的教学参考用书,内容由导论和九章构成。

导论,论述中国特色社会主义的开创与发展历程,习近平新时代中国特色社会主义思想的时代特色,以及课程的目的、意义与方法,等等。

第一章,论述新时代的内涵、意义、社会主要矛盾、国家发展阶段与方位等。

第二章,论述中国共产党的初心与使命、中国梦的含义、"四个伟大"及其内在联系等。

第三章,论述习近平新时代中国特色社会主义经济思想,当前中国的产业安全、经济增长乏力的原因与对策,国有企业改革与利润分配,等等。

第四章,论述中国特色社会主义政治制度、政治发展道路、国家主要治理制度和全面依法治国基本方略等。

第五章,论述中国特色社会主义文化理论、文化制度、文化建设以及如何巩固发展社会主义意识形态、培育践行社会主义核心价值观等。

第六章,论述中国特色社会主义社会建设理论、主要挑战、社会治理、社会组织、社会矛盾与社会和谐等。

第七章,论述中国特色社会主义生态文明理念、生态建设的理论与制度实践、古今中外主要生态文明智慧等。

第八章,论述当代中国在国际社会中的地位变革,中国主要的国际发展战略、外交理念,习近平新时代中国特色社会主义外交思想、主要国际热点问题,等等。

第九章,论述新时代中国加强党的建设的主要依据、主要形势、主要做法、制度安排、基本要求等。

全书每章由教学大纲基本内容、学术前沿述评、重点难点热点问题解析、延伸阅读与思考四个部分组成。

第三版前言

本书是因应教育部硕士研究生思想政治理论课改革方案要求、为开设"中国特色社会主义理论与实践研究"课程服务而编著的，先后于 2012 年和 2015 年出版了第一、二版。

为了便于教学工作的开展，并切实提升教学质量和效果，我们组织中山大学马克思主义学院在该领域长期坚持教学与研究的教师，以教育部颁发的教学大纲为指导，以中山大学多年来从事硕士研究生思想政治理论课一线教学与相关学科科研教师的实际经验为基础，广泛吸收学术界近年来取得的最新研究成果，以广大师生关注的若干重大理论与现实问题为中心，精心编写了本书。在近 7 年来的研究生教学工作中，本书得到广大师生的好评，教师们反映本书体例新颖，既有教育部规定的教学大纲的基本要求，又有可供进一步研究思考的阅读素材与重要议题；既有一般教材所具备的规范性，又有一定的可读性、灵活性，在修订过程中，我们坚持并进一步强化了这些特色。

党的第十九次全国代表大会的召开，改革开放走过 40 年历程，中国特色社会主义进入新时代，中华民族迎来了从站起来、富起来到强起来的伟大飞跃，我们从来都没有像今天这样如此接近中华民族伟大复兴的中国梦。有感于中国发展之日新月异，有鉴于世界发展正经历百年未遇之大变局，我们以"习近平新时代中国特色社会主义思想"为指导，对本书做第三次修订，不仅将党中央最新决策和重大战略安排融入书中，更结合世界发展之大势与中国发展之道路选择，讲清楚中国特色社会主义发展的理论逻辑与历史逻辑，希望以此树牢青年学生的"四个意识"，坚定"四个自信"，坚决做到"两个维护"，自觉在思想上、政治上、行动上同党中央保持高度一致，强化青年学生的政治责任，保持政治定力，把准政治方向，提高政治能力，成为真正能够担当民族复兴大任的时代新人。

2019 年 3 月，习近平在学校思想政治理论课教师座谈会上强调，推动思想政治理论课改革创新，要不断增强思想政治理论课的思想性、理论性和亲和力、针对性，要坚持政治性和学理性相统一、价值性和知识性相统一、建设性和批判性相统一、理论性和实践性相统一、统一性和多样性相统一、主导性和主体性相统一、灌输性和启发性相统一、显性教育和隐性教育相统一。

承接习近平对思想政治理论课的发展要求,我们在修订本书时,努力拓宽国际视野,厘清思想谱系,疏通理论脉络;以中国特色社会主义发展之历程为全编开展的逻辑主线,既吸收马克思主义经典著作的理论营养,又直面中国发展之现实图景;既把握中国特色社会主义的历史渊源、现实必然、中国特色、光辉前景,又分析中国特色社会主义进程中的艰难曲折、经验教训、问题与不足。通过学理分析、理论解读、历史推演、世界对比立体呈现中国特色社会主义伟大的发展历程和高度的发展成就,力争做到思想政治理论课教学研究中的"八个统一"。

本书编写导向是为高校研究生思想政治理论课学习提供一部综合性、学术性教材,同时为承担"中国特色社会主义理论与实践"课程教学的教师提供一本研究性、资料性参考书,也为广大干部群众、特别是关心中国未来发展进步的人士奉上一本探索性、案例性专著。在修订过程中,我们在保持以往基本思路的基础上,结合最新大纲要求和习近平新时代中国特色社会主义思想,对章节框架做了一些调整,分九章进行编写,分别为中国特色社会主义进入新时代;新时代中国共产党的历史使命;中国特色社会主义经济建设;中国特色社会主义政治建设;中国特色社会主义文化建设;中国特色社会主义社会建设;中国特色社会主义生态文明建设;坚持和平发展道路与构建人类命运共同体;坚持党对一切工作的领导与全面从严治党。每章按照教学大纲基本内容、学术前沿述评、重点难点热点问题解析、延伸阅读与思考四个部分展开。

学习、研究、探索中国特色社会主义理论与实践,目的在于深化对当代中国重大理论与实践问题的认识,提高人们分析和解决实际问题的能力。中国特色社会主义理论与实践教育不仅是狭义上的品德教育,也是意识形态教育,是国家民族认同教育,是国家和个人关系教育,是正确之世界观和人生观教育。它需要高校管理者和思想政治理论课教师在大思政、大情怀的模式下培养人、发展人。具体而言,就是立足于社会主义核心价值观,培养学生的历史责任意识、世界眼光胸襟、责任使命担当、脚踏实地作风,最终达到培养为人民服务、为中国共产党治国理政服务、为巩固发展中国特色社会主义制度服务、为改革开放和现代建设服务的德智体美全面发展的社会主义事业建设者和接班人。

师生在学习与思考的过程中,可以把本书同研读马克思主义经典著作结合起来,努力掌握其中蕴含的科学内涵和精神实质,不断提高理论素养,夯实理论基础;同研究重大理论和实际问题结合起来,强化问题意识,不断提高分析问题和解决问题的能力;同掌握人类所创造的丰富知识结合起来,积极向书本学习、向实践学习、向群众学习,学习新思想、新知识,筑牢理论功底,增强创新能力,提高综合素质。

  撰写这样一本集研究性教材、教学性参考书、探索性于一体的学术专著,对我们而言,既是一次大胆的尝试,更有一种历史的学术传承。本版除借鉴学术界最新研究成果以外,还是在郭文亮、谭毅二位主编的前两版的基础上的继承和发展,没有前两版奠定的基础、形成的格局、拓展的视野,也就没有第三版的问世。同时,由于时代发展日新、知识更新月异,本书之编写随时存在理论准备不足、时事分析滞后之问题,恳请各方读者海涵并赐教,以利日后修订工作。编写者在此勉力以进,亦期望能以后学身份,与读者诸君共同研习中国特色社会主义之重大理论与实践问题,为民族复兴大任略尽绵薄之力。

编写者

2019 年 4 月 10 日

目 录

导论 中国特色社会主义的时代特色 ············· 1
  一、回应和平与发展的时代主题 ················ 1
  二、突出全面深化改革的鲜明时代抉择 ············ 3
  三、明确以人民为中心的时代发展要求 ············ 4
  四、解决人类命运与共的时代难题 ··············· 5
  五、坚持党的领导的时代要义 ·················· 6

第一章 中国特色社会主义进入新时代 ············· 8
  一、教学大纲基本内容 ······················ 8
    （一）新时代的主要内涵和重大意义 ············· 8
    （二）中国社会主要矛盾的转化 ··············· 9
    （三）中国仍处于并将长期处于社会主义初级阶段 ······ 10
  二、学术前沿述评 ························ 12
    （一）对中国特色社会主义进入新时代的依据、内涵和意义的
         分析 ··························· 12
    （二）对中国特色社会主义进入新时代的逻辑研究 ····· 13
    （三）对中国特色社会主义进入新时代的哲学世界观方法论研究
         ···························· 15
  三、重点难点热点问题解析 ··················· 17
    （一）中国特色社会主义进入新时代的逻辑基础探析 ····· 17
    （二）中国特色社会主义新时代的社会主要矛盾研析 ···· 25
    （三）新时代对社会主义初级阶段基本国情的再认识 ···· 31
  四、延伸阅读与思考 ······················ 38
    （一）重要文献资料 ····················· 38
    （二）延伸阅读文献 ····················· 42
  参考书目 ···························· 42
  思考题 ····························· 43

第二章　新时代中国共产党的历史使命 …… 44
　一、教学大纲基本内容 …… 44
　　（一）了解中国共产党的初心和使命 …… 44
　　（二）把握"四个伟大"的科学内涵以及内在关系 …… 45
　　（三）认识新时代中国特色社会主义发展的战略安排及其重大意义 …… 47
　二、学术前沿述评 …… 49
　　（一）关于中国共产党人初心和使命的内在逻辑 …… 49
　　（二）关于"四个伟大"的重要思想来源 …… 50
　　（三）关于新时代新征程的历史缘起和战略安排 …… 51
　三、重点难点热点问题解析 …… 52
　　（一）如何全面正确把握初心和使命的内涵 …… 52
　　（二）如何理解中国梦的本质是国家富强、民族振兴、人民幸福 …… 56
　　（三）如何理解"四个伟大"构成新时代中国特色社会主义的伟大实践 …… 57
　　（四）如何理解"四个伟大"的内在逻辑关系 …… 59
　　（五）如何认识新时代战略安排的重大意义 …… 60
　四、延伸阅读与思考 …… 63
　　（一）重要文献资料 …… 63
　　（二）典型案例 …… 69
　参考书目 …… 74
　思考题 …… 74

第三章　中国特色社会主义经济建设 …… 75
　一、教学大纲基本内容 …… 75
　　（一）中国特色社会主义经济理论与制度 …… 75
　　（二）建设现代化经济体系 …… 77
　　（三）深化供给侧结构性改革 …… 80
　　（四）完善社会主义市场经济体制 …… 81
　　（五）推动形成全面开放新格局 …… 84
　二、学术前沿述评 …… 85
　　（一）关于创新驱动发展战略的研究 …… 85
　　（二）关于乡村振兴战略的研究 …… 86
　　（三）关于建设现代化经济体系的研究 …… 87

（四）关于供给侧结构性改革的研究 ………………………… 89
　　（五）关于开放型经济的研究 …………………………………… 91
三、重点难点热点问题解析 …………………………………………… 93
　　（一）产业结构调整：快乐的阵痛 ……………………………… 93
　　（二）盛世危言：中国如何"稳增长" …………………………… 98
　　（三）警钟长鸣：中国的产业安全吗 …………………………… 103
四、延伸阅读与思考 ………………………………………………… 107
　　（一）重要文献资料 …………………………………………… 107
　　（二）典型案例 ………………………………………………… 108
参考书目 ……………………………………………………………… 112
思考题 ………………………………………………………………… 112

第四章　中国特色社会主义政治建设 …………………………… 113
一、教学大纲基本内容 ……………………………………………… 113
　　（一）中国特色社会主义政治理论与制度 …………………… 113
　　（二）坚定不移地走中国特色社会主义政治发展道路 ……… 115
　　（三）健全人民当家作主的制度体系 ………………………… 116
　　（四）全面依法治国 …………………………………………… 117
二、学术前沿述评 …………………………………………………… 119
　　（一）关于中国特色社会主义政治理论 ……………………… 119
　　（二）关于中国特色社会主义政治发展道路 ………………… 123
三、重点难点热点问题解析 ………………………………………… 127
　　（一）中国为什么"不搞联邦制"而必须坚持单一制 ………… 127
　　（二）如何正确看待西方资本主义民主政治制度 …………… 131
　　（三）党的十八大以来全面依法治国取得的重要成就以及
　　　　　习近平关于全面依法治国的论述 ……………………… 136
四、延伸阅读与思考 ………………………………………………… 144
　　（一）重要文献资料 …………………………………………… 144
　　（二）延伸阅读 ………………………………………………… 146
　　（三）典型案例 ………………………………………………… 148
参考书目 ……………………………………………………………… 150
思考题 ………………………………………………………………… 150

第五章　中国特色社会主义文化建设 …………………………… 151
一、教学大纲基本内容 ……………………………………………… 151

（一）中国特色社会主义文化建设概述 …………………… 151
　　（二）中国特色社会主义文化发展道路 …………………… 153
　　（三）坚持社会主义核心价值体系 ………………………… 154
　　（四）增强文化整体实力与国际竞争力 …………………… 156
　　（五）深化文化体制改革 …………………………………… 158
二、学术前沿述评 ……………………………………………… 159
　　（一）文化的意涵 …………………………………………… 159
　　（二）社会主义核心价值观 ………………………………… 161
　　（三）文化自信 ……………………………………………… 166
三、重点难点热点问题解析 …………………………………… 172
　　（一）为什么说文化软实力是综合国力的重要组成部分 … 172
　　（二）文化建设为什么要在多元中立主导、在多样中谋共识 … 175
　　（三）如何理解马克思主义指导思想是我们文化发展的根本 … 177
　　（四）为什么说文化的灵魂是核心价值观 ………………… 180
　　（五）关于社会主义核心价值体系与社会主义核心价值观的
　　　　　辩证关系 …………………………………………… 182
　　（六）如何理解文化产品的意识形态属性和商品属性 …… 184
四、延伸阅读与思考 …………………………………………… 187
　　（一）重要文献资料 ………………………………………… 187
　　（二）典型案例 ……………………………………………… 191
参考书目 ………………………………………………………… 193
思考题 …………………………………………………………… 194

第六章　中国特色社会主义社会建设 ………………………… 195

一、教学大纲基本内容 ………………………………………… 195
　　（一）中国特色社会主义社会建设理论与制度 …………… 195
　　（二）在发展中保障和改善民生 …………………………… 197
　　（三）加强和创新社会治理 ………………………………… 200
　　（四）坚持总体国家安全观 ………………………………… 201
二、学术前沿述评 ……………………………………………… 203
　　（一）关于社会建设的内涵 ………………………………… 203
　　（二）关于社会建设的主要内容 …………………………… 205
　　（三）关于社会建设的目标 ………………………………… 206
　　（四）关于社会建设的现实进路 …………………………… 207
三、重点难点热点问题解析 …………………………………… 209

  （一）在利益诉求格局变化的背景下，应如何看待和化解复杂
     多样的社会矛盾 209
  （二）在贫富差距过大的情况下，如何建立健全帮扶弱势群体的
     社会保障机制 211
  （三）在加快城市化进程中，如何科学管理庞大而又复杂的流动
     人口，建立社会包容体系 216
  （四）在社会组织发展不均衡的情况下，如何使其发展成为
     社会建设的重要主体 219
  （五）新时期社会治理创新的制约因素是什么？应如何解决
     社会治理的阻碍因素 223
 四、延伸阅读与思考 224
  （一）重要文献资料 224
  （二）典型案例 228
 参考书目 233
 思考题 233

第七章 中国特色社会主义生态文明建设 234
 一、教学大纲基本内容 234
  （一）中国特色社会主义生态文明建设的理论 234
  （二）中国特色社会主义生态文明的新理念 236
  （三）中国特色社会主义生态文明建设的制度 237
  （四）中国特色社会主义生态文明建设的实践 239
 二、学术前沿述评 242
  （一）关于生态文明兴起 242
  （二）关于生态文明理论 244
  （三）关于生态文明建设 245
  （四）关于习近平生态文明思想 247
 三、重点难点热点问题解析 249
  （一）中华传统文化中可古为今用的生态智慧有哪些 249
  （二）国外生态文明理论中可洋为中用的思想有哪些 254
  （三）中国生态文明建设面临的问题以及对策有哪些 258
 四、延伸阅读与思考 264
  （一）重要文献资料 264
  （二）典型案例 266
 参考书目 270

思考题 ……………………………………………………………… 270

第八章　坚持和平发展道路与构建人类命运共同体 ……………… 272
　　一、教学大纲基本内容 …………………………………………… 272
　　　　（一）当代中国同世界关系的历史性变化 ………………… 272
　　　　（二）坚持和平发展道路 …………………………………… 274
　　　　（三）推动构建新型国际关系 ……………………………… 276
　　　　（四）推动构建人类命运共同体 …………………………… 279
　　二、学术前沿述评 ………………………………………………… 281
　　　　（一）新时代中国的国际地位、国际影响与国际责任 …… 281
　　　　（二）新时代中国的国家安全环境与新安全观 …………… 284
　　　　（三）新时代坚持和平发展道路，建立新型国际关系，建立
　　　　　　　人类命运共同体 ……………………………………… 286
　　三、重点难点热点问题解析 ……………………………………… 288
　　　　（一）新时代中国特色大国外交 …………………………… 288
　　　　（二）"一带一路"重大倡议 ……………………………… 296
　　　　（三）中美关系、中日关系与修昔底德陷阱 ……………… 298
　　四、延伸阅读与思考 ……………………………………………… 306
　　　　（一）重要文献资料 ………………………………………… 306
　　　　（二）典型案例 ……………………………………………… 307
　　参考书目 …………………………………………………………… 310
　　思考题 ……………………………………………………………… 310

第九章　坚持党对一切工作的领导与全面从严治党 …………… 311
　　一、教学大纲基本内容 …………………………………………… 311
　　　　（一）坚持党对一切工作的领导的依据和制度安排 ……… 311
　　　　（二）新时代党的建设的总要求 …………………………… 313
　　　　（三）推动全面从严治党向纵深发展 ……………………… 314
　　　　（四）正风肃纪和反腐败斗争 ……………………………… 317
　　二、学术前沿述评 ………………………………………………… 318
　　　　（一）关于党的政治建设 …………………………………… 318
　　　　（二）关于依法治国与党的执政方式转变的问题 ………… 319
　　　　（三）关于党的基层组织建设 ……………………………… 321
　　　　（四）关于反腐倡廉问题 …………………………………… 323
　　三、重点难点热点问题解析 ……………………………………… 325

（一）在一党长期执政条件下，怎样保持党的活力，提高党的
　　　　执政能力 ………………………………………………… 325
　（二）在坚持深入反腐的同时，如何评估和防范反腐的风险 … 328
　（三）怎样解决当前某些党员干部的理想信念缺失问题 ……… 329
　（四）在不搞多党制的情况下，怎样加强党的权力监督与制约 … 332
　（五）在全面从严治党的背景下，如何加强对党内权力监督者的
　　　　监督 ……………………………………………………… 334
　（六）新的历史条件下，如何避免执政党脱离人民群众的危险
　　　　……………………………………………………………… 336
　（七）为什么必须维护党中央权威和集中统一领导 …………… 338
四、延伸阅读与思考 …………………………………………………… 339
　（一）重要文献资料 ………………………………………………… 339
　（二）典型案例 ……………………………………………………… 343
参考书目 ……………………………………………………………… 346
思考题 ………………………………………………………………… 346

后　记 ………………………………………………………………… 347

导论　中国特色社会主义的时代特色

马克思、恩格斯曾指出："一切划时代的体系的真正的内容都是由于产生这些体系的那个时期的需要而形成起来的。所有这些体系都是以本国过去的整个发展为基础的。"① 中国特色社会主义即是中国共产党人领导中国人民经过近百年的革命、奋斗和实践而逐步创造积累凝聚的社会发展模式、社会发展道路、社会理论体系和社会价值关怀，它的理论与实践是 21 世纪人类文明进程的重要标志。

经过长期努力，中国特色社会主义进入了新时代，这是中国下一步发展建设的历史方位。它立足于过去中国的社会发展基础，结合现实发展的需要，始终回应时代主题，突出时代抉择，反映时代要求，解决时代难题，坚持时代要义，因而具有鲜明的时代特色。在新的历史方位上要实现新时代的历史使命，就要高举中国特色社会主义伟大旗帜，更加自觉地增强中国特色社会主义道路自信、理论自信、制度自信、文化自信，为实现"两个一百年"奋斗目标、实现中华民族伟大复兴的中国梦不懈奋斗。

一、回应和平与发展的时代主题

自 20 世纪中后期开始，世界形势丕变，传统意义上尖锐对立、两极相克的"冷战"格局开始动摇。中国共产党随即从全球战略高度和人类大历史视域对新的世界基本矛盾和国际战略格局进行判断，更新时代观念，果断改变长期以来关于"战争与革命"是时代主题的判断，认定和平与发展已经成为新的时代主题。中国特色社会主义的发展道路和理论体系即是因应这一变化和判断逐步确立起来的。

世界首先需要和平协作。人类进入工业文明以来，随着新发展模式的形成和地区间发展差距的拉大，向外殖民、征服弱小曾经成为 19 世纪的时代主题。这就是马克思所批判的："为追求罪恶目的而利用民族偏见并在掠夺战

---

① 《马克思恩格斯全集》第 3 卷，人民出版社 1960 年版，第 544 页。

争中洒流人民鲜血和浪费人民财富的对外政策。"① 大国奉行丛林法则的后果可能会威胁整个人类自身的生存。对此，中国共产党在新中国成立伊始即呼吁和平，倡导合作。毛泽东说："为了和平和建设的利益，我们愿意和世界上一切国家，包括美国在内，建立友好关系。"② 改革开放以后，邓小平在明确地做出和平与发展是当今世界两大主题的基础上，反复强调"我们搞的是有中国特色的社会主义，是不断发展社会生产力的社会主义，是主张和平的社会主义"③。习近平更进一步强调中国将坚定不移走和平发展道路。实践证明，改革开放的40年也是中国走和平发展道路、推动世界合作协同的40年，中国日益走近世界舞台中央，成为国际社会公认的世界和平的建设者、全球发展的贡献者、国际秩序的维护者。

世界需要发展进步。人类文明从发展中积累而来，在进步中凝聚而成。作为社会主义国家，将发展视为第一要务既符合马克思主义的发展理念，亦符合社会主义的本质属性。恩格斯曾认定共产主义的实现立基于"生产力和生活资料无限增长的可能性的基础上"④，而在无产阶级建立政权后，同样要"尽可能快地增加生产力的总量"⑤。发展是当今时代的主题，更是当代中国的主题，"我们党汲取历史教益，强调应当把发展问题提到全人类的高度来认识"⑥。改革开放40年的实践启示我们，毫不动摇地坚持发展才是硬道理，发展是科学发展和高质量发展的战略思维，推动经济社会持续健康发展，实现社会全面进步和人的全面发展，才能全面增强国家的综合国力，才能为坚持和发展中国特色社会主义、实现中华民族伟大复兴、实现人的自由全面发展奠定雄厚的物质基础。

发展思维还包含开放和学习思维。中国的发展离不开世界，世界的繁荣也需要中国，"我们统筹国内国际两个大局，坚持对外开放的基本国策，实行积极主动的开放政策，形成全方位、多层次、宽领域的全面开放新格局，为我国创造了良好国际环境、开拓了广阔发展空间"⑦，这是中国特色社会主义发展道路和理论体系形成的清晰时代背景和突出时代特色。

---

① 《马克思恩格斯选集》第3卷，人民出版社2012年版，第607页。
② 《毛泽东外交文选》，中央文献出版社、世界知识出版社1994年版，第246页。
③ 《邓小平文选》第3卷，人民出版社1993年版，第328页。
④ 马克思、恩格斯：《共产党宣言》，附录《共产主义信条草案》，人民出版社2018年版，第69页。
⑤ 马克思、恩格斯：《共产党宣言》，人民出版社2018年版，第49页。
⑥ 《邓小平文选》第3卷，人民出版社1993年版，第282页。
⑦ 《习近平在庆祝改革开放40周年大会上的讲话》，《人民日报》2018年12月19日。

二、突出全面深化改革的鲜明时代抉择

历史长河川流不息，人类社会是在不断改革和改变中前进的。不改革就将停滞，不进步就会倒退，历史的发展没有原地踏步，只有逆水行舟。马克思指出："对实践的唯物主义者即共产主义者来说，全部问题都在于使现存世界革命化，实际地反对并改变现存的事物。"① 因此"以数千年大历史观之，变革和开放总体上是中国的历史常态。中华民族以改革开放的姿态继续走向未来，有着深远的历史渊源、深厚的文化根基"②。中国特色社会主义发展道路和理论体系正是在不断改革、全面改革、深化改革的过程中确立的，这亦是决定当代中国命运的关键抉择、时代抉择。

中国特色社会主义发展成就筑基于改革共识之上。改革开放之初，邓小平斩钉截铁地说："如果现在再不实行改革，我们的现代化事业和社会主义事业就会被葬送。"③ 于此，党做出实行改革开放的历史性决策是基于对党和国家前途命运的深刻把握，是基于对社会主义革命和建设实践的深刻总结，是基于对时代潮流的深刻洞察，是基于对人民群众期盼和需要的深刻体悟。改革开放极大地改变了中国的面貌、中华民族的面貌、中国人民的面貌、中国共产党的面貌。中华民族迎来了从站起来、富起来到强起来的伟大飞跃，中国人民迎来了从温饱不足到小康富裕的伟大飞跃。改革实践充分证明，改革开放是党和人民大踏步赶上时代的重要法宝，是坚持和发展中国特色社会主义的必由之路，是决定当代中国命运的关键一招，也是决定实现"两个一百年"奋斗目标、实现中华民族伟大复兴的关键一招。

解决新时代新问题依赖于全面深化改革的推进。新时代，中国社会发展的主要矛盾已经转变为人民日益增长的美好生活需要和不平衡不充分的发展之间的矛盾。中国仍处于并将长期处于社会主义初级阶段的基本国情没有变，中国是世界最大发展中国家的国际地位没有变，我们应该以问题为导向全面深化改革。马克思曾言："世界史本身，除了用新问题来回答和解决老问题之外，没有别的方法。……问题是时代的格言，是表现时代自己内心状态的最实际的呼声。"④ 新时代，党将聚焦解决发展的不平衡和不充分问题，大力提升发展的质量和效益，更好地满足人民对美好生活的向往，坚持"人民有所呼，改革就要有所应"，哪个领域哪个环节问题突出，哪个领域哪个环节

---

① 《马克思恩格斯选集》第1卷，人民出版社2012年版，第75页。
② 《习近平在庆祝改革开放40周年大会上的讲话》，《人民日报》2018年12月19日。
③ 《邓小平文选》第2卷，人民出版社1994年版，第150页。
④ 《马克思恩格斯全集》第1卷，人民出版社2002年版，第203页。

就是改革的重点。这是决定当代中国命运的关键抉择，是中国特色社会主义发展的时代抉择。

三、明确以人民为中心的时代发展要求

中国特色社会主义的内核是社会主义，社会主义的本质是解放生产力、发展生产力，消灭剥削，消除两极分化，最终达到共同富裕。共同富裕的目标主体是人民，这就决定了中国特色社会主义发展道路和理论体系是建立在以人民中心发展理念的基础之上的，明确的是人民中心的时代发展要求。这既是马克思主义政治经济学的根本立场，亦是新时代坚持和发展中国特色社会主义的基本方略。

以人民为中心的时代发展要求，是由中国共产党宗旨决定的。《中国共产党章程》宣称："坚持全心全意为人民服务。党除了工人阶级和最广大人民群众的利益，没有自己特殊的利益。党在任何时候都把群众利益放在第一位。"① 这一宗旨是党一切行动的根本出发点和落脚点。习近平说："始终坚持全心全意为人民服务的根本宗旨，是我们党始终得到人民拥护和爱戴的根本原因。"② 以人民为中心的时代发展要求建基于此。

以人民为中心的时代发展要求是中国共产党的根本政治立场。坚持人民立场是马克思主义政党的本质要求，"过去的一切运动都是少数人的，或者为少数人谋利益的运动。无产阶级的运动是绝大多数人的，为绝大多数人谋利益的独立的运动"③。历史反复证明，一个政党得民心则兴，反之则亡。习近平强调："人民立场是中国共产党的根本政治立场，是马克思主义政党区别于其他政党的显著标志。"④ 它决定了中国共产党的历史使命必须坚定不移地以人民为中心，要把满足人民根本利益作为最高标准。

以人民为中心的时代发展要求是中国共产党的政治优势。中国共产党的最大政治优势是密切联系群众，党执政后的最大危险是脱离群众。毛泽东说："我们共产党人区别于其他任何政党的又一个显著的标志，就是和最广大的人民群众取得最密切的联系。"⑤ 邓小平亦强调："如果哪个党组织严重脱离群众而不能坚决改正，那就丧失了力量的源泉，就一定要失败，就会被人民

---

① 《中国共产党章程》，人民出版社2017年版，第10页。
② 习近平：《始终坚持和充分发挥党的独特优势》，《求是》2012年第15期。
③ 马克思、恩格斯：《共产党宣言》，人民出版社2018年版，第39页。
④ 习近平：《在庆祝中国共产党成立95周年大会上的讲话》，《人民日报》2016年7月2日。
⑤ 《毛泽东选集》第3卷，人民出版社1991年版，第1094页。

抛弃。"① 作为历史创造者的人民群众，"不是处在某种虚幻的离群索居和固定不变状态中的人，而是处在现实的、可以通过经验观察到的、在一定条件下进行的发展过程中的人"②。40年来，党始终坚持在发展中保障和改善民生，在历史实践中不断提高人民的获得感、满足感和安全感，这是中国特色社会主义的时代发展要求。

四、解决人类命运与共的时代难题

中国特色社会主义的发展实践以马克思主义为指导，始终关注世界各民族的发展进步和全人类的自由解放，因此始终高举和平、发展、合作、共赢的旗帜，恪守维护世界和平、促进共同发展，推动建设相互尊重、公平正义、合作共赢的新型国际关系，为解决人类命运与共的时代难题做出了应有贡献。

今日的世界正处于大发展、大变革、大调整时期，科学技术和信息革命的蓬勃发展，促使经济全球化迅猛发展，人类文明发展到新的历史制高点。然而，与此相对应的是，"人类也正处在一个挑战层出不穷、风险日益增多的时代"③。这主要表现为全球治理失灵日渐显现，治理赤字与日俱增，特别是贸易保护主义、经济单边主义强势抬头，令人担忧，全球化发展遭遇逆风。迷茫无措已经产生，担忧焦虑还在弥漫，不确定性继续增加，分化也在加剧，世界仍不太平。这些全球性问题严重威胁着人类的未来走向与持续发展。对此，习近平提出建设持久和平、普遍安全、共同繁荣、开放包容、清洁美丽的新世界，共同打造人类命运共同体。这是响应时代呼声、解决时代难题而向国际社会贡献的中国智慧、中国方案和中国力量，充分体现了中国共产党人对人类命运与前途的政治自觉和使命担当。

回应人类命运与共的时代难题，为解决人民命运与共难题积极贡献、有所作为，也能够为实现中华民族伟大复兴的历史使命创造良好的国际环境，亦能够通过与不同文明的交流对话，在相互比较、相互竞争、相互借鉴中互相取长补短。诚如邓小平所言："我们提出维护世界和平不是在讲空话，是基于我们自己的需要，当然也符合世界人民的需要，特别是第三世界人民的需要。"④ 因为"共同发展是持续发展的重要基础，符合各国人民长远利益和根

---

① 《邓小平文选》第2卷，人民出版社1994年版，第368页。
② 《马克思恩格斯选集》第1卷，人民出版社2012年版，第73页。
③ 习近平：《共同构建人类命运共同体——在联合国日内瓦总部的演讲》，新华网，2017年1月19日。
④ 《邓小平文选》第2卷，人民出版社1994年版，第417页。

本利益"①。

中国为解决人类发展难题而积极贡献和有所作为的历史使命感，是马克思主义政党的特殊属性。正如俄罗斯科学院院士季塔连科指出的那样，中国在对待现代文明方面的态度，实施社会政策方面的经验，客观上成为"历史末日"和"文明冲突"论等自由化思潮的有力替代者，从而推动历史发展，防止文明之间的冲突，推动全球的共同发展。②

五、坚持党的领导的时代要义

中国共产党领导是中国特色社会主义最本质的特征，是中国特色社会主义制度的最大优势。无论时代如何变迁、世界如何发展、中国如何进步，中国特色社会主义的最大时代特色都将是坚持党的集中统一领导这一时代要义，并不断改善党的领导。

完成人民幸福和民族复兴的时代使命要求我们坚持党的集中统一领导。中国特色社会主义进入新时代，它意味着中华民族迎来了从站起来、富起来到强起来的伟大飞跃。完成这一飞跃的前提基础是党的集中统一领导。习近平强调，在改革开放的过程中，"该改的、能改的我们坚决改，不该改的、不能改的坚决不改"③。坚决不改的就是党的集中统一领导。因为正是我们始终坚持党的集中统一领导，中国才能实现伟大历史转折、开启改革开放新时期和中华民族伟大复兴新征程，才能成功应对一系列重大风险挑战，克服无数艰难险阻，坚定不移地走中国特色社会主义道路，最终实现为中国人民谋幸福、为中华民族谋复兴的初心和使命。因此，在坚持党的集中统一领导这个决定党和国家前途命运的重大原则问题上，全党同志全国人民必须保持高度的思想自觉、政治自觉、行动自觉，一丝一毫也不能动摇。

改革开放是一场伟大的社会革命，也是一场伟大的自我革命。坚持党的集中统一领导的同时，必须不断坚强党的建设、完善党的领导，让党的领导更加适应实践、时代、人民的要求。当前，中国改革进入深水区和攻坚期，这又是一个新的历史关头，这要求党在领导改革开放和社会主义现代化建设伟大社会革命的同时，敢于清除一切侵蚀党的健康肌体的病毒，使党不断自我净化、自我完善、自我革新、自我提高，不断增强党的政治领导力、思想引领力、群众组织力、社会号召力，进而总揽全局、协调各方，坚持科学执

---

① 习近平:《共同创造亚洲和世界的美好未来——在博鳌亚洲论坛2013年年会上的主旨演讲》（2013年4月7日），http://cpc.people.com.cn/xuexi/n/2015/0721/c397563-27338275.html。
② 转引自徐崇温:《中国特色社会主义道路的世界意义》，《红旗文稿》2009年第8期。
③ 《习近平在庆祝改革开放40周年大会上的讲话》，《人民日报》2018年12月19日。

政、民主执政、依法执政，完善党的领导方式和执政方式，提高党的执政能力和领导水平，不断提高党把方向、谋大局、定政策、促改革的能力和定力，唯其如此，方能确保改革开放方向不变、道路不偏、力度不减，推动新时代改革开放行稳致远。

"我们的理论是发展着的理论，而不是必须背得烂熟并机械地加以重复的教条。"[①] 中国特色社会主义在改革和发展中形成和完善，是历史进步的必然结果，具有鲜明的时代特色，因为"每一个时代的理论思维，包括我们这个时代的理论思维，都是一种历史的产物，它在不同的时代具有完全不同的形式，同时具有完全不同的内容"[②]。可以说，回应和平与发展的时代主题，突出改革开放的时代抉择，明确以人民为中心的时代发展要求，解决人类命运与共的时代难题，坚持党的领导的时代要义，是新时代中国特色社会主义的时代特色，是中国特色社会主义更加成熟定型的表现，它以不可辩驳的事实彰显了科学社会主义的鲜活生命力。

[①] 《马克思恩格斯选集》第4卷，人民出版社2012年版，第588页。
[②] 《马克思恩格斯选集》第3卷，人民出版社2012年版，第873页。

第一章 中国特色社会主义进入新时代

一、教学大纲基本内容

党的十八大以来，以习近平为核心的党中央不忘初心，牢记使命，奋力开创了党和国家事业新局面，推动党和国家事业取得了历史性成就、发生了历史性变革。在新中国成立以来特别是改革开放以来中国社会主义现代化建设事业取得重大成就的基础上，党的十九大做出了中国特色社会主义进入新时代的重大政治论断，这一重大政治论断蕴含着丰富的科学内涵，具有十分重要的理论和实践意义。

（一）新时代的主要内涵和重大意义

1. 党和国家事业的历史性成就和历史性变革

党的十八大以来，面对世界经济复苏乏力、局部冲突和动荡频发、全球性问题加剧的外部环境，面对中国经济发展进入新常态等一系列深刻变化，以习近平为核心的党中央以巨大的政治勇气和强烈的责任担当，提出一系列新理念新思想新战略，出台一系列重大方针政策，推出一系列重大举措，推进一系列重大工作，解决了许多长期想解决而没有解决的难题，办成了许多过去想办而没有办成的大事，推动党和国家事业取得了全方位的、开创性的历史性成就，在全面加强党的领导、发展理念和发展方式、各方面体制机制、全面依法治国、党对意识形态工作的领导、生态文明建设、国防和军队现代化、中国特色大国外交、全面从严治党等方面发生了深层次的、根本性的历史性变革。这些历史性变革的力度之大、程度之深、范围之广、成效之卓著，在党的历史上、在新中国历史上、在中华民族发展史上都具有极其重要的意义，必将对中国特色社会主义事业的发展产生全局性和根本性的影响。

2. 新时代的主要内涵

中国特色社会主义进入了新时代，是根据中国特色社会主义进入新的发展阶段、中国社会主要矛盾发生新的转化、"两个一百年"历史交汇期新的奋斗目标、中国国际环境发生新的变化等客观实际做出的重要论断，具有充分的时代依据、理论依据和实践依据。它不是凭空产生的，也不是一个简单的新概念表述,而是经济社会发展到一定阶段发生的必然历史飞跃,具有丰富深厚的思想内涵。第一,这个新时代是承前启后、继往开来,在新的历史条件下继续夺取中国特色社会主义伟大胜利的时代;第二,这个新时代是决胜全面建成小康社会、进而全面建设社会主义现代化强国的时代;第三,这个新时代是全国各族人民团结奋斗、不断创造美好生活、逐步实现全体人民共同富裕的时代;第四,这个新时代是全体中华儿女勠力同心、奋力实现中华民族伟大复兴中国梦的时代;第五,这个新时代是中国日益走近世界舞台中央、不断为人类做出更大贡献的时代。深刻把握中国特色社会主义新时代的内涵和特征,有利于进一步统一思想、凝聚力量,在新的起点上把中国特色社会主义事业推向前进。

3. 中国特色社会主义进入新时代的重大意义

中国特色社会主义进入新时代,不仅在中华人民共和国发展史上、中华民族发展史上具有重大意义,在世界社会主义发展史上、人类社会发展史上也具有重大意义。第一,从中华民族复兴的历史进程看,中国特色社会主义进入新时代,意味着近代以来久经磨难的中华民族迎来了从站起来、富起来到强起来的伟大飞跃,迎来了实现中华民族伟大复兴的光明前景;第二,从科学社会主义发展进程看,中国特色社会主义进入新时代,意味着科学社会主义在 21 世纪的中国焕发出强大生机活力,在世界上高高举起了中国特色社会主义伟大旗帜;第三,从人类文明进程看,中国特色社会主义进入新时代,意味着中国特色社会主义道路、理论、制度、文化不断发展,拓展了发展中国家走向现代化的途径,给世界上那些既希望加快发展又希望保持自身独立性的国家和民族提供了全新选择,为解决人类问题贡献了中国智慧和中国方案。

(二) 中国社会主要矛盾的转化

对中国社会主要矛盾的科学判断,是制定党的路线方针政策的基本依据。中国共产党对中国社会主要矛盾的认识是根据社会发展变化而不断调整和深化的。新中国成立以来特别是改革开放以来中国社会主义现代化建设取得的历史性成就,深刻地改变着中国社会的基本面貌。随着中国特色社会主义进入新时代,过去对中国社会主要矛盾的表述已经不能全面反映中国社会变化了的现实。因此,党的十九大做出了中国社会主要矛盾已经转化为人民日益增长的美好生活需要和不平衡不充分的发展之间的矛盾这一论断。

1. 中国社会主要矛盾转化的依据

新时代中国社会主要矛盾发生转化这一重大论断的主要依据是:第一,随着中国社会生产力水平总体上显著提高,社会生产能力在很多方面进入世界前列,"落后的社会生产"已经不能真实反映中国发展的状况;第二,随着改革开放的不断深入,人民生活的温饱问题稳定解决,总体上实现了小康,不久将全面建成小康社会,人民提出了日益增长的美好生活需要;第三,在影响人民美好生活需要、制约社会和谐稳定的诸多因素中,更加突出的问题是发展不平衡不充分,这已经成为满足人民日益增长的美好生活需要的主要制约因素。

2. 社会主要矛盾转化是关系全局的历史性变化

党的十九大关于社会主要矛盾转化的重大论断,反映了中国社会发展的客观实际,丰富和发展了马克思主义矛盾学说,是中国共产党的重大理论创新成果。社会主要矛盾转化是关系全局的历史性变化,它意味着解决发展的不平衡、不充分问题,满足人民日益增长的美好生活需要,将成为中国特色社会主义的主要任务,这就对党和国家工作提出了许多新要求,一是更好地贯彻以人民为中心的发展思想;二是进一步从全局的高度思考并谋划党和国家的工作;三是把当前任务和长远目标结合起来。

(三) 中国仍处于并将长期处于社会主义初级阶段

中国仍处于并将长期处于社会主义初级阶段,是对当代中国基本国情的科学判断。中国社会主要矛盾发生关系全局的历史性变化,中国特色社会主义进入新时代,没有改变中国仍处于并将长期处于社会主义初级阶段的基本国情,没有改变中国是世界上最大发展中国家的国际地位。

1. 中国社会主义初级阶段基本国情没有变

国情是指一个国家历史文化传统、自然地理环境、社会经济发展状况以及国际关系等各个方面的总和,其中最主要的是指其在一定历史时期内的社会性质以及所处的发展阶段。中国仍处于并将长期处于社会主义初级阶段,是当代中国的最大国情、最大实际,是建设中国特色社会主义的总根据。这是中国共产党依据马克思主义基本原理、认真分析中国基本国情、深刻总结社会主义发展经验教训得出的科学结论。

社会主义初级阶段,特指中国走上了社会主义道路但尚不发达的阶段。社会主义的不发达既表现在经济方面,也表现在政治、文化、社会、生态等其他方面。改革开放以来,特别是党的十八大以来,党和国家事业取得了历史性成就,发生了历史性变革。然而总体说来,中国还没有从根本上摆脱不发达的状态:发展不平衡不充分的一些突出问题尚未解决,民生领域还有不少短板,社会文明水平尚需提高,国家治理体系和治理能力有待完善和加强,一些改革部署和重大政策措施需要进一步落实,党的建设方面还存在不少薄弱环节。

社会主义初级阶段是一个长期的发展过程，至少需要上百年的时间。在这个不断前进的历史进程中，必然要经历若干具体的发展阶段，呈现出不同的阶段性特征，中国社会的主要矛盾也必然会随着社会发展而变化。但这些变化并不意味着社会主义初级阶段的基本国情发生了变化，而是在社会主义初级阶段这个历史阶段中发生的变化。厘清社会主义社会发展的长期性与阶段性的关系，把握和运用好变与不变的辩证法，才能正确认识中国仍处于并将长期处于社会主义初级阶段的判断。

2. 中国是最大发展中国家的国际地位没有变

发展中国家一般是指与发达国家相对的经济、社会、科学技术、人民生活水平等方面发展程度较低的国家。改革开放以来，虽然中国经济高速增长，经济总量迅速增加、社会结构显著变化、科学技术水平和人民生活水平有了较大提升，但与西方发达国家相比，中国仍然属于发展中国家。

一是从人口数量和质量来看，中国目前人口总数已经超过13亿，文盲和半文盲人口数都是世界上最多的国家；二是从人均国内生产总值来看，中国在世界上的排名不仅与发达国家差距很大，而且也低于许多发展中国家；三是从人民生活水平看，中国仍然有约3000万贫困人口，其中相当一部分居住在边远艰苦地区，处于深度贫困状态；四是发展不平衡、不充分等一些突出问题尚未解决，发展质量和效益还不高，创新能力不够强，民生领域还有不少短板，此外，在就业、教育、医疗、居住、养老等方面还面临着不少难题，生态环境保护任重道远，社会文明水平尚需提高，国家治理体系和治理能力有待加强；五是从工业化和城镇化水平看，中国工业化任务还没有完成，城镇化水平仍有待进一步提高，实现从制造大国向制造强国的转变从高速增长转向高质量发展还有很长的路要走。

作为世界上最大的发展中国家，发展依然是中国的第一要务。改革开放以来的实践已经充分证明，发展是硬道理，是解决中国所有问题的基础和关键。中国在努力实现自身发展的同时，也积极承担应尽的国际义务，提供国际公共产品，为人类和平与发展做出更大贡献。

3. 坚持社会主义初级阶段党的基本路线

基本路线是中国共产党在一定历史时期指导全局的总任务、总方针、总政策的集中概括，是党的指导思想和基本理论的集中体现，是党在一定历史时期全部实践的指南和依据。历史经验证明，基本路线正确，党领导的事业就发展进步；基本路线错误，党领导的事业就停滞受挫。

党在社会主义初级阶段的基本路线是：领导和团结全国各族人民，以经济建设为中心，坚持四项基本原则，坚持改革开放，自力更生，艰苦创业，为把我国建设成为富强民主文明和谐美丽的社会主义现代化强国而奋斗。党的基本路线是党和国家的生命线、人民的幸福线。中国特色社会主义进入新时代，坚持党在社会主义初级阶段的基本路线，依然要牢牢抓住"一个中心，两个基本点"，把以经济建设为中心作为兴国之要，把四项基本原则作为立国之本，把改革开放作为强国之路，任何时候都不能有丝毫偏离和动摇。

（1）毫不动摇地坚持以经济建设为中心。在中国特色社会主义新时代，坚持以经济建设为中心，就是要坚持以人民为中心的发展思想，坚持创新、协调、绿色、开放、共享的发展理念，紧紧围绕坚持和发展中国特色社会主义的总任务，牢牢把握在全面建成小康社会的基础上，分两步实现本世纪中叶建成富强民主文明和谐美丽的社会主义现代化强国的奋斗目标，为实现中华民族伟大复兴的中国梦打下坚实的物质基础。

（2）毫不动摇地坚持四项基本原则。四项基本原则是我们的立国之本，是党和国家生存发展的政治基石。毫不动摇地坚持四项基本原则，核心是坚持和加强党的全面领导。中国特色社会主义最本质的特征是中国共产党领导，中国特色社会主义制度的最大优势是中国共产党领导。要坚持党政军民学，东西南北中，党是领导一切的，把党的领导贯彻落实到国家事业各个领域、各个方面，自觉维护党中央的权威和集中统一领导，确保各项工作在党的统一领导下不断推向前进。

（3）毫不动摇地坚持改革开放。改革开放是当代中国最鲜明的特色，是发展中国、发展社会主义、发展马克思主义的强大动力。面对当今世界形势变化带来的新挑战和当前中国发展面临的一系列突出矛盾和问题，必须毫不动摇地坚持改革开放。坚定不移地全面深化改革，坚定不移地实施对外开放的基本国策，发扬自力更生、艰苦创业的奋斗精神，大力推进理论创新、实践创新、制度创新和其他方面的创新，永不僵化、永不停滞，把改革开放和建设中国特色社会主义的伟大事业不断推向前进。

二、学术前沿述评

习近平在党的十九大报告中做出了"中国特色社会主义进入新时代"这一重大政治论断，具有极其重大的理论和实践意义，引起了学界的高度重视和广泛研究，并且已经产生了不少学术成果。总结这些成果，对深化认识中国特色社会主义进入新时代这一论断具有重要价值。目前的相关研究主要集中以下三个方面。

（一）对中国特色社会主义进入新时代的依据、内涵和意义的分析

中国特色社会主义进入新时代是如何可能的？这是需要从学理上予以阐

明的首要问题,也即,中国特色社会主义进入新时代的依据是什么?内涵特指哪些?意义有哪几个方面?这是学界普遍关注并着重研究的重要方面。

李君如首先从词源上分析了"新时代",通过《辞海》对"时代"的解释("历史上依据经济、政治、文化等状况来划分的社会各个发展阶段")切入对"新时代"的分析,认为"新时代"提出的依据就是党的十九大宣告的中国特色社会主义进入新时代,中国社会的主要矛盾已经转化为人民日益增长的美好生活需要和不平衡不充分的发展之间的矛盾。① 也即强调了中国特色社会主义进入新时代的一个重要依据是中国社会主要矛盾发生了转化。王伟光分析指出,中国特色社会主义进入新时代的重大政治判断,是在深刻把握中国社会发展新时代及其阶段性特征的基础上,立足于党和国家事业发展的角度,总结改革开放以来特别是党的十八大以来所取得的伟大成就和历史性变革提出的。"新时代"特指中国特色社会主义发展的新的历史定位,具有特有的鲜明特征和中国标志。② 谢伏瞻基于马克思主义是不断发展的理论视角,通过对马克思主义发展的脉络梳理,认为习近平创造性地提出中国特色社会主义进入新时代的思想,是对科学社会主义的丰富和发展。③ 侯惠勤认为,把握时代问题、阐发时代精神、引领时代潮流,既是马克思主义始终具有强大真理力量和生命力的原因,也是坚持和发展马克思主义的基本历史和理论逻辑。习近平新时代中国特色社会主义思想是对马克思主义的坚持和发展。"中国特色社会主义进入新时代"正是基于当代中国发生的历史性变化、对中国所处的新历史方位所做出的科学论断,同时也是基于当代世界格局和新秩序,特别是当代中国与世界关系的历史性变化所做出的重大判断。④ 王庆丰认为,应该从中国发展新的历史方位、中国社会主要矛盾的新变化新表述、党和国家指导思想的新发展和中国特色社会主义发展战略的新安排这四个维度来把握中国特色社会主义进入新时代的内涵和意义。⑤

(二) 对中国特色社会主义进入新时代的逻辑研究

学界在对中国特色社会主义进入新时代的依据、内涵和意义进行广泛研究的基础之上,更进一步加强了对中国特色社会主义进入新时代的逻辑机理

---

① 李君如:《我们进入了中国特色社会主义新时代》,《当代世界与社会主义》2017 年第 6 期。
② 王伟光:《当代中国马克思主义的最新理论成果——习近平新时代中国特色社会主义思想学习体会》,《中国社会科学》2017 年第 12 期。
③ 谢伏瞻:《马克思主义是不断发展的理论——纪念马克思诞辰 200 周年》,《中国社会科学》2018 年第 5 期。
④ 侯惠勤:《习近平新时代中国特色社会主义思想对马克思主义的坚持和发展》,《红旗文稿》2018 年第 17 期。
⑤ 王庆丰:《把握进入新时代的四个维度》,《红旗文稿》2018 年第 14 期。

研究，因为逻辑机理的布展和演化涉及理论和实践的双向交织，是马克思主义中国化宏大历史进程的重要节点。

刘建成认为，习近平在党的十九大上立足中国发展新的历史方位，做出了中国特色社会主义进入"新时代"的科学新论断。这一论断建立在以中国特色社会主义阶段性成就为标志的历史实践新指向、以建设社会主义现代化强国战略布局为标志的战略任务新指向和以中国社会主要矛盾转化为标志的发展动力新指向上。① 梁树发从中国特色社会主义的整体出发，指出改革开放40年来取得的马克思主义中国化理论创新成果是一个有机整体。决定这一性质的实践基础是中国特色社会主义实践，理论基础是马克思列宁主义、毛泽东思想，内在根据是中国特色社会主义理论体系的创新品质，是超越性与连续性相统一的理论性质。中国特色社会主义实践是改革开放以来中国人民在中国共产党领导下进行的伟大事业，是中国特色社会主义经济建设、政治建设、文化建设、社会建设和生态文明建设的统一，走的是中国特色社会主义道路。有机整体的理论基础问题也涉及中国特色社会主义理论体系内部各具体理论形态之间的关系，前一具体理论形态不仅是紧随其后形成的理论形态的基础，而且是其后形成的所有具体理论形态的基础。邓小平理论、习近平新时代中国特色社会主义思想在改革开放40年马克思主义理论创新成果总体（中国特色社会主义理论体系）中的地位及其结构性特征，是这一有机整体性质的内在规定与表现。② 韩庆祥和方兰欣认为，改革开放开辟了中国特色社会主义道路，形成了中国特色社会主义理论体系，确立了中国特色社会主义制度，发展了中国特色社会主义文化。经过长期的不懈努力与发展，中国特色社会主义进入了新时代、新发展阶段。新时代，坚持和发展中国特色社会主义，需要总结中国特色社会主义的发展经验，探寻和揭示其发展规律。因此，他们主张从历史逻辑、现实逻辑、价值逻辑、理论逻辑和世界逻辑五个维度来理解和把握改革开放以来中国特色社会主义进入新时代的发展逻辑。③ 龚云指出，中国特色社会主义进入新时代，意味着科学社会主义在21世纪的中国焕发出强大生机活力，在世界上高高举起了中国特色社会主义伟大旗帜。中国特色社会主义，是科学社会主义在中国的成功实践，是科学社会主义理论逻辑和中国社会发展历史逻辑的辩证统一，是植根于中国大地、反映中国人民意愿、适应中国和时代发展进步要求的科学社会主义。它坚持

---

① 刘建成：《习近平"新时代"论断的三大新指向》，《社会主义研究》2018年第3期。
② 梁树发：《改革开放40年马克思主义理论创新成果是一个有机整体》，《当代世界与社会主义》2018年第4期。
③ 韩庆祥、方兰欣：《改革开放以来中国特色社会主义的发展逻辑》，《中国特色社会主义研究》2018年第3期。

了科学社会主义基本原则,又根据时代条件被赋予鲜明的中国特色,是社会主义而不是其他的任何主义,最终发展目标是实现共产主义。①

(三)对中国特色社会主义进入新时代的哲学世界观方法论研究

马克思主义哲学世界观方法论是中国共产党人认识世界、改造世界的强大思想武器和科学认识工具。中国特色社会主义进入新时代这一重要论断是对马克思主义时代观的继承和发展,是科学运用马克思主义唯物辩证法的典范。

王伟光分析指出,习近平新时代中国特色社会主义思想最根本的哲学依据,就是马克思主义哲学世界观方法论。习近平高度重视并带头运用辩证唯物主义和历史唯物主义,提出了一系列具有深邃哲学内涵的新观点。习近平特别善于应用矛盾分析法来分析当代国际局势、国内问题、时代特征、历史方位,坚持抓重点、抓关键、抓节点、抓主要矛盾,创造性地继承和发展了马克思主义哲学关于矛盾的基本原理,如关于主要矛盾发生新变化的重大政治判断、关于开展伟大斗争的重大提法等,都是矛盾分析方法的实际运用和充分发挥。②邓纯东从问题意识角度分析指出,习近平新时代中国特色社会主义思想体现了鲜明的问题导向,这个理论源于当代中国改革与建设的实践,是对实践中需要解决的问题的马克思主义回答。③顾海良侧重从方法论的角度考察,认为历史、现实和未来相结合,是党的十八大以来习近平进行中国特色社会主义理论和实践探索的重要方法,也是习近平新时代中国特色社会主义思想形成的显著特点。习近平从历史、现实和未来结合上拓展新时代中国特色社会主义的认识视界。④韩庆祥、黄相怀认为,新时代中国特色社会主义体现了理论与实践、精神与物质、当前与长远、继承与创新、立足中国与经略世界的辩证有机统一。中国特色社会主义新时代是一个应当从哲学上加以理性把握的新时代。⑤姜佑福分析指出,"中国特色社会主义新时代"并不是一般编年史意义上的阶段划分,而是党中央从历史和现实、理论和实践、国内和国际相结合进行思考,对中国社会发展的历史方位以及党和国家事业

---

① 龚云:《中国特色社会主义进入新时代》,《世界社会主义研究》2017年第8期。
② 王伟光:《当代中国马克思主义的最新理论成果——习近平新时代中国特色社会主义思想学习体会》,《中国社会科学》2017年第12期。
③ 邓纯东:《习近平新时代中国特色社会主义思想的本质特征》,《马克思主义研究》2018年第8期。
④ 顾海良:《历史视界 时代意蕴 理论菁华——习近平新时代中国特色社会主义思想研究》,《当代世界与社会主义》2017年第6期。
⑤ 韩庆祥、黄相怀:《中国特色社会主义新时代的哲学理解》,《哲学研究》2017年第12期。

发展大局所做出的重大政治论断。① 田鹏颖研究指出，中国特色社会主义进入新时代，中国社会主要矛盾已经转化为人民日益增长的美好生活需要和不平衡不充分的发展之间的矛盾，这一重大政治判断既是事实判断，又是价值判断，是马克思主义社会主要矛盾理论的重大创新。② 陈江生和张滔更为具体地指出，习近平关于新时代中国特色社会主义思想科学地运用了对立统一规律。"新时代"思想注重考察事物发展中的量变和质变问题，并适时地提出新论断新要求。"新时代"思想还科学应用了否定之否定规律，实现了积极的扬弃。③ 杨守明、杨鸿柳分析指出，习近平新时代观蕴含着联系的、发展的、矛盾统一的辩证思维④。李殿仁则从马克思主义历史观入手，指出习近平新时代中国特色社会主义思想的历史观主要包括：树立历史连续性与阶段性相统一的历史观，坚持以人民为中心的历史观，掌握辨别主流与支流、本质与现象的历史观，社会在矛盾运动中前进、在伟大斗争中发展的历史观，回看、比较、远眺相关照的历史观。⑤

学界除了对中国特色社会主义进入新时代加以理论阐析以外，有的还关注在新时代如何进行实践的问题。如，廖小琴从分析新时代中国社会主要矛盾发生转化以及解决的路径出发，认为推进新时代中国社会主要矛盾解决的过程，实际就是促进和满足人民日益增长的美好生活需要的过程；而这一过程的展开又必须着眼于不平衡不充分的发展，着眼于生产力中的关键要素即人的素质的提升，进而以高科技的运用推动社会生产的加速发展、协调发展和平衡发展，从而在矛盾双方的整体运动过程中逐步实现矛盾的根本解决。⑥

综上所述，学界对中国特色社会主义进入新时代这一论断的主要依据、丰富内涵、多重逻辑、哲学方法论和实践要求等方面都做了广泛深入的研究，角度或有不同，但都一致高度评价中国特色社会主义进入新时代论断的科学性、时代性和人民性，是马克思主义中国化的重要创新成果。这些研究对于我们深化认识中国特色社会主义进入新时代这一论断无疑具有重要的价值。

---

① 姜佑福：《中国特色社会主义新时代的立论根据与哲学使命》，《哲学研究》2018 年第 5 期。
② 田鹏颖：《新时代社会主要矛盾转化与新要求》，《中国特色社会主义研究》2018 年第 3 期。
③ 陈江生、张滔：《习近平关于"新时代"思想初探》，《马克思主义与现实》2018 年第 2 期。
④ 杨守明、杨鸿柳：《论习近平新时代观的内涵、依据和价值》，《中国特色社会主义研究》2018 年第 6 期。
⑤ 李殿仁：《习近平新时代中国特色社会主义思想的历史观》，《红旗文稿》2018 年第 6 期。
⑥ 廖小琴：《新时代我国社会主要矛盾的逻辑生成与实践指向》，《马克思主义与现实》2018 年第 2 期。

三、重点难点热点问题解析

（一）中国特色社会主义进入新时代的逻辑基础探析

习近平在党的十九大报告中首次明确指出，中国特色社会主义进入了新时代。这是一个非常重要的时代观论断，是马克思主义时代观在当代中国新的历史条件下的继承和发展，也是马克思主义中国化最新成果——习近平新时代中国特色社会主义思想的重要内容之一，具有辩证法的深厚逻辑。

马克思主义时代观植根于生产力与生产关系的辩证关系，坚持以历史唯物主义为根本原则，具有鲜明的实践性、革命性和发展特性。恩格斯深刻总结《共产党宣言》的一个核心思想就是："每一历史时代主要的经济生产方式和交换方式以及必然由此产生的社会结构，是该时代政治的和精神的历史所赖以确立的基础……"① 即明确说明判断时代发展要考察这一历史时代的经济基础和上层建筑，也即从该社会的生产力和生产关系以及所体现的社会结构特征来判定时代性质。基此，可对人类社会历史发展演进做出一定的分期，马克思进而分析指出："大体说来，亚细亚的、古希腊罗马的、封建的和现代资产阶级的生产方式可以看作是经济的社会形态演进的几个时代。"② 更加具体地说，马克思认为，判断各种经济时代的区别，要从生产资料的发展水平和使用条件以及劳动使用过程来判定，他在《资本论》中指出："各种经济时代的区别，不在于生产什么，而在于怎样生产，用什么劳动资料生产。劳动资料不仅是人类劳动力发展的测量器，而且是劳动借以进行的社会关系的指示器。"③ 列宁也指出："时代问题之所以成为一个突出问题，原因就在于它不仅是研究世界经济、政治和国际关系等各种问题的基础和前提，而且是领导无产阶级政党制定各种战略和策略的依据。"④ 中国特色社会主义进入新时代尽管不是马克思、恩格斯和列宁所言的大的历史时代的概念，但是这一时代观论断是根据新的历史条件下中国特色社会主义所取得的历史性成就以及在新的历史性成就基础上所发生的深刻的历史性变革而做出的。从哲学的角度来看，每一个重要论断的提出都有着相应的逻辑支撑，也只有在一定的逻辑基础上提出的科学论断才能经受起历史的考验和实践的检验。所谓逻辑，一般指思维活动所遵从的规则或规律，主要包括形式逻辑和辩证逻

---

① 《马克思恩格斯选集》第 1 卷，人民出版社 2012 年版，第 380 页。
② 《马克思恩格斯选集》第 2 卷，人民出版社 2012 年版，第 3 页。
③ 《马克思恩格斯文集》第 5 卷，人民出版社 2012 年版，第 210 页。
④ 丰子义：《世界历史与时代——列宁"世界历史"理论探析》，《江海学刊》2008 年第 2 期。

辑，辩证逻辑是马克思主义唯物辩证法的基本规律在人的思维活动中的具体体现。结合历史与现实、理论与实践的辩证关系来看，中国特色社会主义进入新时代这一论断具有理论逻辑、历史逻辑和实践逻辑三大逻辑支撑，体现了高度的创新性、严谨的科学性和丰富的实践性。

1. 理论逻辑：中国特色社会主义进入新时代是对马克思主义时代观的当代继承和最新发展

时代是思想之母。马克思主义时代观是基于生产力与生产关系之间辩证关系的矛盾运动，坚持以历史唯物主义为根本原则，综合分析并深度把握每一具体的时代特征、时代主题和时代的发展趋势，并以此来制定相应的发展规划和战略。马克思、恩格斯在《共产党宣言》中指出，资本主义开辟世界历史新时代所显示的巨大成就的同时，也给无产阶级劳苦大众带来了深重灾难，他们号召国际无产阶级及其政党进行推翻资产阶级的共产主义运动并建立一个人的自由和全面发展的新时代。列宁继承和发展了马克思恩格斯的时代观，主张根据不同时代的基本特征制定不同的战略策略，成功领导了俄国十月革命，开辟了人类从资本主义过渡到社会主义的新纪元。

马克思主义时代观在中国具体国情下得到了继承和新的发展。毛泽东深入分析了战争与革命时代的发展规律，创造性地提出新民主主义理论和社会主义建设理论，奠定了实现中华民族伟大复兴和建设中国特色社会主义的坚实基础。邓小平深刻把握了20世纪七八十年代以来世界经济和政治形势发展的主流，认为和平与发展是当今时代的两大主题，于此做出了改革开放的重大决定，开辟了中国特色社会主义新道路。江泽民在党的十六大报告中提出，当人类社会跨入21世纪的时候，中国进入全面建设小康社会、加快推进社会主义现代化的新的发展阶段。胡锦涛在党的十八大报告中进一步指出，当今世界正在发生深刻复杂变化，和平与发展仍然是时代主题。综观国际国内大势，中国发展仍处于可以大有作为的重要战略机遇期。

习近平在党的十九大报告中做出的中国特色社会主义进入新时代这一重要论断，充分体现出马克思主义时代观的新境界，是对毛泽东、邓小平、江泽民和胡锦涛等历代领导人的时代观的新发展，是对党的十八大以来国内国外形势变化发展的新概括，它从理论上丰富并深化了我们对当今世情、国情和党情的新认识。习近平指出："当前，国内外形势正在发生着深刻复杂变化，我国发展仍处于重要战略机遇期，前景十分光明，挑战也十分严峻。"[①] 这一研判既说明了当前国内和国际形势的复杂性，又说明了新时代是对以往

---

① 习近平：《决胜全面建成小康社会 夺取新时代中国特色社会主义伟大胜利——在中国共产党第十九次全国代表大会上的报告》，人民出版社2017年版，第2页。

时段的历史延续,强调了中国特色社会主义事业的光明前景与现实挑战并存。中国特色社会主义之所以能够进入新时代,是尊重社会历史发展规律与发挥主观能动性的高度统一,是坚持生产力与生产关系辩证统一视角探究经济基础与上层建筑良性互动的一个关键的理论研判和实践战略安排,是中国特色社会主义历史纵深发展本身的必然结果。中国特色社会主义进入了新时代作为中国发展新的历史方位,在时空向度上体现了对中国近代以来现代化发展进程当中的重要战略机遇时期的核心把握,说明了新的社会历史条件下所具备实现中华民族伟大复兴中国梦的有利条件和关键机遇。在主体向度上,必须确保中国共产党始终成为中国特色社会主义事业的坚强领导核心,必须坚持以人民为中心的发展理念,尽可能地调动广大人民群众的积极性、创造性,进一步发挥人民群众的历史主体性,这是对马克思主义时代观的当代诠释。

2. 实践逻辑:中国特色社会主义进入新时代是对改革开放和社会主义现代化建设实践取得的历史性成就与社会主要矛盾发生转化的科学研判

实践是理论之源。中国特色社会主义进入新时代是全面推进中国特色社会主义伟大事业的新的历史定位,是中国近代以来百余年现代化历史进程当中的重要节点。

首先,中国特色社会主义进入新时代论断的实践逻辑在于全面总结社会主义现代化建设实践取得的历史性成就。特别是党的十八大以来,以习近平为核心的党中央带领全国各族人民,统筹推进"五位一体"总体布局、协调推进"四个全面"战略布局,进行了深层次的根本性变革,取得了改革开放和社会主义现代化建设的历史性成就,开创了党和国家事业的新局面。推动中国经济实力、科技实力、国防实力、综合国力进入世界前列,国际地位实现前所未有的提升,中国智慧、中国方案、中国道路享誉全球。在经济建设方面,经济发展保持中高速增长,结构调整不断优化,人民生活水平不断得到改善。根据国家统计局的相关统计,2013—2016年,中国GDP年均增长7.18%,对世界经济增长平均贡献率达30%左右,超过美国、欧元区和日本贡献率的总和,居世界第一位。① 2016年,全国居民人均可支配收入23821元②,人民生活水平得到极大提高。在政治建设方面,全面依法治国,各项制度体制得以建立健全并贯彻落实,全面从严治党实践不断向纵深发展,形成了反腐败斗争的压倒性优势,中国特色社会主义法治体系日益完善,全社会的法治观念明显增强。在文化建设方面,逐步建立健全了现代公共文化服务体系。从顶层设计上,如印发《关于加快构建现代公共文化服务体系的意

---

① 参见陈炜伟《来之不易的亮丽成绩单——党的十八大以来经济建设成就综述》,http://news.xinhuanet.com/politics/2017-10/02/c_1121758164.htm。

② http://data.stats.gov.cn/search.htm? s =。

见》，颁布《公共文化服务保障法》，到资源倾斜方面，如投入资金支持一些地市级的公共图书馆、博物馆和文化馆的新建和改扩建，再到服务效能上，推进大数据资源贡献率的提高，[①] 最后到国家文化软实力和中华文化影响力的大幅提升上，中国人民进一步增强了文化自信。在社会建设方面，坚持以保障和改善民生为重点，建立统一的城乡居民养老保险制度，进一步扩大城乡居民大病保险制度，创新社会治理模式，充分释放社会生产力和创造力。在生态文明建设方面，坚持绿色发展理念，加快形成生态文明制度体系，逐步健全了主体功能区制度，持续提高了森林覆盖率，还积极参与应对全球气候变化的合作共建。此外，党的十八大以来，中国外交、军队建设、台港澳工作等方面都取得了历史性成就。因此，习近平做出的中国特色社会主义进入新时代这一重要论断，乃是在回顾和总结党的十八大以来党和国家事业取得了历史性成就、发生历史性变革的基础上而得出的科学结论。

其次，中国特色社会主义进入新时代论断的实践逻辑还在于紧扣新时代中国社会主要矛盾发生转化这一重大命题。习近平在党的十九大报告中强调指出："中国特色社会主义进入新时代，我国社会主要矛盾已经转化为人民日益增长的美好生活需要和不平衡不充分的发展之间的矛盾。"[②] 这意味着从社会主要矛盾的转化来对新时代的历史方位加以界定，不仅在理论上拓展了马克思主义时代观，而且在实践中进一步充实了社会主义现代化建设的内容，并将进一步深化以人民为中心的实践布局。正是由于中国特色社会主义实践的纵深发展，社会主义现代化建设取得了历史性成就，才使得中国社会主要矛盾从原来的人民群众日益增长的物质文化需要同落后的社会生产之间的矛盾转化为人民日益增长的美好生活需要和不平衡不充分的发展之间的矛盾。社会主要矛盾的转化是深度的实践伸延，它说明中国社会生产力总体上显著提高，社会生产能力在很多方面进入世界前列。中国已经稳定解决了十几亿人的温饱问题，在总体上实现小康，这意味着人民群众的基本物质生活需要已经得到了满足，人民的需求朝着更高的物质文化生活水平发展，在民主、法治、公平、正义、安全、环境等其他方面也有了新的、更为全面的需求。不平衡不充分的发展早已不能满足人民对美好生活的需要，新时代的发展应当也必须从重数量转向重质量、从片面迈向全面、从不平衡朝向平衡的方向发展，唯其如此，才能从根本上促进人的全面发展和社会的全面进步，才能充分体现中国特色社会主义进入新时代的全新内涵。

---

① 参见周玮、白瀛、史竞男《坚定文化自信 创造中华文化新辉煌——党的十八大以来文化建设成就综述》，http://news.xinhuanet.com/2017-10/04/c_1121762508.htm。

② 习近平：《决胜全面建成小康社会 夺取新时代中国特色社会主义伟大胜利——在中国共产党第十九次全国代表大会上的报告》，人民出版社 2017 年版，第 11 页。

最后，中国特色社会主义进入新时代这一新的重大论断并没有改变对中国基本国情以及所处国际地位的科学研判。习近平指出："我国仍处于并将长期处于社会主义初级阶段的基本国情没有变，我国是世界最大发展中国家的国际地位没有变。"① 这是因为基本国情涉及的是宏大的历史变迁，从社会主义社会初级阶段向着更高阶段的发展需要几代人几十年乃至上百年的奋斗。新时代中国社会主要矛盾的转化既是当前中国特色社会主义事业的重要实践出发点，但同时也如实地反映了不平衡不充分发展的社会主义社会初级阶段这一基本国情，中国目前依然存在着区域不平衡发展、城乡不协调发展、不少贫困人口亟须扶贫脱贫的现象。另外，当今的世界经济与政治秩序在一定程度上依然是以资本主义发达国家为主导，社会主义中国正在为更为公正公平合理的国际政治经济新秩序而不懈奋斗。因此，综合国内国际形势，中国仍处于社会主义初级阶段。习近平进一步指出："全党要牢牢把握社会主义初级阶段这个基本国情，牢牢立足社会主义初级阶段这个最大实际，牢牢坚持党的基本路线这个党和国家的生命线、人民的幸福线，领导和团结全国各族人民，以经济建设为中心，坚持四项基本原则，坚持改革开放，自力更生，艰苦创业，为把我国建设成为富强民主文明和谐美丽的社会主义现代化强国而奋斗。"② 在变与不变中，历史辩证法发挥着巨大的作用，理论和实践之间的辩证关系显现于历史的宏大场域中。

3. 历史逻辑：中国特色社会主义进入新时代是对这一时代在"四个发展史"宏图当中突出地位的明确定位

历史是未来之镜。中国特色社会主义新时代在中华人民共和国发展史、中华民族发展史、世界社会主义发展史和人类社会发展史等"四个发展史"上都具有极其重大的意义，其影响必然深远宏阔。它也是哲学与历史内在关联的表现，其中内蕴的历史逻辑不单是静态的历史验证，同时更是朝向未来的动态的实践推动和发展航向上坚强有力的方位确证。③

在中华人民共和国发展史上，中国特色社会主义进入新时代，"是承前启后、继往开来、在新的历史条件下继续夺取中国特色社会主义伟大胜利的时代，是决胜全面建成小康社会、进而全面建设社会主义现代化强国的时代"④。以毛泽东为核心的第一代中央领导集体带领人民实行社会主义改造，

---

① 习近平：《决胜全面建成小康社会　夺取新时代中国特色社会主义伟大胜利——在中国共产党第十九次全国代表大会上的报告》，人民出版社2017年版，第12页。
② 习近平：《决胜全面建成小康社会　夺取新时代中国特色社会主义伟大胜利——在中国共产党第十九次全国代表大会上的报告》，人民出版社2017年版，第12页。
③ 强世功：《哲学与历史——从党的十九大报告解读"习近平时代"》，《开放时代》2018年第1期。
④ 习近平：《决胜全面建成小康社会　夺取新时代中国特色社会主义伟大胜利——在中国共产党第十九次全国代表大会上的报告》，人民出版社2017年版，第10～11页。

确立社会主义基本制度，进行社会主义现代化建设，奠定了中国特色社会主义道路的坚实基础。以邓小平为核心的第二代中央领导集体做出改革开放的伟大决策，开辟了中国特色社会主义道路。以江泽民为核心的第三代中央领导集体坚定捍卫中国特色社会主义，确立了社会主义市场经济体制的改革目标和基本框架，全面推进中国特色社会主义现代化建设。以胡锦涛为代表的党中央领导集体继续深化改革开放，全面贯彻落实科学发展观，构建社会主义和谐社会，对中国特色社会主义事业总体布局做了新拓展。党的十八大以来，以习近平为核心的党中央领导集体以极大的政治勇气和责任担当，全面深化改革，取得了前所未有的历史性成就，表明社会主义中国在新的历史起点，以更加昂扬的姿态活跃于世界历史舞台。

在中华民族发展史上，中国特色社会主义进入新时代，"意味着近代以来久经磨难的中华民族迎来了从站起来、富起来到强起来的伟大飞跃，迎来了实现中华民族伟大复兴的光明前景"①，同时"是全体中华儿女勠力同心、奋力实现中华民族伟大复兴中国梦的时代"②。近代以来，中国在西方的坚船利炮侵略之下逐步沦为半殖民地半封建社会，帝国主义、封建主义、官僚资本主义是压在中国人民头上的三座大山，国家积贫积弱，无数仁人志士前仆后继，不畏艰难，不断探求振兴中华民族之路。以李鸿章、张之洞、曾国藩、左宗棠为代表的封建地主阶级洋务派没有使中国站起来，以康有为、梁启超、谭嗣同为代表的维新派也没有使中国富起来，以孙中山、黄兴为代表的资产阶级革命派也没有使中国强起来。直到中国共产党成立，"从此，中国人民谋求民族独立、人民解放和国家富强、人民幸福的斗争就有了主心骨，中国人民就从精神上由被动转为主动"③。中国共产党领导中国人民进行了艰苦卓绝的浴血奋战，完成了新民主主义革命，建立中华人民共和国，人民开始当家作主。改革开放以来，中国共产党带领人民锐意进取，以经济建设为中心，全面深化改革，取得了历史性成就，真正迎来了中华民族从站起来、富起来到强起来的伟大飞跃与光明前景。

在世界社会主义发展史上，中国特色社会主义进入新时代，"意味着科学社会主义在二十一世纪的中国焕发出强大生机活力，在世界上高高举起了

---

① 习近平：《决胜全面建成小康社会 夺取新时代中国特色社会主义伟大胜利——在中国共产党第十九次全国代表大会上的报告》，人民出版社2017年版，第10页。
② 习近平：《决胜全面建成小康社会 夺取新时代中国特色社会主义伟大胜利——在中国共产党第十九次全国代表大会上的报告》，人民出版社2017年版，第11页。
③ 习近平：《决胜全面建成小康社会 夺取新时代中国特色社会主义伟大胜利——在中国共产党第十九次全国代表大会上的报告》，人民出版社2017年版，第13页。

中国特色社会主义伟大旗帜"①；俄国十月革命使社会主义从理想变成现实，开辟了社会主义革命新纪元。随着世界革命的纵深发展，社会主义国家从一国变成多国，之后 20 世纪八九十年代发生的苏东剧变使社会主义运动遭受挫折。中国人民在中国共产党的领导下，坚定坚持社会主义道路不动摇，不断加强社会主义制度的自我完善和改革，取得了一次又一次的辉煌成就，充分彰显了社会主义制度的优越性。中国特色社会主义进入新时代，是对世界社会主义思想和实践的重要发展。

在人类社会发展史上，中国特色社会主义进入新时代，"意味着中国特色社会主义道路、理论、制度、文化不断发展，拓展了发展中国家走向现代化的途径，给世界上那些既希望加快发展又希望保持自身独立性的国家和民族提供了全新选择，为解决人类问题贡献了中国智慧和中国方案"②。中国特色社会主义进入新时代，不仅彰显了世界社会主义力量发展的远大前景，也向广大发展中国家展现了独立发展的现代化道路的可能路径，同时为人类问题的解决贡献了中国智慧，提出了中国方案。当今世界处于大发展、大变革、大挑战时代，局部战争的危险依然在发生，但和平与发展仍然是时代主题，中国特色社会主义的发展和崛起，不对任何国家构成威胁，相反，为其他国家和地区的发展提供了发展机遇，开辟了合作空间。中国主张构建人类命运共同体，尊重文明多样性，坚持环境友好，推动经济全球化，积极促进"一带一路"国际合作，倡导国际关系民主化，积极参与全球治理体系改革和建设，不断贡献治国理政的智慧和力量，致力于营造一个平等参与、互利共赢的国际新秩序。

4. 中国特色社会主义进入新时代的理论逻辑、实践逻辑与历史逻辑之间的辩证关系

中国特色社会主义进入新时代这一重要论断绝不是即兴之作，而是具有深刻而又严密的逻辑自洽性，其理论逻辑、实践逻辑和历史逻辑表述虽然有不同的内容侧重，但三者之间互为表里，浑然天成。理论逻辑与实践逻辑的交织构成了历史逻辑的动态和多维面向，实践逻辑与历史逻辑是理论逻辑切入现实的整体性呈现和复杂化遭遇，历史逻辑是对理论逻辑与实践逻辑双向互动的综合把握和时空背景设置。

中国特色社会主义进入新时代的理论逻辑、实践逻辑和历史逻辑统一于中国共产党领导中国人民为实现中华民族伟大复兴中国梦的历史进程当中，

---

① 习近平：《决胜全面建成小康社会　夺取新时代中国特色社会主义伟大胜利——在中国共产党第十九次全国代表大会上的报告》，人民出版社 2017 年版，第 10 页。

② 习近平：《决胜全面建成小康社会　夺取新时代中国特色社会主义伟大胜利——在中国共产党第十九次全国代表大会上的报告》，人民出版社 2017 年版，第 10 页。

其中至关重要的是要坚持中国共产党的绝对领导，确保中国特色社会主义事业沿着正确的政治方向不断前进。"中国共产党在推进中国特色社会主义事业发展中新的历史任务和历史使命，是新时代最鲜明的特征"①。如果偏离了这一根本性的政治坚持，就可能发生理论逻辑、实践逻辑和历史逻辑的严重错位，导致不同逻辑之间发生矛盾和方向性迷茫，以致人亡政息，重蹈苏东剧变的重大危机。对此，必须保持高度的政治警觉性和正确的政治定力，必须警惕政治冷淡主义，严厉批判历史虚无主义，严格纠正政治虚无主义，牢牢把握中国特色社会主义这一根本性制度不动摇。这就要求必须坚持创新，在坚持中不断创新，在创新中不断坚持，坚持四项基本原则，全面深化改革，突出理论逻辑的创新和实践逻辑的创新，才能为历史逻辑的创新积累丰富的成果。党的十九大报告明确指出："实践没有止境，理论创新也没有止境。世界每时每刻都在发生变化，中国也每时每刻都在发生变化，我们必须在理论上跟上时代，不断认识规律，不断推进理论创新、实践创新、制度创新、文化创新以及其他各方面创新。"② 在这种意义上说，中国特色社会主义进入新时代就是一个理论上和实践上不断创新的时代，在创新的时代潮流当中，理论逻辑、实践逻辑和历史逻辑交织促进，演绎着中华民族伟大复兴的光明前景的实现过程。

需要指出的是，中国特色社会主义进入新时代，与中国社会主义现代化进入"后半程"，也即全面实现社会主义现代化的论断之间具有内在一致性③，即都统一于实现中华民族伟大复兴的中国梦的历史进程当中。另外，从不同角度研究中国特色社会主义进入新时代这一重要论断的依据有不同的表述。如有的学者着重从国内主要矛盾和发展阶段的变化、中国国际地位的变化、党的指导理论的新成果、党和国家奋斗目标的新布局等四个方面，论述了中国特色社会主义进入新时代的基本依据和重要意义。④

正如习近平指出的，中国特色社会主义政治发展道路，是近代以来中国人民长期奋斗的历史逻辑、理论逻辑、实践逻辑的必然结果，是坚持党的本质属性、践行党的根本宗旨的必然要求。⑤ 从这个意义上说，中国特色社会

---

① 杨河：《中国特色社会主义新时代的历史和逻辑》，《中国高校社会科学》2017年第6期。
② 习近平：《决胜全面建成小康社会 夺取新时代中国特色社会主义伟大胜利——在中国共产党第十九次全国代表大会上的报告》，人民出版社2017年版，第26页。
③ 朱佳木：《深刻认识中国特色社会主义进入新时代的依据和意义——学习党的十九大报告的一点体会》，《马克思主义研究》2017年第11期。
④ 朱佳木：《深刻认识中国特色社会主义进入新时代的依据和意义——学习党的十九大报告的一点体会》，《马克思主义研究》2017年第11期。
⑤ 习近平：《决胜全面建成小康社会 夺取新时代中国特色社会主义伟大胜利——在中国共产党第十九次全国代表大会上的报告》，人民出版社2017年版，第36页。

进入新时代，也是中国特色社会主义政治发展道路内含的历史逻辑、理论逻辑和实践逻辑在决胜全面建成小康社会、开启全面建设社会主义现代化新征程这一历时性关键时刻汇聚凝练的必然结果，是新时代中国共产党领导中国人民践行中华民族伟大复兴中国梦这一历史使命的信念坚持和责任担当的必然要求。

（二）中国特色社会主义新时代的社会主要矛盾研析

新时代中国社会主要矛盾理论是习近平新时代中国特色社会主义思想的重要组成部分，科学认识和准确把握这一理论具有重要的理论意义和实践价值。必须认识到，这一理论是我们研究社会历史发展用到的一个十分重要的方法论工具，是我们制定正确的路线方针政策的根本依据。[①] "中国特色社会主义进入新时代，是习近平总书记客观分析我国主要矛盾变化得出的具有重大创新意义的政治结论。"[②] 具体地说，党的十八大以来，中国社会主要矛盾已经转化为人民日益增长的美好生活需要和不平衡不充分的发展之间的矛盾，这既是判断中国特色社会主义进入新时代的重要理论依据，也是在新时代进一步推动各项工作的实践依据所在。因此，进一步深化对新时代中国社会主要矛盾的认识至关重要。

1. 哲学认识：把握中国社会主要矛盾的世界观和方法论

马克思主义辩证唯物法告诉我们，任何事物都是不断发展变化的，推动事物发展变化的是事物的内在矛盾及其运动。"按照辩证唯物论的观点看来，矛盾存在于一切客观事物和主观思维的过程中，矛盾贯串于一切过程的始终，这是矛盾的普遍性和绝对性。矛盾着的事物及其每一个侧面各有其特点，这是矛盾的特殊性和相对性。"[③] 矛盾无处不在，无时不有，正是事物内在的矛盾推动着事物向前发展。任何事物都具有对立统一面，这两方面既相互依存，又相互斗争，在统一中斗争，在斗争中统一。在毛泽东看来，"事物矛盾的法则，即对立统一的法则，是自然和社会的根本法则，因而也是思维的根本法则"[④]。无论是自然界还是人类社会的变化，都是由其内部矛盾的发展促进的，矛盾既具有普遍性，也具有特殊性。在复杂的事物的发展过程中，有许多种的矛盾存在，其中必有一种是主要的矛盾，它的存在和发展规定或影响着其他矛盾的存在和发展。"对于矛盾的各种不平衡情况的研究，对于主要

---

① 李君如：《我们进入了中国特色社会主义新时代》，《当代世界与社会主义》2017年第6期。
② 王伟光：《当代中国马克思主义的最新理论成果——习近平新时代中国特色社会主义思想学习体会》，《中国社会科学》2017年第12期。
③ 《毛泽东选集》第1卷，人民出版社1991年版，第336页。
④ 《毛泽东选集》第1卷，人民出版社1991年版，第336页。

的矛盾和非主要的矛盾、主要的矛盾方面和非主要的矛盾方面的研究，成为革命政党正确地决定其政治上和军事上的战略战术方针的重要方法之一，是一切共产党人都应当注意的。"① 这就是说，判断社会主要矛盾是一个重大的理论和实践问题，"社会主要矛盾是社会基本矛盾在一定社会各种具体矛盾中居于支配地位、起着规定或影响其他矛盾的矛盾"②。中国共产党在不同历史时期，面临着不同的社会主要矛盾，只有根据当时的社会主要矛盾，制定相应的政策和实践方略，才能有效地推动中国社会的向前发展，最大限度地调动广大人民群众生产生活的积极性和创造性。新时代中国社会主要矛盾理论坚持了辩证唯物主义和历史唯物主义的世界观方法论，是中国共产党的重大理论创新成果，丰富和发展了马克思主义矛盾学说，反映了中国社会发展的客观实际，是坚持党的实事求是思想路线并通过历史和现实、理论和实践相结合的分析而得出的正确结论。

2. 历史认识：体察中国社会主要矛盾的时代变迁

中国近代以来的历史一再表明，对社会主要矛盾的科学认识、准确把握和实践应对，是中国共产党领导人民进行革命、建设和改革并取得胜利的重要保证和宝贵经验。

在新民主主义革命时期，中国处于半殖民地半封建社会，饱受帝国主义的侵略和凌辱，中华民族和帝国主义、封建主义是中国社会的主要矛盾。经过不懈努力和多年的浴血奋战，战胜了帝国主义，消灭了封建剥削，成立了中华人民共和国，翻开了近代中国历史崭新的一页，实现了中华民族站起来的伟大历史性飞跃。

新中国成立以后，党和政府带领广大人民实行三大改造，建立社会主义基本制度。1956年社会主义改造基本完成后，阶级斗争作为一种革命任务已基本完成，阶级矛盾开始下降为次要矛盾，人民内部矛盾上升为社会主要矛盾，这就要求我们的工作重心转移到解决人民内部矛盾、满足人民群众的生产生活需求这一方面来。1956年9月27日通过的《中国共产党第八次全国代表大会关于政治报告的决议》指出："我们国内的主要矛盾，已经是人民对于建立先进的工业国的要求同落后的农业国之间的矛盾，已经是人民对于经济文化迅速发展的需要同当前经济文化不能满足人民需要的状况之间的矛盾。这一矛盾的实质，在我国社会主义制度已经建立的情况下，也就是先进的社会主义制度同落后的社会生产力之间的矛盾。"③ 然而，由于对社会主义建设的经验不足，随后出现了反右派斗争扩大化、"大

---

① 《毛泽东选集》第1卷，人民出版社1991年版，第326～327页。
② 李慎明：《正确认识中国特色社会主义新时代社会主要矛盾》，《红旗文稿》2018年第5期。
③ 《建国以来重要文献选编》第9册，中央文献出版社1994年版，第341页。

跃进"和"文化大革命"等偏离探索解决社会主要矛盾正道的错误做法，最终没能很好地解决当时的社会主要矛盾。

1978年12月召开的党的十一届三中全会重新确立了解放思想、实事求是的思想路线，决定把党和国家的工作重点转移到社会主义现代化建设上来，实行改革开放，标志着中国进入社会主义现代化建设的新时期。以邓小平为核心的党中央第二代领导集体，科学研判和平与发展是当今时代主题，正确地指出，中国社会主义建设的根本任务是进一步解放生产力，发展生产力，逐步实现社会主义现代化，并且为此而改革生产关系和上层建筑中不适应生产力发展的方面和环节。邓小平深刻指出："社会主义的本质，是解放生产力，发展生产力，消灭剥削，消除两极分化，最终达到共同富裕。"①"贫穷不是社会主义，社会主义要消灭贫穷。不发展生产力，不提高人民的生活水平，不能说是符合社会主义要求的。"②在对中国社会主要矛盾发展的研判上，重新恢复了1956年党的八大对中国社会主要矛盾的正确判断，致力于提高社会生产力，不断满足人民群众日益增长的物质文化需求。1979年，邓小平在一次会议上谈及中国社会主要矛盾问题指出："至于什么是目前时期的主要矛盾，也就是目前时期全党和全国人民所必须解决的主要问题或中心任务，由于三中全会决定把工作重点转移到社会主义现代化建设方面来，实际上已经解决了。我们的生产力发展水平很低，远远不能满足人民和国家的需要，这就是我们目前时期的主要矛盾，解决这个主要矛盾就是我们的中心任务。"③ 1981年6月29日，中国共产党第十一届中央委员会第六次全体会议通过了《中国共产党中央委员会关于建国以来党的若干历史问题的决议》，决议正确指出："在社会主义改造基本完成以后，我国所要解决的主要矛盾，是人民日益增长的物质文化需要同落后的社会生产之间的矛盾。党和国家工作的重点必须转移到以经济建设为中心的社会主义现代化建设上来，大大发展社会生产力，并在这个基础上逐步改善人民的物质文化生活。"④ 正是在对中国社会主要矛盾正确认识的基础上，改革开放的伟大事业经过以邓小平为核心的党中央第二代领导集体、以江泽民为核心的第三代领导集体和以胡锦涛为代表的党中央的纵深推进，取得了快速发展和骄人成就，在国际上也产生了积极和深远的影响。

党的十八大以来，以习近平为核心的党中央，以极大的政治勇气和担当，全面深化改革，在经济、政治、文化、社会和生态等各方面都取得了历史性

---

① 《邓小平文选》第3卷，人民出版社1993年版，第373页。
② 《邓小平文选》第3卷，人民出版社1993年版，第116页。
③ 《邓小平文选》第2卷，人民出版社1994年版，第182页。
④ 《三中全会以来重要文献选编》（下），中央文献出版社2011年版，第168页。

成就，实现了历史性变革。2017年10月18日，习近平在党的第十九大报告中庄严地做出社会主要矛盾发生转化的重大政治论断："中国特色社会主义进入新时代，我国社会主要矛盾已经转化为人民日益增长的美好生活需要和不平衡不充分的发展之间的矛盾。"①这一论断充分体现了当代中国共产党人对中国社会主要矛盾的创新性认识，是对新时代中国社会发展水平科学研判而得出的正确结论。有研究指出："新时代我国社会主要矛盾是坚持马克思主义哲学的矛盾观点，科学分析和判断当前我国社会复杂矛盾关系，在众多矛盾中正确提炼和概括社会主要矛盾得出的科学结论。它不是对党的十一届三中全会以来关于社会主义初级阶段社会主要矛盾的否定，相反，是一种深化和发展，是中国共产党审时度势，科学认识新时代内涵和特征，明确总目标总任务的必然结果。"②

整体来说，经过改革开放40年的发展，中国社会生产力水平总体上显著提高，社会生产能力在很多方面进入世界前列。改革开放以来，中国人民生活水平不断迈上新台阶，人均国内生产总值年均增长约9.5%，已经达到中等偏上收入国家水平，城镇居民人均可支配收入和农村居民人均可支配收入均有大幅增长，农村贫困发生率大幅下降，目前远低于世界平均水平，高等教育毛入学率高出世界平均水平近10个百分点，城乡居民健康状况显著改善，居民平均预期寿命2017年达到76.7岁，高于世界平均水平。每年世界卫生组织（WHO）都要发布《世界卫生统计》，2018年5月，世界卫生组织在日内瓦发布最新报告《世界卫生统计2018》（*World Health Statistics* 2018），此次统计来自183个主权国家。在此次统计中，中国人口预期寿命约76.4岁，其中，男性75岁，女性77.9岁，排名第52位，较之前有所提升。经过改革开放，中国长期所处的短缺经济和供给不足状况已经发生根本性转变，再讲"落后的社会生产"已经不符合实际。中国已经稳定地解决了十几亿人的温饱问题，在总体上实现了小康，这意味着人民群众的基本物质生活需要已经得到了满足，人民的需求朝着更高的物质文化生活水平发展。人民群众在民主、法治、公平、正义、安全、环境等其他方面也有了新的、更为全面的需求。人民群众期盼有更好的教育、更稳定的工作、更满意的收入、更可靠的社会保障、更高水平的医疗卫生服务、更舒适的居住条件、更优美的环境、更丰富的精神文化生活。就生态文明需要来说，绿水青山就是金山银山，人民群众需要青山绿水蓝天白云美景，也就是需要良好的生活人居环

---

① 习近平：《决胜全面建成小康社会 夺取新时代中国特色社会主义伟大胜利——在中国共产党第十九次全国代表大会上的报告》，人民出版社2017年版，第11页。

② 廖小琴：《新时代我国社会主要矛盾的逻辑生成与实践指向》，《马克思主义与现实》2018年第2期。

境、生态环境，这就迫切需要加快环境污染治理，加强生态环境保护，从而形成绿色健康的生活方式，享受美好生活。因此，党的十九大关于中国社会主要矛盾已经转化为人民日益增长的美好生活需要与不平衡不充分发展之间的矛盾，正确地指明了解决当代中国发展问题的根本着力点，为推动党和国家事业发展提供了科学准确的认识前提。

3. 实践认识：体察新时代社会主要矛盾的现实展开

毫无疑问，影响满足人民美好生活需要的因素很多，但主要是发展不平衡不充分问题，其他问题归根结底都是由此造成或派生的。各区域各领域各方面发展不够平衡，存在"一条腿长、一条腿短"的失衡现象，制约了整体发展水平的提升，一些地区、一些领域、一些方面还存在发展不足的问题，发展的任务仍然很重。因此，新时代必须着力解决不平衡的发展和不充分的发展的问题。确切地说，所谓"不平衡的发展"，主要表现为经济发展结构不平衡、地域发展不平衡、城乡发展不平衡、贫富发展不平衡等；所谓"不充分的发展"，主要表现为制度优势还未得到充分发挥、社会活力还未得到充分释放、国家治理和社会治理现代化功能还未得到充分整合、公平正义和社会安全体系还未得到充分保障等。由不平衡到平衡、由不充分到充分，是在新时代推进改革和发展所要着力完成的主要任务。① 我们需要在继续推进发展的基础上，着力解决好发展不平衡不充分问题，大力提升发展质量和效益，实现高质量发展，不仅要为人民群众自身发展提供物质条件，更要提供相应的政治、文化、社会条件，从而满足人民日益增长的美好生活需要。

从社会生产力来看，有世界先进甚至世界领先的生产力，有大量传统的、相对落后甚至原始的生产力，不同地区、不同领域的生产力水平和布局很不均衡。从"五位一体"总体布局来看，经济社会发展取得重大成就，各个领域仍然存在这样那样的短板。从城乡和区域发展来看，城乡之间发展水平差距较大，东、中、西部地区发展水平差距较大。从收入分配差距来看，中国人均国民收入在世界上处于中等偏上行列，绝大部分人已解决温饱问题，但农村有几千万人口尚未脱贫，城市还有不少困难群众。习近平在党的十九大报告中指出："我国社会生产力水平总体上显著提高，社会生产能力在很多方面进入世界前列，更加突出的问题是发展不平衡不充分，这已经成为满足人民日益增长的美好生活需要的主要制约因素。"②

中国社会主要矛盾的转化，从总体上反映了当今中国时代发展、社会发展状况以及发展水平，反映了中国发展全局的基本状况和未来趋势，反映了

---

① 包心鉴：《新时代的科学内涵与新思想的鲜明特质》，《当代世界与社会主义》2018 年第 1 期。
② 习近平：《决胜全面建成小康社会 夺取新时代中国特色社会主义伟大胜利——在中国共产党第十九次全国代表大会上的报告》，人民出版社 2017 年版，第 11 页。

人民对美好生活需要的日益增长的迫切需要。因此，谋划党和国家发展的根本任务和工作重点必须放在解决"不平衡不充分的发展"这个新的矛盾的主要方面上，始终把解放和发展社会生产力放到首位。① 我们要结合当前任务和长远目标，坚持辩证唯物主义和历史唯物主义的方法论。在继续推动发展的基础上，着力解决好发展不平衡不充分的问题，大力提升发展质量和效益，更好地满足人民在经济、政治、文化、社会、生态文明等方面日益增长的需要，更好地推动人的全面发展、社会全面进步。

我们在理解新时代社会主要矛盾发生转化的同时，还要理解"两个没有变"的道理。建设社会主义是前无古人的伟大事业，需要几代人、十几代人乃至几十代人艰苦奋斗、积极进取和创新开拓。天上不会掉馅饼，努力奋斗才能梦想成真。社会主义初级阶段是一个长期的阶段，必然会经历不同的具体的发展阶段。新时代中国社会主要矛盾的转化是关系全局的历史性变化，对党和国家工作提出了许多新要求，但是"我国仍处于并将长期处于社会主义初级阶段的基本国情没有变，我国是世界最大发展中国家的国际地位没有变"②，这两个"没有变"时时刻刻提醒我们，未来的路还长，不要骄傲自满，更不能停步不前，问题和挑战依然存在，我们要继续奋斗。正如习近平在党的十九大报告中所指出的那样："行百里者半九十。中华民族伟大复兴，绝不是轻轻松松、敲锣打鼓就能实现的。全党必须准备付出更为艰巨、更为艰苦的努力。"③

新时代中国社会主要矛盾理论要求我们，在推动社会主要矛盾解决的过程之中，无论在什么时候、在什么样的情况之下，都要牢牢坚持以人民为中心、以人民的美好生活为归宿这一出发点与落脚点，那么我们的社会主义事业就永远立于不败之地。在充分认识新时代中国社会主要矛盾的历史与实践之后，我们就要科学把握中国特色社会主义新时代社会主要矛盾，从而更好地服从于服务于中国特色社会主义事业的大局。就要做到：解决社会主要矛盾必须以习近平新时代中国特色社会主义思想为指导，坚持党对一切工作的领导这一最为根本的政治原则，顶层设计、综合解决；要牢牢坚持党的基本路线，推动社会主要矛盾的不断解决；要警惕社会主要矛盾与非主要矛盾非正常相互转化的问题，防止社会非主要矛盾影响社会主要矛盾的解决；要始终扭住当前我国社会主要矛盾不放，在继续推动发展的基础上着力解决好发

---

① 刘林宗：《我国社会主要矛盾新变化重大判断的历史性贡献》，《红旗文稿》2018年第3期。
② 习近平：《决胜全面建成小康社会 夺取新时代中国特色社会主义伟大胜利——在中国共产党第十九次全国代表大会上的报告》，人民出版社2017年版，第12页。
③ 习近平：《决胜全面建成小康社会 夺取新时代中国特色社会主义伟大胜利——在中国共产党第十九次全国代表大会上的报告》，人民出版社2017年版，第15页。

展不平衡不充分的问题；要坚定信心，居安思危。①

（三）新时代对社会主义初级阶段基本国情的再认识

中国特色社会主义进入新时代，中国社会主要矛盾已经转化为人民日益增长的美好生活需要同不平衡不充分的发展之间的矛盾，但是，我们"必须认识到，我国社会主要矛盾的变化，没有改变我们对我国社会主义所处历史阶段的判断，我国仍处于并将长期处于社会主义初级阶段的基本国情没有变，我国是世界最大发展中国家的国际地位没有变"②。这里重点要防止两种倾向：一种倾向是强调"变"，但是脱离社会主义初级阶段的实际去追求美好生活；另一种倾向是强调"不变"，不思进取，不能按照人民群众对美好生活的需要去探索、去创新。③ 这就必须在理论和实践上对社会主义初级阶段有一个深刻和全面的认识。有研究指出，我们党关于社会主义初级阶段的认识，是在社会主义实践中对科学社会主义理论的重大发展，是中国特色社会主义理论和实践的重要组成部分，充分认识社会主义初级阶段的历史长期性，正确认识中国特色社会主义作为社会主义阶段的发展规律和历史特征，对于发展新时代中国特色社会主义具有极为重要的理论意义和实践价值。④中国特色社会主义理论体系中的社会主义初级阶段理论在党的十三大报告得到明确界定和系统阐述，从党的十三大报告到党的十九大报告都坚定地坚持这一基本论断。

1. 马克思、恩格斯和列宁关于社会主义发展阶段的相关思想

要对社会主义初级阶段理论加以深入的了解，我们首先必须了解马克思、恩格斯和列宁等人对社会主义发展阶段及其历史长期性的相关论述。马克思主义者都坚信社会主义必然胜利、资本主义必然灭亡这一科学社会主义的基本观点，但如何进行社会主义革命、如何建设社会主义以及需要多长时间建设社会主义并最终实现共产主义等问题则会因为各国的基本国情而有别。马克思恩格斯充分意识到社会形态更替具有的复杂性和长期性。马克思在《哥达纲领批判》中告诉我们："我们这里所说的是这样的共产主义社会，它不是在它自身基础上已经发展了的，恰好相反，是刚刚从资本主义社会中产生出来的，因此它在各方面，在经济、道德和精神方面都还带着它脱胎出来的

---

① 李慎明：《正确认识中国特色社会主义新时代社会主要矛盾》，《红旗文稿》2018年第5期。
② 习近平：《决胜全面建成小康社会　夺取新时代中国特色社会主义伟大胜利——在中国共产党第十九次全国代表大会上的报告》，人民出版社2017年版，第12页。
③ 李君如：《我们进入了中国特色社会主义新时代》，《当代世界与社会主义》2017年第6期。
④ 刘伟：《应当充分认识社会主义初级阶段的历史长期性》，《政治经济学评论》2018年第6期。

那个旧社会的痕迹。"① 这意味着，作为共产主义第一阶段的社会主义阶段的完成，必须实现一系列的历史转变，是对其所脱胎的旧社会的积极扬弃，从而不可避免地面临着诸多不足。但是要实现这种转变需要一个相当的时间，马克思在《法兰西内战》中明确指出，"以自由的联合的劳动条件去代替劳动受奴役的经济条件，只能随着时间的推进而逐步完成（这是经济改造）"②；"在共产主义社会高级阶段，在迫使个人奴隶般地服从分工的情形已经消失，从而脑力劳动和体力劳动的对立也随之消失之后；在劳动已经不仅仅是谋生的手段，而且本身成了生活的第一需要之后；在随着个人的全面发展，他们的生产力也增长起来，而集体财富的一切源泉都充分涌流之后，——只有在那个时候，才能完成超出资产阶级权利的狭隘眼界，社会才能在自己的旗帜上写上：各尽所能，按需分配！"③ 由此可见，马克思充分意识到共产主义社会存在着不同阶段，而不同阶段呈现出来的不同发展水平受制于社会生产力的发展情况。也就是说，社会主义社会从来都不是固定不变的，恩格斯曾指出："所谓'社会主义社会'不是一种一成不变的东西，而应当和任何其他社会制度一样，把它看成是经常变化和改革的社会。"④ 这一论断告诉我们，社会主义社会也是一个不断发展的社会形态，可能会表现出不同的发展阶段。

列宁继承和发展了马克思恩格斯关于社会主义社会不断发展以及共产主义社会具有不同阶段划分的思想。他在《国家与革命》一书中明确提出，社会主义同共产主义在科学上是有差别的，共产主义第一阶段或低级阶段就是社会主义，"在第一阶段，共产主义在经济上还不可能完全成熟，完全摆脱资本主义的传统或痕迹"⑤。1919年6月28日，列宁在《伟大的创举》一文中再次说明了社会主义和共产主义之间的科学区别，"社会主义和共产主义之间的科学区别，只在于第一个词是指从资本主义生长起来的新社会的第一阶段，第二个词是指它的下一个阶段，更高的阶段"⑥。依据这种区分的理路，我们可以设想在社会主义社会当中，也可能有不同的发展阶段，而这些不同发展阶段的整体汇合成为从社会主义社会向共产主义社会过渡的准备条件。这一点在列宁领导俄国人民进行社会主义建设的过程当中也得到了运用、丰富和发展，从而开辟了一条现实社会主义的道路。

2. 中国特色社会主义奠基时期对社会主义发展阶段理论的初步探索

以毛泽东为代表的中国共产党人，经过艰苦卓绝的努力奋斗，建立了中

---

① 《马克思恩格斯文集》第3卷，人民出版社2009年版，第434页。
② 《马克思恩格斯文集》第3卷，人民出版社2009年版，第198页。
③ 《马克思恩格斯文集》第3卷，人民出版社2009年版，第435～436页。
④ 《马克思恩格斯选集》第4卷，人民出版社2012年版，第601页。
⑤ 《列宁全集》（第2版增订版）第31卷，人民出版社2017年版，第94页。
⑥ 《列宁专题文集·论社会主义》，人民出版社2009年版，第145页。

华人民共和国，实行三大改造，确立了社会主义基本制度，为当代中国的一切发展奠定了根本性的前提。正如习近平在纪念毛泽东诞辰120周年座谈会上的讲话所指出的那样："毛泽东毕生最突出最伟大的贡献，就是领导我们党和人民找到了新民主主义革命的正确道路，完成了反帝反封建的任务，建立了中华人民共和国，确立了社会主义基本制度，取得了社会主义建设的基础性成就，并为我们探索建设中国特色社会主义的道路积累了经验和提供了条件，为我们党和人民事业胜利发展、为中华民族阔步赶上时代发展潮流创造了根本前提，奠定了坚实的理论和实践基础。"[1] 这其中一个非常重要的贡献就是毛泽东立足于当时中国国情而提出的关于把社会主义社会分为"建立"和"建成"两个时期（或形态）以及"不发达"和"比较发达"两个社会主义阶段的思想，这种划分成为社会主义初级阶段论的重要理论和实践源头。

1957年2月27日，毛泽东在《关于正确处理人民内部矛盾的问题》中指出："我国的社会主义制度还刚刚建立，还没有完全建成，还不完全巩固。"[2] 在这里，毛泽东明确使用"建立"和"建成"这两个概念来对中国社会主义社会所处阶段做出了有差别的历史定位。在他看来，"建立"时期不同于"建成"时期，建立起来可能还很不完善。那么什么是"建成"？毛泽东在《一九五七年夏季的形势》一文中进一步指出，从现在起，"只有经过十年至十五年的社会生产力的比较充分的发展，我们的社会主义的经济制度和政治制度，才算获得了自己的比较充分的物质基础（现在，这个物质基础还很不充分），我们的国家（上层建筑）才算充分巩固，社会主义社会才算从根本上建成了"[3]。在这里，毛泽东是从物质基础方面区分"建立"和"建成"两个时期的，这种区分也为毛泽东关于社会主义社会发展的阶段论奠定了思想基础。1959年12月到1960年2月期间，毛泽东在读苏联《政治经济学教科书》的谈话中曾深刻指出："社会主义这个阶段，又可能分为两个阶段，第一个阶段是不发达的社会主义，第二个阶段是比较发达的社会主义。后一阶段可能比前一阶段需要更长的时间。后一阶段可能比前一阶段需要更长的实践。经过后一阶段，到了物质产品、精神财富都极为丰富和人们的共产主义觉悟极大提高的时候，就可以进入共产主义社会了。"[4] 即非常明确地将社会主义分为不发达、比较发达两个阶段，并且是在比较发达的社会

---

[1] 习近平：《在纪念毛泽东同志诞辰120周年座谈会上的讲话》，《十八大以来重要文献选编》上，中央文献出版社2014年版，第691页。
[2] 《毛泽东文集》第7卷，人民出版社2009年版，第214页。
[3] 《毛泽东年谱》第3卷，中央文献出版社2013年版，第193页。
[4] 《毛泽东文集》第8卷，人民出版社1999年版，第116页。

主义社会基础上才可以进入共产主义社会，这意味着，社会主义社会因社会生产力的水平和人们的觉悟水平等方面的不同，会呈现出阶段性的发展差异。因此在理论发展脉络上，毛泽东实际上已经指明了社会主义发展存有不同阶段的现实可能性。由是观之，毛泽东关于把社会主义分为"建立"和"建成"以及"不发达的社会主义"和"比较发达的社会主义"两个阶段的论述，为社会主义初级阶段理论奠定了思想基础。①

3. 中国特色社会主义创设时期对社会主义初级阶段理论的积极探索

党的十一届三中全会以来，中国共产党正确地分析国情，科学地做出中国还处于社会主义初级阶段的重要论断。以邓小平为核心的党中央第二代领导集体，继承和发展了马克思、恩格斯、列宁和毛泽东等人关于社会主义阶段的划分思想。邓小平指出："社会主义是共产主义的第一阶段。……到了第二阶段，即共产主义高级阶段，经济高度发展了，物资极大丰富了，才能做到各尽所能，按需分配。"②"我们讲社会主义是共产主义的初级阶段，共产主义的高级阶段要实行各尽所能、按需分配，这就要求社会生产力高度发展，社会物质财富极大丰富。"③ 在对社会主义和共产主义做出区分后，邓小平进一步做出"当时中国还处在社会主义初级阶段"并且提出"这个阶段将持续相当长一个时期"的重大判断。"社会主义初级阶段"被写入了1981年中共中央《关于建国以来党的若干历史问题的决议》，并在后来党的十二大报告和党的十二届六中全会决议中多次得到强调。党的十三大报告则对社会主义初级阶段的历史客观性、特点、任务等做出了系统的阐释。党的十三大报告强调指出，社会主义初级阶段，"它不是泛指任何国家进入社会主义都会经历的起始阶段，而是特指我国在生产力落后、商品经济不发达条件下建设社会主义必然要经历的特定阶段。我国从五十年代生产资料私有制的社会主义改造基本完成，到社会主义现代化的基本实现，至少需要上百年时间，都属于社会主义初级阶段"④。也就是说，社会主义初级阶段至少需要100年时间的发展，才能进入到更为高级的社会主义发展阶段。党的十三大报告中还对社会社会主义初级阶段做了明确界定："我国正处在社会主义的初级阶段。这个论断，包括两层含义：第一，我国社会已经是社会主义社会。我们必须坚持而不能离开社会主义。第二，我国的社会主义社会还处在初级阶段。我们必须从这个实际出发，而不能超越这个阶段。"⑤即首先认为社会主义初

---

① 肖贵清：《毛泽东对中国特色社会主义的历史贡献》，《思想理论教育导刊》2013年第11期。
② 《邓小平文选》第3卷，人民出版社1993年版，第10页。
③ 《邓小平文选》第3卷，人民出版社1993年版，第63页。
④ 《十三大以来重要文献选编》（上），中央文献出版社2011年版，第11页。
⑤ 《十三大以来重要文献选编》（上），中央文献出版社2011年版，第8～9页。

级阶段是已建立了社会主义制度的社会,其次指出社会主义初级阶段是不发达的社会主义初级阶段。党的十三大确立社会主义初级阶段基本路线,标志着中国特色社会主义道路的初步开辟。①

4. 中国特色社会主义推进时期对社会主义初级阶段理论的丰富和发展

1997年9月,党的十五大报告对社会主义初级阶段进一步做了规范性的表述和科学的界定,报告指出:"社会主义是共产主义的初级阶段,而中国又处在社会主义的初级阶段,就是不发达的阶段。在我们这样的东方大国,经过新民主主义走上社会主义道路,这是伟大的胜利。但是,我国进入社会主义的时候,就生产力发展水平来说,还远远落后于发达国家。这就决定了必须在社会主义条件下经历一个相当长的初级阶段,去实现工业化和经济的社会化、市场化、现代化。这是不可逾越的历史阶段。"② 此即告诉我们,中国所处的社会主义初级阶段是一个不可逾越并且是不发达的历史阶段,在这个初级阶段中,工作重点是实现工业化、经济社会化、市场化和现代化,从而促进社会生产力发展水平的不断提高。另外,党的十五大报告还指出:"社会主义初级阶段,是逐步摆脱不发达状态,基本实现社会主义现代化的历史阶段;是由农业人口占很大比重、主要依靠手工劳动的农业国,逐步转变为非农业人口占多数、包含现代农业和现代服务业的工业化国家的历史阶段;是由自然经济半自然经济占很大比重,逐步转变为经济市场化程度较高的历史阶段;是由文盲半文盲人口占很大比重、科技教育文化落后,逐步转变为科技教育文化比较发达的历史阶段;是由贫困人口占很大比重、人民生活水平比较低,逐步转变为全体人民比较富裕的历史阶段;是由地区经济文化很不平衡,通过有先有后的发展,逐步缩小差距的历史阶段;是通过改革和探索,建立和完善比较成熟的充满活力的社会主义市场经济体制、社会主义民主政治体制和其他方面体制的历史阶段;是广大人民牢固树立建设有中国特色社会主义共同理想,自强不息,锐意进取,艰苦奋斗,勤俭建国,在建设物质文明的同时努力建设精神文明的历史阶段;是逐步缩小同世界先进水平的差距,在社会主义基础上实现中华民族伟大复兴的历史阶段。"③ 这里对社会主义初级阶段的各种特征、发展水平做了十分详尽的描述,充分体现了我们党对我国基本国情的科学把握。江泽民在庆祝中国共产党成立八十周年大会上的讲话中指出:"我国现在处于并将长期处于社会主义初级阶段。社会主义初级阶段,是整个建设有中国特色社会主义的很长历史过程中的初始阶段。随着经济发展和社会全面进步,将来条件具备时,我国社会主义建

---

① 刘建辉主编:《中国共产党历史与经验》,中共中央党校出版社2016年版,第161页。
② 《江泽民文选》第2卷,人民出版社2006年版,第13~14页。
③ 《江泽民文选》第2卷,人民出版社2006年版,第14~15页。

设会进入更高的发展阶段。"① 胡锦涛在党的十七大报告中指出:"进入新世纪新阶段,我国取得了举世瞩目的发展成就是我国发展的阶段性特征,是社会主义初级阶段基本国情在新世纪新阶段的具体表现。我国仍处于并将长期处于社会主义初级阶段的基本国情没有变。"② 胡锦涛在2012年党的十八大报告中再次重申中国仍处于并将长期处于社会主义初级阶段这一基本国情的论断③。

从上所析,改革开放以来中国特色社会主义伟大事业在不同阶段取得了不同成就,并表现出不同的阶段性发展特征,但从根本上都没有改变中国处于社会主义初级阶段的基本国情,因为基本国情涉及更为宏大的生产力和生产关系、经济基础和上层建筑之间的社会基本矛盾的运动及其研判。

5. 中国特色社会主义新时代对社会主义初级阶段理论的丰富和发展

党的十八届三中、五中、六中全会都坚持了党的十八大报告中关于中国基本国情方面"三个没有变"的判断,党的十九大报告除了做出中国社会主要矛盾发生转化的论断之外,同时明确指出:"我国社会主要矛盾的变化,没有改变我们对我国社会主义所处历史阶段的判断,我国仍处于并将长期处于社会主义初级阶段的基本国情没有变,我国是世界最大发展中国家的国际地位没有变。"④ 也即强调变的是社会主要矛盾,不变的是基本国情,变的原因是因为阶段性的历史性的发展成就和重大变革使然,不变的是宏观的社会基本矛盾运作的结果。更为确切地说,中国社会主要矛盾发生了转变,只是社会主义初级阶段在发展过程中呈现了新的阶段性特征。党的十九大报告要求"全党要牢牢把握社会主义初级阶段这个基本国情,牢牢立足社会主义初级阶段这个最大实际,牢牢坚持党的基本路线这个党和国家的生命线、人民的幸福线"⑤。

正如相关研究所指出的,中国特色社会主义进入新时代,是整个社会主义初级阶段中的一个时代。虽然"新时代"与"社会主义初级阶段"是不同层级的概念,但二者具有类似的哲学方法论意义,它们在党的十九大报告中具有基础性地位,是理解和把握党的十九大报告提出的新论断新思想新方略的"立论基础"。在一定意义上,党的十九大报告就是实现强起来的宣言书

---

① 《江泽民文选》第3卷,人民出版社2006年版,第293页。
② 《胡锦涛文选》第2卷,人民出版社2016年版,第622~623页。
③ 《胡锦涛文选》第3卷,人民出版社2016年版,第624~625页。
④ 习近平:《决胜全面建成小康社会 夺取新时代中国特色社会主义伟大胜利——在中国共产党第十九次全国代表大会上的报告》,人民出版社2017年版,第12页。
⑤ 习近平:《决胜全面建成小康社会 夺取新时代中国特色社会主义伟大胜利——在中国共产党第十九次全国代表大会上的报告》,人民出版社2017年版,第12页。

和行动纲领。① 社会主义初级阶段是不发达阶段，当前中国虽然已经取得了举世瞩目的发展成就，但仍是世界上最大的发展中国家，仍然面对一系列严峻挑战，还有许多需要解决的问题。党对社会主义初级阶段的认识是从整个社会主义事业发展全局来看的，涉及生产力和生产关系、经济基础和上层建筑，涉及物质文明和精神文明建设，涉及经济建设、政治建设、文化建设、社会建设、生态文明建设和党的建设各个方面。在社会主义初级阶段的长历史过程中，中国社会主要矛盾不会一成不变，必然会随着社会发展而变化，但这些变化是在社会主义初级阶段这个历史阶段中发生的变化。

党的十九大报告做出中国社会主要矛盾发生转化的新论断，充分体现了党中央科学把握中国社会主义初级阶段不断变化的特点，坚定坚持社会主义初级阶段理论，致力于解决中国社会发展过程中出现的问题，更好地实现各项事业全面发展，更好地发展中国特色社会主义事业。因此，在认识理解新时代中国社会主要矛盾时，必须把新时代中国社会主要矛盾发生转变这一问题同中国仍处于并将长期处于社会主义初级阶段没有变、同中国是世界上最大发展中国家的国际地位没有变的问题统一起来思考和研究，把"变"与"不变"这两个论断统一起来理解和把握。无论是谋划发展，还是制定政策，应该也必须牢牢把握社会主义初级阶段这个基本国情，牢牢立足社会主义初级阶段这个最大实际，牢牢坚持党的基本路线这个党和国家的生命线、人民的幸福线，既不落后于时代，也不能脱离实际、超越阶段。同时，我们也要清醒地意识到，解决社会主要矛盾不能急于求成，要客观冷静地从社会主义初级阶段的基本国情出发来指导和促进中国的经济社会发展，从而为实现中华民族伟大复兴的中国梦而不懈奋斗。

---

① 韩庆祥、黄相怀：《中国特色社会主义新时代的哲学理解》，《哲学研究》2017 年第 12 期。

四、延伸阅读与思考

（一）重要文献资料

决胜全面建成小康社会　夺取新时代中国特色社会主义伟大胜利
——在中国共产党第十九次全国代表大会上的报告[①]
（节选）

习近平

经过长期努力，中国特色社会主义进入了新时代，这是我国发展新的历史方位。

中国特色社会主义进入新时代，意味着近代以来久经磨难的中华民族迎来了从站起来、富起来到强起来的伟大飞跃，迎来了实现中华民族伟大复兴的光明前景；意味着科学社会主义在二十一世纪的中国焕发出强大生机活力，在世界上高高举起了中国特色社会主义伟大旗帜；意味着中国特色社会主义道路、理论、制度、文化不断发展，拓展了发展中国家走向现代化的途径，给世界上那些既希望加快发展又希望保持自身独立性的国家和民族提供了全新选择，为解决人类问题贡献了中国智慧和中国方案。

这个新时代，是承前启后、继往开来、在新的历史条件下继续夺取中国特色社会主义伟大胜利的时代，是决胜全面建成小康社会、进而全面建设社会主义现代化强国的时代，是全国各族人民团结奋斗、不断创造美好生活、逐步实现全体人民共同富裕的时代，是全体中华儿女勠力同心、奋力实现中华民族伟大复兴中国梦的时代，是我国日益走近世界舞台中央、不断为人类做出更大贡献的时代。

中国特色社会主义进入新时代，我国社会主要矛盾已经转化为人民日益增长的美好生活需要和不平衡不充分的发展之间的矛盾。我国稳定解决了十几亿人的温饱问题，总体上实现小康，不久将全面建成小康社会，人民美好生活需要日益广泛，不仅对物质文化生活提出了更高要求，而且在民主、法治、公平、正义、安全、环境等方面的要求日益增长。同时，我国社会生产力水平总体上显著提高，社会生产能力在很多方面进入世界前列，更加突出

---

① 习近平：《决胜全面建成小康社会　夺取新时代中国特色社会主义伟大胜利——在中国共产党第十九次全国代表大会上的报告》，人民出版社2017年版，第10～12页。

的问题是发展不平衡不充分,这已经成为满足人民日益增长的美好生活需要的主要制约因素。

必须认识到,我国社会主要矛盾的变化是关系全局的历史性变化,对党和国家工作提出了许多新要求。我们要在继续推动发展的基础上,着力解决好发展不平衡不充分问题,大力提升发展质量和效益,更好满足人民在经济、政治、文化、社会、生态等方面日益增长的需要,更好推动人的全面发展、社会全面进步。

必须认识到,我国社会主要矛盾的变化,没有改变我们对我国社会主义所处历史阶段的判断,我国仍处于并将长期处于社会主义初级阶段的基本国情没有变,我国是世界最大发展中国家的国际地位没有变。全党要牢牢把握社会主义初级阶段这个基本国情,牢牢立足社会主义初级阶段这个最大实际,牢牢坚持党的基本路线这个党和国家的生命线、人民的幸福线,领导和团结全国各族人民,以经济建设为中心,坚持四项基本原则,坚持改革开放,自力更生,艰苦创业,为把我国建设成为富强民主文明和谐美丽的社会主义现代化强国而奋斗。

同志们!中国特色社会主义进入新时代,在中华人民共和国发展史上、中华民族发展史上具有重大意义,在世界社会主义发展史上、人类社会发展史上也具有重大意义。全党要坚定信心、奋发有为,让中国特色社会主义展现出更加强大的生命力!

在庆祝改革开放 40 周年大会上的讲话[①]

(2018 年 12 月 18 日)

(节选)

习近平

40 年的实践充分证明,党的十一届三中全会以来我们党团结带领全国各族人民开辟的中国特色社会主义道路、理论、制度、文化是完全正确的,形成的党的基本理论、基本路线、基本方略是完全正确的。

40 年的实践充分证明,中国发展为广大发展中国家走向现代化提供了成功经验、展现了光明前景,是促进世界和平与发展的强大力量,是中华民族对人类文明进步做出的重大贡献。

40 年的实践充分证明,改革开放是党和人民大踏步赶上时代的重要法宝,是坚持和发展中国特色社会主义的必由之路,是决定当代中国命运的关

[①] 习近平:《在庆祝改革开放 40 周年大会上的讲话》,《求是》2018 年第 24 期。

键一招,也是决定实现"两个一百年"奋斗目标、实现中华民族伟大复兴的关键一招。

只有顺应历史潮流,积极应变,主动求变,才能与时代同行。"行之力则知愈进,知之深则行愈达。"改革开放40年积累的宝贵经验是党和人民弥足珍贵的精神财富,对新时代坚持和发展中国特色社会主义有着极为重要的指导意义,必须倍加珍惜、长期坚持,在实践中不断丰富和发展。

第一,必须坚持党对一切工作的领导,不断加强和改善党的领导。改革开放40年的实践启示我们:中国共产党领导是中国特色社会主义最本质的特征,是中国特色社会主义制度的最大优势。党政军民学,东西南北中,党是领导一切的。正是因为始终坚持党的集中统一领导,我们才能实现伟大历史转折、开启改革开放新时期和中华民族伟大复兴新征程,才能成功应对一系列重大风险挑战、克服无数艰难险阻,才能有力应变局、平风波、战洪水、防非典、抗地震、化危机,才能既不走封闭僵化的老路也不走改旗易帜的邪路,而是坚定不移走中国特色社会主义道路。坚持党的领导,必须不断改善党的领导,让党的领导更加适应实践、时代、人民的要求。在坚持党的领导这个决定党和国家前途命运的重大原则问题上,全党全国必须保持高度的思想自觉、政治自觉、行动自觉,丝毫不能动摇。

第二,必须坚持以人民为中心,不断实现人民对美好生活的向往。改革开放40年的实践启示我们:为中国人民谋幸福,为中华民族谋复兴,是中国共产党人的初心和使命,也是改革开放的初心和使命。我们党来自人民、扎根人民、造福人民,全心全意为人民服务是党的根本宗旨,必须以最广大人民根本利益为我们一切工作的根本出发点和落脚点,坚持把人民拥护不拥护、赞成不赞成、高兴不高兴作为制定政策的依据,顺应民心、尊重民意、关注民情、致力民生,既通过提出并贯彻正确的理论和路线方针政策带领人民前进,又从人民实践创造和发展要求中获得前进动力,让人民共享改革开放成果,激励人民更加自觉地投身改革开放和社会主义现代化建设事业。

第三,必须坚持马克思主义指导地位,不断推进实践基础上的理论创新。改革开放40年的实践启示我们:创新是改革开放的生命。实践发展永无止境,解放思想永无止境。恩格斯说:"一切社会变迁和政治变革的终极原因,不应当到人们的头脑中,到人们对永恒的真理和正义的日益增进的认识中去寻找,而应当到生产方式和交换方式的变更中去寻找"。我们坚持理论联系实际,及时回答时代之问、人民之问,廓清困扰和束缚实践发展的思想迷雾,不断推进马克思主义中国化时代化大众化,不断开辟马克思主义发展新境界。

第四,必须坚持走中国特色社会主义道路,不断坚持和发展中国特色社会主义。改革开放40年的实践启示我们:方向决定前途,道路决定命运。我们要把命运掌握在自己手中，就要有志不改、道不变的坚定。改革开放40年来，我们党全部理论和实践的主题是坚持和发展中国特色社会主义。在中国这样一个有着5000多年文明史、13亿多人口的大国推进改革发展，没有可以奉为金科玉律的教科书，也没有可以对中国人民颐指气使的教师爷。鲁迅先生说过："什么是路？就是从没路的地方践踏出来的，从只有荆棘的地方开辟出来的。"中国特色社会主义道路是当代中国大踏步赶上时代、引领时代发展的康庄大道，必须毫不动摇走下去。

第五，必须坚持完善和发展中国特色社会主义制度，不断发挥和增强我国制度优势。改革开放40年的实践启示我们：制度是关系党和国家事业发展的根本性、全局性、稳定性、长期性问题。我们扭住完善和发展中国特色社会主义制度这个关键，为解放和发展社会生产力、解放和增强社会活力、永葆党和国家生机活力提供了有力保证，为保持社会大局稳定、保证人民安居乐业、保障国家安全提供了有力保证，为放手让一切劳动、知识、技术、管理、资本等要素的活力竞相迸发，让一切创造社会财富的源泉充分涌流不断建立了充满活力的体制机制。

第六，必须坚持以发展为第一要务，不断增强我国综合国力。改革开放40年的实践启示我们：解放和发展社会生产力，增强社会主义国家的综合国力，是社会主义的本质要求和根本任务。只有牢牢扭住经济建设这个中心，毫不动摇坚持发展是硬道理、发展应该是科学发展和高质量发展的战略思想，推动经济社会持续健康发展，才能全面增强我国经济实力、科技实力、国防实力、综合国力，才能为坚持和发展中国特色社会主义、实现中华民族伟大复兴奠定雄厚物质基础。

第七，必须坚持扩大开放，不断推动共建人类命运共同体。改革开放40年的实践启示我们：开放带来进步，封闭必然落后。中国的发展离不开世界，世界的繁荣也需要中国。我们统筹国内国际两个大局，坚持对外开放的基本国策，实行积极主动的开放政策，形成全方位、多层次、宽领域的全面开放新格局，为我国创造了良好国际环境、开拓了广阔发展空间。

第八，必须坚持全面从严治党，不断提高党的创造力、凝聚力、战斗力。改革开放40年的实践启示我们：打铁必须自身硬。办好中国的事情，关键在党，关键在坚持党要管党、全面从严治党。我们党只有在领导改革开放和社会主义现代化建设伟大社会革命的同时，坚定不移推进党的伟大自我革命，敢于清除一切侵蚀党的健康肌体的病毒，使党不断自我净化、自我完善、自我革新、自我提高，不断增强党的政治领导力、思想引领力、群众组织力、社会号召力，才能确保党始终保持同人民群众的血肉联系。

第九，必须坚持辩证唯物主义和历史唯物主义世界观和方法论，正确处理改革发展稳定关系。改革开放40年的实践启示我们：我国是一个大国，决不能在根本性问题上出现颠覆性错误。我们坚持加强党的领导和尊重人民首创精神相结合，坚持"摸着石头过河"和顶层设计相结合，坚持问题导向和目标导向相统一，坚持试点先行和全面推进相促进，既鼓励大胆试、大胆闯，又坚持实事求是、善作善成，确保了改革开放行稳致远。

（二）延伸阅读文献

1.《三中全会以来重要文献选编》上下册，中央文献出版社2011年版。

2. 习近平：《决胜全面建成小康社会 夺取新时代中国特色社会主义伟大胜利——在中国共产党第十九次全国代表大会上的报告》，人民出版社2017年版。

3. 王伟光：《当代中国马克思主义的最新理论成果——习近平新时代中国特色社会主义思想学习体会》，《中国社会科学》2017年第12期。

4. 李慎明：《正确认识中国特色社会主义新时代社会主要矛盾》，《红旗文稿》2018年第5期。

5. 邓纯东：《习近平新时代中国特色社会主义思想的本质特征》，《马克思主义研究》2018年第8期。

6. 顾海良：《历史视界 时代意蕴 理论菁华——习近平新时代中国特色社会主义思想研究》，《当代世界与社会主义》2017年第6期。

7. 李君如：《我们进入了中国特色社会主义新时代》，《当代世界与社会主义》2017年第6期。

8. 韩庆祥、黄相怀：《中国特色社会主义新时代的哲学理解》，《哲学研究》2017年第12期。

参考书目

[1] 马克思恩格斯文集：第3卷 [M]. 北京：人民出版社，2009.

[2] 列宁专题文集·论社会主义 [M]. 北京：人民出版社，2009.

[3] 毛泽东文集：第6～8卷 [M]. 北京：人民出版社，2009.

[4] 邓小平文选：第1～2卷 [M]. 北京：人民出版社，1994.

[5] 邓小平文选：第3卷 [M]. 北京：人民出版社，1993.

[6] 江泽民文选：第1～3卷 [M]. 北京：人民出版社，2006.

[7] 胡锦涛文选：第1～3卷 [M]. 北京：人民出版社，2016.

[8] 习近平谈治国理政 [M]. 北京：外文出版社，2014.

[9] 习近平谈治国理政：第2卷 [M]. 北京：外文出版社，2017.

[10] 习近平. 决胜全面建成小康社会 夺取新时代中国特色社会主义伟大胜利［M］. 北京：人民出版社，2017.

思考题

1. 中国特色社会主义进入新时代的主要内涵和重大意义是什么？

2. 为什么说新时代中国社会主要矛盾发生转化并没有改变中国仍处于并将长期处于社会主义初级阶段这一基本国情？

3. 近代以来，在不同历史时期，中国社会的主要矛盾分别是什么？

第二章　新时代中国共产党的历史使命

一、教学大纲基本内容

（一）了解中国共产党的初心和使命

在党的十九大报告中，习近平开宗明义，强调了共产党人的初心和使命——"为中国人民谋幸福，为中华民族谋复兴"。大会的主题也明确："不忘初心，牢记使命，高举中国特色社会主义伟大旗帜，决胜全面建成小康社会，夺取新时代中国特色社会主义伟大胜利，为实现中华民族伟大复兴的中国梦不懈奋斗"。①

1. 中国共产党义无反顾地肩负起实现中华民族伟大复兴的历史使命

中华民族有五千多年的文明历史，创造了灿烂的中华文明，为人类做出了卓越贡献，成为世界上伟大的民族。鸦片战争后，中国陷入内忧外患的黑暗境地，中国人民经历了战乱频仍、山河破碎、民不聊生的深重苦难。为了民族复兴，无数仁人志士不屈不挠、前仆后继，进行了可歌可泣的斗争，进行了各式各样的尝试，但终究未能改变旧中国的社会性质和中国人民的悲惨命运。

实现中华民族伟大复兴是近代以来中华民族最伟大的梦想。中国共产党一经成立，就把实现共产主义作为党的最高理想和最终目标，义无反顾地肩负起实现中华民族伟大复兴的历史使命，团结带领人民进行了艰苦卓绝的斗争，谱写了气吞山河的壮丽史诗。

2. 中国梦的本质是国家富强、民族振兴、人民幸福

中国梦是一种群众易于接受的表述。实现全面建成小康社会、建成富强民主文明和谐的社会主义现代化国家的奋斗目标，实现中华民族伟大复兴的中国梦，就是要实现国家富强、民族振兴、人民幸福。从国家层面讲，就是要把中国建设成富强民主文明和谐的社会主义现代化国家；从民族层面讲，

---

① 《决胜全面建成小康社会　夺取新时代中国特色社会主义伟大胜利——在中国共产党第十九次全国代表大会上的报告》，人民出版社2017年版，第1页。

就是要振兴伟大的中华民族；从人民层面讲，就是要让人民过上幸福美好的生活。中国梦是国家的梦、民族的梦，归根到底是人民的梦。

3. 中国共产党实现伟大梦想的奋斗历程

中国共产党的全部历史就是一部引领中华民族走向复兴的奋斗史。中华民族追求梦想的道路艰难曲折。近代中国历史表明，旧式农民革命和软弱的资产阶级革命都不可能完成中华民族救亡图存和反帝反封建的历史任务，更不可能承担起实现民族复兴的历史使命。在中国遭遇"数千年未有之大变局"的时代背景下，在近代以后中国社会的剧烈运动中，在中国人民反抗封建统治和外来侵略的激烈斗争中，在马克思列宁主义同中国工人运动的结合过程中，中国共产党应运而生。中国共产党一经成立，就注定要承载起救民族于危难的历史重任，注定要担负起带领中国人民谋求民族独立、人民解放和国家富强、人民幸福，实现中华民族伟大复兴的历史使命。

（1）开辟新民主主义革命道路，实现了中国从几千年封建专制政治向人民民主的伟大飞跃。实现中华民族伟大复兴，必须推翻压在中国人民头上的帝国主义、封建主义、官僚资本主义三座大山，实现民族独立、人民解放、国家统一、社会稳定。党团结带领人民找到了一条以农村包围城市、武装夺取政权的正确革命道路，进行了28年的浴血奋战，完成了新民主主义革命，1949年建立了中华人民共和国。

（2）建立社会主义基本制度，实现了中华民族由近代不断衰落到根本扭转命运、持续走向繁荣富强的伟大飞跃。实现中华民族伟大复兴，必须建立符合中国实际的先进社会制度。中国共产党带领人民完成社会主义革命，确立社会主义基本制度，推进社会主义建设，完成了中华民族有史以来最为广泛而深刻的社会变革，为当代中国一切发展进步奠定了根本政治前提和制度基础。

（3）进行改革和开放新的伟大革命，开辟了中国特色社会主义道路，使中国大踏步赶上时代，实现了中华民族从站起来到富起来的伟大飞跃。党的十一届三中全会以来，中国共产党带领人民进行改革开放新的伟大革命，极大地激发人民群众的创造性，解放和发展社会生产力，人民生活显著改善，综合国力显著增强，国际地位显著提高。

98年来，为了实现中华民族伟大复兴的历史使命，无论是弱小还是强大，无论是顺境还是逆境，中国共产党不忘初心、牢记使命，带领人民披荆斩棘、攻坚克难，在实现中华民族伟大复兴的征程中取得一个又一个的伟大胜利。

（二）把握"四个伟大"的科学内涵以及内在关系

"四个伟大"紧密联系、相互贯通、相互作用，共同构成新时代中国特色社会主义的伟大实践。

1. 实现伟大梦想必须进行伟大斗争

社会是在矛盾运动中前进的,有矛盾就会有斗争。中国共产党要团结带领人民有效应对重大挑战、抵御重大风险、克服重大阻力、解决重大矛盾,必须进行具有许多新的历史特点的伟大斗争,任何贪图享受、消极懈怠、回避矛盾的思想和行为都是错误的。全党要更加自觉地坚持党的领导和社会主义制度,坚决反对一切削弱、歪曲、否定党的领导和社会主义制度的言行;更加自觉地维护人民利益,坚决反对一切损害人民利益、脱离群众的行为;更加自觉地投身改革创新的时代潮流,坚决破除一切顽瘴痼疾;更加自觉地维护我国主权、安全、发展利益,坚决反对一切分裂祖国、破坏民族团结和社会和谐稳定的行为;更加自觉地防范各种风险,坚决战胜一切在政治、经济、文化、社会等领域和自然界出现的困难和挑战。全党要充分认识这场伟大斗争的长期性、复杂性、艰巨性,发扬斗争精神,提高斗争本领,不断夺取伟大斗争新胜利。

2. 实现伟大梦想必须建设伟大工程

这个伟大工程就是中国共产党正在深入推进的党的建设新的伟大工程。历史已经并将继续证明,没有中国共产党的领导,民族复兴必然是空想。党要始终成为时代先锋、民族脊梁,始终成为马克思主义执政党,自身必须始终过硬。全党要更加自觉地坚定党性原则,勇于直面问题,敢于刮骨疗毒,消除一切损害党的先进性和纯洁性的因素,清除一切侵蚀党的健康肌体的病毒,不断增强党的政治领导力、思想引领力、群众组织力、社会号召力,确保党永葆旺盛生命力和强大战斗力。

3. 实现伟大梦想必须推进伟大事业

中国特色社会主义是改革开放以来党的全部理论和实践的主题,是党和人民历尽千辛万苦、付出巨大代价取得的根本成就。中国特色社会主义道路是实现社会主义现代化、创造人民美好生活的必由之路,中国特色社会主义理论体系是指导党和人民实现中华民族伟大复兴的正确理论,中国特色社会主义制度是当代中国发展进步的根本制度保障,中国特色社会主义文化是激励全党全国各族人民奋勇前进的强大精神力量。全党要更加自觉地增强道路自信、理论自信、制度自信、文化自信,既不走封闭僵化的老路,也不走改旗易帜的邪路,保持政治定力,坚持实干兴邦,始终坚持和发展中国特色社会主义。

4. "四个伟大"是一个有机统一的整体

伟大斗争,伟大工程,伟大事业,伟大梦想,紧密联系、相互贯通、相互作用,是一个有机统一的整体,统一于新时代坚持和发展中国特色社会主义伟大实践。在"四个伟大"中，起决定性作用的是党的建设新的伟大工程。只要把党建设好了、建设强了，取得伟大斗争的不断胜利，推进伟大事业的不断发展，实现中华民族伟大复兴的中国梦就有了坚强的政治和组织保障。新时代要进行伟大斗争、推进伟大事业、实现伟大梦想，建设伟大工程，决不能松懈。

（三）认识新时代中国特色社会主义发展的战略安排及其重大意义

1. 改革开放以来的"三步走"战略

改革开放之后，中国共产党对中国社会主义现代化建设做出战略安排，提出了"三步走"的战略设想。第一步，实现国民生产总值比1980年翻一番，解决全国人民的温饱问题。这个任务已经基本实现。第二步，到20世纪末，国民生产总值再增长一倍，人民生活达到小康水平。第三步，到21世纪中叶，人均国民生产总值达到中等发达国家水平，人民生活比较富裕，基本实现现代化。

2. 新时代中国特色社会主义发展的战略安排

党的十九大报告指出："从全面建成小康社会到基本实现现代化，再到全面建成社会主义现代化强国，是新时代中国特色社会主义发展的战略安排。"① 从现在到2020年，是全面建成小康社会的决胜时期。全面建成小康社会是一个综合性的发展目标，不仅强调"小康"，更强调"全面"，它不仅包含经济发展的各项任务和目标，也包含社会发展等其他方面的任务和目标，不仅要求在总量和平均水平上完成目标，还要求在发展的平衡性、协调性和可持续性上达标。

从2020年到本世纪中叶的战略安排分为两个阶段。第一个阶段是从2010—2035年，基本实现现代化。党的十九大报告提出，从2020—2035年，在全面建成小康社会的基础上，再奋斗15年，基本实现社会主义现代化。第二个阶段是从2035年到本世纪中叶，在基本实现现代化的基础上，再奋斗15年，把我国建成富强民主文明和谐美丽的社会主义现代化强国。

3. 新时代战略安排的重大意义

首先，进一步丰富和发展了中国现代化建设的战略思想，完整科学地勾画了全面建成社会主义现代化强国的时间表和线路图，为新时代坚持和发展中国特色社会主义指明了前进方向。党的十九大提出从2020年到本世纪中叶

---

① 《决胜全面建成小康社会 夺取新时代中国特色社会主义伟大胜利——在中国共产党第十九次全国代表大会上的报告》，人民出版社2017年版，第29页。

分两个阶段来安排，这是对"三步走"战略和"两个一百年"奋斗目标的完善、细化和升华，科学设计了新时代社会主义现代化建设"路线图"。党的十三大提出，把中国建设成富强民主文明的社会主义现代化国家。党的十四大、十五大、十六大继续重申这一奋斗目标。党的十七大、党的十八大在"富强民主文明"的基础上提出把中国建设成为富强民主文明和谐的社会主义现代化国家。党的十九大在"富强民主文明和谐"的基础上增加了"美丽"，提出把中国建设成富强民主文明和谐美丽的社会主义现代化强国，这是对党的十八大以来以习近平为核心的党中央领导全国人民取得生态文明建设伟大成就的实践总结和理论升华。党的十九大适时提出了全面建设社会主义现代化国家这一新的战略目标。

其次，新时代战略安排将人民对美好生活的向往落实在具体战略和实际工作中，必将激励中国人民焕发出建设社会主义现代化强国的热情和力量。带领人民创造幸福生活，是中国共产党始终不渝的奋斗目标。党的十八大以来，习近平提出以人民为中心的发展思想，就保障和改善民生做出一系列重要论述。阐述中华民族伟大复兴的中国梦，强调"中国梦归根到底是人民的梦"；全面建成小康社会，强调"小康不小康，关键看老乡"，"一个都不能掉队"；全面深化改革，强调"把改革方案的含金量充分展示出来，让人民群众有更多获得感"；全面依法治国，强调"努力让人民群众在每一个司法案件中都能感受到公平正义"；全面从严治党，强调"关键问题是保持党同人民群众的血肉联系"……改革发展成果更多更公平惠及全体人民，不断增强人民群众的获得感、幸福感。经过改革开放40年的发展，中国社会生产力、综合国力、人民生活水平实现了历史性跨越，人民对美好生活的向往更加强烈，人民群众的需要呈现多样化多层次多方面的特点，期盼有更好的教育、更稳定的工作、更满意的收入、更可靠的社会保障、更高水平的医疗卫生服务、更舒适的居住条件、更优美的环境、更丰富的精神文化生活，顺应人民群众对美好生活的新期待，在继续推动经济发展的同时，更好地解决中国社会出现的各种问题，更好地实现各项事业全面发展，更好地发展中国特色社会主义事业，更好地推动人的全面发展、社会全面进步，牢牢把握人民群众对美好生活的向往，以新发展理念引领发展，一步步实现好以人民为中心的发展，确保如期建成得到人民认可、经得起历史检验的全面小康社会，不断朝着全体人民共同富裕、社会全面进步的目标前进。

最后，充分彰显了中国特色社会主义的制度优势和中国共产党治国理政的能力，对于其他发展中国家实现现代化具有重要借鉴意义。从党的十三大到党的十八大，党中央一直强调到21世纪中叶基本实现现代化。按照党的十九大报告提出的规划，中国基本实现现代化的时间节点由21世纪中叶提前到

2035 年，表明在全面建成小康社会后中国将加速向基本实现现代化迈进，也表明我们要建设的社会主义现代化国家内涵更深了、要求更高了。党的十九大提出，把中国建设成为社会主义现代化强国，成为综合国力和国际影响力领先的国家，中华民族将以更加昂扬的姿态屹立于世界民族之林。从"社会主义现代化国家"到"社会主义现代化强国"，从"屹立于世界的东方"到"屹立于世界民族之林"，中国特色社会主义的制度优势、中国共产党的治理优势、中国的发展优势获得全方位释放。

二、学术前沿述评

（一）关于中国共产党人初心和使命的内在逻辑

党的十九大报告指出，中国共产党人的初心和使命就是为中国人民谋幸福、为中华民族谋复兴，并做出在全党开展"不忘初心、牢记使命"主题教育活动的战略部署。党的初心和使命是中国共产党不断前进的根本动力，是中国共产党政治本色的鲜明体现。新时代中国共产党的历史使命，就是要统揽伟大梦想、伟大事业、伟大斗争、伟大工程。

有学者认为，把握中国共产党人的初心和使命，第一，明确中国共产党肩负民族复兴使命是历史和人民的选择；第二，不忘初心、牢记使命体现了新时代中国共产党人的高度政治自觉；第三，党的初心和使命是中国共产党不断前进的根本动力。[1]

实现中华民族伟大复兴是近代以来中华民族最伟大的梦想。中国共产党一经成立，就把实现共产主义作为党的最高理想和最终目标，义无反顾地肩负起实现民族复兴的伟大使命。为了完成这一历史使命，一代又一代中国共产党人前赴后继，团结带领人民进行了艰苦卓绝的斗争，谱写了气吞山河的壮丽史诗。中国共产党的初心和使命是党不断前进的根本动力。中国共产党带领人民实现民族独立和人民解放，为中华民族伟大复兴创造政治前提；中国共产党带领人民建立先进的社会制度，为中华民族伟大复兴奠定制度基础；中国共产党带领人民开创正确发展道路，为中华民族伟大复兴铺就现实路径；为了完成中华民族伟大复兴的历史使命，一代又一代中国共产党人前赴后继，无数革命先烈献出了宝贵生命，当代中国共产党人必须继续承担好这一历史使命。中国共产党的初心和使命是党政治本色的鲜明体现。为中国人民谋幸

---

[1] 何启刚：《中国共产党人初心和使命的逻辑探析》，《高校马克思主义理论研究》2018 年第 3 期。

福、为中华民族谋复兴的初心与使命,是党的性质和宗旨的根本体现。为人民谋幸福、为民族谋复兴的伟大使命光荣地落在中国共产党肩上,是历史和人民的选择。党的十九大报告明确提出中国共产党人的初心和使命,体现了新时代中国共产党人高度的政治自觉和责任担当。中国共产党的初心和使命体现了党的性质和宗旨;中国共产党肩负民族复兴使命是历史和人民的选择;不忘初心、牢记使命体现了新时代中国共产党人的高度政治自觉。党的十八大以来,以习近平为核心的党中央接过历史接力棒,开启了中国特色社会主义新时代。新的历史条件下实现党的历史使命,必须紧紧围绕实现伟大梦想去推进伟大事业,进行伟大斗争、建设伟大工程。实现伟大梦想,必须紧紧围绕党的执政主题全面推进伟大事业。

(二) 关于"四个伟大"的重要思想来源

"四个伟大"集中体现了党的十八大以来习近平新时代中国特色社会主义思想,是习近平新时代中国特色社会主义思想的生长点和实践基础。"'四个伟大'思想以'伟大斗争'为方式方法、以'伟大工程'为保障支撑、以'伟大事业'为路径进程和以'伟大梦想'为目标方向,揭示了党在中国特色社会主义新时代的政治理念、政治理想和政治目标,体现了党即将胜利完成第一个百年奋斗目标、迈向第二个百年奋斗目标的战略谋划,是习近平新时代中国特色社会主义思想的重要组成部分。"①

有学者认为,2018年4月,习近平在十九届中共中央政治局第五次集体学习时强调,要"把《共产党宣言》蕴含的科学原理和科学精神运用到统揽伟大斗争、伟大工程、伟大事业、伟大梦想的实践中去"。因此,"四个伟大"的理论诉求、实践定位和价值立场与《共产党宣言》中的科学原理和精神精华是一致的。② 其主要依据是:第一,《共产党宣言》中的革命思想揭示了进行"伟大斗争"是以"改变世界"为本质指向;第二,《共产党宣言》中的群众史观思想阐明了实现"伟大梦想"是以"群众的活动"为主体力量;第三,《共产党宣言》中的"两个必然"思想揭示了推进"伟大事业"是以"无产阶级 的胜利"为理论逻辑;第四,《共产党宣言》中的无产阶级政党思想揭示了建设"伟大工程"是以"消灭私有制"为历史使命;第五,《共产党宣言》中的人的全面发展思想揭示了实践"四个伟大"是以"美好生活"为价值旨归。随着新时代中国特色社会主义实践的深入推进,要把实践"四

---

① 张艳涛、吴美川:《〈共产党宣言〉是"四个伟大"的重要思想来源》,《马克思主义研究》2018年第9期。

② 张艳涛、吴美川:《〈共产党宣言〉是"四个伟大"的重要思想来源》,《马克思主义研究》2018年第9期。

个伟大"置于"革命""群众史观""两个必然""无产阶级政党""人的全面发展"的科学原理中深化理解，在中国实践中创新性运用和创造性发展，从而不断深化对中国共产党执政规律、社会主义建设规律、人类社会发展规律的认识，发展21世纪马克思主义、当代中国马克思主义，续写马克思主义中国化新篇章。

正如习近平所指出的："我们重温《共产党宣言》，就是要深刻感悟和把握马克思主义真理力量，坚定马克思主义信仰追溯马克思主义政党保持先进性和纯洁性的理论源头，提高全党运用马克思主义基本原理解决当代中国实际问题的能力和水平，把《共产党宣言》蕴含的科学原理和科学精神运用到统揽伟大斗争、伟大工程、伟大事业、伟大梦想的实践中，不断谱写新时代坚持和发展中国特色社会主义新篇章。"《共产党宣言》中的科学原理和科学精神的在场和出场，对深化"四个伟大"的思想认识、获得理论新认识、拓宽"四个伟大"实践视野都具有重要的理论价值和实践意义。

（三）关于新时代新征程的历史缘起和战略安排

党的十九大报告指出：新中国成立特别是改革开放以来，党团结带领全国各族人民不懈奋斗，党的面貌、国家的面貌、人民的面貌、军队的面貌、中华民族的面貌发生了前所未有的变化，中国特色社会主义进入了新时代。这个新时代，要决胜全面建成小康社会，开启全面建设社会主义现代化国家新征程。开启新时代的新征程，就是向全党全国人民发出新的动员令，去为实现社会主义现代化强国和民族复兴的中国梦而奋斗。有学者认为，从新中国成立到党的十八大召开的60多年，中国共产党不断绘制的建设社会主义现代化强国的宏伟蓝图和全党带领全国人民经过艰辛奋斗取得的辉煌成就，既为新时代中国特色社会主义迎来从站起来、富起来到强起来的伟大飞跃奠定了坚实的基础，又为习近平在党的十九大提出开启全面建设社会主义现代化国家新征程的战略安排提供了历史依据，是新时代新征程的历史由来。党的十九大报告强调要实现决胜全面建成小康社会的任务，指出：从现在到2020年，是全面建成小康社会决胜期。要按照党的十六大、十七大、十八大提出的全面建成小康社会的各项要求，紧扣中国社会主要矛盾变化，统筹推进经济建设、政治建设、文化建设、社会建设、生态文明建设，坚定实施科教兴国战略、人才强国战略、创新驱动发展战略、乡村振兴战略、区域协调发展战略、可持续发展战略、军民融合发展战略，突出抓重点、补短板、强弱项，特别是要坚决打好防范化解重大风险、精准脱贫、污染防治的攻坚战，"使全面建成小康社会得到人民认可、经得起历史检验"①。这是党向全国人民做了庄严承诺、立下了军令状的，一定要兑现。尽管还有 4000 多万的农村人口没有脱贫，但按照目前每年完成 1300 万人的脱贫任务，这个目标的实现还是有把握的。

习近平指出：我们要坚忍不拔、锲而不舍，奋力谱写社会主义现代化新征程的壮丽篇章！开启新时代新征程的精神力量和根本要求，最根本的有三条：首先，要坚持"不忘初心，牢记使命"；其次，要准备进行具有许多新的历史特点的伟大斗争；最后，要作长期艰苦奋斗的不懈努力。习近平在党的十九大报告中指出：行百里者半九十。中华民族伟大复兴，绝不是轻轻松松、敲锣打鼓就能实现的。全党必须准备付出更为艰巨、更为艰苦的努力。他在讲中国梦时还说过：实现中华民族伟大复兴是一项光荣而艰巨的事业，需要一代又一代中国人共同为之努力。这就是说，它是一个更伟大的愚公移山工程，需要弘扬愚公移山精神，子子孙孙持续接力，为全面建成社会主义现代化强国，实现民族复兴的中国梦而奋斗。②

三、重点难点热点问题解析

（一）如何全面正确把握初心和使命的内涵

党的十九大报告指出："中国共产党人的初心和使命，就是为中国人民谋幸福，为中华民族谋复兴。"同时还指出："中国共产党是为中国人民谋幸福的政党，也是为人类进步事业而奋斗的政党。中国共产党始终把为人类做出新的更大的贡献作为自己的使命。"由此可见，中国共产党人的初心和使命的内涵不局限于中国人民和中华民族，而是有着更宽广的世界胸怀和更丰富的时代内涵。这个内涵就是习近平在中国共产党与世界政党高层对话主旨讲话中提出的"三个为"，即为中国人民谋幸福、为中华民族谋复兴、为人类谋和平与发展。

1. 初心不改，就是为中国人民谋幸福；使命担当，就是为中华民族谋复兴

全心全意为人民服务是中国共产党的根本宗旨。党章规定，中国共产党除了工人阶级和最广大人民群众的利益，没有自己特殊的利益。党在任何时候都必须把人民群众的利益放在第一位，与群众同甘共苦，保持最密切的联

---

① 习近平总书记在省部级主要领导干部专题研讨班上的重要讲话，2017 年 8 月 11 日。
② 石仲泉：《新时代新征程的历史缘起和战略安排》，《党史与文献研究》2018 年第 1 期。

系，不允许任何党员脱离群众、凌驾于群众之上。党在自己的工作中必须贯彻群众路线，坚持一切为了群众，一切依靠群众，从群众中来，到群众中去，把党的正确主张变为群众的自觉行动。党的各项工作都要把有利于发展社会主义社会的生产力、有利于增强社会主义国家的综合国力、有利于提高人民的生活水平，为绝大多数人谋利益，是一个庄严的承诺，是一切共产主义者的初心。马克思、恩格斯在《共产党宣言》中指出，无产阶级的运动是绝大多数人的、为绝大多数人谋利益的独立的运动。习近平指出："人民立场是中国共产党的根本政治立场，是马克思主义政党区别于其他政党的显著标志。"中国共产党的初心就是对人民的赤子之心、为绝大多数人谋利益之心。党的十九大报告用"为中国人民谋幸福，为中华民族谋复兴"表达了这一初心，同时指出这个初心和使命是激励中国共产党人不断前进的根本动力。

幸福就是需求得到满足，人民幸福就体现在对美好生活向往的需求得到满足。为人民谋幸福的时代内涵关键要把握三个要点：一是人民对美好生活的向往是多元化的、多层次的。新时代人民群众已经不满足于低层次的物质文化需求，而是有着更高质量、更为多元的需求。满足这些多元化的需求就是我们的奋斗目标和努力方向。二是幸福的主体是全体人民。这是一个全体人民共同富裕的新时代，幸福的主体一定是全体人民，这既是我们初心的内在要求，也是检验初心的实践标准。三是为人民谋幸福既要尽力而为，又要量力而行。其中，"尽力"讲的是态度，彰显了初心、决心与气魄，"量力"讲的是科学，要求实践中要尊重现实、尊重规律。二者关系密切，缺一不可。

使命担当就是为中华民族谋复兴。中国近代以来的历史就是中国人民谋求民族独立、人民解放和国家富强、人民幸福的斗争历史。近代以后，由于西方列强的入侵和封建统治的腐败，中国逐渐成为半殖民地半封建社会，山河破碎，生灵涂炭，中华民族遭受了前所未有的苦难。但中国人民没有屈服，而是挺起脊梁、奋起抗争，进行了一场场气壮山河的斗争，谱写了一曲曲可歌可泣的史诗。20世纪初，资产阶级政党政治在中国兴起，在北京、上海等地出现过大大小小300多个政党和政治团体，但很快就在中国政治舞台上销声匿迹了。它们失败的根本原因，就在于没有科学的理论做指导，没有先进的阶级做基础，未能提出正确的纲领并发动人民群众以解决近代以来中国社会所面临的迫切问题，没有得到广大人民群众的拥护和支持，所以失败就成为历史的必然。十月革命一声炮响，给中国送来了马克思列宁主义，中国先进分子从马克思列宁主义的科学真理中看到了解决中国问题的出路。在近代以后中国社会的剧烈运动中，在中国人民反抗封建统治和外来侵略的激烈斗争中，在马克思列宁主义同中国工人运动的结合中，1921年中国共产党应运而生，从此，人民解放、民族复兴的历史任务光荣地落在中国共产党肩上。

中国共产党自成立以来，就义无反顾地将实现中华民族伟大复兴这一近代以来中华民族最伟大的梦想作为自己的历史使命，并团结带领中国人民历经了28年的浴血奋战实现了"站起来"的奋斗目标，历经了两个"三十年"的探索实现了"富起来"的奋斗目标，这些都为实现中华民族伟大复兴打下了坚实的基础。党的十九大报告指出，我们比历史上任何时期都更接近、更有信心和能力实现中华民族伟大复兴的目标。进入新时代，中国共产党人的使命就是带领中国人民真正实现中华民族伟大复兴的中国梦。

2. 实现中华民族伟大复兴关键是党的领导，必须要加强党的自身建设

党的十九大报告指出，实现伟大梦想必须要进行伟大斗争、建设伟大工程、推进伟大事业，其中起决定性作用的是党的建设新的伟大工程。这一判断符合新时代实现中华民族伟大复兴历史使命的理论逻辑、历史逻辑和实践逻辑，它表明：一方面，实现中华民族伟大复兴关键是党的领导，另一方面，担当实现中华民族伟大复兴的使命必须加强党的自身建设。社会革命和自我革命辩证统一于为人民谋幸福和中华民族谋复兴的实践。新时代，中国共产党只有用勇于自我革命的精神推进全面从严治党，才能真正做到打铁必须自身硬，这里的"硬"既包括政治过硬，也包括本领过硬。事实上，上述两个方面关系密切、相辅相成。其中，坚持党的全面领导是前提、是原则，全面从严治党是手段、是保障，二者相互依存，缺一不可，都是冲刺实现伟大复兴中国梦的内在要求和根本保证。

3. 为人类谋和平与发展是中国共产党初心和使命的重要内涵

为人类谋和平与发展是中国共产党作为大党的责任，是中国共产党初心和使命的重要内涵。这一内涵继承了马克思主义联合体思想，彰显了中华民族的天下情怀，展示了中国共产党的责任担当。追求人类幸福是马克思及其创立的马克思主义一以贯之的价值追求。早在1848年，《共产党宣言》就提出了联合体的思想："代替那存在着阶级和阶级对立的资产阶级旧社会的，将是这样一个联合体，在那里，每个人的自由发展是一切人的自由发展的条件。"人类命运共同体思想和为人类谋和平与发展的使命号召就是对马克思主义联合体思想的继承、发扬和实践。中华文化具有天下观念、天下格局、天下气度的涵养，天下大同是中华民族的最理想世界。毫无疑问，为人类谋和平与发展的使命意识和担当行动源自中国民族血脉深处的文化基因。

中国梦是追求和平的梦。中华民族历来就是爱好和平的民族，天下太平、共享大同是中华民族绵延数千年的理想。中国历史上曾经长期是世界上最强大的国家，但"协和万邦"始终是中国的核心理念。近代以来的100多年间，中国内部战乱频仍和外敌入侵频频发生，中国人民对战争带来的苦难有着刻骨铭心的记忆，对和平有着孜孜不倦的追求，十分珍惜和平安定的生活。

我们将坚定不移走和平发展道路，既努力争取和平的国际环境发展自己，又以自身的发展促进世界和平。习近平指出："中国这头狮子已经醒了，但这是一只和平的、可亲的、文明的狮子。"中国决不会称霸，决不搞扩张，中国的发展是世界和平力量的壮大，是传递友谊的正能量中国梦的提出，不仅在国内引发强烈共鸣，而且在国际社会产生强烈反响。中国日益走近世界舞台中央的国际地位和影响力，决定了中国的梦想不仅关乎中国的命运，也关系世界的命运。习近平在国际交往的多种场合多次宣示：中国梦是和平、发展、合作、共赢的梦，与世界各国人民的美好梦想息息相通，中国人民愿意同各国人民在实现各自梦想的过程中相互支持、相互帮助。中国愿意将自身发展经验和机遇同世界各国分享，欢迎各国搭乘中国发展"快车""便车""顺风车"，实现共同发展，让大家一起过上好日子。

中国梦是奉献世界的梦。中国梦不仅造福中国人民，而且造福世界各国人民，是中国人民和世界各国人民共同的福祉。"穷则独善其身，达则兼济天下"，这是中华民族内在的品德和胸怀。作为一个拥有13亿多人口的发展中大国，中国一心一意办好自己的事情，实现国家发展和稳定，本身就是对世界的巨大贡献。同时，中国的发展对世界各国也是重要机遇。近年来，中国对世界经济增长的贡献率超过30%，成为世界经济增长的主要动力源和稳定器。随着国力的不断增强，中国将在力所能及的范围内承担更多的国际责任和义务，致力于构建人类命运共同体，为人类和平与发展的崇高事业做出更大贡献。历史将证明，实现中国梦给世界带来的是机遇不是威胁，是进步不是倒退，是合作共赢不是零和博弈。中国梦展示了中国共产党的责任担当。中国共产党把自身发展同国家、民族和人类的发展紧密联系起来，主动担负起为人类做出新的更大贡献的使命，这充分体现了党的博大胸襟和气度、自觉的责任意识和强烈的担当精神。

新时代，肩负为人类谋和平与发展的历史使命，关键是在人类命运共同体思想的指引下，既坚持立足自身，又推动人类发展。从国际视角来看，世界各国的依存度不断加深，为人类谋和平与发展是为中国人民谋幸福和为中华民族谋复兴的必然要求。事实上，为人类谋和平与发展我们一直在行动：人类命运共同体思想，"一带一路"，促进缩小南北发展差距，中国共产党与世界政党高层对话共商人类发展大计，等等，这些都是为世界和平安宁、共同发展以及文明交流互鉴做贡献的具体行动。新时代，我们仍需秉承世界眼光、世界意识和世界情怀，为构建普遍安全、共同繁荣、开放包容和美丽清洁的美好世界接续奋斗。

（二）如何理解中国梦的本质是国家富强、民族振兴、人民幸福

习近平指出："中国梦是一种形象的表达,是一个最大公约数,是一种为群众易于接受的表述。"① 中国梦意味着中国人民和中华民族的价值认同和价值追求,意味着每一个人都能在为中国梦的奋斗中实现自己的梦想。

实现中华民族伟大复兴,是近代以来中华民族最伟大的梦想,是激励中华儿女团结奋进、开辟未来的精神旗帜。正因为如此,中国梦具有广泛的包容性,成为回荡在13亿多人心中的高昂旋律,是中华民族团结奋斗的最大公约数和最大同心圆。鸦片战争到五四运动近80年间,中国社会各阶级、各阶层和各种政治力量都曾登上历史舞台,力图挽救中国于危亡之中。无论是太平天国运动、戊戌变法,还是义和团运动,都以失败而告终。孙中山领导的辛亥革命虽然推翻了长达2000多年的封建帝制,在中国建立了资产阶级共和国,但并没有改变旧中国的社会性质和人民的悲惨命运。近代中国历史表明,旧式农民革命和软弱的资产阶级革命都不可能完成中华民族救亡图存和反帝反封建的历史任务,更不可能承担起实现民族复兴的历史使命。一次次抗争,一次次失败,中华民族追求梦想的道路艰难曲折。为了实现民族复兴,亿万人魂牵梦萦,几代人上下求索,奋勇不屈的中国人民在黑暗中艰难前行。中国共产党义无反顾地肩负起实现中华民族伟大复兴历史使命。党团结带领中国人民进行28年的浴血奋战,打败日本帝国主义,推翻国民党反动统治,完成新民主主义革命,建立了中华人民共和国。这一伟大历史贡献的意义在于,彻底结束了旧中国半殖民地半封建社会的历史,彻底结束了旧中国一盘散沙的局面,彻底废除了列强强加给中国的不平等条约和帝国主义在中国的一切特权,实现了人民当家作主。中国共产党团结带领中国人民完成社会主义革命,确立社会主义基本制度,消灭一切剥削制度,推进了社会主义建设。中国共产党团结带领中国人民进行改革开放新的伟大革命,极大地激发了广大人民群众的创造性,极大地解放和发展了社会生产力,极大地增强了社会发展活力,人民生活显著改善,综合国力显著增强,国际地位显著提高。中国共产党领导中国人民取得的伟大胜利,使具有五千多年文明历史的中华民族续写新的辉煌,让中华文明在现代化进程中焕发出蓬勃生机;使具有500年历史的社会主义主张在世界上人口最多的国家成功开辟出正确道路,让科学社会主义在21世纪焕发出蓬勃生机;使具有近70年历史的新中国建设取得

---

① 《习近平关于实现中华民族伟大复兴的中国梦论述摘编》,第2专题,中央文献出版社2013年版。

举世瞩目的成就,并在短短40年里跃升为世界第二大经济体,中华民族焕发出蓬勃生机。中国梦视野宽广、内涵丰富、意蕴深远。

习近平多次强调,中国梦的本质是国家富强、民族振兴、人民幸福。这个梦想,把国家的追求、民族的向往、人民的期盼融为一体,体现了中华民族和中国人民的整体利益,表达了每一个中华儿女的共同愿景。中国梦是国家情怀、民族情怀、人民情怀相统一的梦。家是最小国,国是千万家。国泰而民安,民富而国强。习近平指出,国家、民族、个人在实现中国梦中相互依赖、相互依存。"中国梦是国家的、民族的,也是每一个中国人的。国家好、民族好,大家才会好"。中国梦的最大特点,就是把国家利益、民族利益和每个人的具体利益紧紧联系在一起,体现了中华民族的"家国天下"情怀。只有国家富强、民族振兴,人民才能幸福。国家梦、民族梦的实现过程,为每个人梦想的实现提供了广阔空间。"得其大者可以兼其小。"只要每个人都把人生理想融入国家和民族的伟大梦想之中,敢于有梦、勇于追梦、勤于圆梦,就会汇聚起实现中国梦的强大力量。中国梦是国家的梦、民族的梦,归根到底是人民的梦。中国人民是伟大的人民,素来有着深沉厚重的精神追求,具有伟大的梦想精神,即使近代以来饱尝屈辱和磨难,也决不会自甘沉沦,而是始终怀揣民族复兴的梦想,追求光明美好的未来。习近平强调,人民是中国梦的主体、是中国梦的创造者和享有者。中国梦不是镜中花、水中月,不是空洞的口号,其最深沉的根基在中国人民心中,必须紧紧依靠人民来实现,必须不断为人民造福。实现中华民族伟大复兴,不是哪一个人、哪一部分人的梦想,而是全体中国人民共同的追求;中国梦的实现,不是成就哪一个人、哪一部分人,而是造福全体人民。所以说,中国梦的深厚源泉在于人民,根本归宿也在于人民,只有同中国人民对美好生活的向往结合起来才能取得成功。

(三)如何理解"四个伟大"构成新时代中国特色社会主义的伟大实践

党的十九大报告指出:"经过长期努力,中国特色社会主义进入了新时代,这是我国发展新的历史方位。"新中国成立特别是改革开放以来,中国共产党团结带领全国各族人民不懈奋斗,党的面貌、国家的面貌、人民的面貌、军队的面貌、中华民族的面貌发生了前所未有的变化,中国特色社会主义进入了新时代。这个新时代,要决胜全面建成小康社会,开启全面建设社会主义现代化国家的新征程,开启新时代的新征程。

从新中国成立到党的十八大召开的60多年,中国共产党不断绘制的建设社会主义现代化强国的宏伟蓝图和带领全国人民经过艰辛奋斗取得的辉煌成就，既为新时代中国特色社会主义迎来从站起来、富起来到强起来的伟大飞跃奠定了坚实的基础，又为习近平在党的十九大提出开启全面建设社会主义现代化国家新征程的战略安排提供了历史依据。从大背景看，在全球后工业化时代，经过1978—2018年40年的改革开放，中国特色社会主义形成了具有内生性、独立性、自主性、主体性、世界性的中国式现代化道路，为世界其他民族提供了现代化方案的中国选项，中华民族富起来了。总览共和国历史，可以说，我们完成了中华民族从站起来向富起来的转换。展望未来，应该说，我们要开启新一轮的"强起来"的伟大历史征程。社会基本需求完成了从"生存性需求"向"发展性需求"的转换，宏观上表现为从"解决社会温饱问题"转向"全面建成小康社会"。从实践上说，"强国时代"的到来，根源于中国和中华民族在世界现代化大舞台上完成了从"相对靠后的世界排位"向"日益走近世界舞台中央"的转换。富起来已经不再成为国家主导性对外需求，而强起来，如何更走近世界舞台中央，则日益成为主要诉求，这既是历史发展的必然要求，更是中国特色社会主义的自觉追求。习近平明确指出，实现伟大梦想，必须进行伟大斗争、建设伟大工程、推进伟大事业。把伟大斗争、伟大工程、伟大事业、伟大梦想作为一个统一整体提出来，是一个重大理论创新，体现了奋斗目标、实现路径、前进动力的高度统一，体现了历史传承、现实任务、未来方向的高度统一，体现了党的前途命运、国家的前途命运、民族的前途命运的高度统一，使党对肩负的历史使命的认识达到了新的高度。可以说，伟大事业是立足于当下到未来的宏大布局，涵盖了2020年全面建成小康社会、2035年基本实现社会主义现代化、2050年全面建成社会主义现代化强国的目标，这是一种责任担当和历史重任。伟大梦想则是指向中华民族的现代化进程、未来中华民族在全球现代化中的全面复兴。

实现伟大梦想，必须进行伟大斗争。社会是在矛盾运动中前进的，有矛盾就会有斗争。要有效应对重大挑战、抵御重大风险、克服重大阻力、解决重大矛盾，就必须进行具有许多新的历史特点的伟大斗争，防止任何贪图享受、消极懈怠、回避矛盾的思想和行为；就必须更加自觉地坚持党的领导和社会主义制度，坚决反对一切削弱、歪曲、否定党的领导和社会主义制度的言行；就必须更加自觉地维护人民利益，坚决反对一切损害人民利益、脱离群众的行为；就必须更加自觉地投身改革创新时代潮流，坚决破除一切顽瘴痼疾；就必须更加自觉地维护我国主权、安全、发展利益，坚决反对一切分裂祖国、破坏民族团结和社会和谐稳定的行为；就必须更加自觉地防范各种风险，坚决战胜一切在政治、经济、文化、社会等领域和自然界出现的困难和挑战。要充分认识这场伟大斗争的长期性、复杂性、艰巨性，发扬斗争精神，提高斗争本领，不断夺取伟大斗争新胜利。

实现伟大梦想，必须建设伟大工程。深入推进党的建设新的伟大工程，是保持党的先进性和纯洁性的必然要求，是提高党的执政能力和水平的必然要求，是确保党对一切工作的领导的必然要求。历史已经并将继续证明，没有中国共产党的领导，民族复兴必然是空想。中国共产党要始终成为时代先锋、民族脊梁，始终成为马克思主义执政党，自身必须始终过硬。全党要更加自觉地坚定党性原则，勇于直面问题，敢于刮骨疗毒，消除一切损害党的先进性和纯洁性的因素，清除一切侵蚀党的健康肌体的病毒，不断增强党的政治领导力、思想引领力、群众组织力、社会号召力，确保党永葆旺盛生命力和强大战斗力。

实现伟大梦想，必须推进伟大事业。中国特色社会主义是改革开放以来党的全部理论和实践的主题，是党和人民历尽千辛万苦、付出巨大代价取得的根本成就。中国特色社会主义道路是实现社会主义现代化、创造人民美好生活的必由之路，中国特色社会主义理论体系是指导党和人民实现中华民族伟大复兴的正确理论，中国特色社会主义制度是当代中国发展进步的根本制度保障，中国特色社会主义文化是激励全党全国各族人民奋勇前进的强大精神力量。全党要更加自觉地增强道路自信、理论自信、制度自信、文化自信，保持政治定力，坚持实干兴邦，始终坚持和发展中国特色社会主义。

（四）如何理解"四个伟大"的内在逻辑关系

伟大斗争、伟大工程、伟大事业、伟大梦想是一个整体，是相互联系、不可分割的关系。党的十九大报告是以新时代中国共产党的历史使命来论述这个问题的。党的十九大报告指出："经过长期努力，中国特色社会主义进入了新时代，这是我国发展新的历史方位。"报告强调，实现伟大梦想，必须进行伟大斗争，必须建设伟大工程，必须推进伟大事业。伟大斗争，伟大工程，伟大事业，伟大梦想，紧密联系、相互贯通、相互作用，其中起决定性作用的是党的建设新的伟大工程。

党的十九大报告在阐述"四个伟大"时，排在第一位的是伟大斗争，它是统揽"四个伟大"的前提；排在第二位的是伟大工程，它是统揽"四个伟大"的保障；排在第三位的是伟大事业，它是统揽"四个伟大"的方向；排在第四位的是伟大梦想，它是统揽"四个伟大"的目标。进入新时代，我们就是从具有许多新的历史特点的伟大斗争开始的。党的十九大报告指出，全党要更加自觉地坚持党的领导和中国特色社会主义，坚决反对一切削弱、歪曲、否定党的领导和我国社会主义制度的言行；更加自觉地维护人民利益，坚决反对一切损害人民利益、脱离群众的行为；更加自觉地投身改革创新时代潮流，坚决破除一切顽瘴痼疾；更加自觉地维护我国主权、安全、发展利益，坚决反对一切分裂祖国、破坏民族团结和社会和谐稳定的行为；更加自觉地防范各种风险，坚决战胜一切在政治、经济、文化、社会等领域和自然界出现的困难和挑战。伟大工程的建设、伟大事业的推进、伟大梦想的实现都要通过伟大斗争。报告强调："我们党要团结带领人民有效应对重大挑战、抵御重大风险、克服重大阻力、解决重大矛盾，必须进行具有许多新的历史特点的伟大斗争，任何贪图享受、消极懈怠、回避矛盾的思想和行为都是错误的。"报告还指出，全党要充分认识这场伟大斗争的长期性、复杂性、艰巨性，发扬斗争精神，提高斗争本领，不断夺取伟大斗争新胜利。

伟大斗争缘于中国特色社会主义进入新时代。第一，要把握伟大斗争的内涵，一是新时代提出新要求，如何进行伟大斗争的核心是科学分析和判断这些要求的本质；二是中国特色社会主义实践必须基于上述科学判断做出应对，以有效满足时代需求。第二，伟大工程是推进伟大斗争的主体条件。在新时代条件下，它需要回答为何要加强党的领导、如何加强党的领导等一系列重大理论和实践问题。第三，伟大事业和伟大梦想，前者是当前的任务，后者是长远的目标，二者的关系需要从当前和长远、国家和民族、现实性和战略性、现实担当和历史使命等诸多辩证关系中深入理解。"四个伟大"紧密联系、相互贯通、相互作用。但它们之间不是平行的并列关系，"四个伟大"中起决定性作用的是党的建设新的伟大工程。之所以这样强调，是因为中国特色社会主义最本质的特征是中国共产党领导，中国特色社会主义制度的最大优势是中国共产党领导。历史表明，没有党的坚强领导，伟大斗争不能进行，伟大事业不能推进，伟大梦想也不能实现。办好中国的事情，关键在中国共产党，关键在把党建设好。党的十八大以来的五年，以习近平为核心的党中央全面从严治党，抓思想从严，抓管党从严，抓治吏从严，抓纪律从严，抓作风从严，抓反腐从严，党的建设成效卓著。这是五年来党和国家事业取得历史性成就、发生历史性变革的一个重要原因。今后，我们要进行伟大斗争、推进伟大事业、实现伟大梦想，建设伟大工程决不能松懈，决不能懈怠。只要把中国共产党建设好了、建设强了，取得伟大斗争的不断胜利，推进伟大事业的不断发展，实现中华民族复兴的伟大梦想就有了坚强的政治和组织保障。

（五）如何认识新时代战略安排的重大意义

根据历史条件和时代要求，把远大目标和阶段性任务相结合，不同时期确立不同的目标任务，有步骤、分阶段地完成，这是中国共产党领导全国人民推进伟大事业不断取得成功的一条基本经验。

改革开放之后,中国共产党对中国社会主义现代化建设做出战略安排,提出"三步走"战略目标。在解决人民温饱问题、人民生活总体上达到小康水平这两个目标提前实现的基础上,党及时提出建设全面小康社会的目标,到建党100年时建成经济更加发展、民主更加健全、科教更加进步、文化更加繁荣、社会更加和谐、人民生活更加殷实的小康社会,然后再奋斗30年,到新中国成立100年时,基本实现现代化,把中国建成社会主义现代化国家。党的十八大把"建设"改为"建成",强调小康的全面性,开启了全面建成小康社会的历史进程。党的十八大以来,在新中国成立特别是改革开放以来中国发展取得重大成就的基础上,历经极不平凡的五年砥砺奋进,改革开放和社会主义现代化建设取得了全方位、开创性的历史性成就,党和国家事业发生了深层次、根本性的历史性变革,中国特色社会主义进入了新时代。随着2020年的即将到来,全面小康社会即将建成,第一个百年目标即将实现。在新时代,我们如何接续奋斗,继续推进中国特色社会主义伟大事业?

基于对中国发展新的历史方位的科学判断,顺应人民对美好生活的向往,党的十九大在接续全面建成小康社会的基础上,将实现第二个百年奋斗目标分两个阶段来安排:第一个阶段,从2020—2035年,在全面建成小康社会的基础上,再奋斗15年,基本实现社会主义现代化;第二个阶段,从2035年到本世纪中叶,在基本实现现代化的基础上,再奋斗15年,把我国建成富强民主文明和谐美丽的社会主义现代化强国。从全面建成小康社会到基本实现现代化,再到全面建成社会主义现代化强国,是新时代中国特色社会主义发展的战略安排。

这一新的战略安排,反映了现代化发展进步的总趋势,回应了人民对过上美好生活的新向往,体现了发展的连续性和阶段性的统一,具有如下突出特点:一是时间节点更加科学合理、符合实际。把党在20世纪80年代提出的21世纪中叶基本实现现代化的目标提前到2035年完成。二是对现代化的认识更加全面,进一步丰富了现代化的战略目标和任务。如,从"全面建成小康社会"延续到"全面建成现代化强国",第一次使用"社会文明"的概念,使我们所要建设的文明扩展为物质文明、政治文明、精神文明、社会文明、生态文明五个文明;又如,把国家治理体系和治理能力现代化确立为现代化的目标和重要内容;再如,在党的十八大将生态文明建设纳入总体布局的基础上,又将其纳入现代化建设的目标,"美丽"一词首次出现在建设社会主义现代化强国的奋斗目标之中,建设社会主义强国的目标扩充为"富强民主文明和谐美丽"五个方面。三是突出了人的全面发展和实现共同富裕的要求,体现了我们的现代化是社会主义现代化的性质和要求。提出,第一个阶段,全体人民共同富裕迈出坚实步伐;第二个阶段,全体人民共同富裕基本实现，我国人民将享有更加幸福安康的生活。

新的战略安排回答了实现什么样的中华民族伟大复兴、怎样实现中华民族伟大复兴的重大时代课题，科学揭示了中国共产党历史使命的时代内涵，提出"全面建成社会主义现代化强国"的战略目标，实现了中国特色社会主义发展战略的稳定性和创新性的有机统一；确立社会主义现代化强国的价值维度，拓展完善了发展中国家走向现代化的中国方案。

全面建成小康社会是中国社会主义现代化进程中一个重要里程碑。到2020年全面建成小康社会，是中国共产党对历史、对人民，也是对世界做出的一个庄严承诺。党的十九大提出：从现在到2020年，是全面建成小康社会决胜期。未来三年最紧迫、最重大的任务，就是要以时不我待、只争朝夕的精神，不懈奋斗，确保全面建成小康社会目标如期实现。按照党的十六大、十七大、十八大提出的全面建成小康社会各项要求，紧扣中国社会主要矛盾变化，统筹推进经济建设、政治建设、文化建设、社会建设、生态文明建设，坚定实施科教兴国战略、人才强国战略、创新驱动发展战略、乡村振兴战略、区域协调发展战略、可持续发展战略、军民融合发展战略，突出抓重点、补短板、强弱项，特别是要坚决打好防范化解重大风险、精准脱贫、污染防治的攻坚战，使全面建成小康社会得到人民认可、经得起历史检验。一是坚决打好防范化解重大风险攻坚战。面对波谲云诡的国际形势、复杂敏感的周边环境、艰巨繁重的改革发展稳定任务，我们要增强忧患意识和底线思维，特别要高度重视金融、地方债务、信息安全、社会稳定等领域存在的风险隐患，积极采取有力措施，科学防范，早识别、早预警、早发现、早处置，有效遏制增量风险，有序化解存量风险，坚决守住不发生系统性风险的底线，决不能犯战略性、颠覆性错误。二是坚决打赢脱贫攻坚战。贫困人口脱贫是全面建成小康社会的底线任务和标志性指标。目前，脱贫攻坚已经到了啃硬骨头、攻坚拔寨的冲刺阶段，面对的都是贫中之贫、困中之困。因此，脱贫要打好"精准"牌，坚持精准扶贫、精准脱贫，向深度贫困地区聚焦发力，把扶贫和扶志、扶智结合起来，激发贫困人口的内生动力，在全面建成小康社会的道路上，不让一个贫困群众"掉队"，确保到2020年现行标准下农村贫困人口实现脱贫，贫困县全部摘帽，解决区域性整体贫困，补上全面建成小康社会这块最大的短板。坚决打好污染防治攻坚战。污染问题既是发展问题，又是民生问题，关系到全面建成小康社会的成效。生态环境特别是大气、水、土壤污染严重，已成为全面建成小康社会的突出短板。要坚持绿水青山就是金山银山的理念，推进绿色发展，强化节能减排，持续实施好大气、水、土壤污染防治行动计划，使主要污染物排放总量大幅减少，生态环境质量总体改善，重点是打赢蓝天保卫战，着力解决突出环境问题，加强重要生态系统保护和修复，改革生态环境监管机制，推动形成人与自然和谐发展现代化建设新格局。

　　全面建成小康社会，实现社会主义现代化和中华民族的伟大复兴的奋斗历程。第一，要确保到 2020 年如期全面建成小康社会，这是新时代中国特色社会主义的首要任务。党的十六大提出的全面建设小康社会的两个基本标准，一是人均国内生产总值超过 3000 美元，这是建成全面小康社会的根本标志。二是城镇化率达到 50%。小康社会战略既是符合中国国情的战略设计，同时又是中华民族必须完成的现代化任务。立足新时代，我们必须如期完成这一战略目标，这既是首要的任务，更是必需的责任。第二，要从中华民族现代化进程的高度深刻理解"两个一百年"奋斗目标。按照党的十三大的构想，1921—2020 年，目标是全面建成小康社会，这是中国的第一个百年战略。1949—2049 年，目标是基本实现社会主义现代化，这是第二个百年战略。党的十九大报告把基本实现社会主义现代化提前 15 年，即到 2035 年。两个百年战略目标，其内在逻辑是中华民族的现代化。全面建成小康社会的本质是实现中华民族的物质层面的现代化，民族复兴战略是实现非物质层面的现代化。二者合在一起，是中华民族完整的现代化战略。中国在全面建成小康社会战略进程的基础上，面向实现社会主义现代化和中华民族伟大复兴的历史目标，继往开来，无论是在理论还是在实践的意义上，都意味着一个新的伟大历史进程正向世界徐徐开启。一是到 2020 年，如期全面建成小康社会；二是到 2035 年，基本实现社会主义现代化；三是到 2050 年，全面建成社会主义现代化强国。伟大征程中蕴含着两个基本逻辑：一是文化自信与中华民族的崛起。这是中华文化在世界文明体系中地位的提升和全球认同问题，中华文明是中国的。二是文明自信与中国的世界化，体现为中华民族现代化的实现对全球现代化的巨大提升和影响力。

四、延伸阅读与思考

（一）重要文献资料

坚持不忘初心、继续前进，坚持马克思主义的指导地位[①]

　　坚持不忘初心、继续前进，就要坚持马克思主义的指导地位，坚持把马克思主义基本原理同当代中国实际和时代特点紧密结合起来，推进理论创新、

---

① 习近平：《在庆祝中国共产党成立 95 周年大会上的讲话》单行本，人民出版社 2016 年版。

实践创新，不断把马克思主义中国化推向前进。

指导思想是一个政党的精神旗帜。95年来，中国共产党之所以能够完成近代以来各种政治力量不可能完成的艰巨任务，就在于始终把马克思主义这一科学理论作为自己的行动指南，并坚持在实践中不断丰富和发展马克思主义。这使我们党得以摆脱以往一切政治力量追求自身特殊利益的局限，以唯物辩证的科学精神、无私无畏的博大胸怀领导和推动中国革命、建设、改革，不断坚持真理、修正错误。无论是处于顺境还是逆境，我们党从未动摇对马克思主义的信仰。

马克思主义及其在中国的发展，为党和人民事业发展提供了既一脉相承又与时俱进的科学理论指导，为增进全党全国各族人民团结统一提供了坚实思想基础。

马克思主义是我们立党立国的根本指导思想。背离或放弃马克思主义，我们党就会失去灵魂、迷失方向。在坚持马克思主义指导地位这一根本问题上，我们必须坚定不移，任何时候任何情况下都不能有丝毫动摇。

同时，面对新的时代特点和实践要求，马克思主义也面临着进一步中国化、时代化、大众化的问题。马克思主义并没有结束真理，而是开辟了通向真理的道路。恩格斯早就说过："马克思的整个世界观不是教义，而是方法。它提供的不是现成的教条，而是进一步研究的出发点和供这种研究使用的方法。"

时代是思想之母，实践是理论之源。实践发展永无止境，我们认识真理、进行理论创新就永无止境。今天，时代变化和我国发展的广度和深度远远超出了马克思主义经典作家当时的想象。同时，我国社会主义只有几十年实践、还处在初级阶段，事业越发展新情况新问题就越多，也就越需要我们在实践上大胆探索、在理论上不断突破。

理论上不彻底，就难以服人。我们要以更加宽阔的眼界审视马克思主义在当代发展的现实基础和实践需要，坚持问题导向，坚持以我们正在做的事情为中心，聆听时代声音，更加深入地推动马克思主义同当代中国发展的具体实际相结合，不断开辟21世纪马克思主义发展新境界，让当代中国马克思主义放射出更加灿烂的真理光芒。

坚持不忘初心、继续前进，为崇高理想奋斗[①]

坚持不忘初心、继续前进，就要牢记我们党从成立起就把为共产主义、社会主义而奋斗确定为自己的纲领，坚定共产主义远大理想和中国特色社会

---

① 习近平：《在庆祝中国共产党成立95周年大会上的讲话》单行本，人民出版社2016年版。

主义共同理想，不断把为崇高理想奋斗的伟大实践推向前进。革命理想高于天。中国共产党之所以叫共产党，就是因为从成立之日起我们党就把共产主义确立为远大理想。我们党之所以能够经受一次次挫折而又一次次奋起，归根到底是因为我们党有远大理想和崇高追求。

"志不立，天下无可成之事。"理想信念动摇是最危险的动摇，理想信念滑坡是最危险的滑坡。一个政党的衰落，往往从理想信念的丧失或缺失开始。我们党是否坚强有力，既要看全党在理想信念上是否坚定不移，更要看每一位党员在理想信念上是否坚定不移。95年来，共产主义远大理想激励了一代又一代共产党人英勇奋斗，成千上万的烈士为了这个理想献出了宝贵生命。"砍头不要紧，只要主义真"，"敌人只能砍下我们的头颅，决不能动摇我们的信仰"，这些视死如归、大义凛然的誓言生动表达了共产党人对远大理想的坚贞。理想之光不灭，信念之光不灭。我们一定要铭记烈士们的遗愿，永志不忘他们为之流血牺牲的伟大理想。

理想因其远大而为理想，信念因其执着而为信念。我们要把理想信念教育作为思想建设的战略任务，保持全党在理想追求上的政治定力，自觉做共产主义远大理想和中国特色社会主义共同理想的坚定信仰者、忠实实践者，在全面建成小康社会、实现中华民族伟大复兴中国梦的历史进程中充分发挥先锋模范作用。

理论上清醒，政治上才能坚定。坚定的理想信念，必须建立在对马克思主义的深刻理解之上，建立在对历史规律的深刻把握之上。全党要深入学习马克思列宁主义、毛泽东思想、邓小平理论、"三个代表"重要思想、科学发展观，深入学习党的十八大以来党中央治国理政新理念新思想新战略，不断提高马克思主义思想觉悟和理论水平，保持对远大理想和奋斗目标的清醒认知和执着追求。我们要教育引导广大党员、干部把学习成果转化为提升党性修养、思想境界、道德水平的精神营养，做到真学真懂真信真用，在胜利和顺境时不骄傲不急躁，在困难和逆境时不消沉不动摇，牢牢占据推动人类社会进步、实现人类美好理想的道义制高点。

坚持不忘初心、继续前进，坚持"四个自信"[①]

坚持不忘初心、继续前进，就要坚持中国特色社会主义道路自信、理论自信、制度自信、文化自信，坚持党的基本路线不动摇，不断把中国特色社会主义伟大事业推向前进。

方向决定道路，道路决定命运。中国特色社会主义不是从天上掉下来的，

[①] 习近平：《在庆祝中国共产党成立95周年大会上的讲话》单行本，人民出版社2016年版。

是党和人民历尽千辛万苦、付出巨大代价取得的根本成就。中国特色社会主义，既是我们必须不断推进的伟大事业，又是我们开辟未来的根本保证。

全党要坚定道路自信、理论自信、制度自信、文化自信。当今世界，要说哪个政党、哪个国家、哪个民族能够自信的话，那中国共产党、中华人民共和国、中华民族是最有理由自信的。有了"自信人生二百年，会当水击三千里"的勇气，我们就能毫无畏惧面对一切困难和挑战，就能坚定不移开辟新天地、创造新奇迹。

我们要坚信，中国特色社会主义道路是实现社会主义现代化的必由之路，是创造人民美好生活的必由之路。我们要坚信，中国特色社会主义理论体系是指导党和人民沿着中国特色社会主义道路实现中华民族伟大复兴的正确理论，是立于时代前沿、与时俱进的科学理论。我们要坚信，中国特色社会主义制度是当代中国发展进步的根本制度保障，是具有鲜明中国特色、明显制度优势、强大自我完善能力的先进制度。

文化自信，是更基础、更广泛、更深厚的自信。在5000多年文明发展中孕育的中华优秀传统文化，在党和人民伟大斗争中孕育的革命文化和社会主义先进文化，积淀着中华民族最深层的精神追求，代表着中华民族独特的精神标识。我们要弘扬社会主义核心价值观，弘扬以爱国主义为核心的民族精神和以改革创新为核心的时代精神，不断增强全党全国各族人民的精神力量。

坚持不忘初心、继续前进，实现"两个一百年"奋斗目标[①]

坚持不忘初心、继续前进，就要统筹推进"五位一体"总体布局，协调推进"四个全面"战略布局，全力推进全面建成小康社会进程，不断把实现"两个一百年"奋斗目标推向前进。

现阶段，建设中国特色社会主义的主要任务，就是到2020年中国共产党成立100年时实现第一个百年奋斗目标、全面建成小康社会，为进而到本世纪中叶中华人民共和国成立100年时实现第二个百年奋斗目标、建成富强民主文明和谐的社会主义现代化国家打下坚实基础。

全面建成小康社会，是我们党向人民、向历史做出的庄严承诺，是13亿多中国人民的共同期盼。为实现这一目标，党的十八大以来，我们党形成并积极推进经济建设、政治建设、文化建设、社会建设、生态文明建设五位一体的总体布局，形成并积极推进全面建成小康社会、全面深化改革、全面依法治国、全面从严治党的战略布局。"五位一体"和"四个全面"相互促进、统筹联动，要协调贯彻好，在推动经济发展的基础上，建设社会主义市场经

---

① 习近平：《在庆祝中国共产党成立95周年大会上的讲话》单行本，人民出版社2016年版。

济、民主政治、先进文化、生态文明、和谐社会，协同推进人民富裕、国家强盛、中国美丽。

发展是党执政兴国的第一要务，是解决中国所有问题的关键。我国仍处于并将长期处于社会主义初级阶段的基本国情没有变，人民日益增长的物质文化需要同落后的社会生产之间的矛盾这一社会主要矛盾没有变，我国是世界上最大发展中国家的国际地位没有变。这是我们谋划发展的基本依据。

面对中国经济发展进入新常态、世界经济发展进入转型期、世界科技发展酝酿新突破的发展格局，我们要坚持以经济建设为中心，坚持以新发展理念引领经济发展新常态，加快转变经济发展方式、调整经济发展结构、提高发展质量和效益，着力推进供给侧结构性改革，推动经济更有效率、更有质量、更加公平、更可持续地发展，加快形成崇尚创新、注重协调、倡导绿色、厚植开放、推进共享的机制和环境，不断壮大我国经济实力和综合国力。

中国共产党是用马克思主义武装起来的政党[①]

中国共产党是用马克思主义武装起来的政党，马克思主义是中国共产党人理想信念的灵魂。1938年，毛泽东指出："如果我们党有一百个至二百个系统地而不是零碎地、实际地而不是空洞地学会了马克思列宁主义的同志，就会大大地提高我们党的战斗力量。"

回顾党的奋斗历程可以发现，中国共产党之所以能够历经艰难困苦而不断发展壮大，很重要的一个原因就是我们党始终重视思想建党、理论强党，使全党始终保持统一的思想、坚定的意志、协调的行动、强大的战斗力。当前，改革发展稳定任务之重、矛盾风险挑战之多、治国理政考验之大都是前所未有的。我们要赢得优势、赢得主动、赢得未来，必须不断提高运用马克思主义分析和解决实际问题的能力，不断提高运用科学理论指导我们应对重大挑战、抵御重大风险、克服重大阻力、化解重大矛盾、解决重大问题的能力，以更宽广的视野、更长远的眼光来思考把握未来发展面临的一系列重大问题，不断坚定马克思主义信仰和共产主义理想。

从《共产党宣言》发表到今天，170年过去了，人类社会发生了翻天覆地的变化，但马克思主义所阐述的一般原理整个来说仍然是完全正确的。我们要坚持和运用辩证唯物主义和历史唯物主义的世界观和方法论，坚持和运用马克思主义立场、观点、方法，坚持和运用马克思主义关于世界的物质性及其发展规律，关于人类社会发展的自然性、历史性及其相关规律，关于人的解放和自由全面发展的规律，关于认识的本质及其发展规律等原理，坚持

[①] 习近平：《在纪念马克思诞辰200周年大会上的讲话》单行本，人民出版社2018年版。

和运用马克思主义的实践观、群众观、阶级观、发展观、矛盾观,真正把马克思主义这个看家本领学精悟透用好。

全党同志特别是各级领导干部要更加自觉、更加刻苦地学习马克思列宁主义,学习毛泽东思想、邓小平理论、"三个代表"重要思想、科学发展观,学习新时代中国特色社会主义思想。要深入学、持久学、刻苦学,带着问题学、联系实际学,更好把科学思想理论转化为认识世界、改造世界的强大物质力量。共产党人要把读马克思主义经典、悟马克思主义原理当作一种生活习惯、当作一种精神追求,用经典涵养正气、淬炼思想、升华境界、指导实践。

对待科学的理论必须有科学的态度。恩格斯深刻指出:"马克思的整个世界观不是教义,而是方法。它提供的不是现成的教条,而是进一步研究的出发点和供这种研究使用的方法。"恩格斯还指出,我们的理论"是一种历史的产物,它在不同的时代具有完全不同的形式,同时具有完全不同的内容"。科学社会主义基本原则不能丢,丢了就不是社会主义。同时,科学社会主义也绝不是一成不变的教条。我说过,当代中国的伟大社会变革,不是简单延续我国历史文化的母版,不是简单套用马克思主义经典作家设想的模板,不是其他国家社会主义实践的再版,也不是国外现代化发展的翻版。社会主义并没有定于一尊、一成不变的套路,只有把科学社会主义基本原则同本国具体实际、历史文化传统、时代要求紧密结合起来,在实践中不断探索总结,才能把蓝图变为美好现实。

理论的生命力在于不断创新,推动马克思主义不断发展是中国共产党人的神圣职责。我们要坚持用马克思主义观察时代、解读时代、引领时代,用鲜活丰富的当代中国实践来推动马克思主义发展,用宽广视野吸收人类创造的一切优秀文明成果,坚持在改革中守正出新、不断超越自己,在开放中博采众长、不断完善自己,不断深化对共产党执政规律、社会主义建设规律、人类社会发展规律的认识,不断开辟当代中国马克思主义、21 世纪马克思主义新境界!

推进党的建设新的伟大工程①

40 年来,我们始终坚持加强和改善党的领导,积极应对在长期执政和改革开放条件下党面临的各种风险考验,持续推进党的建设新的伟大工程,保持党的先进性和纯洁性,保持党同人民群众的血肉联系。我们积极探索共产党执政规律、社会主义建设规律、人类社会发展规律,不断开辟马克思主义

---

① 习近平:《在庆祝改革开放 40 周年大会上的讲话》单行本,人民出版社 2018 年版。

中国化新境界。我们坚持党要管党、从严治党，净化党内政治生态，持之以恒正风肃纪，大力整治形式主义、官僚主义、享乐主义和奢靡之风，以零容忍态度严厉惩治腐败，反腐败斗争取得压倒性胜利。我们党在革命性锻造中坚定走在时代前列，始终是中国人民和中华民族的主心骨！

（二）典型案例

案例一

红船精神①

1921年8月初，中国共产党第一次全国代表大会在浙江嘉兴南湖的一条游船上胜利闭幕，庄严宣告中国共产党的诞生。这条游船因而获得了一个永载中国革命史册的名字——红船。

红船，见证了中国历史上开天辟地的大事变，成为中国革命源头的象征。红船，一直接受着人们特别是共产党人的瞻仰。上世纪60年代，中共"一大"代表董必武同志两次重访南湖，即兴赋诗。改革开放以来，邓小平、江泽民、胡锦涛等党和国家领导人，亲切关怀党的诞生地，或瞻仰红船，或亲笔题词，勉励我们"沿着南湖红船开辟的革命航道奋勇前进"。2002年10月，我调任浙江后，即怀着无限崇敬的心情，专程到嘉兴南湖瞻仰红船，接受革命精神教育。今年春节后的第一个工作日，浙江省委理论学习中心组成员来到南湖瞻仰红船，举行保持共产党员先进性教育活动专题学习会。在先进性教育活动期间，成千上万的共产党员从祖国各地来到南湖，看一次展览，听一次党课，学一次党章，观一次专题片，瞻仰一次红船，重温一次入党誓词。嘉兴市广泛开展以"精神传承、思想升华"为主要内容的"红船精神"大讨论活动，有力地促进了先进性教育活动。

红船劈波行，精神聚人心。红船所代表和昭示的是时代高度，是发展方向，是奋进明灯，是铸就在中华儿女心中的永不褪色的精神丰碑。"红船精神"同井冈山精神、长征精神、延安精神、西柏坡精神等一道，伴随中国革命的光辉历程，共同构成我们党在前进道路上战胜各种困难和风险、不断夺取新胜利的强大精神力量和宝贵精神财富。80多年来，"红船精神"一直激励和鼓舞着我们党坚持站在历史的高度，走在时代的前列，勇当舵手，引领航向，不断取得革命、建设和改革的一个又一个胜利。

"红船精神"——党的先进性之源

一个大党诞生于一条小船。从此，中国共产党引领革命的航船，劈波斩

---

① 节选自习近平：《弘扬"红船精神" 走在时代前列》，《光明日报》2005年6月21日。

浪,开天辟地,使中国革命的面貌焕然一新。伟大的革命实践产生伟大的革命精神。"红船精神"正是中国革命精神之源:中国共产党历史上形成的优良传统和革命精神,无不与之有着直接的渊源关系。中国共产党作为中国工人阶级和中华民族的先锋队,从这条红船扬帆起航,就始终代表着中国先进生产力的发展要求,代表着中国先进文化的前进方向,代表着最广大人民的根本利益,在推动中国历史前进中发挥着无可替代的领导核心作用。正如党的十六大报告所明确指出的,党的先进性"归根到底要看党在推动历史前进中的作用"。红船正是走在时代前列的象征,"红船精神"就充分体现了走在时代前列的精神,这也就集中体现了党的先进性,是党的先进性之源。

中国共产党沿着红船的航向,以开天辟地、敢为人先的首创精神,始终站在历史和时代发展的潮头。上世纪20年代的旧中国,是一个半封建半殖民地的社会。"十月革命"一声炮响给我们送来马克思列宁主义,五四运动中工人阶级登上政治舞台,这都为中国共产党的诞生作了思想和组织上的准备。中国共产党正是顺应求民族独立、谋人民解放的历史使命,勇立社会历史发展的潮头,在南湖红船上宣告成立,从此使中国革命的历史翻开了崭新的一页。对此,毛泽东称之为"开天辟地的大事变"。董必武同志在故地重游中欣然命笔:"烟雨楼台革命萌生,此间曾著星星火;风云世界逢春蛰起,到处皆闻殷殷雷。"南湖红船点燃的星星之火,形成了中国革命的燎原之势,使四海翻腾,五岳震荡。我们党从这里走向井冈山,走向延安,走向西柏坡,由一个领导人民为夺取政权而奋斗的党,成为领导人民掌握政权并长期执政的党。

中国共产党扬起红船的风帆,以坚定理想、百折不挠的奋斗精神,矢志推动中国革命和建设事业不断前进。中国共产党是以马克思主义理论武装起来的先进政党。中国共产党的诞生,使中国革命从此有了坚定的理想信念和强大的精神支柱。在惊涛骇浪不断的革命大潮中,红船在升腾,共产党人的信念也在升腾。当初,党的"一大"会议在白色恐怖中召开,由上海转至嘉兴,在南湖红船上完成缔造中国共产党的使命,靠的是坚定的理想信念和百折不挠的革命精神。之后,我们党在长期艰苦卓绝的奋斗中,历经曲折而不畏艰险,屡受考验而不变初衷,由小到大,由弱变强,靠的还是坚定的理想信念和百折不挠的革命精神。中国共产党人不管风吹浪打,不怕急流险滩,始终坚定自己的理想和信念,以压倒一切敌人、战胜一切困难的大无畏英雄气概,矢志推动中国革命和建设事业的大船劈波斩浪、不断奋进。

中国共产党载着红船的意愿,以立党为公、忠诚为民的奉献精神,努力维护好、实现好、发展好最广大人民的根本利益。"革命声传画舫中,诞生共党庆工农"。中国共产党从诞生那天起,从来就没有自己的私利,而是以全心全意为人民谋福利为根本宗旨。密切联系群众是我们党区别于其他任何一个政党的显著标志。依水行舟，忠诚为民，成为贯穿中国革命和建设全过程的一条红线，也是"红船精神"的本质所在。肩负为人民谋利益的神圣职责和崇高使命，中国共产党人以自己的身体力行，宣传、发动和引领全国各族人民团结一心，和衷共济，英勇奋战，在推进中国革命和建设的进程中，不断维护好、实现好、发展好最广大人民的根本利益。

开天辟地、敢为人先的首创精神，坚定理想、百折不挠的奋斗精神，立党为公、忠诚为民的奉献精神，是中国革命精神之源，也是"红船精神"的深刻内涵。我们要高举"三个代表"重要思想伟大旗帜，始终保持党的先进性，就必须永远铭记我们党的"母亲船"，重温红船的历史沧桑，在继承和弘扬"红船精神"中永葆党的先进性，进一步激发为中国特色社会主义事业而奋斗的信念和力量。

"红船精神"对党的先进性建设具有重要意义

新世纪新阶段，我国已踏上全面建设小康社会、加快推进社会主义现代化的伟大征程。保持党的先进性，既面临着新的要求，也面临着新的考验。在新的形势下，继承和弘扬"红船精神"，对于加强党的先进性建设，进一步巩固党的执政地位，完成党的执政使命，具有十分重要的理论意义和实践意义。

"红船精神"是激励我们把握发展这一时代主题和党执政兴国第一要务，大胆探索、创新创业的强大思想武器。发展是当今时代的一大主题，也是党执政兴国的第一要务。加强党的先进性建设，首要任务就是提高领导发展的能力。当今世界处于深刻变化之中，综合国力的竞争日趋激烈，我国全面建设小康社会的进程中也出现了许多前所未有的新情况、新问题。"红船精神"昭示我们，在社会发展的进程中，我们不能因循守旧，刻舟求剑，必须勇立潮头，敢为人先，以创新的精神永葆党的生机和活力。面对新挑战、新机遇和新形势、新任务，我们要坚持和发扬"红船精神"，有敢于突破前人的勇气和智慧，自觉克服安于现状、不思进取的思想观念，坚持用创新的理论成果武装头脑，用创新的思想观念谋划工作，紧紧扭住发展不放松，与时俱进，开拓创新，不断推进建设中国特色社会主义的伟大事业。

"红船精神"是鼓舞我们坚定共产主义理想和中国特色社会主义信念，不畏艰险、艰苦奋斗的强大精神支柱。中国革命的航船是在惊涛骇浪中到达成功的彼岸的，中国改革和建设事业的航程同样不会一帆风顺。建设中国特色社会主义是一项前无古人的创造性事业，全面建设小康社会是一项空前艰巨的宏图伟业，在推进其发展的漫漫征程中充满了重重困难和各种风险。"红船精神"昭示我们，逆水行舟，不进则退。面对我们的基本国情和我们党的历史使命，没有坚定的理想和必胜的信念，没有不畏艰辛、励精图治的精神状态和艰苦奋斗、顽强拼搏的作风，就难以克服前进道路上的重重困难，难以战胜前进道路上的风险和挑战。我们必须坚持和发扬"红船精神"，坚定理想信念，增强忧患意识，居安思危，处盛虑衰，以共产党人的胸襟和眼界观察世界、判断形势，恪尽职守、脚踏实地，不怕艰难、坚韧不拔，矢志拼搏、艰苦创业，努力谱写全面建设小康社会、加快推进社会主义现代化的新篇章。

"红船精神"是鞭策我们牢记立党为公、执政为民本质要求和全心全意为人民服务的根本宗旨，求真务实、一心为民的强大道德力量。作为马克思主义政党，我们党自诞生之日起就以解放全人类、实现共产主义为己任，以全心全意为人民服务为根本宗旨。坚持立党为公、执政为民，始终保持党同人民群众的血肉联系，是马克思主义政党与生俱来的政治品质和最高从政道德，是衡量党的先进性的根本标尺。"红船精神"昭示我们，党和人民的关系就好比舟和水的关系，"水可载舟，亦可覆舟"。革命战争年代，正是在"红船精神"引领下，我们党从民族大义和人民群众的根本利益出发，充分发动并紧紧依靠人民群众夺取了政权，从此成为在全国掌握政权并长期执政的执政党。改革开放以来，我们党经受着执政和改革开放的双重考验。党的先进性能否始终保持，党的执政地位能否不断巩固，根本取决于人民群众对党的信赖和拥护，而这又取决于我们党能否践行立党为公、执政为民的本质要求，取决于我们党能否团结带领人民群众求真务实、真抓实干。我们必须牢记"权为民所用、情为民所系、利为民所谋"的谆谆教诲，继续发扬"红船精神"，始终不渝地为最广大人民谋利益，坚持人民利益高于一切的政德，真正干出有利于党和人民事业的政绩。

在新的实践中继承和弘扬"红船精神"

"红船精神"是我们党创立时期坚持和实践自身先进性的一个历史明证。正如党的先进性不是与生俱来、一劳永逸的，"红船精神"也是具体的、历史的。我们要把"红船精神"贯穿于树立和落实科学发展观、构建社会主义和谐社会和加强党的先进性建设的实践上来。把握住这一点，就从根本上把握了"红船精神"的实质与核心，同时也就把握了党的先进性的真谛。

红船起航于浙江，既有历史的偶然性，也有历史的必然性。这是浙江的光荣，也是推进浙江发展的精神力量所在。联系浙江实际，我们要在新的实践中继承和弘扬"红船精神"，就必须结合当前正在开展的保持共产党员先进性教育活动，高扬理想的风帆，荡起奋发的双桨，乘着改革开放的浪潮，认真贯彻胡锦涛总书记对浙江工作提出的"努力在全面建设小康社会、加快推进社会主义现代化的进程中走在前列"的要求，做到学在深处，谋在新处,干在实处,再铸浙江改革开放和现代化建设新的辉煌。

案例二

方志敏:为了"可爱的中国",奋斗![①]

方志敏是一位充满理想的无产阶级革命家,为革命献身时,年仅36岁。在狱中,他用炽热的情感写下《可爱的中国》,号召国人为了可爱的中国,要"持久的艰苦的奋斗,把个人所有的智慧才能,都提供于民族的拯救"。他在中华民族积贫积弱的时刻,仍然坚信:中国一定有个可赞美的光明前途!

朋友!中国是生育我们的母亲。你们觉得这位母亲可爱吗?我想你们是和我一样的见解,都觉得这位母亲是蛮可爱蛮可爱的。"朋友们、兄弟们救救母亲啊,母亲快要死去了。"

这是方志敏1935年在狱中写下的《可爱的中国》,他把中国比喻成母亲,号召大家"持久的、艰苦的奋斗",从帝国主义恶魔生吞活剥下救出我们垂死的母亲来。

这位为革命甘洒热血的共产党员,曾创办闽浙赣根据地,成为全国六大苏区之一。1934年11月,方志敏奉命率领红十军团北上抗日,途中遭国民党军重兵围追堵截,终因寡不敌众不幸被俘。狱中,方志敏用敌人让他写供状的纸笔,写下《可爱的中国》。虽然随时可能面临极刑,但他心心念念的还是祖国的安危。

无论被游街示众,还是被许以高官厚禄,甚至敌人又抓来他的妻子缪敏当作要挟,方志敏始终忠贞不屈拒绝投降。1935年8月,方志敏被敌人秘密杀害。《可爱的中国》成为他在受难前用文字为当时垂危的中国发出的最后呼喊。

"不错,目前的中国固然是江山破碎、国弊民穷,但谁能断言中国没有一个光明的前途呢?不,决不会的,我们相信,中国一定有个可赞美的光明前途。"在《可爱的中国》中,方志敏想象未来的中国到处都是活跃跃的创造,到处都是日新月异的进步,欢歌将代替了悲叹,笑脸将代替了哭脸,明媚的花园将代替了凄凉的荒地。"

在方志敏曾经创办的革命根据地横峰县,而今全面小康的号角已经吹响。

2200多名党员干部组成68个驻村帮扶工作队,深入大山腹地,帮助村民增收。村级光伏电站,万亩葛根、油茶等现代农业,让方志敏曾期待的"欢歌"与"笑脸"遍布田园。

[①] 央视网,2018年4月5日。

而今，方志敏期盼的"可爱的中国"充满生机。2016年，习近平曾来到江西视察。他指出，江西生态秀美，要"做好治山理水、显山露水的文章"。从2017年起，江西省将先后投入120个亿，打造出8万个美丽宜居乡村。

当年，方志敏在根据地创办了很多义务小学和贫民学校，就是希望以后百姓有知识、有出路。而今，当地适龄儿童全部接受义务教育，"继承志敏精神传承红色基因"的特色教育，正滋养着每一个孩子的心。

参考书目

[1] 习近平谈治国理政：第1卷［M］．北京：外文出版社，2018.

[2] 习近平谈治国理政：第2卷［M］．北京：外文出版社，2017.

[3] 中国共产党章程［M］．北京：人民出版社，2017.

[4] 中共中央宣传部［M］．习近平新时代中国特色社会主义思想三十讲．北京：学习出版社，2018.

[5] 胡绳主编．中国共产党的七十年［M］．北京：中共党史出版社，1991.

思考题

1. 什么是"红船精神"？如何认识中国共产党的源头精神？

2. 如何理解中国共产党在新的历史方位上的历史使命？

3. 为什么说新时代的战略安排彰显了中国特色社会主义的制度优势和中国共产党治国理政的能力？

第三章 中国特色社会主义经济建设

一、教学大纲基本内容

(一) 中国特色社会主义经济理论与制度

1. 中国特色社会主义经济理论

(1) 关于加强党对经济工作的集中统一领导的理论。经济工作是中国特色社会主义建设的中心工作,党的领导要在中心工作中得到充分体现。在经济工作中能够坚持党的集中统一领导,有利于集思广益、凝聚共识,有利于调动各方面积极性、形成合力,为更好地开展其他方面工作提供支持和保障。

(2) 关于坚持以人民为中心的发展理论。人民性是马克思主义最鲜明的品格。发展为了人民,是马克思主义政治经济学的根本立场。以人民为中心的发展思想,体现了党全心全意为人民服务的根本宗旨,体现了人民是推动发展的根本力量的唯物史观。践行以人民为中心的发展思想,要求在部署经济工作、制定经济政策、推动经济发展时,把增进人民福祉、促进人的全面发展、朝着共同富裕方向稳步前进作为经济发展的出发点和落脚点。

(3) 关于用新发展理念统领发展全局的理论。创新、协调、绿色、开放、共享的新发展理念,是在深刻总结国内外发展经验教训的基础上形成的,集中反映了党对经济发展规律的新认识。坚持创新发展、协调发展、绿色发展、开放发展、共享发展,是当前和今后一个时期中国发展的总要求和大趋势,是关系中国发展全局的一场深刻变革。

(4) 关于经济发展新常态的理论。党的十八大以来,中国经济从高速增长转为中高速增长,经济结构不断优化升级,经济增长动力从要素驱动、投资驱动转向创新驱动,经济呈现出新常态。经济发展进入新常态,是中国经济发展阶段性特征的必然反映,是中国经济向形态更高级、分工更优化、结构更合理的阶段演进的必经过程。

(5) 关于社会主义市场经济改革的理论。社会主义市场经济,是社会主义基本制度和市场经济的有机结合。社会主义的制度优势为市场经济健康发展开辟了广阔空间，市场经济的发展也推动着社会主义制度进一步趋于完善和巩固。坚持社会主义市场经济改革方向，不仅是经济体制改革的基本遵循，也是全面深化改革的重要依托，其核心问题是处理好政府和市场的关系，使市场在资源配置中起决定性作用和更好地发挥政府的作用。

（6）关于供给侧结构性改革的理论。坚持适应中国经济发展主要矛盾变化，完善宏观调控，就要坚持以供给侧结构性改革为主线，努力实现供求关系新的动态均衡。供给侧和需求侧是管理和调控宏观经济的两个基本手段，二者不是非此即彼一去一存的替代关系，而是要相互配合、协调推进。

（7）关于经济发展战略的理论。坚持问题导向，制定实施经济发展战略，既是保持经济持续健康发展的要求，也是处理好新时代中国社会主要矛盾的要求。抢占科技和产业制高点，推动中国从经济大国走向经济强国，要坚定不移地实施科教兴国战略、人才强国战略和创新驱动发展战略。

（8）关于坚持正确工作策略和方法的理论。稳中求进工作总基调是治国理政的重要原则，也是做好经济工作的方法论。要坚持底线思维，既要充分肯定中国经济社会发展取得的成绩，看到中国经济社会发展基本面长期趋好的态势，也要看到国际国内各种不利因素的长期性、复杂性、曲折性，不回避矛盾，不掩盖问题，从坏处准备，争取最好的结果，牢牢把握主动权。

2. 中国特色社会主义经济制度

经济制度体现一定社会形态中最基本、最本质的经济关系，经济体制主要指在经济制度基础上经济运行的具体形式。经济制度和经济体制是内容和形式的关系，经济制度是经济体制建立的前提和基础，经济体制反作用于经济制度。经济制度的选择取决于一国生产力发展水平和具体的社会经济条件。中国特色社会主义经济制度主要包括以下三个方面：

（1）社会主义初级阶段基本经济制度。基本经济制度是指一国的生产资料所有制形式与结构，是生产关系的核心内容，决定了一国经济的基本性质和发展方向。中国仍处于并将长期处于社会主义初级阶段，这是中国的基本国情和最大的实际。

（2）社会主义初级阶段的收入分配制度。收入分配制度是有关国民收入如何在不同经济主体和个人之间进行分配的制度总和。以按劳分配为主体，多种分配方式并存，是中国社会主义初级阶段的收入分配制度。

（3）社会主义市场经济体制。市场经济体制是指以市场为配置资源基本手段的一种经济体制。社会主义市场经济体制是适应中国现阶段基本经济制度的经济体制形式。一方面，在多种所有制经济并存的商品交换关系下，价值规律仍然发挥作用，市场配置资源是最有效的形式；另一方面，要坚持党的领导，更好地发挥政府作用。社会主义市场经济本质上是法治经济，使市场在资源配置中起决定性作用和更好地发挥政府作用，必须以保护产权、维护契约、统一市场、平等交换、公平竞争、有效监管为基本导向，完善社会主义市场经济法律制度。

(二) 建设现代化经济体系

建设现代化经济体系是适应中国经济由高速增长阶段转向高质量发展阶段的必然要求，是跨越关口的迫切要求和中国发展的战略目标。建设现代化经济体系，必须用新发展理念统领发展全局，坚持质量第一、效率优先，以供给侧结构性改革为主线。

1. 中国经济转向高质量发展阶段

(1) 中国经济已由高速增长阶段转向高质量发展阶段。经济转向高质量发展阶段，是新时代中国经济发展的基本特征，主要体现在：经济结构不断优化；城乡差距不断缩小；贫困人口数量大幅下降；生态环境不断改善；经济增长从要素驱动、投资驱动转向创新驱动。

(2) 推动高质量发展是遵循经济发展规律保持经济持续健康发展的必然要求。主要体现在：经济发展是一个螺旋式上升的过程，上升不是线性的，量积累到一定阶段，必然转向质的发展，中国经济发展也要遵循这一规律；经济进入中高速增长阶段，是新时代经济发展的一个阶段性特征，客观上要求经济工作从经济增长速度转移到经济发展质量上来；传统行业供给不足问题已基本解决，部分行业甚至出现产能过剩的情况，但个性化产品、高质量产品的种类和数量还不能满足人民的需要；随着经济增速下调，经济中各类隐性风险逐步显性化，防范化解重大风险成为全面建成小康社会决胜期的一个重要任务。因此，党和政府要全面把握经济发展阶段的新变化，优化经济结构，建立健全化解各类风险的体制机制，提高抗击风险能力。

2. 用新发展理念统领发展全局

面对当前经济社会发展新趋势、新机遇、新矛盾和新挑战，中国共产党坚持以人民为中心的发展思想，提出创新、协调、绿色、开放、共享的新发展理念，全力推进经济实现高质量发展。

(1) 创新是引领发展的第一动力。坚持创新发展，是分析近代以来世界发展历程特别是总结中国改革开放成功实践得出的结论，是应对发展环境变化、增强发展动力、把握发展主动权、更好地引领新常态的根本之策。

(2) 协调是持续健康发展的内在要求。树立协调发展理念，必须牢牢把握中国特色社会主义事业的总体布局，正确处理发展中的重大关系，重点促进城乡区域协调发展，促进经济社会协调发展，促进新型工业化、信息化、城镇化、农业现代化同步发展，在增强国家硬实力的同时注重提升国家软实力，不断增强发展整体性。

（3）绿色是永续发展的必要条件和人民对美好生活追求的重要体现。树立绿色发展理念，必须坚持节约资源和保护环境的基本国策，坚持可持续发展，坚定走生产发展、生活富裕、生态良好的文明发展道路，加快建设资源节约型、环境友好型社会，形成人与自然和谐发展现代化建设新格局，推进美丽中国建设，为全球生态安全做出新贡献。

（4）开放是国家繁荣发展的必由之路。树立开放发展理念，必须顺应中国经济深度融入世界经济的趋势，奉行互利共赢的开放战略，坚持内外需协调、进出口平衡、引进来和走出去并重、引资和引技引智并举，发展更高层次的开放型经济，积极参与全球经济治理和公共产品供给，提高中国在全球经济治理中的制度性话语权，构建广泛的利益共同体。

（5）共享是中国特色社会主义的本质要求。树立共享发展理念，必须坚持发展为了人民、发展依靠人民、发展成果由人民共享，做出更有效的制度安排，使全体人民在共建共享发展中有更多获得感，增强发展动力，增进人民团结，朝着共同富裕的方向稳步前进。

3. 建设现代化经济体系的主要内涵和主要任务

（1）建设现代化经济体系的主要内涵。

1）建设创新引领、协同发展的产业体系。实现实体经济、科技创新、现代金融、人力资源协同发展，使科技创新在实体经济发展中的贡献份额不断提高，现代金融服务实体经济的能力不断增强，人力资源支撑实体经济发展的作用不断优化。

2）建设统一开放、竞争有序的市场体系。实现市场准入畅通、市场开放有序、市场竞争充分、市场秩序规范，加快形成企业自主经营公平竞争、消费者自由选择自主消费、商品和要素自由流动平等交换的现代市场体系。

3）建设体现效率、促进公平的收入分配体系。实现收入分配合理、社会公平正义、全体人民共同富裕，推进基本公共服务均等化，逐步缩小收入分配差距。

4）建设彰显优势、协调联动的城乡区域发展体系。实现区域良性互动、城乡融合发展、陆海统筹整体优化，培育和发挥区域比较优势，加强区域优势互补，塑造区域协调发展新格局。

5）建设资源节约、环境友好的绿色发展体系。实现绿色循环低碳发展、人与自然和谐共生，牢固树立和践行绿水青山就是金山银山的理念，形成人与自然和谐发展的现代化建设新格局。

6）建设多元平衡、安全高效的全面开放体系。发展更高层次开放型经济，推动开放朝着优化结构、拓展深度、提高效益方向转变。

7）建设充分发挥市场作用、更好地发挥政府作用的经济体制。实现市场机制有效、微观主体有活力、宏观调控有度。

（2）建设现代化经济体系的主要任务。建设现代化经济体系，要突出抓好大力发展实体经济、加快实施创新驱动发展战略、实施乡村振兴战略、积极推动城乡区域协调发展、蓄力发展开放型经济、深化经济体制改革六项主要任务。

（3）实施乡村振兴战略的具体任务。实施乡村振兴战略，是决胜全面建成小康社会、全面建设社会主义现代化国家的重大历史任务，是新时代做好"三农"工作的总抓手。这一任务具体有以下几个方面：

1）推动乡村产业振兴，把产业发展落到促进农民增收上来，全力以赴消除农村贫困，推动乡村生活富裕。

2）发展现代农业，确保国家粮食安全，提高农业创新力、竞争力、全要素生产率。

3）推动乡村人才振兴，把人力资本开发放在首要位置，激励各类人才在农村广阔天地大施所能、大展才华、大显身手，打造一支强大的乡村振兴人才队伍。

4）推动乡村文化振兴，加强农村思想道德建设和公共文化建设，提高乡村社会文明程度，焕发乡村文明新气象。

5）推动乡村生态振兴，坚持绿色发展，加强农村突出环境问题综合治理，完善农村生活设施，打造农民安居乐业的美丽家园，让良好生态成为乡村振兴支撑点。

6）推动乡村组织振兴，建立健全党委领导、政府负责、社会协同、公众参与、法治保障的现代乡村社会治理体制，确保乡村社会充满活力、安定有序。

（4）实现区域协调发展战略的途径。实施区域协调发展战略，是缩小收入差距、实现共享发展的重要途径，主要有以下几种途径：

1）加大力度支持革命老区、民族地区、边疆地区、贫困地区加快发展，推进西部大开发、东北老工业基地振兴和中部地区崛起，实现东部地区优化发展。

2）以城市群为主体构建大中小城市和小城镇协调发展的城镇格局，加快农业转移人口市民化。

3）以疏解北京非首都功能为"牛鼻子"，推动京津冀协同发展，高起点规划、高标准建设雄安新区。

4）加大力度实施长江经济带发展战略。必须从中华民族长远利益考虑，把修复长江生态环境摆在压倒性位置，共抓大保护、不搞大开发。

5）加快边疆发展，确保边疆巩固边境安全。加强民族团结，反对民族分裂，维护祖国统一。坚决打击恐怖主义，维护社会安全，稳定坚持党的领导，积极创造条件，加快民族地区发展，实现边疆跨越式发展。

6）坚持陆海统筹，坚持走依海富国、以海强国、人海和谐、合作共赢的发展道路，通过和平、发展、合作、共赢方式，扎实推进海洋强国建设。

7）健全城乡一体化体制机制。提高城乡发展一体化水平，要把解放和发展农村社会生产力、改善和提高广大农民群众生活水平作为根本的政策取向，加快形成以工促农、以城带乡、工农互惠、城乡一体的新型工农城乡关系。

（三）深化供给侧结构性改革

1. 深化供给侧结构性改革的内涵

深化供给侧结构性改革，是适应国际金融危机发生后综合国力竞争新形势的主动选择，是适应和引领经济发展新常态的重大创新和必然要求，是推动中国经济实现高质量发展的必然要求。

供给侧结构性改革的重点，是解放和发展生产力，用改革的方法推进经济结构调整，减少无效和低端供给，扩大有效和中高端供给，增强供给结构对需求变化的适应性和灵活性，提高全要素生产率。

2. 把发展经济的着力点放在实体经济上

实体经济是一国经济中提供商品和服务、用于满足人们生活和生产需要的经济组成部分，是一国经济的立身之本，是财富创造的根本源泉，是国家强盛的重要支柱。

（1）深刻认识实体经济发展环境新变化。首先，制造业重新成为全球经济竞争的焦点；其次，新工业革命对制造业发展带来深刻变革；最后，中国制造业提质升级任务日益紧迫。

（2）优化实体经济的发展环境。首先，切实降低实体经济企业成本；其次，着力构建国家制造业创新体系；再次，强化金融服务实体经济的功能；最后，加快建设多层次制造业人才队伍。

3. 加快建设制造强国

制造业是国民经济的主体，是科技创新的主战场，是立国之本、兴国之器、强国之基。

加快建设制造强国的主要任务包括以下几点：

（1）培育壮大新兴产业，推动重点领域率先突破。新兴产业是经济体系中最有活力、最具增长潜力的部分，是中国抢占未来竞争制高点、实现引领型发展的关键。

（2）提升装备制造竞争力。装备制造业是一个国家制造业的脊梁，目前中国装备制造业还有许多短板，要加大投入、加强研发、加快发展，努力占领世界制高点、掌控技术话语权，使中国成为现代装备制造业大国。

（3）加快发展现代服务业，促进制造与服务协同发展。现代服务业是实体经济和制造业发展的重要支撑，特别是生产性服务业，对于提高制造业附加值和竞争力具有重要意义。

（4）大力推进智能制造，促进信息化与工业化深度融合。信息化与工业化融合将带来巨大市场空间，是大国产业博弈的重要阵地。

（5）培育世界级先进制造业集群，促进大中小企业融通发展。产业集群是中小企业发展的重要组织形式和载体，对推动企业专业化分工协作、有效配置生产要素、降低创新创业成本、节约社会资源、促进区域经济社会发展都具有重要意义。

4. 支持传统产业优化升级

传统产业是稳定经济增长、改善民生福祉的主体力量，也是当前和今后一个时期中国工业结构调整的重点。

（1）促进传统优势产业提质增效。实施企业技术改造提升行动计划，鼓励传统产业设施装备智能化改造，推动生产方式向数字化、精细化、柔性化转变；推进传统制造业绿色化改造；推行生态设计，加强产品全生命周期绿色管理。

（2）加快发展生产性服务业。生产性服务业涉及农业、工业等产业的多个环节，具有专业性强、创新活跃、产业融合度高、带动作用显著等特点，是全球产业竞争的战略制高点。

（3）加快发展生活性服务业。生活性服务业领域宽、范围广，涉及人民群众生活的方方面面，与经济社会发展密切相关。加快发展生活性服务业，是推动经济增长动力转换的重要途径，实现经济提质增效升级的重要举措，保障和改善民生的重要手段。

（4）积极发挥新消费引领作用，加快培育形成新供给新动力。消费是最终需求，积极顺应和把握消费升级大趋势，以消费升级引领产业升级，以制度创新、技术创新、产品创新满足并创造消费需求。

（四）完善社会主义市场经济体制

1. 深化国有企业改革

（1）深化国有企业改革的原则和要求。

1）坚持和完善基本经济制度。这是深化国有企业改革必须把握的根本要求。必须毫不动摇地巩固和发展公有制经济，毫不动摇地鼓励、支持、引导非公有制经济发展。

2）坚持增强活力和强化监管相结合，这是深化国有企业改革必须把握的重要关系。增强活力是搞好国有企业的本质要求，加强监管是搞好国有企业的重要保障，要切实做到两者的有机统一。

3）坚持党对国有企业的领导。这是深化国有企业改革必须坚守的政治方向、政治原则。坚持党的领导、加强党的建设，是中国国有企业的光荣传统，是中国国有企业的"根"和"魂"，是中国国有企业的独特优势。

（2）新时代深化国有企业改革的主要任务。

1）要完善各类国有资产管理体制。建立健全各类国有资产监督法律法规体系，改革国有资本授权经营体制，以管资本为主深化国有资产监管机构职能转变，创新监管方式和手段，深化国有资本投资、运营公司综合性改革。

2）要加快国有经济布局优化、结构调整、战略性重组。推动国有经济向关系国家安全、国民经济命脉和国计民生的重要行业和关键领域、重点基础设施集中，推动国有资本形态转换和结构调整，推动国有企业战略性重组。

3）要发展混合所有制经济。积极推进主业处于充分竞争行业和领域的商业类国有企业混合所有制改革，大力推动国有企业改制上市，在取得经验的基础上稳妥有序地开展国有控股混合所有制企业战略性重组。

4）要形成有效制衡的公司法人治理结构和灵活高效的市场化经营机制。在全面完成公司制改革的基础上积极推进股份制改革，全面推进规范董事会建设，持续深化企业内部各项制度改革。

5）要加强监管，有效防止国有资产流失。以国有资产保值增值、防止流失为目标，加快形成全面覆盖、分工明确、协同配合、制约有力的国有资产监督体系。

6）要培育具有全球竞争力的世界一流企业。支持国有企业深入开展国际化经营，形成一批引领全球行业技术发展、全球产业发展中具有话语权和影响力的领军企业。

2. 激发市场主体活力

具体做法有以下四个方面：

（1）要转变政府职能，积极简政放权，更好地发挥政府作用。转变政府职能的总方向是创造良好发展环境、提供优质公共服务、维护社会公平正义。

（2）要完善产权保护制度，深化产权制度改革。产权制度是社会主义市场经济的基石，保护产权是坚持社会主义经济社会持续健康发展的基础。

（3）要全面实施市场准入负面清单制度，清理废除妨碍统一市场和公平竞争的各种规定和做法。市场准入负面清单制度是政府以清单方式明确列出中国境内禁止和限制投资经营的行业、领域、业务等，各级政府依法采取相应管理措施的一系列制度安排。

（4）要完善主要由市场决定价格的机制，加快要素价格市场化改革，使市场在资源要素配置中起决定性作用。价格机制是市场机制的核心，市场决定价格是市场在资源配置中起决定性作用的关键。

3. 创新和完善宏观调控

科学的宏观调控，有效的政府治理，是发挥社会主义市场经济体制优势的内在要求。

（1）发挥国家发展规划的战略导向作用。强化规划约束引导，增强国家政策措施的宏观引导、统筹协调功能，提高规划的引领性、指导性和约束性；健全规划体系，加强规划统筹管理，构建层次分明、功能清晰、相互协调的发展规划体系，提升规划的系统性；创新规划实施机制，在中长期规划纲要中期评估和终结评估的基础上，组织开展年度监测报告，强化国家战略在各个层面的统一落实，确保一张蓝图干到底。

（2）健全宏观调控政策体系。宏观调控的主要任务是保持经济总量平衡，促进重大经济结构协调和生产力布局优化，减小经济周期波动影响，防范区域性、系统性风险，稳定市场预期，实现经济持续健康发展。更好地发挥财政政策对平衡发展的积极作用，加快建立现代财政制度，加大财政支出优化整合力度；提升政策的适应性和灵活性，深化金融体制改革，增强金融服务实体经济能力，健全金融监管体系；优化促进消费转型升级的政策组合，把握消费转型升级的趋势，完善促进消费的体制机制，更好地激发消费潜能，增强消费对经济发展的基础性作用；强化投融资政策对优化供给结构的关键作用，深化投融资体制改革，发挥好政府资金的撬动作用，推进政银企社结合，扩大有效投资，提高资金使用效率和增量资本产出率；精准实施产业政策，围绕构建现代产业体系、推动产业迈向中高端水平，大力实施创新驱动战略；创新完善区域政策，以"一带一路"建设、京津冀协同发展、长江经济带发展三大战略为引领。

（3）完善宏观经济政策的协调机制。部门层面的协调，强化宏观经济政策统筹，提高政策的协同性，并协同形成调控合力；中央和地方层面的协调，中央要搞好顶层设计，充分考虑地方实际，最大限度调动地方积极性，地方层面要强化对宏观经济政策的理解、执行和传导，引导市场主体积极响应和实现宏观政策意图；国际层面的沟通协调，以更加宽广的全球视野，积极主动参与国际宏观经济政策沟通协调及国际经济规则调整和构建，防范系统性风险，力争营造良好的外部经济环境。

（4）注重引导市场行为和社会预期。加强风险防范和应对处置，强化底线思维，建立安全识别和监测预警体系，重点提高财政、金融房地产、能源资源、生态环境等方面的风险防控能力，坚决守住不发生系统性区域性风险的底线；提升服务监督水平，密切关注新技术新产业新业态新模式发展，主动优化服务、创新监管，明规矩于前、寓严管于中、施重惩于后、存包容于严，为新兴生产力成长开辟更大空间；强化社会预期管理，把预期管理作为宏观调控的重要内容，提高政策透明度和可预期性，用稳定的宏观经济政策稳住市场预期，用重大改革举措落地增强发展信心。

（五）推动形成全面开放新格局

1. 中国开放的大门只会越开越大

坚定不移地扩大开放，是实现中华民族繁荣富强的必由之路，是适应经济全球化新趋势的必然要求，是适应新时代国内改革发展新要求的应有之举。

2. 推动"一带一路"建设

党的十九大报告指出，要以"一带一路"建设为重点，坚持"引进来"和"走出去"并重，遵循共商共建共享原则，加强创新能力开放合作形成陆海内外联动、东西双向互济的开放格局。

（1）深刻认识"一带一路"建设的重大意义。"一带一路"建设是中国扩大对外开放的重大举措和经济外交的顶层设计，是为破解人类发展难题提供的中国智慧和中国方案，是探索全球经济治理新模式、构建人类命共同体的新平台，是新时代中国特色社会主义的伟大开放实践。

（2）牢牢把握"一带一路"建设的总体方向。以共商共建共享为基本原则，是"一带一路"建设的重要指导原则。政策沟通、设施联通、贸易畅通、资金融通和民心相通是"一带一路"建设的核心内容。以深化"五通"交流合作为关键支撑。以构建全面开放新格局为努力方向，新形势下推进"一带一路"建设，就是要助推内陆沿边地区成为开放前沿，实现开放空间逐步从沿海、沿江向内陆、沿边延伸。

（3）促进"一带一路"国际合作的重点内容。坚持"引进来"和"走出去"并重，深化双向投资合作，就是要进一步挖掘双向投资潜力，促进要素自由流动、资源高效配置和市场深度融合，为发展开放型世界经济注入新动能；促进基础设施互联互通，突破沿线发展瓶颈，要完善基础设施联通网络，协调政策规则标准联通，创新基础设施联通融资渠道；加强创新能力开放合作，增强发展新动力，要推动"一带一路"沿线国家创新资源共享、创新优势互补，共同实现创新引领和驱动发展；推动开放合作，完善全球经济治理体系，加强"一带一路"国际合作，要致力于建设开放型世界经济，推动形成更加公正合理的国际经济秩序；构筑多层次人文交流平台，促进包容发展，"一带一路"建设是中国为世界搭建的具有广泛包容性的发展合作平台。

3. 实施高水平对外开放

坚持主动开放，把开放作为发展的内在要求，更加积极主动地扩大对外开放；坚持双向开放，把"引进来"与"走出去"更好地结合起来，拓展经济发展空间；坚持全面开放，推动形成陆海内外联动、东西双向互济的开放格局；坚持公平开放，构建公平竞争的内外资发展环境；坚持共赢开放，推动经济全球化朝着普惠共赢方向发展；坚持包容开放，探索求同存异、包容共生的国际发展合作新途径。

二、学术前沿述评

（一）关于创新驱动发展战略的研究

学者们主要研究了创新驱动发展的含义、不足和对策。

1. 关于创新驱动发展的含义

尹德志认为，创新驱动，简而言之，就是指经济增长主要依靠科学技术的创新带来效益，在经济发展中科技进步对于经济增长的作用大大增加，即科技进步对经济的贡献率大大提高。其最主要的表现方式为用技术变革创新来提高生产要素的产出率，实现集约型增长方式。① 陈曦认为，创新驱动发展作为提高社会生产力和综合国力的战略支撑，意味着创新不仅仅是一个概念、一个符号，而且是统揽全局、左右发展的谋略。实施创新驱动要确立创新驱动基本发展战略是一项系统工程，只有搭起基本框架，才能统领整个战略的全面实施，具体表现为由主体通过多种渠道，运用高效可行的方法具体实施，确立协同合作的创新主体系统和协同运作的创新方式系统两个系统。②

2. 当前中国的创新驱动发展存在一定的不足

陈鹏飞等人认为，这种不足主要表现为：技术创新投入不足；知识创新体系建设不足；知识创新与技术创新协同不紧密；鼓励创新的制度体系不完善。③ 陈曦认为，创新驱动发展是相对于生产要素驱动发展而言的。长期以来，我们都是依赖劳动力、土地、资本、自然环境等生产要素的配置、消耗和整合来发展经济，这种经济发展方式在发展初期取得了一定成效，但是，随着发展速度的加快，其弊端逐渐显现，甚至在一定程度上阻碍了经济发展，因此，国家提出用创新驱动代替生产要素驱动。④

3. 关于创新驱动发展的对策

陈鹏飞等人认为，应当进一步加大创新投入，进一步完善知识创新体系，

---

① 尹德志：《基于国家创新驱动发展研究》，《科学管理研究》2013 年第 3 期。
② 陈曦：《创新驱动发展战略的路径选择》，《经济问题》2013 年第 3 期。
③ 陈鹏飞、贾慧霞、刘金石：《创新驱动发展：战略意义与路径选择》，《决策咨询》2013 年第 4 期。
④ 陈曦：《创新驱动发展战略的路径选择》，《经济问题》2013 年第 3 期。

进一步强化知识创新与技术创新,进一步加大制度创新。① 张蕾认为,积极培育有利于创新的文化氛围;提升全民教育水平,提高劳动力质量和人均劳动生产率;大力加强自主创新,并使企业成为创新的主体;加快战略性新兴产业发展,促进经济转型和传统产业升级;发挥政府调控和引导作用,加强产学研协同创新机制建设。② 任采文认为,创新驱动发展的关键在人才。③

(二) 关于乡村振兴战略的研究

党的十九大提出乡村振兴战略之后,中国学者开始对之进行研究,主要集中在以下几个方面。

1. 关于乡村振兴战略的内涵

这一内涵即党的十九大报告提出的优先发展农业农村,实施乡村振兴战略,按照产业兴旺、生态宜居,乡风文明、治理有效,生活富裕的总要求,建立健全城乡融合发展体制机制和政策体系,加快推进农业农村现代化。④

2. 乡村振兴战略的意义

李国祥认为,实施乡村振兴战略是党在推进现代化中的伟大创举。第一,我们应该从决胜全面建成小康社会这一特定时期出发来理解和把握实施乡村振兴战略的重大意义;第二,我们应该从世界各国现代化的结果必然是乡村衰退衰落的教训上来理解和把握实施乡村振兴战略的重大意义;第三,我们应该从我国现代化进程中农业农村发展相对滞后状况审视中来理解和把握实施乡村振兴战略的重大意义。⑤ 赵强认为,乡村振兴战略的提出无疑又是一个新的更大的利好。农业农村优先发展,巩固和完善农村基本经营制度,保持土地承包关系稳定并长久不变,第二轮土地承包到期后再延长三十年……这些涉及"三农"根本制度性问题的战略决策,回应了社会对农业问题的关切,稳定了农民的心理预期,为农村的振兴提供了政治与政策保障。有了乡村振兴战略的实施,在"看得见山、望得见水、记得住乡愁"的城镇现代化叙事里,农村已经不仅是背景,农民也不仅是旁观者,都将包含在均衡充分发展的中国亮丽风景之中。⑥

---

① 陈鹏飞、贾慧霞、刘金石:《创新驱动发展:战略意义与路径选择》,《决策咨询》2013 年第 4 期。
② 张蕾:《中国创新驱动发展路径探析》,《重庆大学学报(社会科学版)》2013 年第 4 期。
③ 任采文:《创新驱动发展的关键在人才》,《中国人才》2013 年第 4 期。
④ 李国祥:《专家解读:十九大"乡村振兴战略"》,《农业经济》2017 年第 11 期。
⑤ 李国祥:《实施乡村振兴战略是我党在推进现代化中的伟大创举》,《农村工作通讯》2017 年第 21 期。
⑥ 赵强:《乡村振兴战略是给"三农"的最大利好》,《农村·农业·农民(B 版)》2017 年第 10 期。

3. 乡村振兴战略的注意事项

张红宇认为，实施乡村振兴战略需进一步深化农村改革。党的十九大做出了实施乡村振兴战略的重大决策部署，绘就了"三农"事业新征程的宏伟蓝图，具有划时代的里程碑式意义，将为实现"两个一百年"奋斗目标奠定坚实基础。坚定不移地推进乡村振兴战略实施，是今后一个时期"三农"工作最重要的着力点。改革是推动发展的不竭动力，新时代乡村振兴战略的有效实施，需要强化改革手段和措施，破除体制机制障碍，激发农村要素活力，不断推动"三农"工作再上新台阶。为此，要继续深化农村土地制度改革；加快推进农业经营制度改革；深入推进农村集体产权制度改革；大力推进农业人才队伍建设。① 郭翔宇提出，实施乡村振兴战略，加快推进农业农村现代化，要确保国家粮食安全，实现小农户和现代农业发展的有机衔接，深化农业供给侧结构性改革，要促进农村第一、第二、第三产业融合发展，要培养造就一支有力的"三农"工作队伍。② 罗必良认为，实施乡村振兴战略，必须明确工作思路与着力点：第一，"人、地、钱"是主线；第二，体制机制是保障；第三，要素流动和产业融合是路径；第四，城乡分工体系和新型农业体系是核心；第五，协调平衡发展是目标。③

4. 乡村振兴战略的途径

傅国华等人提出六点建议：统分结合，精准施策；人才破局，科研引领；政策保障，惠农兴农；激活要素，产业运转；生态宜居，绿色崛起；科学治理，激发活力。④ 秦中春认为要做好六个方面工作：做好跨时期工作，把乡村建设发展的规划布局做实；做好跨城乡工作，把乡村建设发展的市场机制做实；做好跨村庄工作，把乡村建设发展的服务中心做实；做好跨部门工作，把乡村建设发展的领导协调做实；做好跨个人工作，把乡村建设发展的组织创新做实；做好跨政府工作，把乡村建设发展的社会参与做实。⑤

（三）关于建设现代化经济体系的研究

学者们主要研究了建设现代化经济体系内涵、路径和战略支撑。

1. 关于建设现代化经济体系的内涵

杨东方认为，现代化经济体系是由社会经济活动各个环节、各个层面、

---

① 张红宇：《实施乡村振兴战略需进一步深化农村改革》，《农村经营管理》2017年11期。
② 郭翔宇：《实施乡村振兴战略加快推进农业农村现代化》，《农业经济与管理》2017年第5期。
③ 罗必良：《明确发展思路，实施乡村振兴战略》，《南方经济》2017年10期。
④ 傅国华、李春、郑凯：《分层精准施策 全面推进乡村振兴战略》，《新东方》2017年第5期。
⑤ 秦中春：《把握实施乡村振兴战略的重大意义和工作重点》，《中国经济时报》2017年11月15日。

各个领域的相互关系和内在联系构成的一个有机整体。中国特色社会主义现代化经济体系的科学内涵包括七个方面：产业体系、市场体系、收入分配体系、城乡区域发展体系、绿色发展体系、全面开放体系和经济体制。① 张涵等人认为，现代化经济体系内涵丰富，主要包括三大变革、四位协同的产业体系和"三有"经济体制。建设现代化经济体系是实现"两个一百年"奋斗目标、建设社会主义现代化强国的必然要求，是着力化解新时代社会主要矛盾的必要条件；是适应高速增长向高质量发展转变新阶段、跨越发展关口的迫切要求。② 赵昌文等人认为，理解现代化经济体系需要明确两点：一是要将现代化经济体系定位为中国特色社会主义政治经济学术语；二是要将现代化经济体系定位为习近平新时代中国特色社会主义思想特别是经济思想的核心概念之一。这是因为，首先，现代化经济体系是适应建设富强民主文明和谐美丽社会主义现代化强国的经济体系，不是业已实现了现代化国家的经济体系；其次，现代化经济体系是贯彻和体现新发展理念的经济体系，不是粗放发展不可持续的经济体系；最后，现代化经济体系是生产力现代化和生产关系现代化良性互动的经济体系，不是孤立的、静态的经济体系。③

2. 关于建设现代化经济体系的路径

龙艳等人认为，建设现代化经济体系有五大建设路径：大力发展实体经济，筑牢现代化经济体系的坚实基础；加快实施创新驱动发展战略，支撑现代化经济体系建设；积极推动城乡区域协调发展，优化现代化经济体系的空间布局；着力发展开放型经济，提高现代化经济体系的国际竞争力；深化经济体制改革，完善现代化经济体系的制度保障。④ 刘志彪认为，建设现代化经济体系的基本路径主要有以下方面：深化供给侧结构性改革是构建中国现代化经济体系的着力点和主攻方向；建设创新型国家是构建中国现代化经济体系的第一动力和战略支撑；乡村振兴是构建中国现代化经济体系的基础环节和基本支撑；区域协调发展是构建中国现代化经济体系空间布局结构的重要路径；完善社会主义市场经济体制是构建中国现代化经济体系的制度保障；全面开放是构建中国现代化经济体系的自我强化机制。⑤ 简新华认为，建设现代化经济体系的路径主要是：贯彻新发展理念，统筹推进经济建设、政治

---

① 杨东方：《对现代化经济体系科学内涵的认识》，《求知》2018 年第 6 期。
② 张涵、丛松日：《浅析现代化经济体系内涵与建设路径》，《华北理工大学学报（社会科学版）》2018 年第 6 期。
③ 赵昌文、朱鸿鸣：《如何理解现代化经济体系》，《紫光阁》2018 年第 3 期。
④ 龙艳、潘红玉、贺正楚、吴艳：《现代化经济体系建设目标、主线与路径的理解和把握——基于社会经济活动有机整体的视角》，《长沙理工大学学报（社会科学版）》2018 年第 5 期。
⑤ 刘志彪：《建设现代化经济体系：基本框架路径和方略》，《经济理论与经济管理》2018 年第 2 期。

建设、文化建设、社会建设、生态文明建设，坚定实施科教兴国战略、人才强国战略、创新驱动发展战略、乡村振兴战略、区域协调发展战略、可持续发展战略、军民融合发展战略。①

3. 关于建设现代化经济体系的战略支撑

刘伟认为，习近平新时代中国特色社会主义思想中关于新发展理念的思想和方略，把"发展"的认识提升到新的科学高度。贯彻新发展理念，重要的在于从现代化的产业体系和现代化的经济体制两方面，构建中国特色社会主义现代化经济体系。②季晓南认为，围绕建设现代化经济体系，党的十九大报告强调，创新是建设现代化经济体系的战略支撑。我们应从创新与建设现代化经济体系的内在联系和逻辑关系上理解创新和发挥对现代化经济体系建设的战略支撑作用；准确把握创新是现代化经济体系的战略支撑这一重大命题的战略重点；完善创新支撑现代化经济体系建设的实现路径和作用机制。③冯华等人认为，创新是建设现代化经济体系的动力和重要内涵，发挥创新引领发展和对建设现代化经济体系的支撑作用，要探索科技与经济结合的新途径。④

（四）关于供给侧结构性改革的研究

学者们主要研究了供给侧结构性改革的内涵、路径和理论基础。

1. 关于供给侧结构性改革的内涵

王小广认为，首先，供给侧结构性改革是改革，不是管理，不是对宏观需求管理的替代；其次，结构性改革是重大或关键性领域的改革，而不是全面改革；最后，结构性改革的重点是减少政府对市场的过度干预，去"供给管理"，而不是加强供给管理。⑤李本松认为，供给侧结构性改革具有如下的丰富内涵：第一，供给侧结构性改革的根本目的是解放和发展社会生产力；第二，供给侧结构性改革的基本理念是落实好以人民为中心的发展思想；第三，供给侧结构性改革的目标是增强经济增长动力；第四，供给侧结构性改革的实现方式是改革创新；第五，供给侧结构性改革的内容是从生产领域加

---

① 简新华：《新时代现代化经济体系建设几个关键问题》，《人民论坛·学术前沿》2018年第2期。
② 刘伟：《坚持新发展理念，推动现代化经济体系建设》，《管理世界》2017年第12期。
③ 季晓南：《充分发挥创新对现代化经济体系建设的战略支撑作用》，《北京交通大学学报（社会科学版）》2018年第2期。
④ 冯华、黄晨：《创新引领发展和支撑现代化经济体系建设的作用分析》，《国家行政学院学报》2017年第6期。
⑤ 王小广：《供给侧结构性改革：本质内涵、理论源流和时代使命》，《中共贵州省委党校学报》2016年第2期。

强优质供给,以提高供给的质量和效率,使供给更加适应需求结构及变化;第六,供给侧结构性改革的着眼点是通过实现增长动力的协同形成经济增长与发展的协同动力。① 赵宇也认为,供给侧结构性改革具有丰富内涵:第一,供给侧结构性改革的主攻方向是着力提高供给体系质量和效率,增强供给结构对需求变化的适应性和灵活性;第二,供给侧结构性改革的当前重点是抓好"三去一降一补"五大任务;第三,供给侧结构性改革的重要手段是优化要素配置和提高全要素生产率。②

2. 关于供给侧结构性改革的路径

陈龙认为,中国的供给侧结构性改革主要解决当前供给侧存在的供需错配和供需不平衡的现状,提出"一核心、两只手、三调整、四改革、五发力"的改革路径。"一核心"就是要以创新为核心,创新是经济发展的灵魂。"两只手"就是要充分发挥市场在资源配置中的决定性作用,同时更加合理地发挥政府的作用。"三调整"就是要实现供给侧要素结构调整、供给主体结构调整、产业结构调整。"四改革"就是要推动行政体制改革、财政金融改革、土地户籍制度改革和国企改革。"五发力"就是要始终坚定不移地贯彻"创新、协调、绿色、开放、共享"五大发展新理念。③ 冯志峰认为供给侧结构性改革理论的实践路径是:第一,促进产业转型升级,实现从传统产业向现代产业的转变;第二,矫正要素配置扭曲,实现从要素驱动向创新驱动的转变;第三,改革行政管理体制,实现从政府管制向市场机制的转变。④ 任保平等人认为,中国深化供给侧结构性改革的系统性路径在于:微观层面应当以提高产品质量为核心,以技术进步为驱动,以企业为主体,激发微观主体活力;中观层面应当把产业转型升级作为关键,由创新型经济为先导,打破产业结构的锁定,发展新型产业,促进传统产业的转型升级;宏观层面应当以提高经济增长质量为立足点,依靠科技创新、战略创新和制度创新来提升实体经济的核心竞争力;对外开放层面应当把提升比较质量作为重点,推进对外贸易质量的提升。⑤

3. 关于供给侧结构性改革的理论基础

方福前认为,供给理论和供给侧结构性改革的理论源头,是历来重视供给的英法古典经济学,而不是其后企图否认会出现经济危机的萨伊及萨伊定

---

① 李本松:《论供给侧结构性改革的内涵和实践要求》,《理论月刊》2016年第11期。
② 赵宇:《供给侧结构性改革的科学内涵和实践要求》,《党的文献》2017年第1期。
③ 陈龙:《供给侧结构性改革:宏观背景、理论基础与实施路径》,《河北经贸大学学报》2016年第5期。
④ 冯志峰:《供给侧结构性改革的理论逻辑与实践路径》,《经济问题》2016年第2期。
⑤ 任保平、付雅梅:《系统性深化供给侧结构性改革的路径探讨》,《贵州社会科学》2017年第11期。

律。马克思深化了供给理论,认为生产(供给)结构和产品(收入)分配结构取决于生产关系的性质和结构,这个思想对中国的供给侧结构性改革尤其具有指导意义。① 肖林认为,供给侧结构性改革不同于以往中国社会主义市场经济体制建设中的供给侧改革,它更具体系性、综合性和全局性。第一,供给侧结构性改革的目标是实现高效可持续增长;第二,实现高效可持续增长,要求供给侧结构性改革与需求侧管理协同运用;第三,供给侧结构性改革内生变量(要素供给)是经济持续增长的内在动力,其机制是寻求要素资源效率最大化;第四,供给侧结构性改革外生变量是经济持续增长的外在动力,其机制是寻求经济运行效率最大化;第五,供给侧结构性改革要以新发展理念为导向,发挥市场的决定性作用,更好地发挥政府作用。② 马建飞等人认为,供给侧结构性改革理论体系应以满足人民日益增长的美好生活需要为目标,贯彻"五大理念"发展伦理,以马克思经济结构理论为基础、广泛吸收干预主义和自由主义经济学的优秀成果,采用系统工程的方法论完成研究范式的改进,为实现供给侧结构性改革的长远目标,提供科学性、系统性的理论指导。③

(五) 关于开放型经济的研究

国内学者关于开放型经济的探讨可以归纳为以下几个方面的内容。

1. 构建开放型经济及其体制的必要性

黎峰认为,由于长期依赖于低成本优势及政策优惠,中国开放型经济发展面临的路径依赖及资源要素约束瓶颈日益明显。尤其是在后金融危机时代,世界政治经济格局面临重大变革,全球经济运行体系、产业结构酝酿重大调整,中国开放型经济亟须进一步转型升级,开放型经济理论应赋予新的内涵。④ 钟山认为,构建开放型经济体制很有必要,理由有四点:第一,从中国的实际出发,由贸易大国走向贸易强国,就必须构建这样一个新体制;第二,我们要从以吸引外资为主向吸引外资和对外投资并举转变,这就需要我们构建这样一个新体制、机制;第三,我们需要更加全面、更加广泛地参与国际的交流与合作,需要构建这样一个新体制;第四,这也是我们国家经济社会发展的需要。⑤

---

① 方福前:《寻找供给侧结构性改革的理论源头》,《中国社会科学》2017年第7期。
② 肖林:《中国特色社会主义政治经济学与供给侧结构性改革理论逻辑》,《科学发展》2016年第3期。
③ 马建飞、扈文秀:《刍论供给侧结构性改革理论体系的构成》,《经济问题探索》2018年第4期。
④ 黎峰:《开放型经济理论在中国的发展与创新》,《江苏社会科学》2010年第5期。
⑤ 钟山:《构建开放型经济新体制是必然选择》,《中国发展观察》2014年第4期。

2. 开放型经济的含义

郑吉昌提出，开放型经济就是商品、资本、劳动力和技术等要素能够自由地跨越边境流动，按照市场规律实现资源优化配置的一种经济模式。① 曾志兰认为，开放型经济是开放度较高的经济体系、运行机制和法律制度，开放型经济体现为政府基本按照市场经济的机制和规则进行管理活动。② 钟山提出了开放型经济新体制的内涵：第一，要以负面清单和准入前国民待遇为抓手，主要包括改革利用外资和对外投资管理体制两个方面；第二，坚持多边贸易和自贸区的双轮驱动效应，推动完善全球贸易管理体制；第三，扩大内陆开放和沿边开放，构建全方位对外开放的新体制。③

3. 开放型经济的发展模式

王玉华等认为，所谓经济发展模式，是对一国经济增长动力源泉与经济运行机制的高度概括，它"并不是指某国采用的每项正确和错误战略的细节，而是从该国发展的历史经验中概括出最有关的特点"，决定经济发展模式最重要的特点是增长的动力源泉及运行机制。④ 蔡爱军等细化了开放型经济发展模式的内容，他们认为，改革开放30多年来，中国东部沿海地区以及其他少数中西部地区根据自身的优势，结合开放型经济发展的动力，形成了许多动力主导型的开放型经济模式。目前，比较突出的模式主要有宁波模式、浦东模式、厦门模式、东莞模式、温州模式、苏州模式等，这些模式按其发展的动力可以归纳为"引进来"型发展模式、"走出去"型发展模式、"引进来"+"走出去"型发展模式。⑤

4. 开放型经济发展中面临的主要风险

刘琦等认为，开放型经济发展中面临的主要风险有：国际经济发展不确定的风险；国际金融风险；国际贸易摩擦风险；人民币汇率风险；经济快速发展的成本风险；能源资源风险；市场需求的不确定性风险；竞争压力风险；产业风险。⑥

5. 开放型经济发展的举措

杜人淮认为，有效应对全球化挑战的举措有：优化对外出口结构，增强

---

① 郑吉昌：《经济全球化背景下中国开放型经济的发展》，《技术经济与管理研究》2003年第5期。

② 曾志兰：《中国对外开放思路创新的历程——从外向型经济到开放型经济》，《江汉论坛》2003年第11期。

③ 钟山：《构建开放经济新体制是必然选择》，《中国发展观察》2014年第4期。

④ 王玉华、赵平：《中国开放型经济发展模式探析》，《商业研究》2012年第6期。

⑤ 蔡爱军、朱传耿、仇方道：《我国开放型经济研究进展及展望》，《地域研究与开发》2011年第2期。

⑥ 刘琦、石建莹、李茜：《中国开放型经济发展中面临的风险及防范》，《经济研究导刊》2012年第24期。

出口竞争力；优化引进外资结构，提升利用外资层次；优化对外投资结构，扩大对外直接投资。① 刘琦等认为，风险防范的对策主要是：确立完善的市场经济体制；建立开放型经济发展需要的风险预警和防范机制；深化金融体制改革；建立并完善国际贸易摩擦的应对机制；建立适应开放型经济发展需要的现代产业体系；构建节约型社会；建立中国能源资源安全战略体系；积极开拓国际国内市场；努力提升国际竞争力。② 戴翔等认为，要进一步增强进口在开放型经济发展中的贡献；进一步提高集聚国际先进生产要素的能力；加快出口商品结构优化尤其是加工贸易转型升级；以更大步伐"走出去"。③ 王金龙认为，要想全面提高开放型经济水平，必须做到：加快转变对外经济发展方式；坚持进出口并重，内外需协调；提高利用外资综合优势和总体效益；加快走出去的步伐，增强竞争新优势；提高抵御国际经济风险能力。④ 钟山认为，中国可以在四个方面采取措施，积极提高对外开放水平：积极推进多边体制的后发力谈判；积极推进开放、包容、透明的自贸区谈判；积极推动国际投资规则谈判；积极参与全球经济治理的有关谈判。⑤

三、重点难点热点问题解析

（一）产业结构调整：快乐的阵痛

产业结构调整是快乐，还是痛苦，抑或快乐的阵痛？

1. 产业结构调整的背景

（1）国际背景。产业结构调整的理论基础是"配第－克拉克定理"，该定理深刻揭示了产业结构变动同经济发展之间的关系。配第最早研究了产业发展规律。费希尔（1935）最早提出了"第三产业"这一术语，把第一、第二产业以外的所有经济活动统称为第三产业。费希尔还进一步指出，各种人力、物力等资源将随着生产结构的变化不断地从第一产业转向第二产业，再从第二产业转向第三产业。克拉克（1940）搜索和整理了 20 多个国家的各部门劳动力投入和总产出的时间数据，在继承费希尔研究成果的基础上进行

---

① 杜人淮：《中国开放型经济面临的全球化挑战及其应对》，《齐鲁学刊》2013 年第 3 期。
② 刘琦、石建莹、李茜：《中国开放型经济发展中面临的风险及防范》，《经济研究导刊》2012 年第 24 期。
③ 戴翔、张二震：《我国开放型经济传统优势弱化之后怎么办？》，《福建论坛（人文社会科学版）》2013 年第 3 期。
④ 王金龙：《全面提高开放型经济水平》，http://theory.people.com.cn/n/2012/1216/c40531－19910715.html。
⑤ 钟山：《构建开放型经济新体制是必然选择》，《中国发展观察》2014 年第 4 期。

了卓有成效的统计和研究，在《经济进步的条件》一书中提出了就业在三次产业间分布的结构变化理论。克拉克发现，一个国家从事三次产业的就业比重会随着国民经济的发展、人均国民收入的提高而变动，农业就业比重急剧下降，从事制造业的就业比重与经济增长同步，但通常在接近40%时稳定下来，而服务业对经济增长的贡献则不断增长。① "配第－克拉克定理"告诉我们一个真理：产业结构的变化是经济增长的中心。

从全球范围看，产业结构调整都是快乐的阵痛。产业结构调整会带来短暂的经济波动、失业增加，本身是痛苦的；但是，产业结构调整后，竞争优势会更强，经济发展质量会更高，会带来持久的快乐。第二次世界大战以后，全球开始了新一轮产业结构调整：传统产业被大大压缩，新兴产业和金融业为核心的现代服务业不断发展壮大。以美国和日本为代表的世界发达国家第一产业和第二产业在国内生产总值中比重逐步下降，第三产业比重上升，这也是多数国家产业结构调整的基本发展路径。② 随着美国金融危机的爆发，全球产业结构调整出现了新动向——产业形态从虚拟经济向实体经济调整；发达国家的三次产业从过度服务业化向制造业回归调整；产业组织结构从大型企业化向发展中小企业调整；产业的要素结构从过去追求技术资本密集型向重视劳动密集型调整。③ 后金融危机时代，美国和德国的产业结构调整比较到位，也使得美国和德国的经济在全球率先走出低谷，摆脱了经济下行的阴影，品尝到了阵痛后的快乐。

（2）国内背景。长期以来，受计划经济模式的影响，中国的经济增长过于依赖产业规模的扩大和总量的提高，忽视产业素质特别是企业的市场竞争力的提高，经济发展的高速度主要依靠高积累、高投资支撑，由此造成国内产业结构不合理，造成经济的阵痛。

首先，生产结构不合理。改革开放40年来，受国际产业结构调整的影响，国家也在进行相应的战略调整，三次产业结构也出现了可喜的变化：第一产业持续下降，第二产业不断上升，第三产业缓慢上升，产业结构不断优化升级。1952—2008年，第一产业增加值占GDP的比重从51.0%持续下降至11.3%，下降了39.7%；第二产业增加值占GDP的比重从20.8%跃升到48.6%，上升了27.8%；第三产业增加值占GDP的比重从30.2%缓慢上升到40.1%。虽然取得了较大的成绩，但是与世界银行三次产业14%、35%、

---

① 付春光：《我国第三产业促进就业的有效性研究》，《学术研究》2011年第11期。
② 范剑勇、张涛：《结构转型与地区收敛：美国的经验及其对中国的启示》，《世界经济》2003年第1期。
③ 周天勇、张弥：《全球产业结构调整新变化与中国产业发展战略》，《财经问题研究》2012年第2期。

51%的标准相比还有很大的差距,生产结构明显不合理。

其次,产业组织结构不合理。目前中国各类产业的分散程度较高,集中度较低;过于追求企业的规模扩张,忽略中小企业的发展,导致中小企业生存困难;部分国有企业借助垄断地位和稀缺资源在一定程度上制约了民营企业发展。

最后,产业技术结构不合理。据有关研究表明,在发达国家劳动生产率的提高和经济增长中,70%~80%是依靠新技术实现的。而中国目前科技进步在经济增长中的贡献率还不到30%。以R&D这个重要指标评比,在世界前300家公司中没有一家中国企业。中国需要遵循产业发展规律,积极应对国际产业结构的变动,积极调整和合理布局产业结构。

2. 产业结构失衡分析

中国产业结构失衡情况比较严重,主要表现如下:

(1) 处于全球化产业链的低端。由于中国制造的产品很多处于全球化产业链的低端,技术含量低,粗放型生产经营,企业对基础研究重视不够,重大原创性成果缺乏,底层基础技术、基础工艺能力不足,工业母机、高端芯片、基础软硬件、开发平台、基本算法、基础元器件、基础材料等瓶颈仍然突出,关键核心技术受制于人的局面没有得到根本性改变。[1]

(2) 第三产业发展严重滞后。虽然经过多年努力,但2019年一季度中国第三产业占GDP比重也仅达到57.3%,低于世界60%的平均水平,远低于发达国家70%的水平。综观美国、欧洲和日本等发达国家和地区经济发展过程中产业结构的变化,均是第一产业在国民经济中的比例逐步下降,第二产业和第三产业在国民经济中的比例逐步提高,当第二产业和第三产业发展到一定阶段后,第三产业在国民经济中的比例逐步超越第二产业的比例,成为国民经济中比例最高的一部分,建立起以资本和技术密集型为基础的第二产业和以第三产业为核心的经济发展体制。[2]

(3) 自主创新能力不足,科技投入总量不足与结构不合理、效益不高的问题并存。中国原始创新能力偏低,重点产业核心关键技术受制于人,高层次领军人才缺乏。科技和经济的结合还不够紧密,企业的创新主体作用需要进一步发挥。当前,中国科技领域仍然存在一些亟待解决的突出问题,特别是同党的十九大提出的新任务新要求相比,中国科技在视野格局、创新能力、资源配置、体制政策等方面存在诸多不适应的地方。

(4) 产能过剩依然严重。进入新世纪以来,中国就一直处于产能过剩状

---

[1] 参见《习近平在中国科学院第十九次院士大会、中国工程院第十四次院士大会上的讲话》,《人民日报》2018年5月29日,第2版。

[2] 张唯实等:《产业结构优化与中国经济可持续发展研究》,《理论探讨》2011年第1期。

态。2006年国务院将10个行业列为产能过剩行业，而到2009年产能过剩行业几乎翻了一番，在24个重要工业行业中有19个出现产能过剩，如钢铁、电解铝、铁合金、焦炭、电石、水泥、电子通信设备等重工业及纺织、服装等轻工业都出现严重过剩。2015年后，中央开始加大供给侧结构性改革力度，产能过剩现象有了很大好转，但是在部分地区、部分行业中这种现象依然严重存在。

从上面的分析可以看出，中国产业结构不合理，这也是不断导致经济阵痛的根源，亟须调整。

3. 产业结构调整的措施

（1）经济增长趋缓是产业结构调整的良机。美国诱发的2008年金融危机之后，中国经济增长下行压力逐渐加大。在经济难以继续维持高速增长、下行风险逐渐显现的情况下，加速经济结构调整尤为必要。经济增长结构调整成为"十二五"期间转变经济增长方式中的首要任务，中国经济的增长需要从前40年的投资出口驱动型向消费驱动型转变，实现依靠投资和出口拉动经济增长向通过需求增长拉动经济增长转变，改变内需与外需、投资与消费比例严重失衡的局面。产业结构调整要由第二产业驱动为主，逐步实现以第三产业为主带动经济增长的转变。

（2）产业结构战略性调整的核心：全球化产业链的高端。产业结构战略性调整的核心是解决中国长期居于价值链低端和能源、资源、环境难以为继的问题，重点是要通过制度环境的塑造和政策支持，强化研究开发、设计、营销、品牌培育和专门化分工等关键环节，由单纯加工制造向设计、研发、品牌、服务等内容延伸，促进向产业链高端发展。从国际产业结构变动上看，中国必须占领国际产业结构变动的制高点，大力发展战略性新兴产业，从而带动整个产业结构的优化与升级。虽然中国已形成比较健全的产业体系，产品畅销全球，但是要清醒地认识到，我们过去40年的发展更多地靠以量取胜，走的多是外延式的扩大再生产的路子。中国许多产品技术含量并不高，主要是拼规模、拼速度拼出来的，在全球产业链依然处于中低端，而在中高端领域，欧美依旧牢牢把控重点行业和领域的关键核心技术。目前中国企业最需要的就是转变发展方式，走内涵式的扩大再生产之路。通过树立中国标准，在产业链两端的研发设计和品牌服务上，实现"两端超车"，这也正是马克思所提倡的内涵式发展的要义。

（3）大力发展现代服务业。不断完善加快服务业发展的各项体制和政策，完善服务消费的基础设施，等等，积极为服务消费增长创造条件。加快推进服务业综合改革试点工作，破除制约服务业发展的体制机制障碍和政策限制，稳步推进物流业、金融业对外开放，积极引导民间资本投向服务业领域，拓展服务业投资来源。①

（4）加快建设创新型国家。首先，要提高自主创新能力。自主创新能力是国家竞争力的核心，是中国应对未来挑战的重大选择，是统领中国未来科技发展的战略主线，是产业结构调整实现产业结构优化的根本途径。习近平在党的十九大报告中指出：创新是引领发展的第一动力，是建设现代化经济体系的战略支撑。② 其次，大力促进科技成果转化。科技的终端是生产力，科技发展必须服务于社会发展，服务于广大人民群众。胡锦涛曾说过："坚持以人为本，让科技发展成果惠及全体人民。这是我国科技事业发展的根本出发点和落脚点。"③ 习近平立足新的时代背景，科学地发扬了胡锦涛的科技民生理念，提出要促进科技成果转化："科学技术必须同社会发展相结合，学得再多，束之高阁，只是一种猎奇，只是一种雅兴，甚至当作奇技淫巧，那就不可能对现实社会产生作用。""我国一直存在着科技成果向现实生产力转化不力、不顺、不畅的痼疾，其中一个重要症结就在于科技创新链条上存在着诸多体制机制关卡，创新和转化各个环节衔接不够紧密。就像接力赛一样，第一棒跑到了，下一棒没有人接，或者接了不知道往哪儿跑。"④ 习近平进一步指出：要想促进科技成果向现实生产力转化，就必须进一步解放思想，深化科技体制改革多年来。"要解决这个问题，就必须深化科技体制改革，破除一切制约科技创新的思想障碍和制度藩篱，处理好政府和市场的关系，推动科技和经济社会发展深度融合，打通从科技强到产业强、经济强、国家强的通道，以改革释放创新活力，加快建立健全国家创新体系，让一切创新源泉充分涌流。"⑤ 最后，要自力更生，把核心技术掌握在自己手中。"从总体上看，我国科技创新基础还不牢，自主创新特别是原创力还不强，关键领域核心技术受制于人的格局没有从根本上改变。只有把核心技术掌握在自己手中，才能真正掌握竞争和发展的主动权，才能从根本上保障国家经济安全、国防安全和其他安全。不能总是用别人的昨天来装扮自己的明天。不能总是指望依赖他人的科技成果来提高自己的科技水平，更不能做其他国家的技术附庸，永远跟在别人的后面亦步亦趋。我们没有别的选择，非走自主创新道路不可。实践告诉我们，自力更生是中华民族自立于世界民族之林的奋斗基

---

① 王云平等：《产业结构调整中需要重视的问题》，《宏观经济管理》2011 年第 6 期。
② 习近平：《决胜全面建成小康社会　夺取新时代中国特色社会主义伟大胜利——在中国共产党第十九次全国代表大会上的报告》，人民出版社 2017 年版，第 31 页。
③ 胡锦涛：《坚持走中国特色自主创新道路　为建设创新型国家而努力奋斗——在全国科学技术大会上的讲话》，《求是》2006 年第 2 期。
④ 习近平：《习近平谈治国理政》第 1 卷，外文出版社 2018 年版，第 125 页。
⑤ 习近平：《习近平谈治国理政》第 1 卷，外文出版社 2018 年版，第 125 页。

点,自主创新是我们攀登世界科技高峰的必由之路。"①

（5）深化供给侧结构性改革,淘汰落后产能。当前,中国经济已由高速增长阶段转向高质量发展阶段,正处在转变发展方式、优化经济结构、转换增长动力的攻关期,我们要抓住这一有利时机,深化供给侧结构性改革,从而更好地调整产业结构。习近平指出:"必须把发展经济的着力点放在实体经济上,把提高供给体系质量作为主攻方向,显著增强我国经济质量优势。加快建设制造强国,加快发展先进制造业,推动互联网、大数据、人工智能和实体经济深度融合,在中高端消费、创新引领、绿色低碳、共享经济、现代供应链、人力资本服务等领域培育新增长点、形成新动能。支持传统产业优化升级,加快发展现代服务业,瞄准国际标准提高水平。促进我国产业迈向全球价值链中高端,培育若干世界级先进制造业集群。加强水利、铁路、公路、水运、航空、管道、电网、信息、物流等基础设施网络建设。坚持去产能、去库存、去杠杆、降成本、补短板,优化存量资源配置,扩大优质增量供给,实现供需动态平衡。激发和保护企业家精神,鼓励更多社会主体投身创新创业。建设知识型、技能型、创新型劳动者大军,弘扬劳模精神和工匠精神,营造劳动光荣的社会风尚和精益求精的敬业风气。"②

4. 产业结构调整的目标与代价

新时期中国产业结构调整应当符合产业结构调整的战略目标:按照产业演变的一般规律,三次产业协调发展;大力发展实体经济,新兴战略产业具有国际竞争优势;积极发展第三产业并使其占主导地位;积极参与国际分工,逐渐占领国际产业的最高端;构造劳动密集型、资本密集型与技术密集型相互协调的产业结构。

产业结构调整不总是快乐的,需要付出巨大的成本,包括交易成本、社会成本、机会成本、市场成本、组织成本、资源成本和目标成本等,而且会带来巨大的阵痛:经济增长放缓导致下行压力增大、就业形势严峻、职工可支配收入下降、居民消费低迷和社会保障力度减缓等,这些是产业结构调整的代价,这些代价是必然的,也是必要的,如果推迟产业结构调整,代价会更大。因此,产业结构调整是快乐的阵痛,阵痛之后是幸福的明天!

（二）盛世危言:中国如何"稳增长"

1. 稳增长的背景

在经济新常态时代,中国经济已经开始从速度向质量转变,追求更为稳

---

① 习近平:《习近平谈治国理政》第1卷,外文出版社2018年版,第122页。
② 习近平:《决胜全面建成小康社会 夺取新时代中国特色社会主义伟大胜利——在中国共产党第十九次全国代表大会上的报告》,人民出版社2017年版,第30~31页。

定的发展。

中国经济增长放缓是从 2011 年第四季度开始的，到 2012 年 3 月"两会"时，最高管理层对中国的经济走势进行过评判，当时的结论是：中国经济会"低开、稳走"，不过下滑的深度和时间会比较有限；2012 年 4 月，消费、投资与出口"三驾马车"的增速同时放缓：社会消费品零售总额同比增速由 3 月份的 15.2% 下滑至 14.1%；固定资产投资累计同比增速由 3 月份的 20.9% 下降至 20.2%；出口同比增速由 3 月份的 8.9% 进一步下降至 4.9%，2012 年上半年 GDP 增速仅仅达到 7.8%。① 更能反映出口企业状况的汇丰银行中国采购经理人 8 月指数（PMI）萎缩到了 47.8，创下自 2009 年 6 月以来的最低水平。

2013 年 GDP 增速为 7.7%，2014 年 GDP 增速降到 7.4%，而进入 2018 年，形势更为严峻，2018 年 GDP 增速降到历史新低 6.6%，这一切都使得最高管理层下定决心："稳增长"。

"稳增长"是中国当前的首要经济任务。无论是各项数据和经济指标显示，还是政府学界，都比较一致地认为 2019 年经济形势严峻程度会超过 2018 年，这一切都说明要高度重视稳增长，而稳增长依然是 2019 年中国经济的首要任务。

2. 稳增长的重要性

稳增长是将来的主要任务，而非权宜之计。当资源枯竭、人口红利和政策红利吃尽、各项管理成本上升和外部环境没有明显改善的情况下，经济下行压力逐渐增大，如何稳增长即是中国未来相当长时期的新课题。

（1）解决就业问题，促进消费。虽然中国已经从高速增长阶段进入高质量发展阶段，但维持经济平稳运行同样至关重要，就业市场稳定和居民收入增长，都需要经济增速运行在合理区间。目前，全国很多地区出现用工紧张情况，这说明整个就业情况是良好的。但经济下行对就业形势的影响必须引起警惕，如果经济持续下行，造成财政收入和企业利润下降，就影响城乡经济增长，最终会反映到就业上。如果出现大规模失业，收入就会下降，社会就不会稳定，所以，稳增长的关键之处在于稳就业，增加居民收入。收入增长，自然会促进消费，从而推升 GDP，形成良性循环。

（2）促进经济结构调整。经济高速增长，不利于经济结构的调整；经济适当回落，稳定在一定的速度之上，有利于转变经济发展方式、促进经济结构调整。

---

① 张明：《别因"稳增长"而放松"调结构"》，http://finance.sina.com.cn/stock/t/20120527/232612156607.shtml。

(3) 有利于社会和谐。稳增长不仅具有经济意义，而且具有重要的社会意义。只有经济稳定增长，合理调整产业结构，保持物价总水平基本稳定，才能促进社会和谐稳定。

(4) 增加国内和国际信心。在世界经济一片低迷的情况下，中国经济的稳增长，不仅有利于国内信心的提高，也有利于提振世界信心。

3. 稳增长的对策

(1) 发挥"三驾马车"（投资、消费、外贸）的作用。面对经济下滑压力不断加大，有人片面强调投资的作用，有人过于强调消费拉动，还有人迷恋外贸的神功，这些均不可取。经济增长不可单足疾行，稳增长亟须"三驾马车"并辔而行，要促进"三驾马车"的协调拉动，消费、投资与外贸不可偏废。需要指出的是，消费升级对稳增长意义特别重大，值得高度重视。

(2) 发挥经济政策作用。继续实施积极的财政政策、稳健的货币政策和税收政策，政府一方面要加大财政支出的力度，另一方面应当逐渐放松银根。通过增加基础设施的资本金，降低其负债率，有效增加基础投资，并撬动银行的信贷杠杆，从而实现"稳增长"尤其是"稳投资"。同时，新增基础设施将加速中国的城市化进程，从而实现"调结构"。此外，央行在"稳增长"的背景下两次降息，两次下调存款准备金率，货币信贷增速稳步增加，并首次实施不对称降息以支持实体经济。将来还要根据实际情况择机降准或降息，为经济发展注入活水。此外，政府要特别注意完善结构性减税，扩大营业税改征增值税试点范围，减少流通环节税收和费用，减轻小微企业税负。尤其是对中小企业和小微企业，实行全面减税。① 不少税种的增收存在着诸多的不合理性，例如小微企业的企业所得税同小微企业主的个人所得税就有重复征收之嫌。如果能够大幅减免小微企业的税赋负担，放水养鱼，势必激发企业的创业热情，创造更多的就业岗位。减少纳税人税负，以此帮助企业渡过难关，刺激经济增长。② 2019 年 1 月 31 日，国家税务总局发布《关于 2019 年开展"便民办税春风行动"的意见》，切实落实减税降费措施；大力减税降费，彰显利民惠民新作为。《2018 年国务院政府工作报告》首次提出减税着眼于"放水养鱼"，这一生动词汇已连续两年被写入政府工作报告。2019 年，国务院总理李克强在向十三届全国人大二次会议做政府工作报告时，多次明确提出"减税"，将深化增值税改革，将制造业等行业现行 16% 的税率降至 13%，将交通运输业、建筑业等行业现行 10% 的税率降至 9%，并强调

---

① 韩洁、徐蕊：《结构性减税政策显效上半年减税"减"在何处？》，http://www.gov.cn/jrzg/2012-07/18/content_2186329.htm。

② 张明：《别因"稳增长"而放松"调结构"》，http://finance.sina.com.cn/stock/t/20120527/232612156607.shtml。

"确保减税降费落实到位"。此番降税加上前期的减税降费政策措施势必给中小企业的发展带来春天。①

（3）加大投资力度，降低投资门槛。"三驾马车"中，投资依然是经济增长的重点。消费这只内需"跛脚"短期内难长壮实，因此投资将依然是稳增长的"支撑腿"。投资方面，由于投资对经济增长刺激效果较为明显，因而加大投资力度是可行的。应当注意的是，投资的前提是要有利于调结构、转方式，不能造成新的产能过剩，不能延缓旧的增长方式，不能扶持落后产能。在当前条件下，投资应更多地放在基础设施和民生领域，目前中国教育、医疗、养老和基本建设等领域均严重供给不足，要在这些方面深化改革，拓展出新的投资领域，既可稳定经济增长，又能改善民生，促进社会和谐。中央也提出，要推进一批惠民生的重大项目按期实施，尽快启动一批事关全局、带动性强的项目。对在建续建项目要进行梳理，分门别类解决存在问题，防止出现"半拉子"工程。通过重大项目的实施，带动相关产业发展，从而拉动经济增长。在中国当前条件下，发挥投资作用时，政府不能唱独角戏，要充分发挥民间资本的作用。

怎么才能撬动民间投资呢？首先，最重要的办法是降低投资门槛，向民间资本开放。其次，为民营企业创造良好的融资环境，微调货币政策。我们的银行主要是为国有企业服务的，中小企业特别是民营企业融资非常困难。今后应当为民营企业创造良好的融资条件，必要的情况下，可以加大货币政策的预调微调力度，给予民营企业必要的保护。再次，为民间资本创造公平的竞争环境和社会环境。国有企业、民营企业、中外合资企业应该一视同仁，公平竞争。最后，采取各种政策，引导民间资本投入战略性新兴产业、文化产业等领域。2019年3月15日，十三届全国人大二次会议表决通过《中华人民共和国外商投资法》，这部法律自2020年1月1日起施行。对外商投资实行准入前国民待遇加负面清单管理制度，坚持内外资一致，对合规民间投资项目一视同仁，这是一个很好的开端。

（4）注意事项。

首先，从理论上探讨大国发展模式。毋庸置疑，各国都有自己的发展模式，中国40年的发展也有了比较适合自己的模式，不过这种模式是建立在20世纪的历史条件之上的。随着时间的推移，很多问题尚未解决：收入差距拉大，"三农"问题突出，未富先老问题凸显，腐败现象仍然存在，技术创新不足，国际竞争力不强。这些问题都阻碍了经济增长的步伐，也需要我们

---

① 陈海敏：《新一轮普惠性减税措施来临中小企业将迎发展春天》，http:/xw.qq.com/fi/20190121008008/FJC20190121008008000。

继续探讨新的大国发展模式。根据发展经济学的观点，结合中国的国情，中国保持大国增长模式，应该满足三个条件：①较高的生产性投资率；②新兴战略产业成为主导产业；③制度创新为基础，技术创新为根本驱动。今后我们在生产性投资领域加大投资力度、加强技术创新和制度创新的同时，特别要重视的是把中央确定的七大新兴战略产业落到实处。新兴战略产业具有很强的集群效应，通过自身的发展可以带动多个产业部门的快速发展，是带动经济持续腾飞必不可少的内在力量。在新的历史条件下，中国经济的长期稳步增长及在此基础上逐步形成的大国增长模式将会成为引领中国经济持续增长的不竭动力。

其次，注意发挥市场的力量，也不忽视政府的作用。稳增长不能仅靠单一的力量，既要注意发挥市场无形之手的力量，按照市场规则和价值规律办事，也不能忽视政府的作用。要充分发挥看得见的手的作用，矫正市场失灵，让看得见的手和无形之手携起手来，共同促进经济平稳发展。

最后，稳增长更要稳信心。"稳增长"最该"稳"什么呢？经济领域的举措固然重要，但是最根本的是"稳民心"，只有解决好了"稳民心"，才能实现扩内需，为经济增长注入动力，稳增长、防通胀、调结构等问题才能顺利解决。所谓"稳民心"，实质就是改善民生，让民心稳定，不忧虑、不躁动，即让民众放心消费、愿意消费。但前提是，要提供健康的消费环境，要以健全的社会保障消除后顾之忧，要增加民众收入，让大家有钱去消费。须知国际上有相当多的跨国公司都看中了中国庞大的消费市场，国人自然应当对此有信心。"稳民心"意义重大，做到"稳民心"，自然也能防通胀。若民心不稳，资金流动失序，就会助推通胀。民心稳定了，敢于消费了，就不用释放过多流动性了。我们的经济增长长期主要依靠投资尤其是政府投资来拉动，这显然难以持续的。① 必须让消费、投资和外贸共同拉动经济，而不再单纯依赖"铁公基"（铁路、公路、机场、水利等）或外贸。在稳增长的经济工作总基调下，还要贯彻2018年底中央政治局会议精神，主要做好"六个稳"，即稳就业、稳金融、稳外贸、稳外资、稳投资、稳预期，提振市场信心，这样才能有助于保持经济运行在合理区间。从近期来看，中国经济运行在合理区间，经济结构持续优化，发展活力不断增强，人民生活持续改善。

从长期来看，中国发展仍处于并将长期处于重要战略机遇期，经济长期向好的态势没有改变，发展前景依然光明。第一，中国发展拥有足够的韧性和巨大的潜力。当前，中国有近14亿人口，中等收入群体已超过4亿，拥有全球最具潜力的消费市场。同时，中国正处于工业化、信息化、城镇化和农

---

① 冯海宁：《"稳增长"最该"稳"什么》，《羊城晚报》2012年5月21日。

业现代化快速发展阶段，城乡传统基础设施和新型信息基础设施投资还有很大的增长空间。目前中国劳动力资源近9亿人，就业人员7亿多，受过高等教育和职业教育的高素质人才有1.7亿，每年大学毕业生人数已超800万，主要生产要素供给充裕。这些独特的优势是任何国家都无法比拟的。因此，中国完全有能力保持经济中高速增长，抵御内外部风险和挑战，进一步释放发展潜力。第二，中国发展势能正在不断增强。第三，中国改革开放不断深化，制度红利持续释放。第四，中国正在加快转变经济增长方式，提高经济发展质量。更加突出"稳增长"，有利于经济增长方式的转变，有利于推动经济高质量发展。从中国的实际来看，经济增长固然要保持一定的速度，不过经济高速增长并不是我们的最终目的，我们所要的增长是讲效率、求质量的增长，是物价稳定、市场繁荣、人民生活有较大改善的增长。相比而言，2018年6.6%的增速还是不低的，是克服各种不确定因素取得的，确实来之不易。《2019年国务院政府工作报告》将2019年经济增长预期目标下调至6%～6.5%，是实事求是的、科学的态度。这种主动选择的回调，为转变经济增长方式、调整产业结构、提升发展质量预留了一定空间，同时也传递了一个强烈的信号，即今后的经济增长应该向高质量增长转变，应当转变经济发展方式，把经济发展的质量放到首要地位。我们还应看到，中国的"稳增长"是建立在庞大的基数之上的，以世界第二大经济体的体量来寻求更快的发展，本身就是高难度的，仅从这一点看，中国经济的"稳"就是对全世界最大的贡献。①

（三）警钟长鸣：中国的产业安全吗

改革开放以来，中国经济快速增长，取得了骄人的成就，但作为经济总量为世界第二的大国，中国的产业安全吗？

1. 国家产业安全确实受到威胁

产业安全是开放经济条件下困扰中国经济的一个新的突出的问题，也是理论界所面临的一个新的重大的研究课题。随着社会主义市场经济的不断发展、国际经济交往的日益加深、对外经贸的快速发展，经济领域出现了一系列问题，如，对外经贸受到冲击带来的产业损害问题，对外贸易中的倾销与反倾销问题，外资对国内技术、品牌、市场的控制问题，美国次贷危机引发的金融安全问题，等等，这些问题与中国国内本身固有的经济问题交织在一起，使得中国国内的产业安全问题日益突出。

2. 国家产业不安全的原因

（1）处于国际产业链的低端。在目前的国际产业分工体系中，中国基本

---

① 王雅洁：《稳增长树信心》，http://msn.finance.sina.com.cn/20120523/0725916708.html。

上处于产业链的中下游或末端,即"微笑曲线"的最底端,两端产业附加值低,相应地,实现经济增长投入的物耗、能耗则比发达国家高得多,在利益分配格局上,中国与发达国家明显不对等。

(2) 国际竞争力不强。改革开放40年来,中国的竞争力虽然有很大提高,但是与先进国家相比,国际竞争力还不是很强。

(3) 外贸依存度过高。中国的外贸依存度自20世纪90年代起逐年攀升,最高超过70%(2004年),最高年份甚至超过美国和日本。过高的外贸依存度虽然一定时期支撑了中国经济快速增长,但是也使得中国的经济过于依赖国际市场和国外资本,易被外方控制,风险很大。近年来,虽然外贸依存度大幅下降,但是,中国对国外市场的依赖并没有大幅降低,这是值得我们重视的新问题。

(4) 外资在中国加强并购与垄断。由于看中中国巨大的市场,外资一直谋求对中国某些行业的并购、控制和垄断,且越演越烈。进入21世纪之后,外资一方面加快对中国制造业、农业、原材料、食品等传统产业的并购,另一方面加快对中国金融产业、高科技产业等的投资并购。据国家工商总局调查,在微电机、小汽车、计算机、程控交换机、光纤电缆、洗涤用品、医药等行业,跨国公司目前已实际上取得垄断或控制地位。中国最大的柴油燃油喷射系统厂无锡威孚、唯一能生产大型联合收割机的佳木斯联合收割厂、最大的电机生产商大连电机厂等相继被GE、卡特彼勒、ABB、西门子等跨国公司并购。金融业方面,目前200家外资银行已经开始在中国营业,30多家还开展了人民币试点业务。目前中国已出现了几例外资银行并购案例:花旗银行入股浦发银行、美国银行入股建设银行、高盛投资团入股中国工商银行。[①]外资在中国的并购甚至垄断都使中国相关产业受到威胁和损害,处于不安全状态。国内很多产业中在市场上占有优势地位的品牌在外资并购中消失或者丧失了原有的市场地位,如活力28、浪奇、熊猫等国内化工产业品牌全军覆没,其他国人耳熟能详引以为豪的名牌如永久、凤凰等品牌在外资的合资或者并购过程中也丧失了其绝对控制地位。

(5) 政策与法规方面,内外资有别。外资企业除了享有土地使用权优惠外,还在税收、准入领域和并购条件等方面享有政策优惠。就税收优惠而言,在两税合一前,外资企业不仅享有税收优惠,而且不少经济开发区还打着招商引资的旗号,实行名目繁多的其他优惠政策,早已超出了国家规定的范围。就准入领域而言,由于政策引导的结果,有些允许外资企业进入的领域,国

---

① 李宁顺:《外资并购的垄断倾向及其防范分析》,《对外经贸实务》2009年第7期。

内民营企业却不能进入,造成内外资进入领域不平等,① 从而抑制了国内产业的活力,制约了中国产业的发展。

（6）中国的科技创新和自主研发能力不强。中国规模以上工业企业中仅一成多开展科技活动,代表企业自主创新能力的研究与试验发展经费仅占企业销售收入的0.56%。发达国家大企业研发费用一般不低于销售收入的5%,而央企仅为1.5%。中国工业企业引进技术与消化吸收费用的比例为1∶0.06,而韩国和日本企业这一比例为1∶5 1∶8。海尔和三星电子分别代表了中韩两国电子消费的最高水平,从研发投入来看,2005年海尔投入45.7亿元,占营业收入的3%,而三星电子投入53.7亿美元,占营业收入的比重达到9.4%。② 科技创新不足,自主研发能力不强,降低了中国企业的国际竞争力,也制约了中国产业的发展。

3. 国家产业安全对策分析

产业安全是国家经济安全的重要组成部分,它关系到国计民生和一国经济的长远发展,关系到一国的经济权益和政治地位。

（1）制定国家产业安全标准。国家产业安全标准有四项主要内容:产业协调力、产业控制力、产业竞争力、产业发展力。产业协调力是指各大产业之间和各产业内部各部门之间的结构比例关系和协调能力,主要表现为产业结构协调、产业空间结构协调、产业的纵向协调、产业的横向协调。产业协调力是产业安全的基础。产业控制力是国家对本国产业生存和发展的调控能力,主要包括:政府对该产业国内生产能力的控制;政府对某一产业中重要企业的控制和提供支持的能力;政府对基础产业的控制。产业控制力是产业安全的路径。产业竞争力是一国某一产业在国内外市场竞争中实际显现和形成的优势,它反映了一国某产业的生产力水平。产业的竞争力大小影响产业遭受冲击和其他威胁的自卫能力,因此成为产业安全的关键。产业发展力是指一国产业消除各种威胁和不确定因素,赢取竞争优势,持续发展的能力。产业安全的根本目的就是要提升国家的产业发展力。总之,产业不安全,根源在内部,科技创新和自主研发能力不强,产业竞争力难以提高,产业控制力也无法提高,产业发展自然面临风险。因此,我们应该把维护产业安全的重点放在内部,加大科研经费投入,提高科技创新和自主研发能力,搞好产业协调,提高产业竞争力,加强产业控制,促进产业发展。

（2）提高政府行政能力。

首先,合理制定产业政策和产业发展规划,加强产业保护。在中国经济

---

① 郭春丽:《外资并购引致产业安全风险的途径及防范对策》,《中国经贸导刊》2008年第2期。
② 《中国科技企业离世界还有多远》,http://tech.sina.com.cn/it/2006-08-09/16011078458.shtml。

处在高速成长期、市场机制还比较薄弱、市场作用发挥得也不太充分的情况下，应合理制定并有效实施适合中国国情的产业政策和产业发展规划。必须确定各个时期的产业发展重点和方向，灵活运用财政、税收、金融、外贸、法律、信息指导以及行政等手段，并选定一批能够在国民经济发展中起关键作用的产业类型，制定保护和扶植的政策界限与相应的时间表。政府特别是地方政府应当放宽对民营企业的准入限制，加快培养能与跨国公司相抗衡、具有较强国际竞争力的大型控股集团公司，这样才能切实起到保护作用。

其次，政府加强服务功能。政府主管部门应指导并协调国内有关部门和相关中介组织开展产业安全方面的工作，指导行业协会、商会加强行业自律以及与国外行业组织间进行磋商，为企业提供及时的信息和法律咨询服务，维护产业安全。

最后，实施贸易救济措施。根据世贸组织规则，当进口产品以不公平贸易方式对进口国的产业造成实质损害时，成员国政府可以实施双轨制的贸易救济措施，即通过WTO争端解决机制或国内的相关法律程序，在满足一定条件时可以背离其承诺的有关义务，有效运用国际收支平衡例外、一般例外、反倾销反补贴措施、安全例外、保障措施等贸易救济措施作为产业保护手段，纠正不公平贸易行为，恢复受损产业并提升其国际竞争力，以维护国家产业安全。

（3）提高维护国家产业安全的各项能力。主要是提高金融和流通业应对风险的能力，提高市场应变能力和抗御风险的能力，特别是提高发展大型企业集团的能力。要在企业内部建立行业共性技术的研发基地，广泛吸纳人才，完善科研基础设施，通过发展大型企业集团以抵御外国跨国公司对中国产业的垄断。此外，也要注重品牌建设，提高自主创新能力。

（4）加强产业安全立法保护。在经济全球化的背景下，立法保护产业安全具有重大意义。构建中国产业安全法是维护当前国家经济安全的重要的制度性保障，是中国参与经济全球化的客观要求。发达国家在经济科技上占优势的压力将长期存在，围绕资源、市场、技术、人才的竞争更加激烈，贸易保护主义有新的表现，这些外部压力的解决，关键在于如何运用国际通行规则，在发展中保护自己。构建产业安全法则是运用国际通行规则的具体体现，是在进一步扩大对外开放中维护国家经济安全的客观要求。

产业安全，警钟长鸣！

四、延伸阅读与思考

（一）重要文献资料

推动形成全面开放新格局[①]

开放带来进步，封闭必然落后。中国开放的大门不会关闭，只会越开越大。要以"一带一路"建设为重点，坚持引进来和走出去并重，遵循共商共建共享原则，加强创新能力开放合作，形成陆海内外联动、东西双向互济的开放格局。拓展对外贸易，培育贸易新业态新模式，推进贸易强国建设。实行高水平的贸易和投资自由化便利化政策，全面实行准入前国民待遇加负面清单管理制度，大幅度放宽市场准入，扩大服务业对外开放，保护外商投资合法权益。凡是在我国境内注册的企业，都要一视同仁、平等对待。优化区域开放布局，加大西部开放力度。赋予自由贸易试验区更大改革自主权，探索建设自由贸易港。创新对外投资方式，促进国际产能合作，形成面向全球的贸易、投融资、生产、服务网络，加快培育国际经济合作和竞争新优势。

加快完善社会主义市场经济体制[②]

经济体制改革必须以完善产权制度和要素市场化配置为重点，实现产权有效激励、要素自由流动、价格反应灵活、竞争公平有序、企业优胜劣汰。要完善各类国有资产管理体制，改革国有资本授权经营体制，加快国有经济布局优化、结构调整、战略性重组，促进国有资产保值增值，推动国有资本做强做优做大，有效防止国有资产流失。深化国有企业改革，发展混合所有制经济，培育具有全球竞争力的世界一流企业。全面实施市场准入负面清单制度，清理废除妨碍统一市场和公平竞争的各种规定和做法，支持民营企业发展，激发各类市场主体活力。深化商事制度改革，打破行政性垄断，防止市场垄断，加快要素价格市场化改革，放宽服务业准入限制，完善市场监管体制。创新和完善宏观调控，发挥国家发展规划的战略导向作用，健全财政、货币、产业、区域等经济政策协调机制。完善促进消费的体制机制，增强消费对经济发展的基础性作用。深化投融资体制改革，发挥投资对优化供给结

[①] 习近平：《决胜全面建成小康社会 夺取新时代中国特色社会主义伟大胜利——在中国共产党第十九次全国代表大会上的报告》，人民出版社2017年版，第34～35页。

[②] 习近平：《决胜全面建成小康社会 夺取新时代中国特色社会主义伟大胜利——在中国共产党第十九次全国代表大会上的报告》，人民出版社2017年版，第33～34页。

构的关键性作用。加快建立现代财政制度,建立权责清晰、财力协调、区域均衡的中央和地方财政关系。建立全面规范透明、标准科学、约束有力的预算制度,全面实施绩效管理。深化税收制度改革,健全地方税体系。深化金融体制改革,增强金融服务实体经济能力,提高直接融资比重,促进多层次资本市场健康发展。健全货币政策和宏观审慎政策双支柱调控框架,深化利率和汇率市场化改革。健全金融监管体系,守住不发生系统性金融风险的底线。

(二) 典型案例

案例一

在环境恶化的背景下增长是可持续的吗[①]

德怀特·帕金斯和托马斯·罗斯基所做的关于增长核算的细致研究发现,1978—2005年,中国GDP的实际增长率为9.5%,全要素生产率(TFP)在其中占40%,资本增长占44%,劳动力教育程度的提高占16%。根据他们的观点,正是生产率的提高使得20世纪90年代中期以来储蓄和投资比例的增加。虽然中国的家庭习惯将可支配收入中的1/4储蓄起来用于购置房产和汽车,但是,对延长平均寿命的期待、退休金较低以及不断增长的私人教育和医疗保健成本一直在强化储蓄动机,并且在未来的一二十年里会继续如此。企业利润和政府盈余构成了中国储蓄的另一半。然而,在不久的将来,对基础设施、环境恢复、公共卫生和社会服务等需求的增长将需要更高的税收甚至预算赤字。以上两者均会减少总储蓄。

基于东亚某些地区的经济发展经验,帕金斯和罗斯基假设,即使继续推行改革、国内储蓄额持续增长,全要素生产率增长也会下降,其结果是GDP的增长率到2015年会下降到6%~8%,随后更低。尽管帕金斯和罗斯基做出了某种乐观的预测,但他们引证了2000—2005年间全要素生产增长率下降的情况,虽然这一时期加大了固定资本开支。当然,他们并未考虑2008—2009年全球经济衰退对中国出口前景带来的影响。尽管出口占据了2007年经济增长的1/4,但从产品附加值角度来看,中国对其主要出口市场美国的出口所创造的利润还不足GDP的5%。为了在这一市场做得更好,中国必须解决产品质量问题,这些质量方面的过失不仅是他们学习过程中的错误,而且往往也是厂家为了削减成本造成的。

---

① 节选自[美]马丁·C. 斯佩希勒著:《中国经济发展的五大难题》,朱玉清译,《国外理论动态》2010年第10期。

中国全要素生产率增长的原因是多样的，最为显著的是从传统产业向现代产业的产业转变，例如制造业。由于外商直接投资和反向工程，现代产业一直能够采用来自国外其他国家或地区的最先进的技术，特别是来自中国台湾地区、日本和美国的技术。如今，中国将GDP中的1.4%用于研发，这一比例高于其他低收入国家，但是中国大型产业部门将大部分的研发资金用于对国外技术的改造，使其适应劳动密集型经济体。根据2006年的调查，中国私有企业并没有增加其研发活动。另外，尽管WTO有一定的要求，但是中国在知识产权方面的执法力度仍然不够大，加之中国私营企业在获取风险创新资金方面存在困难，其整体发展并不顺利。

对经济持续增长构成最严重威胁的是环境恶化。对生产商而言，水资源、土地、清洁空气和能源的使用一直都是低于实际价格的，而地方当局一直没有从公众那里感受到巨大的压力，从而采取有效措施来制止污染、土地荒废、能源消耗。从20世纪90年代中期以来，在中国各城市中，所监控到的空气污染已减少。尽管中国政府已经更加关注空气污染问题，例如，将国家环保总局升格为部级单位，减少家庭取暖用煤，并于1999年取消含铅汽油的使用，但是持续快速增长的轿车和卡车加剧了有毒气体的排放。

对于整个中国的农业和公共卫生而言，供水或许是一个比空气污染更令人忧虑的问题。中国是全球缺水最严重的国家。"2017年中国水资源量为28675亿吨，而中国人均水资源仅为2059.2吨，只能达到全球平均水平的1/3，中国水资源分布不均衡。总体而言，中国西南部及华南的水资源较为丰富，该地区的自然水资源相对充足。中国约1/4的省份面临严重缺水问题，联合国统计局评定相关省份人均年均淡水资源量少于500吨。随着城镇化人口增加以及污染情况，用水需求不断增长，水资源短缺问题愈发严重"[1]。虽然中国采取了植树造林的措施，但是过度放牧和滥砍滥伐在中国西部和北部引起了沙漠化、洪水、土壤侵蚀等相关的问题。因此，中国北方的这一形势要求强制减少农田和农业方面的用水，并实施造价高昂的南水北调工程。

城市中的大多数河流受到严重污染，政府为解决这一问题而采取的行动已经减少了有机污染物的排放，估计为每个工人每天0.14千克，这与美国的平均水平相当。但中国在环境方面的法律的执行目前还很薄弱，作用还亟须加强。

---

[1] 中商产业研究院：《中国水资源短缺问题愈发严重 2018年水务行业发展前景分析》，http://www.askci.com/news/chanye/20180811/2057151128495.shtml。

案例二

中国经济增速创造世界奇迹的经验①

今年是中国改革开放 40 年,也是中国民营企业发展 40 年。40 年来,中国经济增长创造了人类经济史上不曾有过的奇迹。

(一)中国经济增长的国际贡献

2017 年,中国人均 GDP 已达到 9480 美元,上升为中等偏上收入国家,距离高收入国家人均 GDP12700 美元的标准已相当接近。一般认为,在 2025 年之前,我国就能够跨过 12700 美元,成为高收入国家。从统计数字来看,"二战"结束后,总共有 200 多个发展中经济体,到现在为止,只有两个经济体从低收入阶段进入高收入阶段,一个是我国台湾地区,一个是韩国。到 2025 年之前,我们可能会变成第三个。其意义还不止于此,目前全世界生活在高收入经济体的人口只占世界总人口比重的 15%,一旦中国跨越这道门槛变成高收入经济体,这个比重就将从 15% 增加到 34%。在这个过程中,我国有 7 亿多人摆脱了每人每日 1.25 美元的国际贫困线标准,为世界减贫做出了巨大贡献。

改革开放至今,中国也是世界上唯一没有出现金融经济危机的国家。中国不仅没有出现过危机,而且当其他国家出现金融经济危机的时候,我们对它们的稳定和复苏做出了巨大贡献。例如,1997 年和 1998 年的东亚金融危机,当时普遍认为东亚经济可能从此一蹶不振,实际上到 2000 年以后,东亚经济又开始恢复蓬勃发展,最主要的原因就是中国当时承诺人民币不贬值,并且在危机发生后,我们还维持了 8% 的经济增长,拉动了周边经济体的经济复苏。2008 年国际金融经济危机发生后,中国作为一个负责任的大国,很快推出 4 万亿经济计划,并且在 2009 年第一季度就恢复了经济增长,并且拉动了世界其他经济体经济增长。

(二)渐进式改革成就民营经济快速发展

在这 40 年里,中国的民营经济取得的成就令人敬佩。1978 年至今,民营经济从无到有、从小到大。1978 年,在中国国民经济构成中,全民所有制经济占 80.8%,集体所有制经济占 19.2%,城乡个体经济为零,私营企业、合资企业、外商企业也都是零。1992 年邓小平南方视察时,全民所有制经济占中国国内生产总值的 51.4%,集体所有制经济占 35%,城乡个体经济占比

---

① 节选自林毅夫:《改革开放 40 年中国经济增长创造世界奇迹》,《智慧中国》2018 年第 10 期。

是7.8%，私营企业、合资企业、外商企业对国民经济的贡献率是5.8%，两项加起来不到14%。

按照全国工商联最新的统计数据，2017年，我国个体工商户总数已达到6579万家，民营工商企业2720多万家，其对我国税收贡献率超过50%，对国内生产总值、固定资产投资、对外投资的贡献率均超过60%，在高新技术企业中的比重超过70%，对城乡就业的贡献率达到80%，对每年新增就业的贡献率达到90%。如果说中国改革开放40年创造了人类经济史上不曾有过的奇迹，民营企业、民营经济的发展更是奇迹当中的奇迹。中国的民营企业家们充分发挥企业家精神，抓住改革开放的每个机遇，推动企业向前发展，也为改革开放奉献自己的一分力量。

1978年后，中国经济实现了快速增长，民营企业从无到有，从小到大。苏联东欧等社会主义国家和地区从计划经济向市场经济转型过程中也允许民营企业发展，但是它们的转型却带来了经济停滞，危机不断。原因在哪里？关键是因为中国的改革走出了一条与众不同的道路。

（三）2030年前中国将成为世界第一大经济体

2017年世界500强企业中，中国的民营企业占了16家。2002年世界500强企业中，只有11家中国企业，而美国企业有198家。在2003年的世界华商大会上，谈到中国经济和华商的发展时，我做过一个预测，到2030年世界前500强企业中，中国企业可以达到120家，美国大概也是120家，中美两国旗鼓相当。当时大家都认为我太乐观，实际上，2017年的世界500强企业中，中国企业已经达到115家，其中民营企业15家，美国企业124家。

为什么早在2003年，我敢于做那样的预测？因为世界500强企业的数目与一个国家的经济在整个世界经济的总体规模有种正相关关系。2002年，中国的经济规模占全世界总规模的4.2%，美国占32.9%，中国企业占财富500强企业中的11家，美国占198家。当时我坚信，只要我们走中国的道路，解放思想，实事求是，与时俱进，继续推动改革开放，到2030年，中国经济的规模按照市场汇率计算，会超过美国。从2003—2017年这种发展基本上按照我当时的预测发展。2017年，中国的经济规模已经占全世界的16%，美国的经济规模占全世界的23.7%。到2030年之前，中国的经济规模将会超过美国，占全世界经济的比重应该在20%以上。届时，中国企业在财富500强中的数量将达到至少125家。那么到2050年，我们建成社会主义现代化强国的时候，中国的经济规模很可能达到美国的1.5倍以上。中国的经济规模占全世界的比重应该会在25%多一点。那时，我们在世界财富500强的企业很可能达到150家。

2017年，中国企业在财富500强中的企业有115家，其中民营企业16家，占1/10。但是，要看到民营企业的内在增长动力要强于其他所有制企业。所以，我预计，到2030年的时候，如果中国企业在财富500强当中达到125家，很可能民营企业会达到40家。到2050年，如果中国的财富500强企业达到150家的话，民营企业应该会平分秋色，达到75家。改革开放40年，如果没有广大民营企业的参与，就不会有中国经济的快速发展和今天举世瞩目的成绩，也不会迎来2013年全面深化改革时机的到来。只有快速发展，积累资本，才能够把原来不具有比较优势的产业变成拥有强大比较优势的产业，才能够把保护补贴从雪中送炭变成锦上添花。快速发展也带来了"两个毫不动摇"和公平竞争的环境。

参考书目

[1] [英] 亚当·斯密. 国民财富的性质和原因的研究 [M]. 郭大力，王亚南，译. 北京：商务印书馆，1972.

[2] [英] 约翰·梅纳德·凯恩斯. 就业、利息和货币通论 [M]. 陆梦龙，译. 北京：中国社会科学出版社，2009.

[3] 肖殿荒. 资本论导读 [M]. 北京：人民出版社，2004.

[4] 谭崇台. 西方经济发展思想史 [M]. 武汉：武汉大学出版社，1995.

[5] 李非. 富与德 [M]. 广州：广东人民出版社，2009.

思考题

1. 为什么要建设现代化经济体系？建设现代化经济体系的内涵和主要任务是什么？

2. 实体经济和虚拟经济的关系是什么？

3. 经济全球化既是机遇也是挑战，中国应如何抓住机遇迎接挑战？更为重要的是中国如何在纷繁复杂的国际经济交往中高水平对外开放？

4. 完善社会主义市场经济的重点内容是什么？

5. 为什么要把发展经济的着力点放在实体经济上？

第四章　中国特色社会主义政治建设

一、教学大纲基本内容

（一）中国特色社会主义政治理论与制度

改革开放以来，特别是党的十八大以来，中国民主法治建设迈出重大步伐，社会主义政治文明建设不断深化，全面依法治国取得重大进展，中国特色社会主义政治理论创新发展，中国特色社会主义政治理论和制度日臻完善。

1. 中国特色社会主义政治理论

马克思主义认为，政治是人类历史发展到一定阶段出现的社会现象，是建立在一定经济基础之上的上层建筑的核心部分，是以一定的阶级关系为基本内容、围绕着国家政权而展开的各种社会活动和社会关系的总和。它主要包括政治法律制度、以国家政权机构为主体的各类政治组织形态和设施以及政治意识形态等。改革开放以来，中国共产党自觉地运用马克思主义的立场、观点、方法，观察中国的政治生活和政治实践，勇于推进实践基础上的理论创新，形成并发展了中国特色社会主义政治理论。主要包括以下方面：

（1）关于国家政权的理论。中华人民共和国是工人阶级领导的、以工农联盟为基础的人民民主专政的社会主义国家，国家一切权力属于人民。人民代表大会制度是中国的根本政治制度，是国家政权组织形式。民主集中制是国家机构的组织活动原则。人民当家作主是社会主义民主政治的本质和核心，中国的国家结构形式是单一制。

（2）关于政治发展道路的理论。坚持中国特色社会主义政治发展道路，最根本的是坚持党的领导、人民当家作主和依法治国的有机统一。

（3）关于人民民主的理论。人民民主是社会主义的本质特征，是社会主义的生命，没有民主就没有社会主义，就没有社会主义现代化。选举民主和协商民主是中国特色社会主义民主的两种形式。人民代表大会制度、中国共产党领导的多党合作和政治协商制度、民族区域自治制度和基层群众自治制度等，是中国民主制度的基本架构，集中体现了中国社会主义民主政治的特点和优势。

（4）关于社会主义法治的理论。社会主义民主与社会主义法治是不可分割的统一整体，民主是法治的基础和前提，法治是民主的体现和保障，是治国理政的基本方式。依法治国是社会主义民主政治的基本要求，是党领导人民治理国家的基本方略。

（5）关于政治体制改革的理论。政治体制改革是社会主义政治制度的自我完善，是发展社会主义民主政治的必然要求。

（6）关于新时期爱国统一战线的理论。统一战线是凝聚各方面力量，促进政党关系、民族关系、宗教关系、阶层关系、海内外同胞关系的和谐，夺取中国特色社会主义新胜利的重要法宝。坚持长期共存、互相监督、肝胆相照、荣辱与共的方针，加强同民主党派和无党派人士团结合作。

（7）关于坚持"一国两制"和推进祖国统一的理论。"一国两制"方针是党和国家实现祖国统一大业的基本国策，实现祖国完全统一是中华民族根本利益所在。党的十八大以来，"一国两制"在香港、澳门的成功实践深入推进。解决台湾问题，实现祖国完全统一，必须继续坚持"和平统一、一国两制"方针，推动两岸关系和平发展，推进祖国和平统一进程。

（8）关于尊重和保障人权的理论。尊重和保障人权是发展社会主义民主政治、建设社会主义政治文明的内在要求。人权是具体的、相对的，不是抽象的、绝对的，实现人权的根本途径是积极发展和社会全面进步。

（9）关于国防和军队建设的理论。党的十八大以来，习近平在新时代坚持和发展中国特色社会主义历史进程中形成了强军思想，开拓了中国特色强军之路，把当代中国马克思主义军事理论和军事实践发展推向新境界。

2. 中国特色社会主义政治制度

政治制度是指在特定的社会中，统治阶级通过组织政权以实现其政治统治的原则和规则的总和，它包括国家政权的组织形式、国家结构形式、政党制度、选举制度等。中国的政治制度既体现了人类政治文明发展的优秀成果，又具有鲜明的中国特色和独特优势，其本质是实现最广大人民群众的根本利益，保障人民当家作主，保持国家长期稳定和发展。

中国是工人阶级领导的、以工农联盟为基础的人民民主专政的社会主义国家。中国的国家性质以及历史文化传统、经济社会发展水平决定了中国政治制度的基本架构。

人民代表大会制度是中国的根本政治制度，是人民当家作主的政权组织形式。民主集中制是人民代表大会的组织原则。人民行使权力的机关是全国人民代表大会和地方各级人民代表大会，它们都由民主选举产生，对人民负责，受人民监督；国家行政机关、审判机关、检察机关都由人民代表大会产生，对它负责，受它监督。

中国共产党领导的多党合作和政治协商制度是中国特色社会主义的政党制度，也是中国的一项基本政治制度。

民族区域自治制度是中国的一项基本政治制度。民族区域自治是指在国家的统一领导下，以少数民族聚居区为基础，建立相应的民族自治地方，设立民族自治机关，行使宪法和法律规定的自治权的制度。

基层群众自治制度是中国的一项基本政治制度。它是指城乡居民群众以相关法律法规政策为依据，在城乡基层党组织领导下，在居住地范围内，依托基层群众自治组织，直接行使民主选举、民主决策、民主管理和民主监督等权利，实行自我管理、自我教育、自我服务、自我监督的制度与实践，是人民当家作主最有效、最广泛的途径。

(二) 坚定不移地走中国特色社会主义政治发展道路

改革开放以来，中国共产党团结带领人民在发展社会主义民主政治方面取得了重大进展，成功开辟和坚持了中国特色社会主义政治发展道路，为实现最广泛的人民民主确立了正确方向。

1. 坚持走中国特色社会主义政治发展道路的必然性

一个国家选择什么样的政治发展道路，归根到底是由这个国家的性质和国情决定的。正确的政治发展道路应该是符合本国国情、体现人民意愿、能够保证国家有效治理和长治久安的政治发展道路。

坚持走中国特色社会主义政治发展道路，是近代以来中国人民长期奋斗的历史逻辑决定的；是近代以来中国人民长期奋斗的理论逻辑与实践逻辑的必然选择的结果；也是坚持党的本质属性、践行党的根本宗旨的必然要求。

2. 坚持党的领导、人民当家作主、依法治国三者的有机统一

发展中国特色的社会主义民主政治，关键是要坚定不移地坚持中国共产党的领导、人民当家作主和依法治国的有机统一。这体现了社会主义国家政权的性质和中国民主的性质，也是被实践证明了符合中国实际的正确的政治发展道路。

(1) 中国共产党的领导是人民当家作主和依法治国的根本保证。只有坚持中国共产党的领导，才能坚持中国民主发展的社会主义方向，使民主与集中相统一、民主与科学相统一，使社会发展既满足人民的愿望和要求，又合乎客观规律，人民当家作主和依法治国才能有可靠的保证。

(2) 人民当家作主是社会主义民主政治的本质特征。人民当家作主保证了国家各项事业发展符合人民的利益和意愿，离开人民当家作主，不受人民监督，党的领导和依法治国就会脱离正确方向，就会变质。

(3) 依法治国就是广大人民群众在党的领导下，依照宪法和法律规定，通过各种途径和形式管理国家事务，管理经济文化事业，管理社会事务，保证国家各项工作都依法进行，加快建设社会主义法治国家。

3. 不能生搬硬套外国政治制度模式

政治制度模式，一般指一个国家或一类国家稳定的、常态化的关于国家权力配置以及实现形式的政治制度安排。各个国家实行什么样的政治制度，也是依据各个国家的国家性质和国情决定的，是各个国家在其本国历史传统、文化传统、经济发展的基础上长期发展、渐进改进、内生性演化的结果。

西方政治制度模式是西方国家在其长期的历史发展过程中形成的。"政党轮替""三权鼎立"是西方国家政治制度模式的主要特点。西方国家的两党制和多党制是在资本主义社会产生和发展过程中各种政治力量相互角逐下逐渐形成的，其实质都是资产阶级内部不同集团、不同派别的政治统治。"三权鼎立"在一定程度上可以避免某一集团独揽权力，便于资产阶级统治集团内部实现"民主"，但实际上是资产阶级内部不同利益集团之间的博弈和制衡，是实行资产阶级专政、维护资本主义统治的工具。

发展和完善社会主义民主政治必须，需要借鉴国外政治文明的有益成果，但决不能放弃中国政治制度的根本。中国坚持公有制为主体、多种所有制经济共同发展的基本经济制度，广大人民的根本利益是一致的，不存在根本利益不同的利益集团。因此，在中国没有搞西方政治制度模式的政治基础和经济基础。

（三）健全人民当家作主的制度体系

中国特色社会主义进入新时代，要满足人民日益增长的美好生活需要，就必须大力发展社会主义民主政治，建设社会主义法治国家，用制度体系保障人民当家作主。发展社会主义民主政治的关键，就是要发展更加广泛、更加充分、更加健全的人民民主，完善社会主义法治，保障人民权益，激发人民创造活力。

1. 发展和完善人民代表大会制度

人民代表大会制度，是符合中国国情、体现中国社会主义国家性质、保证中国人民当家作主的根本政治制度，是坚持党的领导、人民当家作主、依法治国有机统一的根本政治制度安排，必须长期坚持、不断完善。具体来说就是要求做到：①支持和保证人民通过人民代表大会行使国家权力；②更好地发挥人大代表的作用；③要与时俱进推进人大自身的制度与体制机制建设。

2. 推动协商民主广泛、多层、制度化发展

社会主义协商民主是在中国共产党的领导下，人民内部及各方面围绕改革稳定发展的重要问题和涉及群众切身利益的实际问题，在决策之前和决策

之中广泛协商，努力形成共识的重要民主形式。协商民主是实现党的领导的重要方式，是中国社会主义民主政治中独特的、独有的、独到的民主形式，是中国共产党的群众路线在政治领域的重要体现。

社会主义协商民主具有鲜明的特点和独特的优势，以人民利益根本一致为最大的政治基础；以团结、尊重、和谐为出发点和落脚点；以制度化、规范化和程序化为重要保证。既坚持中国共产党领导，又发挥各党派团体、各族各界人士作用；既坚持人民群众的民主地位，又贯彻民主集中制的组织原则和领导制度，既坚持人民民主原则，又贯彻团结和谐的要求。社会主义协商民主丰富了民主的形式，拓展了民主的渠道，加深了民主的内涵，是对人类政治文明发展的新贡献。

健全社会主义协商民主制度，是推进社会主义民主政治建设的重大课题，需要不断完善规范协商形式，扩大民主的范围，丰富民主的形式，提升民主的层次，推进协商民主广泛性、多层化、制度化发展。

3. 积极稳妥地推进政治体制改革

中国的政治体制与中国特色社会主义政治制度总体上是相适应的。同时，也应当清醒地看到，同满足人民群众不断增长的民主、法治、公平、正义需要相比，同我国扩大人民民主、促进经济发展的新要求相比，我国政治体制还存在一些不适应、不符合的问题，民主政治在具体制度方面还存在不完善、不健全的地方，在保障人民民主权利、发挥人民创造精神方面还存在不足。因此，只有积极稳妥地推进政治体制改革，才能适应新的要求，解决目前存在的问题。

政治体制改革的必要性体现在两个方面：其一，这是政治制度完善和发展的必然要求；其二，这是推动经济与社会发展的必然要求。

当前，要以深化党和国家机构改革为重点，继续积极稳妥地推进政治体制改革，推进国家治理体系和治理能力现代化。主要内容包括：深化党和国家机构改革；健全党和国家监督体系；建立健全科学有效的权力制约和协调机制；丰富民主形式，拓宽民主渠道；等等。

（四）全面依法治国

全面依法治国，是坚持和发展中国特色社会主义的本质要求和重要保障，是实现国家治理体系和治理能力现代化的必然要求，事关党执政兴国，事关人民幸福安康，事关党和国家长治久安。全面依法治国，总目标是建设中国特色社会主义法治体系，建设社会主义法治国家。

1. 坚定不移地走中国特色社会主义法治道路

中国特色社会主义法治道路，本质上是中国特色社会主义道路在法治领域的具体体现。每个国家的法治道路,都与其各自历史文化传统、经济基础社会条件等密切相关。中国特色社会主义法治道路,是社会主义法治建设成就和经验的集中体现,是中国建设社会主义法治国家的唯一正确道路。全面依法治国,必须走对路,要坚定不移地走中国特色社会主义法治道路。

坚定不移地走中国特色社会主义法治道路,必须坚持以下原则:中国共产党的领导;人民主体地位;法律面前人人平等;依法治国与以德治国相结合;从中国实际出发。

2. 加强宪法实施与监督

宪法是国家的根本法,是治国安邦的总章程,是党和人民意志的集中体现,但是宪法又不是一成不变的,它必须随着社会实践的发展而不断完善。2018年3月召开的十三届全国人大一次会议通过了《中华人民共和国宪法修正案》,对我国宪法部分内容进行了修改。这次宪法修改,对在新时代更好地发挥宪法"治国安邦总章程"的根本作用、将全面推进依法治国提升到一个新的高度、更好地保障宪法实施提供了重要前提。

宪法实施是将宪法文本落实到社会生活、国家政治生活中的一套观念和制度。宪法的生命力既表现为内容的科学性,也表现为实施的过程与效果。宪法的生命在于实施,宪法的权威也在于实施。

3. 建设社会主义法治国家

全面推进依法治国,建设社会主义法治国家,是当代中国社会发展的必然产物,是社会主义社会的本质要求。建设社会主义法治国家,就是在中国共产党的领导下,坚持中国特色社会主义制度,贯彻中国特色社会主义法治理论,形成完备的法律规范体系、高效的法治实施体系、严密的法制监督体系、有力的法治保障体系,形成完善的党内法规体系。

社会主义法治国家首先要求推进科学立法、严格执法、公正司法、全民守法。科学立法,关键是完善立法体制,深入推进科学立法、民主立法,应抓住提高立法质量这个关键。要优化立法职权配置,发挥人大及其常委会在立法工作中的主导作用,健全立法起草、论证、协调、审议机制,完善法律草案表决程序,增强法律法规的及时性、系统性、针对性、有效性,提高法律法规的可执行性、可操作性。

推进严格执法,重点是解决执法不规范、不严格、不透明、不文明以及不作为、乱作为等突出问题。要以建设法治政府为目标,建立行政机关内部重大决策合法性审查机制,积极推行政府法律顾问制度,推进机构、职能、权限、程序、责任法定化,推进各级政府事权规范化、法律化;司法是维护社会公平正义的最后一道防线。

法律权威源自人民的内心拥护和真诚信仰。人民权益要靠法律保障,法律权威要靠人民维护。坚持把全面普法和守法作为依法治国的长期基础性工作,采取有力措施加强法制宣传教育。健全公民和组织守法信用记录,完善守法诚信褒奖机制和违法失信行为惩戒机制,形成守法光荣、违法可耻的社会氛围,使遵法守法成为全体人民的共同追求和自觉行动。

二、学术前沿述评

(一) 关于中国特色社会主义政治理论

1. 关于人民民主问题

(1) 关于中国特色社会主义民主的特色与优势。徐显明认为,中国特色民主政治的特点和优势是:实质民主、实效民主、有效率的民主、广泛民主、有秩序的民主。这是因为,早在新中国成立初中国共产党发明的"协商式民主"就是减少社会对抗、最大限度凝聚社会共识和调动社会各方面积极性最具时代特征的沟通式民主渠道,是中国社会主义民主政治的特有形式和独特优势,是党的群众路线在政治领域的重要体现。目前,协商民主正向广泛多层和制度化方向发展,协商范围和渠道也不断拓展。此外,基层自治民主是人民群众创造的实行直接民主的一场制度革命,是最有生命力的草根民主。①

(2) 关于中国特色民主的由来与走向。杨光斌认为,民主观念在中国的传播已经有 100 年以上的历史了。尤其是 1978 年以来的改革开放所导致的变革,不但是经济上的,更是政治社会上的深刻的结构性变化,其中民主政治的成长轨迹更值得书写。民主观念的成熟化,就民主观念而言,从官方到学术界,都有一个从简单化到复杂化的过程、从一种民主形式到多种民主形式的认知过程的演变。具体而言,中国民主观念,从 20 世纪八九十年代的单维度的选举论,演变为新世纪之后的国家建设语境下的民主形式多元化的多维度论,我们熟悉的自由、自治、法治、分权、参与、协商等,都是民主政治的应有之义或"原本形态"。这看上去是"量"的变化,其实是"质"的变化,即涉及中国政治的属性问题。一个有趣的发现是,自改革开放以来,如果以 10 年为一个政治周期,每一个 10 年都有标志性的、新的民主形式出现。集腋成裘,它们都成为包容性社会主义民主政治制度的一个组成部分。未来改革即到 2020 年的取向是:国家有能力、权力有边界、权力受约束。②

就中国特色民主政治的历史发展来说,尹汉宁认为,每个国家的政治制

---

① 徐显明:《我们需要什么样的民主?》,《求是》2016 年第 9 期。
② 杨光斌:《中国民主的巨变与走向》,《北京日报》2015 年 4 月 13 日。

度都是独特的，都是由这个国家的人民决定的，都是在这个国家历史传承、文化传统、经济社会发展的基础上长期发展、渐进改进、内生演化的结果。当前，我们的民主政治建设同扩大人民民主和经济社会发展的要求还不完全适应，社会主义民主政治的体制、机制、程序、规范以及具体运行还存在不完善的地方，在保障人民民主权利、发挥人民创造精神方面也还存在一些不足，必须继续加以完善。而这种完善和发展必须从中国的国情和实际出发。"中国特色社会主义政治制度过去和现在一直生长在中国的社会土壤之中，未来要继续茁壮成长，也必须深深扎根于中国的社会土壤"。① 刘伟也有相似的观点，他认为，中国是一个历史悠久的国家，更是一个广土众民的"超大规模社会"。从秦朝开始，中国就积累了丰富的治理经验。从政治制度的根本性转型上看，主要经历了两次，一次是秦朝从封建而郡县，另一次则为清末民初由帝制而共和，这都构成了当代中国制度设置的历史遗产。因此，中国政治制度一方面具有现代性，另一方面也具有中国历史规定的某种独特性。当代中国的四大政治制度无不体现了这种独特性。大国的制度设计往往具有强烈的大国自主性，而每一个大国的国家精神都存在一定的差异性。中国作为一个曾经辉煌的大国和正在复兴的大国，其制度设计本身不仅寄托着中国的国家精神，也寄托着中国以其特有方式贡献于世界进步的壮志雄心。而中国政治制度的优势与上述特色是紧密联系在一起的。正是因为尊重历史，中国的政治制度才具有深厚的历史传统，从而得到最广大人民的认同；正是因为立足现实，在支撑一个超大规模的社会转型时，中国的政治制度才保持了国家的统一和稳定，并开放适度的空间保证经济社会发展的活力；正是因为保持自主性，中国的政治制度才保持着自主发展的自信品格，并灵活地适应本国发展的需要。②

（3）关于人民民主。人民民主是社会主义民主政治的核心价值所在。在关于国家政权的理论中，强调一切权力属于人民，人民代表大会制度是中国的根本政治制度，人民当家作主是社会主义民主政治的本质和核心。包心鉴认为，马克思主义经典作家深刻揭示了社会主义民主的价值本质，这就是，民主作为一种国家形式，"意味着在形式上承认公民一律平等，承认大家都有决定国家制度和管理国家的平等权利"。民主意味着人民进行统治和治理，人民拥有平等的参与国家治理的权利——这就是马克思主义民主观的精髓，这也就是社会主义民主政治的核心价值所在。③

以习近平为核心的党中央治国理政新理念新思想新战略蕴含着深刻的人

---

① 尹汉宁：《努力建设社会主义政治文明》，《红旗文稿》2016年11期。
② 刘伟：《理性看待中国特色社会主义政治制度的特色与优势》，《成都日报》2017年8月1日。
③ 包心鉴：《人民民主：治国理政的核心政治价值指向》，《政治学研究》2016年第5期。

民民主政治价值追求，高屋建瓴而又脚踏实地地将中国特色社会主义民主不断推向前进。党的十八大报告明确把"必须坚持人民主体地位"作为在新的历史条件下夺取中国特色社会主义新胜利必须牢牢把握的首要的"基本要求"，明确强调"中国特色社会主义是亿万人民自己的事业"，要在国家和社会治理的一切领域和各个方面更好地保障人民权益，更好地保证人民当家作主。正是这种以人民为主体、以人民为中心的民主价值观，总领党和国家各项工作大局，成为党中央治国理政新理念新思想新战略的核心政治价值指向。

人民民主的真谛就是推进制度现代化。包心鉴认为，制度现代化的本质特征是将人民民主最优化、固定化，即最大限度地确保人民当家作主权利的最有效实现，最大限度地释放人民共同治理国家和社会的智慧与才能。正是紧紧抓住实现制度现代化这一人民民主的真谛，以习近平为核心的党中央有力地开创了治国理政的新视野、新境界。小治治事、中治治人、大治治制，注重用制度的完善和发展确保人民民主权利的长期有效实现，这是治国理政的大视野、大智慧，党中央治国理政新理念新思想新战略的核心政治价值正在于此。① 胡伟也强调了制度对人民当家作主的重要意义，认为围绕人民当家作主的社会主义民主政治的本质和核心，必须加强民主政治的制度化、规范化、程序化，用制度体系保证人民当家作主，这是中国社会主义民主政治发展道路的题中应有之义。用制度体系保证人民当家作主，需要置于新时代党中央治国理政的大框架中来审视。围绕新时代怎样治国理政这一重大课题，习近平提出了"国家治理体系和治理能力现代化"的核心理念，即是用制度体系保证人民当家作主。按照习近平在党的十九大报告中的说法，就是要"积极稳妥推进政治体制改革，推进社会主义民主政治制度化、规范化、程序化，保证人民依法通过各种途径和形式管理国家事务，管理经济文化事业，管理社会事务，巩固和发展生动活泼、安定团结的政治局面"。用制度体系保证人民当家作主，积极稳妥地推进政治体制改革，约束公共权力并扩大人民权利，切实防止出现人民形式上有权、实际上无权的现象。②

王文兵也强调民主的制度化的意义，认为当代中国共产党人愈益深刻认识到制度建设的深远意义，经济体制改革、政治体制改革和社会管理体制改革等方面的中心内容之一就是建立健全各种制度，实现民主的制度化，"从制度上保证党和国家政治生活的民主化、经济管理的民主化、整个社会生活的民主化，促进现代化建设事业的顺利发展"③。制度所蕴含的核心价值，所

---

① 包心鉴：《人民民主：治国理政的核心政治价值指向》，《政治学研究》2016年第5期。
② 胡伟：《人民当家作主是社会主义民主政治的本质——习近平论社会主义民主政治发展道路》，《毛泽东邓小平理论研究》2018年第10期。
③ 王文兵：《论人民民主的制度化、法律化、法治化》，《北京联合大学学报》2016年第4期。

具有的引导、教化、激励和惩戒功能,以及可预期性、可重复性、可操作性、可救济性、可持续性等优势,可以凝聚转型时期的社会共识,使不同利益主体求同存异,依法追求和实现自身利益最大化。

人民民主的基础是:实现良法善治。包心鉴强调,只有建立在高度民主基础上的法治才是良法善治。民主所以是法治的灵魂,依法治国所以内在地蕴含着人民民主,从根本意义上说是由人民民主的性质与本质决定的。民主是国家制度的本质,是民主国体和民主政体的内核,因而它对作为国家制度基本实现形式的法律和法治起着基础性决定性作用。民主是法治的灵魂,内在地体现在、落实在全面依法治国的各个层面和全部过程。人民民主是依法治国的灵魂,内在地贯穿于科学立法、严格执法、公正司法、全民守法全部过程,渗透于建设法治国家、法治政府、法治社会各个领域。在全面依法治国各个层面和全部过程中,必须坚定不移地坚持和发展人民民主,不断夯实法治现代化的人民民主基础。① 对此问题,王文兵论证道:法治化强调的是要把人民民主以法律形式确定下来并防止其受到来自内外力量的僭越和侵犯,把政党、国家、政府、社会组织、群体团体和个人的行为都纳入严格统一的法治化轨道,确保法律的合法实践,防止出现"不良之法""法之不当实践"和"法外之人",突出的是法律的内在价值以及神圣不可侵犯的独立性、统一性、普遍性、权威性,法律的价值功能和规范功能,强调的是法律的价值合法性和实践合法性及其内在统一。法治国家在立法、执法、司法、用法和守法等法律实践的全过程及其各个环节都必须充分体现法律的内在价值和尊严,切实保障人民的民主权利和有序政治参与,实现人民当家作主,而不是仅仅把法律当作治人的手段。人治国家通常也要制定和实施法律,甚至常常是严刑峻法,试图以此确立和规范其统治体系以及成员的随意性,谋求自身统治的长治久安,它并不排除法律化,但它只是把法律当作治人的手段,最高统治者总是凌驾于法律之上。就其实质而言,人治是他治,法治是自治。法治和人治的关键区别就在这里。建设中国特色社会主义法治国家实质上是中国共产党领导中国人民实现自我统治、自我立法、自我管理,是人民自主,而非为人民作主。中国特色社会主义法律体系业已形成,总体上解决了无法可依的问题。②

2. 关于政治体制改革的问题

李景治概括了中国政治体制改革的经验与启示,认为作为中国改革开放的重要组成部分,政治体制改革中最重要的是经验是:改革坚持正确方向,

---

① 包心鉴:《人民民主:治国理政的核心政治价值指向》,《政治学研究》2016年第5期。
② 王文兵:《论人民民主的制度化、法律化、法治化》,《北京联合大学学报》2016年第4期。

有利于巩固社会主义制度、保持国家政局的稳定,有利于解放和发展生产力,有利于增强党和国家机构的活力,有利于调动人民群众的积极性;合理调整国家权力结构,坚持党的领导、人民当家作主和依法治国的有机统一;积极推进行政体制改革,实行政企分开,转变政府职能,简政放权,建设服务型政府;加强民主政治建设,健全协商民主制度,完善基层民主制度,强化权力制约监督体制机制。[1] 何玉芳总结了改革开放 40 年来政治体制改革的脉络,并预测了今后改革的重点。依据时间节点的前趋后继关系,将改革开放 40 年中国政治体制改革划分为四个阶段:1978—1989 年的政治体制改革是起步阶段,重在重建;1989—2002 年的政治体制改革是调整推进阶段,重在稳定;2002—2012 年的政治体制改革是渐进发展阶段,重在和谐;2012 至今的政治体制改革是深化发展阶段,重在全面。通过梳理历史,预测未来政治体制改革将聚焦以下三个方面:加强党的全面领导、推进依法治国和制度化政治参与。[2] 周前程则概括了政治体制改革的理论与历史逻辑,认为政治体制改革以党的领导与人民民主以何种方式结合起来为主线进行探索,大体经历了三个阶段:第一阶段从改革开放开启到党的十四大,以扩大人民民主、实行党政分开为重点以改变权力过分集中的现象;第二阶段从党的十四大以来到党的十八大,以机构改革为重点,把党的领导和人民民主以依法治国的形式统一起来;第三个阶段是党的十八大以来,明确以制度化、程序化为手段,把实现国家治理体系和治理能力现代化作为政治体制改革的总目标。根据不同阶段面临的不同任务确定政治体制改革的具体目标,并在实践中不断总结经验予以完善,反映了中国共产党务实、理性的执政理念。[3]

(二) 关于中国特色社会主义政治发展道路

1. 关于中国特色社会主义政治发展道路的内涵与生成逻辑

学者们对此问题的探讨集中于理论的建构与发展脉络的梳理。

(1) 内涵释义。鞠成伟探讨了中国特色社会主义政治道路的形成、基本内容以及现代适应性等问题,认为目标型政党领导、社会主义制度、社会主义政治理论是中国特色社会主义政治发展道路的核心要义。它既具备现代民主政治的基本属性,又有鲜明的社会主义性质,具有很强的现代适应性。中国特色社会主义政治是"社会主义"的政治,适应现代社会的平等需求;也是民主法治的政治,适应现代社会的民主需求,同时是权威与权利均衡的政

---

[1] 李景治:《中国政治体制改革的经验与启示》,《中央社会主义学院学报》2018 年 3 期。
[2] 何玉芳:《40 年政治体制改革的发展脉络》,《人民论坛》2018 年 28 期。
[3] 周前程:《改革开放以来政治体制改革的理论历史与逻辑》,《党史教学与研究》2018 年第 4 期。

治，适应现代社会的善治需求。①

（2）生成逻辑。习近平在党的十九大的报告中强调："中国特色社会主义政治发展道路，是近代以来中国人民长期奋斗历史逻辑、理论逻辑、实践逻辑的必然结果。"② 很多学者就此观点展开了论证。聂月岩认为，中国特色社会主义道路是中国人民长期奋斗的必然结果，是由中国国情和历史条件决定的，特别是由中国基本经济制度决定的。中国特色社会主义政治发展道路，植根于中国沃土、符合中国国情的政治发展道路；是世界社会主义运动的新突破，这种独特的政治发展道路为全球的发展注入了强劲、健康、鲜活的因素，从而为人类民主政治文明不断走向繁荣与发展提供了"中国方案"。③ 张士海、孙道壮论证了三种逻辑的内在关联性与统一性：其历史逻辑在于，中国近代政治文明的历史探索、中国现代政治文明的历史转型、中国当代政治文明的历史发展的传承借鉴；其理论逻辑在于，人类政治文明发展的理论视域、科学社会主义的理论旨趣、中国国家转型的理论特质的耦合融通；其实践逻辑在于，坚持党的领导的实践保证、坚持人民当家作主的实践立场、坚持依法治国的实践诉求的有机统一。中国特色社会主义政治发展道路以其自身生成的历史、理论、实践逻辑的统一为世界政治文明的发展提供了中国智慧，为新时代中国特色社会主义政治建设提供着方向遵循。④

（3）具体的探索路径。中国共产党在新中国对政治发展道路的探索中，从毛泽东思想、邓小平理论直到习近平新时代中国特色社会主义思想有一个不断完善和深化的过程，学者们梳理了中国特色社会主义政治发展道路的具体形成过程。党的十一届三中全会，中国共产党有鉴于"文化大革命"以及之前的教训，正确地提出了要随着全党工作重心向经济建设的转移，在推进经济体制改革的同时进行政治体制改革，发展民主、健全法制。党的十二大会议上邓小平代表党正确地提出走自己的路，建设中国特色社会主义，在政治发展问题上，提出要建设高度的社会主义民主。党的十三大以后，我们从社会主义初级阶段实际出发，逐渐提出建设中国特色社会主义民主。党的十四大以后，党和人民坚定不移地走上了建立和发展社会主义市场经济的道路。围绕于此，对于社会主义政治建设的道路不断进行探索。到党的十五大，党提出依法治国、建设社会主义法治国家的目标，为社会主义政治建设的理论

---

① 鞠成伟：《中国特色社会主义政治发展道路的核心要义》，《前线》2017年第8期。
② 习近平：《决胜全面建成小康社会　夺取新时代中国特色社会主义伟大胜利——在中国共产党第十九次全国代表大会上的报告》，人民出版社2017年版，第36页。
③ 聂月岩：《中国特色社会主义政治发展道路的必然逻辑》，《人民论坛》2018年第7期。
④ 张士海、孙道壮：《中国特色社会主义政治发展道路的生成逻辑》，《当代世界社会主义问题》2018年第3期。

和实践增添了新的内容。党的十五大以后，在总结社会主义政治建设的历史经验、把握社会主义政治文明发展规律的基础上，党逐步提出，坚持党的领导、人民当家作主和依法治国的有机统一是社会主义民主政治建设的基本原则。此后党的十六大对此加以确认。正是在这一系列探索的基础上，党的十七大提出中国特色社会主义政治发展道路的范畴。中国特色社会主义政治发展道路的提出，表明中国共产党人对社会主义政治建设客观规律的认识上升到一个新的水平。①

2. 如何坚持中国特色社会主义发展道路

对如何坚持中国特色社会主义政治道路，王相丁认为，在长期的社会实践中，党带领广大人民群众积极探索、确立并不断发展了中国特色社会主义政治道路。事实证明了其科学性。这一正确道路凝聚了党和人民的心血，是来之不易的成果，这一成果对于中华民族的前途命运有着重要意义。因此，应该认真研究这一政治发展道路以及如何更好地坚持。并认为，要做到更好地坚持中国特色社会主义政治发展道路，至少要做到以下几点：尊重且立足于中国的基本国情，坚持社会主义的发展方向，以马克思主义、毛泽东思想和中国特色社会主义理论体系为指导，坚持中国共产党的领导、人民当家作主、依法治国的统一，坚持中国特色社会主义的政治制度及政治体制的改革、独立自主和开放包容。坚持有利于"五位一体"总体布局，其中，政治建设是经济建设、文化建设、社会建设和生态建设的重要保证，五个方面互为一体，密切联系，不可分离。从历史和现实来看，科学的政治发展道路对于一个国家有重大意义，如对国家的经济、文化、社会和生态等方面有积极的促进作用。②

3. 关于政党制度

（1）政党制度的理论来源。钟德涛的力作《中国政党制度发展史论》③以研究中国早期政党的产生为起点，以分析近代中国政党格局为基础，对三种类型的政党制度，即民国初年的多党制——竞争型政党制度、国民党推行的"一党制"——垄断型政党制度、中国共产党领导的多党合作制——合作型政党制度的产生、演变历程以及规律进行了探讨，并在此基础上，从中外政党制度比较研究的角度，揭示了中国共产党领导的多党合作制的特色，并对其完善路向和发展趋势进行了前瞻性思考。从历史发展的逻辑出发，直面当代政党制度的现实，对完善中国政党制度进行了思考，提出了一系列颇具建设性的主张。徐超宁等学者认为新型政党制度是中国共产党在领导中国革

---

① 李良栋：《论坚持中国特色社会主义政治发展道路》，《理论学刊》2008 年第 5 期。
② 王相丁：《坚持中国特色社会主义政治发展道路研究》，《长春大学学报》2018 年第 1 期。
③ 钟德涛：《中国政党制度发展史论》，高等教育出版社 2015 年版。

命和建设的实践中与各民主党派、无党派人士共同创立的，是中国人民政治智慧的结晶。马列主义政党学说关于无产阶级政党要与小资产阶级、民族资产阶级政党进行联合等多党合作思想是中国新型政党制度理论产生的直接思想渊源。毛泽东关于中国共产党领导的多党合作和政治协商制度的一系列重要论断、重要思想，是中国新型政党制度理论丰富、发展的直接理论来源。① 刘家强认为，新型政党制度既不同于多数西方国家实行的两党制或多党制，也有别于有的国家实行的一党制，而是充分汲取了中华优秀传统文化中与多党合作理念高度契合的天下为公、兼容并蓄、求同存异等思想，具有鲜明中国特色的新型政党制度的出现有重大的理论、历史和实践意义。② 王树林、王娜娜认为，政党政治和政党制度是人类现代政治文明的标识。政党政治植入使中国传统政治文明实现跨越式发展。中国共产党领导的多党合作和政治协商制度这一新型政党制度是近代以来中国政治文明演进过程中历史逻辑、理论逻辑、实践逻辑的辩证统一。中国新型政党制度以及体制机制在当代中国政治文明发展中具有枢纽性地位。③

（2）中国政党制度特有的优势。陈诚、刘诚认为，中国的政党制度在新中国成立后60多年的运行中，充分显示了它的优越性。从纵向比较看，它既优于近代以来中国历史上曾经有过的多党竞选制造成的乱象，更优于国民党一党专政制独霸天下所造成的民生凋敝、百业萧条。从横向比较看，它既优于两党制国家由于极端对立的政党意识所造成的社会动荡和族群意识的撕裂、多党制国家由于各政党利益的纷争而造成政府的频繁更迭，同时也优于苏联和东欧社会主义国家的一党制。这一制度和协商民主相伴而行，是中国共产党为实现中国各阶层人民的民主权利的重要创新，是人民民主专政国体精髓的体现，显示出其特有的优势，表现为有利于最大限度地实现人民民主、社会的稳定发展和人民的幸福安康以及充分发挥各党派及无党派人士的政治智慧和卓越才能。④ 周淑真从中国新型政党制度的历史发展逻辑、政党制度结构多重关系的比较视角，从政党与政权、政党与政党、政党与社会这三重关系的中西方政党的比较中，在实现制度功能方面，论证了中国的政党制度所显示的治理的有效性和决策的科学性，表明当代中国新型政党制度是人类政治生活中一种新的政党制度，是中国对人类政治文明的一大贡献。⑤ 王树林、

---

① 徐超宁、王野、徐丽雅：《新型政党制度的理论渊源》，《吉林省社会主义学院学报》2018年第2期。
② 刘家强：《从中国土壤中生长出来的新型政党制度》，《红旗文稿》2018年16期。
③ 王树林、王娜娜：《政党政治与政治文明新论》，《当代世界》2018年第10期。
④ 陈诚、刘诚：《中国政党制度的特有优势》，《红旗文稿》2018年第9期。
⑤ 周淑真：《论我国新型政党制度的独特优势》，《学术前沿》2018年第4期上。

王娜娜认为政党政治和政党制度是人类现代政治文明的标识，政党政治植入使中国传统政治文明实现跨越式发展。新型政党制度是近代以来中国政治文明演进过程中历史逻辑、理论逻辑、实践逻辑共同演进中实现的创造性转换，中国新型政党制度，从制度安排上将政党制度、民主制度和法律制度有效结合起来，既遵循马克思主义政党理论的原则，又符合中国政党政治的实际。中国新型政党制度的体系架构体现了当代中国政治文明的本质特征。①

三、重点难点热点问题解析

（一）中国为什么"不搞联邦制"而必须坚持单一制

单一制指由若干地方行政区或自治区组成单一主权国家，地方政府由中央政府授权，并服从中央政府领导的国家结构形式。联邦制指由若干成员单位（邦、州、加盟共和国等）联合组成统一国家的国家结构形式，关键特征在于联邦政府的权力由各成员单位让予，各成员单位拥有高度自治权，即所谓有限的准国家权力。中国实行单一制国家结构形式，在改革开放前几乎没有疑义。但改革开放后，伴随"一国两制"基本方针的提出和实践，也伴随着港澳回归后海峡两岸和平统一问题的日益凸显，关于中国国家结构形式和两岸统一模式等问题引起了政界学界的颇多关注和议论。1988年9月，台湾"立委"朱高正提出以"联邦制"模式实现两岸统一。1994年，台湾"行政院长"连战提出：要实现中国的统一，"联邦"或"邦联"不失为未来可以考虑的途径之一。马英九2009年12月接受德媒专访时曾表示德国统一模式不适用两岸统一，但2012年5月又改口称：德国统一的模式或可作为两岸关系发展的借鉴。两德统一模式就是民主德国加入联邦德国，实行联邦制。对两岸统一模式的诸多提法，中央政府均及时做出回应。2011年全国人大常委会委员长吴邦国再次申明：我们"不搞联邦制"。

中国为什么"不搞联邦制"而必须坚持单一制呢？其实，单一制和联邦制本质上并无好坏优劣之分，一个国家采取哪一种制度实是该国的历史文化传统与现实国情使然。他国如是，中国亦如是。

1. 单一制是1949年以来中国共产党领导中国人民进行国家制度建设的伟大成果，是适合中国国情的国家结构形式

早在1949年新中国成立前夕，党的领导人就曾酝酿讨论中国的国家结构形式，但最终确定为单一制。1949年9月7日，在中国人民政治协商会议第

---

① 王树林、王娜娜：《政党政治与政治文明新论》，《当代世界》2018年第10期。

一届全体会议召开之前，周恩来在《关于人民政协的几个问题》的报告中指出："关于国家制度方面，还有一个问题就是我们的国家是不是多民族联邦。现在可以把起草时的想法提出来，请大家考虑。"①"大家考虑"的结果就体现在中国人民政治协商会议第一届全体会议通过的《共同纲领》之中，即确立了单一制为新中国的国家结构形式，其重要特征为：

（1）在中央与地方的关系方面，地方政府权力由中央政府授予，中央政府对地方政府有较高的控制能力，中央政府与地方政府之间是领导与被领导的关系。《共同纲领》规定："各下级人民政府均由上级人民政府加委并服从上级人民政府。全国各地方人民政府均服从中央人民政府"；"中央人民政府与地方人民政府间职权的划分，应按照各项事务的性质，由中央人民政府委员会以法令加以规定，使之既利于国家统一，又利于因地制宜"；"各少数民族聚居的地区，应实行民族的区域自治，按照民族聚居的人口多少和区域大小，分别建立各种民族自治机关"。

（2）在政权机关方面，只有一套包括最高国家权力机关、最高国家行政机关等在内的中央国家机关体系，国家权力高度集中和统一。《共同纲领》规定："中华人民共和国的国家政权属于人民"，"国家最高政权机关为全国人民代表大会。全国人民代表大会闭会期间，中央人民政府为行使国家政权的最高机关"；"制定保护人民的法律、法令，建立人民司法制度"；"中华人民共和国建立统一的军队"；中央和地方的各经济部门应"在中央人民政府统一领导之下各自发挥其创造性和积极性"；中央人民政府代表国家统一行使外交权；"政权机关一律实行民主集中制"；等等。

（3）在法律制度方面，拥有统一的宪法（即当时起临时宪法作用的《共同纲领》），地方政府和中央政府都在其规范下实施管理。《共同纲领》规定："中国人民政治协商会议一致同意以新民主主义即人民民主主义为中华人民共和国建国的政治基础，并制定以下的共同纲领，凡参加人民政治协商会议的各单位、各级人民政府和全国人民均应共同遵守。"

此后 60 多年，经历了几次修宪，单一制都一以贯之，并随着时代发展和国情变化而内涵愈加明确和丰富。例如，我国现行《宪法》规定：中华人民共和国是全国各族人民共同缔造的统一的多民族国家；中央和地方的国家机构职权的划分，遵循在中央的统一领导下，充分发挥地方的主动性、积极性的原则；各民族自治地方都是中华人民共和国不可分离的部分；国家在必要时必须设立特别行政区，在特别行政区内实行的制度按照具体情况由全国人民代表大会以法律规定；台湾是中华人民共和国的神圣领土的一部分，完成

---

① 《周恩来统一战线文选》，人民出版社 1984 年版。

统一祖国的大业是包括台湾同胞在内的全中国人民的神圣职责；等等。同时还根据《宪法》，于2005年制定了《反分裂国家法》，以反对和遏制"台独"分裂势力分裂国家，促进祖国和平统一，维护台湾海峡地区和平稳定，维护国家主权和领土完整，维护中华民族的根本利益。

60多年来的坚守充分说明：单一制国家结构形式，不仅是新中国奠基者们的选择，而且是中华民族和中国人民的选择；不仅在理论上实现了重大创新，形成了中国独特的民族区域自治制度和特别行政区制度，而且在实践上取得了伟大成就，推动了中华民族大家庭的繁荣和香港澳门的回归。单一制已成为中国特色社会主义政治制度的重要组成部分，也成为实现中华民族伟大复兴、祖国和平统一的重要制度保障。正因为如此，我们又有什么理由舍弃这60多年来的坚守而实行联邦制呢？

2. "大一统"的理论和实践促进了"统一的多民族国家"的形成，也使单一制成为更适合我国历史文化特点的制度选择

"大一统"观念是中华文化的核心理念，源远流长且根深蒂固。"大一统"一词始见于《公羊传·隐公元年》："何言乎'王正月'？大一统也。"这里所言"大一统"，意指春秋时期诸侯一律听命于周天子，即以周天子为核心将社会有序地组织起来，实现国家的政治统一。后世学者对"大一统"思想也有诸多诠释和阐发，使其内涵扩大为万民归心、国家统一。"大一统"从一种思想和理念演变为一种现实和制度，其重要标志是公元前221年秦灭六国、统一中国。在"大一统"思想指导下，秦朝建立了皇帝制、三公九卿制、郡县制等一套比较完备的以皇权为中心的政治制度。在中央政权与地方政权的关系上，秦朝在全国范围内普遍推行郡县制度，加强中央对地方的管辖。初设36郡，后增至41郡；郡下设县，少数民族地区的县级行政单位称为"道"；郡县的主要长官为郡守和县令，均由中央政权直接任免、调迁，并向中央政权负责，在政治、法律、军事上服从中央政令。郡县制是中国地方行政制度的一次重要变革，有利于中央对地方的管理，有利于维护国家的统一。正如张岂之所说："秦始皇统一中国采用郡县制，奠定了'大一统'中央政权的政治制度基础。"[①] 其实，这也是中国单一制国家结构形式的滥觞，此后2000多年基本沿用这一制度。尽管今日单一制已非彼时单一制，但在内部结构和权力运作机制方面，其传承脉络还是清晰可见的。

戴逸曾对中国"大一统"和统一的历史进行了深入研究，他精辟地指出："'大一统'是中国历史的鲜明特点"，自周代的诸侯千百，变为战国七

---

① 张岂之：《中国古代社会与朝代更替》，见《中南海历史文化讲座》编辑组：《中南海历史文化讲座》（上册）（内部资料），2007年版，第13页。

雄，到秦始皇统一全国后，中国统一时间之长久，在世界上无与伦比。从中国历史的发展过程来看，经历了从统一到分裂再到统一的两个历史大循环，第一个大循环是从秦汉的统一到魏晋南北朝的分裂，再到隋唐的统一；第二个大循环是从隋唐的统一到五代宋辽金西夏的分裂，再到元明清的统一。统一是大势所趋，人心所向。从秦始皇统一以后的2200年，中国统一的时间约占70%，分裂的时间约占30%。他进一步分析了中国统一局面形成的五个方面的原因：其一，经济原因。各民族和各地区经济联系密切、互通有无，且作为中华民族主体的汉族是农耕民族，亟须治理长江、黄河、淮河、运河那样巨大的水利灌溉和交通工程，也迫切需要一个强有力的中央政府。其二，民族原因。中国历史上古代民族的多次迁移及民族间的频繁往来和长期整合极大地影响了中国统一多民族国家的形成和广阔疆域的奠定。其三，文化原因。中国文化具有很强的包容性、认同性。各民族长期彼此吸收对方的文化成果，文化的融合为政治认同提供了基础。其四，地理原因。中国东、南濒海，北有沙漠，西和西南有高山，这种地理条件的限制和阻隔，使得周边地区各民族政权向内地发展易于向外发展，因而产生了一种自然的内向性，这也是形成国家统一和疆域完整的条件之一。其五，鸦片战争以来帝国主义的侵略激起了中国各族人民的反抗，振奋了爱国主义精神，各民族在反帝救亡斗争中结成了不可分割的中华民族整体。① 可见，在漫长而曲折的历史发展过程中，中国的"大一统"和统一之所以能够成为主旋律，是有其深厚而丰富的社会历史条件做铺垫做先导的。如果说"大一统"是中华民族的政治理想和目标，那么"统一"则是实现"大一统"的方式和手段，而"单一制"则是巩固"统一"和"大一统"的制度保障，也可以说，"统一"和"单一制"是"大一统"题中应有之义。

总之，"大一统"作为一种思想也作为一种信念，作为一种民族精神也作为一种政治体制，作为中华民族最重要的历史遗产也作为中国现代政治制度的有机要素，不仅长久地影响着中华民族的思维方式和价值观念，而且成为中国国情的最重要组成部分之一。马克思指出："人们自己创造自己的历史，但是他们并不是随心所欲地创造，并不是在他们自己选定的条件下创造，而是在直接碰到的、既定的、从过去承继下来的条件下创造。"② 单一制而非联邦制，就是我们"直接碰到的""既定的"，也是"从过去承继下来"的"条件"，因此，在"单一制"的前提下，在"一国两制"的框架内，实现两岸和平统一，才是符合中国历史发展大趋势和中国政治文化传统以及现实

---

① 戴逸：《中国民族边疆史研究》，见《中南海历史文化讲座》编辑组：《中南海历史文化讲座》（上册）（内部资料），2007年版，第1933页。
② 《马克思恩格斯选集》第1卷，人民出版社1995年版，第585页。

国情的正确选择。而联邦制在中国既缺少历史土壤，也缺少现实支撑，既有悖中国自古以来形成的"大一统"的国家观，也有损于中华民族的核心利益和整体利益，因而也是不可取的。

3. 长期水利社会治理与防御北方游牧民族所形成的"内忧外患"需要单一制的中央集权模式才能得到有效解决

黄河、淮河、长江、珠江等主要河流都是东西方向的大河流，而中国的雨季基本上是从南到北渐次推进，因此，中国的各大流域在旱季全流域容易出现干旱，在雨季全流域容易出现水灾，而且因为中国地势落差比较大，是世界平均水平的 2 倍以上，雨季到来时极其容易出现大规模洪水泛滥。岑仲勉所著《黄河变迁史》系统归纳了黄河流域历史上频繁发生的旱灾和水灾。黄河多次改道造成华北平原和长江中下游平原相连，可见水灾破坏性之大。要治理好这些大江大河，就需要形成"大一统"和中央集权来共同抗灾救灾，单一制就成为必然的选择，这就是"风雨同舟""同舟共济"的含义所在，这种水利社会的治理也就成为中国最大的"内忧"。占中国人口绝大多数的农耕民族就生活在以上几大流域。生活在中国的北方和西北，也就是胡焕庸提出的"黑河—腾冲线"上方的基本上是一些游牧民族，生活方式与生活水平的不同促使游牧民族长期以来纷纷南下，给中原农耕民族造成巨大威胁。在冷兵器时代，农耕民族难以战胜吃肉骑马的游牧民族，因此，中原农耕民族团结起来实现中央集权和"大一统"来共同应对北方游牧民族的侵犯，如联合起来修筑万里长城，自然也就选择了单一制。这是中国长期以来面临的最大"外患"。

"内忧外患"的治理都需要单一制的政府和强有力的中央集权。当黄河流域出现全流域的旱灾水灾时，需要动员其他流域救灾；当北方和西北战事发生时，也需要动员举国的力量进行抵御，平时为防备侵犯更需要动员全国之力修筑长城。这就需要政令与权威的高度统一，因此，中国成为世界上最成熟的单一制国家和实际"大一统"是历史自然形成的结果。

以上只是从三个角度说明了中国实行单一制而非联邦制的理由，其实还可以从其他角度来论证这个问题，诸如台湾问题的性质和特点，"一国两制"的框架和创意，联邦制思想在近现代中国兴衰，中国共产党人在新民主主义革命时期对联邦制的态度以及变化，等等，由于篇幅所限，这里不再展开。

（二）如何正确看待西方资本主义民主政治制度

要正确认识到资本主义民主政治制度具有明显的两面性。

1. 资本主义民主政治制度既有其历史进步性，又有其阶级局限性

（1）资产阶级的政治制度设计理论是反对封建专制主义的进步成果。其

中，莫耐、洛克、卢梭等人倡导的"人民主权论"是核心组成部分："是人民立君，而不是君立人民"；政府的权力是人民转让的结果，政府的行为应当体现人民的意志；政府是人民公仆，政府受人民委托并接受人民的监督；等等。哈灵顿、李尔本、洛克等人提出了分权学说与制衡学说，孟德斯鸠提出的三权分立理论尤为完整，他把国家权力分为立法、行政、司法三部分，提出三权之间必须互相监督、互相制约和互相协调，因为"一切有权力的人都容易滥用权力"，要"防止滥用权力，就必须以权力约束权力"。密尔等人则提出了代议制政府学说，认为"理想上的最好政府形式"就是代议制政府，因为这种政府能够体现人民主权。这些资产阶级政治思想理论都极大地批判和否定了"神权至上""王权至上"的封建意识形态和封建专制制度，阐明和论证了资产阶级政权建立的现实合理性，同时也为资产阶级民主政治制度的建立奠定了思想基础、理论原则和制度框架。毫无疑问，在当时的历史条件下，这些都具有重大的历史意义。

（2）资本主义政治制度的建立和发展是人类政治文明的巨大进步。资产阶级在推翻封建专制主义制度之后，便按照自己的政治理想和制度设计建立了资产阶级的民主政治制度。经过300多年的发展，西方资本主义政治制度的具体表现形式已是纷繁复杂、各不相同，但其核心要素基本一致，即实行议会制度、选举制度和政党制度。其中，议会制度是西方民主政治的主要象征，是依据"人民主权"原则建立起来的，议员通过选举产生，是选民和各政党的代表，议会一般具有立法权、财政权、监督权。选举制度是西方民主政治制度的重要基石，是实现"人民主权"的重要方式，在选区划分、计票方法以及对选举过程的监督等方面都有具体规定。政党制度主要有两党制和多党制，即两个或多个政党通过竞选，轮流执政或联合执政。资产阶级的这些制度创新，无疑是人类迈向政治民主、政治文明的重要里程碑，它彻底否定了君权神授、朕即国家、以人治国、以言代法、世袭制、终身制等封建专制政治传统，第一次以完备的制度形态将民主化、法制化纳入人类政治发展的轨道，为人类追求更高级的社会政治形态、实现真正的民主政治理想开辟了道路。同时，资产阶级民主制度的建立和发展大大解放和发展了生产力，促进了社会经济的发展和繁荣，也促进了生产关系的调整和改良。毫无疑问，资产阶级所创造的新型的物质文明、精神文明和制度文明，使整个人类社会文明跃上了一个新台阶，进入了一个前所未有的新世界。

当然，也应对资产阶级民主的阶级局限性有清醒的认识。任何政治关系都是一定的阶级关系的体现，资本主义民主政治制度的实质是资产阶级在本阶级内部的民主以及对全社会的政治统治，体现资产阶级的经济、政治要求，维护资产阶级的利益和统治。虽然资本主义民主从形式上、从法律条文上体现了"主权在民"的原则,但由于资本主义社会的经济基础是生产资料私人所有制,社会财富为资本家私人占有,广大人民不占有生产资料,因而作为建立在经济基础之上的上层建筑的民主,实际上就是少数资本家的民主。即使是置身其中的西方学者也认识到这种阶级本质或阶级局限性。如美国著名学者托夫勒曾对资本主义代议制民主有过不少批评:代议制政府的出现在历史上有一定的进步性,但它从一开始就没有达到由人民来统治的理想,"我们一向称之为民主政治的代议制政府,实际上是对工业技术不平等的确认。代议制政府是挂羊头卖狗肉的冒牌货"①。而对美国两党制的实质,美国学者也一针见血地指出:"在这个国家并没有两党制,我们只有一党——'民主共和党',这便是商团阶级的党,民主党和共和党只不过是这个党的两翼而已。"②

2. 资本主义民主政治制度既有其现实合理性,又有被更高级的社会民主政治制度所取代的历史必然性

(1)资本主义的政治制度是适应资本主义各国国情的一种制度选择。自17世纪中叶英国最先建立人类历史上最早的资产阶级政权后,法国、美国等西方国家也都相继建立了资产阶级的政治统治,但西方资本主义民主政治的制度类型却是复杂多样的,政体类型有君主立宪制(英国、瑞典、荷兰等)、半议会半总统制(法国)、总统制(美国)、议会共和制(德国、意大利)、委员会制(瑞士)等;议会制则有一院制和两院制两种,目前实行议会制的资本主义国家有136个,其中91个实行一院制,45个实行两院制;选举制有"地域代表制""职业代表制"或"混合选区制"等;计票方法有"多数代表制""比例代表制"或"混合代表制";等等。政党制比较典型的是两党制和多党制,如美国实行两党制,而法国、德国、意大利、瑞典、日本等则实行多党制。可见,资本主义各国的现行政治制度模式是依据本国国情和历史文化传统而确立的,也是民主政治基本理论、世界民主潮流与本国实际相结合的产物。

(2)资本主义政治制度作为资本主义社会的上层建筑与其经济基础是基本适应的。列宁曾经指出:"世界各国资产阶级都不免要规定出两种管理方式,两种保护自己的利益和捍卫自己的统治的斗争方法,并且这两种方法时而相互交替,时而错综复杂地结合起来。第一种方法就是暴力的方法,拒绝对工人运动作任何让步的方法,维护一切陈旧腐败制度的方法,根本反对改良的方法。……第二种方法就是'自由主义'的方法,就是趋向于扩大政治

---

① [美]阿尔温·托夫勒:《第三次浪潮》,黄明坚译,生活·读书·新知三联书店1984年版,第136页。

② [美]迈克尔·帕伦蒂:《美国的民主》,韩建中等译,河南人民出版社1988年版,第192页。

权力,实行改良、让步等等的方法。"① 当代资本主义国家,资产阶级已较少使用"暴力的方法",而更多地采用"改良的方法",在不动摇资本主义政治统治的前提下,尽可能地使上层建筑适应经济基础的发展,使生产关系适应生产力的发展,如,不断扩大公民权利,取消了以往对公民言论自由特别是新闻界批评自由的诸多限制,不同程度地实行了若干直接民主和半直接民主。再如,除了三权之间的分立制衡外,利益集团、新闻舆论、公民大众等社会力量也对国家权力形成了制约,形成了当代西方民主政治多元化格局;政党制度也在不断地变化与发展中逐步走向成熟,有效地保证着西方民主政治系统的正常运行。可以说,在当代资本主义国家,经济发展取得巨大成就,科技进步取得累累硕果,人民生活状态极大改善,阶级矛盾、社会矛盾得到缓和,社会稳定秩序井然,等等,都是与其政治制度所起的作用密切相关的。

同时还必须看到,当代资本主义政治制度正日益受到严峻的挑战,诸如经济危机、金融风暴、贫富差距、种族冲突以及各种社会矛盾的产生,实际上都与资本主义政治制度所存在的弊端有关。当代资本主义政治制度并未达到人类民主政治发展的最高成就,它所包含的内在矛盾,即政治上的平等要求与财产上的不平等之间的矛盾,是其本身所难以克服的,因而使得"人民民主"的政治原则很难真正实现,进而也使得人民参与政治的热情与积极性严重受挫,对资本主义的民主政治失去信心。有些西方国家选举投票率呈下降趋势的状况就说明了这一点。美国学者迈克尔·帕伦蒂指出:"这么多人不参加选举往往显示出他们的一种无能为力感,他们深信投票和游行都是白费,把宝贵的时间、精力和希望献给候选人也是白费,因为一切都不会改变。对于众多的普通市民来讲,不参加选举并不是心满意足、态度冷漠或缺少公民品德的结果,而是他们对所经历的政治现实做出的一种负面反应。"② 而导致这一情况的真正原因就在于资本主义民主的本质是少数有产者的民主,它从根本上排斥大多数人的民主。资本主义民主政治只是人类政治文明发展的阶段性产物,伴随着人类社会政治文明的进一步发展,它必将被更高级的社会主义民主政治制度所代替。

3. 资本主义民主政治制度与社会主义民主政治制度之间既有本质上的不相容性,又有技术层面或经验层面的兼容性

社会主义是资本主义的对立面和替代者,因此,社会主义民主政治是在批判和否定资本主义民主政治的基础上建立起来的。资本主义政治制度与社会主义政治制度性质完全不同,两者所反映的经济关系、所代表的阶级利益、

---

① 《列宁全集》第 16 卷,人民出版社 1984 年版,第 349 页。
② [美] 迈克尔·帕伦蒂:《美国的民主》,韩建中等译,河南人民出版社 1988 年版,第 206 页。

所遵循的价值观念以及所要达到的最终目的都截然不同。资本主义民主制度建立在生产资料私有制基础之上，只是在"少数服从多数"的政治程序上可以被称作民主制度，在政权性质上则只是统治阶级内部的民主、少数资本家的民主。中国特色社会主义民主建立在生产资料公有制基础之上，政治程序和政权性质相一致，经济基础和上层建筑相协调，是为广大劳动人民所享有的民主。西方资本主义的三权分立所反映的实际上是不同利益集团之间的博弈和制衡，而在中国特色社会主义条件下，广大人民的根本利益是一致的，不存在根本利益不同的利益集团；西方资本主义的两党制和多党制所反映的是不同利益群体特别是垄断资本集团对国家权力的分割，而中国特色社会主义的政党制度则以中国共产党领导的多党合作和政治协商制度为基本内容，以合作、协商为原则，充分发挥各民主党派参政议政的作用和对执政党的监督作用，体现了社会主义制度的本质要求。凡此种种，都表现出中国特色社会主义民主政治与资本主义民主政治的重要区别。

　　但同时，社会主义也是资本主义的伴生物和继承物，因此，社会主义民主政治也是在继承和吸收资本主义民主政治优秀成果的基础上建立起来的。如果从政治运行、民主程序、社会管理的技术层面或经验层面上进行考察，应该看到资本主义政治制度中的某些具体做法和经验对中国特色社会主义民主政治发展的借鉴作用不容小觑。例如，在西方国家的政治竞争机制中，除了总统竞选、议员竞选等活动外，还通过公开竞争来决定公职人员的录用和提升等，可以借鉴其中一些有益成分来完善我国人民代表的产生机制和公务员的选拔机制。又如，在西方权力制衡机制中，除了国家的三权之间互相制衡和监督外，还包括各种非国家权力对国家权力的制衡和监督，包括公民大众、利益集团、新闻媒介及在野党等社会力量。吸收其中某些养料有助于中国在政治体制改革过程中更好地处理党政关系、民主政治协商的关系，更好地解决权力过分集中、权力滥用和腐败行为等问题。再如，西方选举制度比较成熟和完善，选举操作过程的程序化、公开性、透明度较好，可以借鉴其中一些具体做法，这对中国进一步加强民主的程序性建设也大有裨益。此外，西方比较完备的法律体系和"法律至上""法律面前人人平等"的原则，使得一般公民和国家最高领导人都必须严格遵守法律。日本前首相田中角荣和美国前总统尼克松都因有违法行为而被迫下台。依法治国是中国的基本方略，我们也可以吸取日、美成熟的法制经验以加强中国的法治建设。总之，对于资本主义政治制度中的一些成功经验，我们应在不混淆社会主义与资本主义政治制度本质区别的前提下，对其有分析有选择地加以吸收和利用，以进一步促进中国特色社会主义政治制度的发展和完善。

　　资本主义政治制度已有300多年历史，其政治文明、政治制度经历了从不完备到比较完备、从不成熟到比较成熟的过程。必须正确认识西方民主政治制度，如同需要正确认识中国特色社会主义民主政治制度一样。如果说西方资本主义民主制度十全十美，那么社会主义就不可能有从理论到实践、从一国到多国的发展，就不会有资本主义国家内部各种批判资本主义的政治思潮兴起；如果说西方资本主义民主制度十恶不赦，那么就不会有资本主义社会长达300多年的稳定发展，就不会仍葆有生命活力，仍在与社会主义的竞争中保持着强势地位。因此，美化或丑化资本主义民主政治制度都不可取，同样，全盘西化或全盘儒化也不可取。

（三）党的十八大以来全面依法治国取得的重要成就以及习近平关于全面依法治国的论述

"法者，治之端也。"党的十八大以来，以习近平为核心的党中央高度重视法治建设，把全面依法治国提到"四个全面"战略布局的新高度，提出了一系列新理念新思想新战略，开辟了全面依法治国理论和实践的新境界。中国法治建设坚持与改革决策相衔接，与宪法精神相一致，与人民意愿相呼应，从实际出发，立足中国国情，紧盯重点领域，及时制定、修改涉及全面深化改革、推动经济发展、完善社会治理、保障人民生活、维护国家安全等方面的一系列法律法规。法治政府建设考核评价制度正在建立，督促检查力度显著加强。推进依法行政进入"快车道"，法治政府建设展现出前所未有的"加速度"。高效的法治实施体系、严密的法治监督体系、有力的法治保障体系建设获得显著成效，对全面依法治国发挥了重大推动作用。

1. 重要成就

（1）把全面依法治国纳入"四个全面"战略布局。协调推进"四个全面"战略布局是以习近平为核心的党中央确立的治国理政重大方略，全面依法治国是"四个全面"战略布局的一项重大举措，这标志着中国共产党对法治的理论探索和实践推进都达到了新的高度。习近平强调："没有全面依法治国，我们就治不好国、理不好政，我们的战略布局就会落空。"[①] 全面依法治国为协调推进"四个全面"战略布局提供了重要法治保障。

（2）确立建设中国特色社会主义法治体系、建设社会主义法治国家的全面依法治国总目标。提出全面依法治国的总目标，是以习近平为核心的党中央对中国特色社会主义法治理论和法治实践的重大创新和杰出贡献。这个总目标既明确了全面依法治国的性质和方向，统一了全党全国各族人民的思想和行动，又突出了全面依法治国的工作重点和总抓手，对全面依法治国具有

---

① 中共中央文献研究室编：《习近平关于全面依法治国论述摘编》，中央文献出版社2015年版。

纲举目张的重要指导意义。

（3）坚持依法治国、依法执政、依法行政共同推进。坚持法治国家、法治政府、法治社会一体建设。全面依法治国是一项战略性、系统性、全局性工程，必须做到统筹谋划、把握重点、整体推动。党的十八届三中全会提出建设法治中国要坚持"三个共同推进""三个一体建设"，党的十八届四中全会进一步将其确立为全面依法治国的工作布局，鲜明展现出党的十八大以来全面依法治国的新擘画和新蓝图。

（4）全面推进科学立法、严格执法、公正司法、全民守法。党的十八大以后，针对全面依法治国面临的新形势新任务新要求，中国共产党提出了科学立法、严格执法、公正司法、全民守法的"新十六字方针"，既涵盖了立法、执法、司法、守法四个法治建设的基本环节，又明确了每个环节的重点要求，形成了新时期全面依法治国的基本格局，对新形势下全面协调推进社会主义法治建设具有很强的针对性和指导性。

（5）坚持依法治国与制度治党、依规治党统筹推进、一体建设。全面依法治国，既要求党依据宪法法律治国理政，也要求党依据党内法规管党治党。依规治党是依法治国的前提和政治保障，二者统一于中国特色社会主义法治的伟大实践。五年来，中国共产党坚持用制度治党、管权、反腐、治吏，加快构建党内法规制度体系，将其纳入中国特色社会主义法治体系建设之中，推动党的制度优势更好地转化为治国理政的实际效能，不断把全面从严治党向纵深推进，开创了依法治国与制度治党、依规治党统筹推进、一体建设的新纪元。①

2. 法治建设的具体举措

法治建设的成效显著，主要体现为以下四个方面：

（1）法律法规建设。过去五年来，中国启动了民法典编纂，颁布了民法总则，中国特色社会主义法律体系日益完备；互联网的"法网"渐织渐密，环境保护法、食品安全法、行政诉讼法等一批事关国计民生的法律得以修订，反家庭暴力法、特种设备安全法、征信业管理条例等一个个立法空白得到填补；出台一大批标志性、基础性、关键性的党内法规，党内法规体系建设取得前所未有的重大成就。修订法律57部、政法规130部、中央党内法规80部、地方性法规2926部。

（2）社会治安治理。党的十八大以来，各地各部门把社会治安专项治理与系统治理、综合治理、依法治理、源头治理结合起来，有效解决了一大批影响社会治安的突出问题。如今，中国已成为世界上最安全的国家之一。数

---

① 袁曙宏：《党的十八大以来全面依法治国的重大成就和基本经验》，《求是》2017年第11期。

据显示，中国每 10 万人命案发案数为 0.7 起，与有"世界上最安全国家"之称的瑞士相当。

（3）推进司法公开。以司法公开倒逼司法公正，人民法院建设审判流程公开、庭审活动公开、裁判文书公开、执行信息公开四大平台。作为世界最大的司法裁判文书数据库，截至 2018 年，中国裁判文书网公开裁判文书超过 3200 万件，访问量达近 100 亿人次，其中相当一部分浏览量来自海外。

（4）实行立案改革。2015 年 5 月 1 日，人民法院全面实行立案登记制改革，截至 2017 年 3 月，全国法院登记立案数量超过 3100 万件，同比上升 33.92%。当场立案率超过 95%，上海、重庆、宁夏等地超过 98%，基本解决了人民群众反映强烈的"立案难"问题，切实保障了当事人诉权。①

3. 习近平关于依法治国的论述对中国特色社会主义法治建设的理论创新以及指导意义

习近平关于依法治国的论述具有继承基础上的创新性、直面问题的实效性、旗帜鲜明的人民性、逻辑严密的系统性，这四个方面的特点内涵深刻、浑然一体，共同体现了习近平关于依法治国的论述引领时代的先进性。

习近平积极汲取、借鉴古今中外优秀法治思想，他多次引用"国无常强，无常弱。奉法者强则国强，奉法者弱则国弱"，"天下大事，不难于立法，而难于法之必行"，"理国要道，在于公平正直"，"一切法律中最重要的法律，既不是刻在大理石上，也不是刻在铜表上，而是铭刻在公民的内心里"，等等经典论述，同时又创造性地提出了许多新思想新理念，显现了继承基础上的创新性。他提出了"依法治国、依法执政、依法行政共同推进，法治国家、法治政府、法治社会一体建设"，"社会主义法治必须坚持党的领导，党的领导必须依靠社会主义法治"，等等论断，不仅继承和发展了马克思主义法学基本原理，而且超越了一般现代法治理论，是对中国特色社会主义法治建设的重大理论创新。

党的十九大把"实现国家治理体系和治理能力现代化"作为社会主义现代化强国的标志，进而把这一论断和目标纳入新时代中国特色社会主义思想体系和基本方略之中，这为法治现代化指明了前进方向。法治与国家治理息息相关，在国家治理中发挥着无可替代的功能。正如习近平所说，"依法治国是坚持和发展中国特色社会主义的本质要求和重要保障，是实现国家治理体系和治理能力现代化的必然要求"②。法律体系是国家治理体系的组成部

---

① 人民论坛编辑部整理制作：《十八大以来全面依法治国重大成就》，《人民论坛》2017 年第 26 期。

② 习近平：《在中共十八届四中全会第一次全体会议上关于中央政治局工作的报告》，《习近平关于全面依法治国论述摘编》，中央文献出版社 2015 年版，第 4 页。

分，法治体系是国家治理体系的重要依托。国家治理体系和治理能力现代化必然要求完善发展中国特色社会主义法律体系，建设中国特色社会主义法治体系。国家治理现代化的实质是在治理体系、治理能力等方面充分体现良法善治，而现代法治则为国家治理注入了良法善治的核心价值和公共治理的创新机制，由此国家治理便具有了现代性，迈向了制度文明和政治文明。

习近平关于依法治国的论述体现了人民至上的鲜明立场。法治为谁，这是一个根本问题，习近平始终坚持以人民为中心维护公平正义。他指出："公平正义是我们党追求的一个非常崇高的价值，全心全意为人民服务的宗旨决定了我们必须追求公平正义，保护人民利益、伸张正义。全面依法治国，必须紧紧围绕保障和促进社会公平正义来进行。"他强调，必须"坚持人民主体地位，切实保障公民享有权利和履行义务"。[①] 这些思想显示了旗帜鲜明的人民性、情真意切的公仆心。

"以人民为中心"，"以人民为主体"，坚持法治的人民中心地位和人民主体价值，在法治建设中具有重要的指导意义：第一，必须坚持法治为了人民、依靠人民、造福人民、保护人民，把实现好、维护好、发展好最广大人民根本利益作为法治建设的根本目的，把体现人民利益、反映人民意愿、维护人民权益、增进人民福祉、促进人的全面发展作为法治建设的出发点和落脚点，落实到依法治国全过程、各领域。第二，必须加强人民当家作主的制度建设，保证人民在党的领导下，依照法律规定，通过各种途径和形式管理国家事务，管理经济和文化事业，管理社会事务；保证人民依法享有广泛的权利和自由，维护社会公平正义，保障人民平等参与、平等发展权利；以法治来激励和保护人民的积极性、主动性、创造性，增强社会发展活力，确保人民安居乐业、社会安定有序。第三，必须在依法治国全过程各领域坚持以人民为中心的工作导向，恪守以民为本、立法为民理念，使每一项立法都贯彻社会主义核心价值观、符合宪法精神、反映人民意志、得到人民拥护；坚持执法为民、司法为民、普法为民，并依靠人民推进严格执法、公正司法和惠民普法。第四，必须弘扬人权权益靠法律保障、法律权威靠人民维护的社会主义法治精神，使法律为人民所掌握、所遵守、所运用，不断增强全社会尊法学法守法用法护法的自觉意识和行动。[②]

习近平关于依法治国的论述是系统阐释法治建设的"大逻辑"，从不同角度全面论述了依法治国这一重大理论和实践问题的方方面面，包括法治与德治、法治与改革的关系，科学立法、全民守法、严格执法、公正司法等，

---

① 《习近平关于全面依法治国论述摘编》，人民出版社 2015 年版。
② 张文显：《新思想引领法治新征程——习近平新时代中国特色社会主义思想对依法治国和法治建设的指导意义》，《法学研究》2017 年第 6 期。

这些论述涵盖了法治建设的各个环节、内外关系，深刻阐释了法治建设的"大逻辑"，展现了逻辑严密的系统性。

法治建设在"五位一体"总体布局中具有特殊地位和作用。法治建设属于政治建设的重要组成部分，并渗透于、贯穿在经济建设、政治建设、文化建设、社会建设、生态文明建设之中。五个领域的建设是法治建设的强大动力，以它们对法治的强劲需求而持续推动着法治建设和法治现代化发展；同时，法治建设又服务于和保障着五大建设，为总体布局中的重大改革创造"于法有据"的法治环境；在完善"五位一体"总体布局之后，习近平提出"四个全面"战略布局，并把依法治国放在总体战略布局中统筹安排。他强调指出：全面建成小康社会是我们的战略目标，全面深化改革、全面依法治国、全面从严治党是三大战略举措，对实现全面建成小康社会战略目标一个都不能缺，"没有全面依法治国，我们就治不好国、理不好政，我们的战略布局就会落空"，"要把全面依法治国放在'四个全面'的战略布局中来把握，深刻认识全面依法治国同其他三个'全面'的关系，努力做到'四个全面'相辅相成、相互促进、相得益彰"。[①] 他还指出："全面推进依法治国是关系我们党执政兴国、关系人民幸福安康、关系党和国家长治久安的重大战略问题，是完善和发展中国特色社会主义制度、推进国家治理体系和治理能力现代化的重要方面。我们要实现党的十八大和十八届三中全会做出的一系列战略部署，全面建成小康社会、实现中华民族伟大复兴的中国梦，全面深化改革、完善和发展中国特色社会主义制度，就必须在全面推进依法治国上做出总体部署、采取切实措施、迈出坚实步伐。"[②]

在依法治国和法治建设必须坚持党的领导这个问题上，习近平讲得最多最透最坚定最全面。党的领导是中国特色社会主义法治最本质的特征，是社会主义法治最根本的保证。把党的领导贯彻到依法治国全过程和各方面，是中国社会主义法治建设的一条基本经验。我国宪法确立了中国共产党的领导地位，坚持党的领导是宪法的根本要求，是依宪治国、依宪执政的根本体现，是党和国家的根本所在、命脉所在，是全国各族人民的利益所系、幸福所系，是全面推进依法治国的题中应有之义。"坚持中国特色社会主义法治道路，最根本的是坚持中国共产党的领导。依法治国是我们党提出来的，把依法治国上升为党领导人民治理国家的基本方略也是我们党提出来的，而且党一直带领人民在实践中推进依法治国。全面推进依法治国，要有利于加强和改善

---

① 习近平：《在省部级主要领导干部学习贯彻党的十八届四中全会精神全面推进依法治国专题研讨班上的讲话》，《习近平关于全面依法治国论述摘编》，中央文献出版社2015年版，第15页。
② 习近平：《关于〈中共中央关于全面推进依法治国若干重大问题的决定〉的说明》，《习近平关于全面依法治国论述摘编》，中央文献出版社2015年版，第7页。

党的领导,有利于巩固党的执政地位、完成党的执政使命,决不是要削弱党的领导。"① "我们必须牢记,党的领导是中国特色社会主义法治之魂,是我们的法治同西方资本主义国家的法治最大的区别。离开了中国共产党的领导,中国特色社会主义法治体系、社会主义法治国家就建不起来。我们全面推进依法治国,绝不是要虚化、弱化甚至动摇、否定党的领导,而是为了进一步巩固党的执政地位、改善党的执政方式、提高党的执政能力,保证党和国家长治久安。"② 坚持党的领导不是一句空话,而是具体体现为党领导立法、保证执法、支持司法、带头守法。

在党的十九大报告中,习近平再次强调指出:"坚持党的领导、人民当家作主、依法治国有机统一是社会主义政治发展的必然要求","党的领导是人民当家作主和依法治国的根本保证","必须把党的领导贯彻落实到依法治国全过程和各方面,坚定不移走中国特色社会主义法治道路"。为了加强党对依法治国和法治建设的领导,党的十九大决定"成立中央全面依法治国领导小组,加强对法治中国建设的统一领导"。③ 党内法规体系是中国特色社会主义法治体系的重要组成部分。"党内法规既是管党治党的重要依据,也是建设社会主义法治国家的有力保障"④。在依法治国和法治建设的新征程中,要更加注重统筹推进依法治国与依规治党和制度治党。要树立党章权威,确保全党一体严格遵行。完善党内法规制定体制和程序,加大党内法规备案审查和解释力度,形成配套完备的党内法规制度体系。更加注重党内法规同国家法律的衔接和协调,促进党员、干部既认真执行党内法规又带头遵守国家法律法规。提高党内法规执行力,运用党内法规把党要管党、从严治党落到实处。根据全面推进依法治国和依规管党治党的总体部署,按照党的十九大提出的"加快形成覆盖党的领导和党的建设各方面的党内法规制度体系"的要求,坚持宪法为上、党章为本的基本原则,全面建成内容科学、程序严密、配套完备、运行有效的党内法规制度体系。⑤

习近平关于依法治国的论述是解决现实法治问题的根本遵循。习近平强

---

① 习近平:《加快建设社会主义法治国家》,《习近平关于全面依法治国论述摘编》,中央文献出版社2015年版,第27页。

② 习近平:《在省部级主要领导干部学习贯彻党的十八届四中全会精神全面推进依法治国专题研讨班上的讲话》,《习近平关于全面依法治国论述摘编》,中央文献出版社2015年版,第35页。

③ 习近平:《决胜全面建成小康社会 夺取新时代中国特色社会主义伟大胜利——在中国共产党第十九次全国代表大会上的报告》,人民出版社2018年版,第38页。

④ 《中共中央关于全面推进依法治国若干重大问题的决定》,《〈中共中央关于全面推进依法治国若干重大问题的决定〉辅导读本》,人民出版社2014年版,第36页。

⑤ 张文显:《新思想引领法治新征程——习近平新时代中国特色社会主义思想对依法治国和法治建设的指导意义》,《法学研究》2017年第6期。

调，问题是工作的导向，也是改革的突破口。要紧紧抓住影响司法公正、制约司法能力的重大问题和关键问题，增强改革的针对性和实效性。针对如何解决良法、善法问题，他提出，根本途径是"要完善科学立法和民主立法机制。创新公众参与立法方式，广泛听取各方面意见和建议"；针对"权大于法"的问题，他提出"全面依法治国必须抓住领导干部这个'关键少数'"；对于执法、司法过程中的一些问题，习近平也给出了鲜明的指导意见。这些新论断无不针砭时弊，深刻体现了直面问题、解决问题的实效性，是解决中国现实法治问题的根本遵循。在人治思维中，权力决定一切，当个人的意愿、判断和利益与法律冲突时，不是"法大于权"，而是"权大于法"。法治思维是一种理性思维、科学思维、民主思维，其实质就是习近平概括的：把对法治的尊崇、对法律的敬畏转化成思维方式和行为方式，做到在法治之下、而不是法治之外、更不是法治之上想问题、作决策、办事情；其关键是守规则、重程序，做到法定职责必须为、法无授权不可为，尊重和保护人民权益，自觉接受监督。各级领导干部要做尊法学法守法用法的模范，提高运用法治思维和法治方式的能力，努力以法治凝聚改革共识、规范发展行为、促进矛盾化解、保障社会和谐；牢固树立宪法法律至上、法律面前人人平等、权由法定、权依法使等基本法治观念，彻底摈弃人治思想和长官意志，决不搞以言代法、以权压法、逐利违法、徇私枉法；努力营造办事依法、遇事找法、解决问题用法、化解矛盾靠法的法治环境。

法律的生命在于实施，法律的权威在于实施，法律的伟力也在于实施。完善法治实施体系，首先要健全宪法实施制度，把宣传和树立宪法权威作为全面推进依法治国的重大事项抓紧抓好。各级政府必须坚持在党的领导下、在法治轨道上开展工作，依法行政，严格规范文明执法，建立权责统一、权威高效的依法行政体制，加快建设法治政府。坚定不移推进司法体制改革，完善司法体制改革的配套制度和措施，全面落实司法责任制，深化司法管理体制和司法权力运行机制改革，优化司法职权配置，完善确保依法独立公正行使审判权和检察权的制度和体制。扩大司法民主途径，保障人民群众广泛、真实地参与司法，加强人权司法保障，努力让人民群众在每一个司法案件中都感受到公平正义。

法治监督是对法律实施和法治运行情况的监督，是法律实施和法治运行不可缺少的保障机制。习近平提出要建立由党内监督、人大监督、民主监督、行政监督、司法监督、审计监督、社会监督、舆论监督构成的更加严密的监督体系，形成强大的监督合力；着力推进监督工作规范化、程序化、制度化，形成对法治运行全过程全方位的监督体系，督促实现科学立法、严格执法、公正司法、全民守法。党的十八届四中全会以来，建立严密的法治监督体系的最大亮点首推国家监察体制改革。党的十九大决定深入推进国家监察体制改革,在国家监察体制改革试点取得实效的基础上,将试点工作在全国推开,组建国家、省、市、县监察委员会,同党的纪律检查机关合署办公,实现对所有行使公权力的公职人员监察全覆盖;制定国家监察法,依法赋予监察委员会职责权限和调查手段。国家监察体制改革,对于落实党的十九大提出的"构建党统一指挥、全面覆盖、权威高效的监督体系,把党内监督同国家机关监督、民主监督、司法监督、群众监督、舆论监督贯通起来,增强监督合力",具有关键意义。

中国特色社会主义法治道路,是社会主义法治建设成就和经验的集中体现,是建设社会主义法治国家的唯一正确道路。"中国特色社会主义法治道路是一个管总的东西。具体讲我国法治建设的成就,大大小小可以列举出十几条、几十条,但归结起来就是开辟了中国特色社会主义法治道路这一条。"[①] 坚持并不断拓展这条道路,我们成功地实现了从专制政治到民主政治、从人治到法治的历史性变革。因此,"在坚持和拓展中国特色社会主义法治道路这个根本问题上,我们要树立自信、保持定力"[②]。

习近平关于依法治国的论述高屋建瓴、体大思精,以其引领时代的先进性,为中国法治建设指明了方向,对世界各国的法治建设也具有极大的启发借鉴意义。只要我们始终坚持以习近平关于依法治国的论述武装头脑,身体力行,中国必将在法治现代化的道路上阔步前进、一路凯歌。[③]

[①] 习近平:《加快建设社会主义法治国家》,《习近平关于全面依法治国论述摘编》,中央文献出版社2015年版,第26页。
[②] 习近平:《加快建设社会主义法治国家》,《习近平关于全面依法治国论述摘编》,中央文献出版社2015年版,第26页。
[③] 人民论坛"特别策划"组:《习近平法治思想》,《人民论坛》2017年第26期。

四、延伸阅读与思考

(一) 重要文献资料

决胜全面建成小康社会　夺取新时代中国特色社会主义伟大胜利
——在中国共产党第十九次全国代表大会上的报告[①]

习近平

（五）坚持人民当家作主。坚持党的领导、人民当家作主、依法治国有机统一是社会主义政治发展的必然要求。必须坚持中国特色社会主义政治发展道路，坚持和完善人民代表大会制度、中国共产党领导的多党合作和政治协商制度、民族区域自治制度、基层群众自治制度，巩固和发展最广泛的爱国统一战线，发展社会主义协商民主，健全民主制度，丰富民主形式，拓宽民主渠道，保证人民当家作主落实到国家政治生活和社会生活之中。

（六）坚持全面依法治国。全面依法治国是中国特色社会主义的本质要求和重要保障。必须把党的领导贯彻落实到依法治国全过程和各方面，坚定不移走中国特色社会主义法治道路，完善以宪法为核心的中国特色社会主义法律体系，建设中国特色社会主义法治体系，建设社会主义法治国家，发展中国特色社会主义法治理论，坚持依法治国、依法执政、依法行政共同推进，坚持法治国家、法治政府、法治社会一体建设，坚持依法治国和以德治国相结合，依法治国和依规治党有机统一，深化司法体制改革，提高全民族法治素养和道德素质。

……

六、健全人民当家作主制度体系，发展社会主义民主政治

我国是工人阶级领导的、以工农联盟为基础的人民民主专政的社会主义国家，国家一切权力属于人民。我国社会主义民主是维护人民根本利益的最广泛、最真实、最管用的民主。发展社会主义民主政治就是要体现人民意志、保障人民权益、激发人民创造活力，用制度体系保证人民当家作主。

中国特色社会主义政治发展道路，是近代以来中国人民长期奋斗历史逻

[①] 节选自习近平：《决胜全面建成小康社会　夺取新时代中国特色社会主义伟大胜利——在中国共产党第十九次全国代表大会上的报告》单行本，人民出版社2018年版，第22～23页、第35～39页。

辑、理论逻辑、实践逻辑的必然结果，是坚持党的本质属性、践行党的根本宗旨的必然要求。世界上没有完全相同的政治制度模式，政治制度不能脱离特定社会政治条件和历史文化传统来抽象评判，不能定于一尊，不能生搬硬套外国政治制度模式。要长期坚持、不断发展我国社会主义民主政治，积极稳妥推进政治体制改革，推进社会主义民主政治制度化、规范化、程序化，保证人民依法通过各种途径和形式管理国家事务，管理经济文化事业，管理社会事务，巩固和发展生动活泼、安定团结的政治局面。

（一）坚持党的领导、人民当家作主、依法治国有机统一。党的领导是人民当家作主和依法治国的根本保证，人民当家作主是社会主义民主政治的本质特征，依法治国是党领导人民治理国家的基本方式，三者统一于我国社会主义民主政治伟大实践。在我国政治生活中，党是居于领导地位的，加强党的集中统一领导，支持人大、政府、政协和法院、检察院依法依章程履行职能、开展工作、发挥作用，这两个方面是统一的。要改进党的领导方式和执政方式，保证党领导人民有效治理国家；扩大人民有序政治参与，保证人民依法实行民主选举、民主协商、民主决策、民主管理、民主监督；维护国家法制统一、尊严、权威，加强人权法治保障，保证人民依法享有广泛权利和自由。巩固基层政权，完善基层民主制度，保障人民知情权、参与权、表达权、监督权。健全依法决策机制，构建决策科学、执行坚决、监督有力的权力运行机制。各级领导干部要增强民主意识，发扬民主作风，接受人民监督，当好人民公仆。

（二）加强人民当家作主制度保障。人民代表大会制度是坚持党的领导、人民当家作主、依法治国有机统一的根本政治制度安排，必须长期坚持、不断完善。要支持和保证人民通过人民代表大会行使国家权力。发挥人大及其常委会在立法工作中的主导作用，健全人大组织制度和工作制度，支持和保证人大依法行使立法权、监督权、决定权、任免权，更好发挥人大代表作用，使各级人大及其常委会成为全面担负起宪法法律赋予的各项职责的工作机关，成为同人民群众保持密切联系的代表机关。完善人大专门委员会设置，优化人大常委会和专门委员会组成人员结构。

（三）发挥社会主义协商民主重要作用。有事好商量，众人的事情由众人商量，是人民民主的真谛。协商民主是实现党的领导的重要方式，是我国社会主义民主政治的特有形式和独特优势。要推动协商民主广泛、多层、制度化发展，统筹推进政党协商、人大协商、政府协商、政协协商、人民团体协商、基层协商以及社会组织协商。加强协商民主制度建设，形成完整的制度程序和参与实践，保证人民在日常政治生活中有广泛持续深入参与的权利。

人民政协是具有中国特色的制度安排，是社会主义协商民主的重要渠道和专门协商机构。人民政协工作要聚焦党和国家中心任务，围绕团结和民主两大主题，把协商民主贯穿政治协商、民主监督、参政议政全过程，完善协商议政内容和形式，着力增进共识、促进团结。加强人民政协民主监督，重点监督党和国家重大方针政策和重要决策部署的贯彻落实。增强人民政协界别的代表性，加强委员队伍建设。

（四）深化依法治国实践。全面依法治国是国家治理的一场深刻革命，必须坚持厉行法治，推进科学立法、严格执法、公正司法、全民守法。成立中央全面依法治国领导小组，加强对法治中国建设的统一领导。加强宪法实施和监督，推进合宪性审查工作，维护宪法权威。推进科学立法、民主立法、依法立法，以良法促进发展、保障善治。建设法治政府，推进依法行政，严格规范公正文明执法。深化司法体制综合配套改革，全面落实司法责任制，努力让人民群众在每一个司法案件中感受到公平正义。加大全民普法力度，建设社会主义法治文化，树立宪法法律至上、法律面前人人平等的法治理念。各级党组织和全体党员要带头尊法学法守法用法，任何组织和个人都不得有超越宪法法律的特权，绝不允许以言代法、以权压法、逐利违法、徇私枉法。

（五）深化机构和行政体制改革。统筹考虑各类机构设置，科学配置党政部门及内设机构权力、明确职责。统筹使用各类编制资源，形成科学合理的管理体制，完善国家机构组织法。转变政府职能，深化简政放权，创新监管方式，增强政府公信力和执行力，建设人民满意的服务型政府。赋予省级及以下政府更多自主权。在省市县对职能相近的党政机关探索合并设立或合署办公。深化事业单位改革，强化公益属性，推进政事分开、事企分开、管办分离。

（二）延伸阅读

善治与合法性[①]

善治是衡量政府之合法性的一个标准，而同意是另外一个标准，这样，一个政府即使没有满足同意的标准，它也有可能满足善治的标准。一个国家没有民主的政治传统，其政府也不是通过代议制的民主选举产生的，从而也不具有同意的合法性。但是，如果它能够很好地履行职责，满足人民的合理期望，那么它就具有善治的合法性，尽管这种合法性不是完全的和充分的。我们应该看到，实行民主政治是需要条件的。如果一个国家既没有民主的传统，目前也不具备实行民主的各种条件，那么它不可能获得同意的合法性。

---

① 姚大志：《善治与合法性》，《中国人民大学学报》2015年第1期。

它不可能获得同意的合法性，但它却有可能做一个得到同意的政府所做的事情。

在什么情况下我们能够说一个政府满足了善治的要求，从而具有某种程度的合法性？我认为有以下五个条件：

第一，实行法治。善治以法治为前提，没有法治就谈不上善治。首先，法治要求国家以法律为最高权威。法律是最高的准绳，所有政府机构、民间团体和公民个人都必须服从法律，遵守法律规定，履行法律义务。其次，法治要求"在法律面前人人平等"。一方面，所有公民都要服从法律，不允许任何人拥有法律特权，在这种意义上，任何人都不能凌驾于法律之上；另一方面，所有公民都有权得到法律的平等保护，利用法律来维护自己的利益，在这种意义上，任何人都处于法律的保护之下。最后，所有公民特别是政府官员和司法人员要尊重法律。对法律的尊重是法治必需的条件，它是法治的道德。没有对法律的尊重，即使有再好的法律，也不会得到切实的执行。

第二，保护人权。一般所说的人权，是指个人所拥有的对于自由、平等、生命以及其他一些东西的权利。关于人权，有人认为是人的自然权利，有人认为是人的道德权利。无论是作为自然权利还是作为道德权利，人权要得到保护，都必须被列入宪法，成为宪法权利。一个国家不仅要把这些基本的人权规定为宪法权利，而且要落在实处，真正尊重人权，确保政府自己不侵犯人权，也保护所有公民免于被侵犯。

第三，实现社会正义。正义是社会的重要价值，也是善治的目的。社会正义不仅要求政府公平地对待所有公民，而且也要求政府积极帮助那些迫切需要帮助的人们。政府公平地对待所有公民，这意味着在初次分配中政府要尊重"应得"。按照"应得"，在初次分配中，某些人没有得到他们应得的报酬，或某些人得到了他们不应得的报酬，这都是不正义的。即使人们在初次分配中都得到了其"应得"，但是也会存在宏观的不平等问题，例如，人们之间贫富差距过大，两极分化严重。这种严重的不平等是不正义的，而这种不正义集中体现在弱势群体身上。弱势群体是最需要政府帮助的人。这样，社会正义要求政府矫正这些不平等，缩小贫富差别，防止两极分化，也就是说，要帮助弱势群体。为此，政府应该建立相应的制度和政策，特别是各种社会保障制度，如失业、医疗、退休等福利制度。

第四，提高政府效率。实行法治、保护人权和实现社会正义是善治的间接要求或背景制度，而善治最直接的要求就是提高政府的效率。在某种意义上说，善治概念就意味着效率。政府的效率主要体现在四个方面，首先是责任。政府切实履行好自己的责任，不该管的事情不要管，而该管的事情一定要管好。其次是反应。政府对人民关心的事情要敏感，对关系到民众的重大事件应做出迅速的反应，要以人民的利益为重。再次是效果。政府要有效利用各种资源特别是财政收入，不仅杜绝贪污腐败，而且也杜绝铺张浪费。政府的财政收入和支出应得到切实的限制和监督。最后是透明度。政府的规则、规章和政策是公开的，决定事情的过程是透明的，人民拥有充分的知情权和监督权。

第五，社会功能多元化。政府要包办所有事情是不可能的，这就要求分清职责，哪些事情是由政府负责的，哪些事情不是由政府负责的。这里的关键在于，政府在减少自己的功能时，不是推诿责任，而是把某些社会功能交给更合适的机构或组织。例如，对于环保事业、慈善事业和救灾行动等等，某些非政府组织和志愿者更有经验，更具备专业知识，从而更善于做这些事情。政府应该相信它们，而不是怀疑它们；支持它们，而不是压制它们；鼓励它们做更多的事情，而不是限制它们做更多的事情。

要满足以上五个条件不是一件容易的事情。但是，如果一个政府能够满足善治的这五个条件，那么它就具有了善治的合法性。无论是基于理论的理由还是实践的理由，我们都应该鼓励政府追求这种善治的合法性。

（三）典型案例

案例

深圳龙岗区"社区民生大盘菜"项目推动基层社会治理试点相关报告[①]

为进一步创新基层社会治理，深圳市龙岗区以客家人聚居地特色为依据，创新推出着力解决社区民生微实事的"社区民生大盆菜"项目，采取社区居民"点菜"，政府"买单"的方式，立足于老百姓最迫切需求和普遍关注的小事、急事、难事，通过系统化、规范化、常态化办理，真正让广大群众亲身参与到民生建设中，享受实实在在的民生便利，探索实现法治、自治、共治相互融合的社会治理新模式。

多措并举探索社区基层治理新思路。龙岗区委区政府把"社区民生大盆菜"改革项目作为全区工作的重中之重，遵循民生至上、民意集中、公开透明、多方参与、节俭高效和辖区人口全覆盖等六大原则，通过建立区、街道、社区三级民生实事常态化公开征集办理机制，推进"社区民生大盆菜"项目的实施。以解决居民生活中的小事、急事、难事为依据，采取社区居民"点

---

① 综合自人民论坛专题调研组：《探索创新基层社会治理的新路径》，《人民论坛》2016年3月，孙兰英：《"大盆菜"项目创新基层协商治理》，《人民论坛》2015年第11期上。

菜"，政府"买单"的方式，将项目分为工程类、服务类、货物类三大类，以推进小区文体设施完善、社区环境美化、各类技能培训等为目的，实现社区居民的"我的实事我做主"。

"社区民生大盆菜"项目的生命力所在。"社区民生大盆菜"项目将集纳民智与改善民生相结合，社区多元共治与多元善治相结合。实现了多元化、自下而上、双向度的社会服务，促进群众在城乡社区治理、基层公共服务和公益事业中实现自我管理、自我服务、自我教育、自我监督，无疑是践行社会治理理念创新的实践探索。

基层公共服务供给模式的重要创新。"大盆菜"改革项目的制度设计力求从"政府配菜"向"居民点菜做菜"转变，在现有法规政策框架下，着力优化简化程序，由社区居委会主导，由社区和谐共建促进会讨论票决，以群众需求为导向，"有什么问题就重点解决什么问题，群众需要什么就重点帮助解决什么"，打破了以往"一把尺子量到底"的体系，提出了对社区服务进行"供给侧改革"，要求各社区干部重点关注本社区居民的共性需求，重点破解本社区存在的突出难题，增强社区服务的针对性。

深圳市龙岗区推出的"社区民生大盆菜"改革项目，通过机制再造、流程优化，不仅科学有效地解决了关系到群众切身利益的微实事，得到群众的普遍认可，而且体现了"协商于民、协商为民"的要求，是创新基层协商治理的有益实践。

如果说群众路线是我们党的生命线、传家宝，那么龙岗区围绕居民需求创新改革推出的"社区民生大盆菜"则是我们党在新形势下实现基层治理和社会自我调节、"众人的事情由众人商量"，从源头上化解社会矛盾，实现社区居民"我的事情我做主"的宝贵实践，真正体现了人民民主的真谛。

创新基层协商治理体系必须紧紧围绕更好保障和改善民生为重点的民心工程，形成符合基本现代化特征的社会治理体系。在此基础上实现两个"转变"：公共服务由"生存保障型"向"发展服务型"转变，社会治理由"政府单一主体"向"社会共建共享的多元治理"转变。民生连着民心，推进基层协商治理体系创新，最根本的是要深入基层，调查研究社会问题发生发展的源头和关键节点，以满足基层群众的利益诉求为出发点，把党的政治、组织优势转化为治理服务优势。为聚焦民生需求，凝聚各方共识，龙岗区民政局先后深入 8 个街道 20 余个社区，进行 24 场次 580 人次座谈交流、发放调查问卷 1300 多份，倾听群众声音，了解群众需求，深入探讨如何把"民生小事实事办实"，走出了一条使基层社会协商治理体系建设，呈现出平等性、多元性、互动性，民生的大事小情与居民协商沟通、由居民参与决策的多层规范化发展新道路。

参考书目

[1] 习近平. 习近平关于全面依法治国论述摘编 [Z]. 北京：中央文献出版社，2015.

[2] 本书编写组编著. 中共中央关于全面推进依法治国若干重大问题的决定：辅导读本 [M]. 北京：人民出版社，2014.

[3] 徐显明. 我们需要什么样的民主？[J]. 求是，2016（9）.

[4] 尹汉宁. 努力建设社会主义政治文明 [J]. 红旗文稿，2016（11）.

[5] 包心鉴. 人民民主：治国理政的核心政治价值指向 [J]. 政治学研究，2016（5）.

[6] 钟德涛. 中国政党制度发展史论 [M]. 北京：高等教育出版社，2015.

思考题

1. 如何认识党的领导、人民当家作主和依法治国的统一性？
2. 如何正确看待西方资本主义民主政治制度？
3. 习近平法治思想对中国特色社会主义法治建设有哪些理论创新及指导意义？
4. 如何推动中国特色社会主义协商民主广泛、多层、制度化发展？

第五章 中国特色社会主义文化建设

一、教学大纲基本内容

（一）中国特色社会主义文化建设概述

文化是一个国家、一个民族的灵魂。文化兴国运兴，文化强民族强。中国共产党既是中华民族优秀传统文化的忠实传承者和弘扬者，又是中国先进文化的积极倡导者和发展者，始终高度重视文化建设的重要作用，不断推动社会主义文化的繁荣和发展。

1. 文化和文化建设

文化是人类在改造自然和改造社会过程中创造的物质财富和精神财富的总和，一般包括哲学社会科学、文学艺术、新闻舆论、文化事业和文化产业、社会思想，以及世界观、人生观、价值观等具有意识形态性质的部分，也包括科学技术、语言文字等非意识形态的部分。文化建设，就是围绕一定目标任务并体现一定价值取向的文化发展活动。文化建设是中国特色社会主义事业总体布局的重要组成部分，与经济建设、政治建设、社会建设和生态文明建设相互联系、相互促进，其目的是更好地发挥文化引领风尚、教育人民、服务社会、推动发展的重要作用。

2. 中国特色社会主义文化理论

中国特色社会主义文化理论，是马克思主义文化理论与中国具体实际相结合的产物，体现了对中国特色社会主义文化建设的规律性认识，是建设中国特色社会主义文化的根本指导思想。

（1）关于建设社会主义先进文化的思想。当代中国，发展社会主义先进文化，就是发展面向现代化、面向世界、面向未来的，民族的科学的大众的社会主义文化。坚持先进文化的前进方向，最根本的是要坚持马克思主义的指导地位，坚持为人民服务、为社会主义服务的方向和百花齐放、百家争鸣的方针，坚持继承和创新相统一，弘扬主旋律，提倡多样化，以科学的理论武装人，以正确的舆论引导人，以高尚的精神塑造人，以优秀的作品鼓舞人，在全社会形成积极向上的精神追求和健康文明的生活方式。

（2）关于构建社会主义核心价值体系的思想。社会主义核心价值体系的基本内容包括马克思主义指导思想、中国特色社会主义共同理想、以爱国主义为核心的民族精神和以改革创新为核心的时代精神、社会主义荣辱观。社会主义核心价值体系是社会主义意识形态的本质体现，决定着中国特色社会主义的发展方向，是兴国之魂。必须坚持马克思主义，牢固树立共产主义远大理想和中国特色社会主义共同理想，培育和践行社会主义核心价值观，不断增强意识形态领域主导权和话语权，推动中华优秀传统文化创造性转化、创新性发展，继承革命文化，发展社会主义先进文化，不忘本来、吸收外来、面向未来，更好地构筑中国精神、中国价值、中国力量，为人民提供精神指引。

（3）关于文化建设根本目的的思想。中国特色社会主义文化必须以满足人民精神文化需求为出发点和落脚点。坚持以人为本，贴近实际、贴近生活、贴近群众，发挥人民在文化建设中的主体作用，坚持文化发展为了人民、文化发展依靠人民、文化发展成果由人民共享，促进人的全面发展，培养有理想、有道德、有文化、有纪律的社会主义公民，提高全民族的思想道德素质和科学文化素质。

（4）关于促进文化发展的思想。当今时代，文化越来越成为民族凝聚力和创造力的重要源泉，越来越成为综合国力竞争的重要因素，越来越成为经济社会发展的重要支撑，丰富精神文化生活越来越成为我国人民的热切愿望。要坚持一手抓公益性文化事业、一手抓文化产业，最大限度地满足人民日益增长的精神文化需要。正确把握文化产品的意识形态属性和商品属性的关系，正确处理社会效益和经济效益的关系。要不断增强文化自觉和文化自信，坚持走中国特色社会主义文化发展道路，建设社会主义文化强国，推动社会主义文化大发展大繁荣。

（5）关于推进文化体制改革的思想。改革创新是文化繁荣发展的强大动力，要坚持以解放思想为先导，牢固树立符合科学发展要求的新的文化发展理念。始终坚持文化体制改革的正确方向，紧紧抓住重要领域和关键环节，全面推进体制创新，着力解决制约文化发展的深层次矛盾和问题，加快构建把社会效益放在首位、社会效益和经济效益相统一的体制机制，加快建立健全科学的文化管理体制和富有活力的文化产品生产经营机制。

（6）关于提升国家文化软实力和中华文化影响力的思想。当今世界，文化与经济相互交融，软实力的作用渗透到各个方面，成为综合国力的重要组成部分，成为国家核心竞争力的重要因素。中华优秀传统文化是我们最深厚的文化软实力，也是中国特色社会主义植根的文化沃土。提高国家文化软实力，要努力展示中华文化的独特魅力，推动中华优秀传统文化创造性转化、创新性发展。要不断提升中华文化的影响力,把握大势、区分对象、精准施策,主动宣介新时代中国特色社会主义思想,主动讲好中国共产党治国理政的故事、中国人民奋斗圆梦的故事、中国坚持和平发展合作共赢的故事,让世界更好地了解中国。

(7)关于坚定文化自信的思想。没有高度的文化自信,没有文化的繁荣兴盛,就没有中华民族的伟大复兴。坚定文化自信,是事关国运兴衰、事关文化安全、事关民族精神独立性的大问题。我们说要坚定中国特色社会主义道路自信、理论自信、制度自信,说到底是要坚定文化自信,文化自信是更基本、更深沉、更持久的力量。历史和现实都表明,一个抛弃了或者背叛了自己历史文化的民族,不仅不可能发展起来,而且很可能上演一幕幕历史悲剧。

3. 中国特色社会主义文化制度

中国特色社会主义文化制度与中国特色社会主义经济制度、政治制度等一起,构成中国特色社会主义制度体系。中国特色社会主义文化制度,是现阶段国家通过宪法和法律等规范社会文化生活、调整以社会意识形态为核心的各种文化生活的基本原则和规则的总和。

改革开放以来,中国不断改革和完善中国特色社会主义文化事业的体制机制,包括党和政府对文化事业的领导体制、文化事业单位管理体制、文化事业投入机制、文化队伍管理制度、文化作品评价制度、网络文化管理等方面的体制机制不断改革完善。不断改革完善文化产业管理制度,健全文化产业管理体制机制,中国特色社会主义文化产业管理制度日趋完善。改革并加强各级党委和政府对文化产业发展的管理,对不同性质的文化产业单位实行分类管理,按照公益性和经营型的不同类别,改革文化产业投入机制,推进文化企业建立现代企业制度,完善文化企业法人治理结构,初步形成了党委领导、政府推动、企业主导、社会参与、市场运作相结合的文化产业管理制度。

此外,在意识形态工作方面,在长期的文化建设实践中,我们逐步形成了党委统一领导、党政齐抓共管、宣传部门组织协调、有关部门分工负责、社会力量积极参与的工作体制和工作格局,建立了意识形态工作责任制、网络舆情监督管理制度等一系列工作机制和制度,全党全社会共同推进文化建设的体制机制不断完善。在思想政治工作方面,逐步建立健全了组织领导机制、思想教育机制、综合保障机制、考评奖惩机制等体制机制,有力提高了思想政治工作的有效性。

(二)中国特色社会主义文化发展道路

中国特色社会主义文化发展道路,是中国特色社会主义道路在文化领域的具体运用和展开，是中国特色社会主义文化建设实践经验的集中体现，深入回答了文化建设中带有根本性、方向性、战略性的重大问题，指明了文化建设的前进方向和发展路径。

1. 中国特色社会主义文化发展道路的内涵

坚持中国特色社会主义文化发展道路，就是要高举中国特色社会主义伟大旗帜，以马克思列宁主义、毛泽东思想、邓小平理论、"三个代表"重要思想、科学发展观、习近平新时代中国特色社会主义思想为指导，坚持社会主义文化前进方向，以科学发展为主题，以建设社会主义核心价值体系为根本任务，以满足人民精神文化需求为出发点和落脚点，以改革创新为动力，发展面向现代化、面向世界、面向未来的，民族的科学的大众的社会主义文化，培养高度的文化自觉和文化自信，提高全民族文明素质，增强国家文化软实力，弘扬中华文化，努力建设社会主义文化强国。

2. 坚持中国特色社会主义文化发展道路应遵循的重要方针

坚持中国特色社会主义文化发展道路，是建设社会主义文化强国、增强国家文化软实力和中华文化影响力的全部理论与实践的基本主题，关乎国运兴衰、文化安全。

（1）坚持以马克思主义为指导，推进马克思主义中国化、时代化、大众化，用中国特色社会主义理论体系武装头脑、指导实践、推动工作，确保文化改革发展沿着正确的道路前进。

（2）坚持社会主义先进文化前进方向，坚持为人民服务、为社会主义服务，坚持百花齐放、百家争鸣，坚持继承和创新相统一，弘扬主旋律，提倡多样化，坚持文化发展一切为了人民、一切依靠人民，在全社会形成积极向上的精神追求和健康文明的生活方式。

（3）坚持以人为本的核心立场，要充分发挥人民在文化建设中的主体地位，坚持文化发展由人民共享。

（4）坚持把社会效益放在首位，坚持社会效益和经济效益有机统一，遵循文化发展规律，适应社会主义市场经济发展要求，加强文化法制建设，一手抓繁荣，一手抓管理，推动文化事业和文化产业全面协调可持续发展。

（5）坚持改革开放，着力推动文化体制机制创新，以改革促发展、促繁荣，不断解放和发展文化生产力，提高文化开放水平，推动中华文化走向世界，积极吸收各国优秀文明成果，切实维护国家安全。

（三）坚持社会主义核心价值体系

社会主义核心价值体系是兴国之魂，是社会主义先进文化的精髓，决定着中国特色社会主义发展方向。

1. 坚持社会主义核心价值体系的重要意义和主要任务

坚持社会主义核心价值体系是中国特色社会主义文化建设的根本任务。历史和现实反复证明，没有核心价值体系，一种文化就立不起来、强不起来，一个民族就没有赖以维系的精神纽带，一个国家就没有统一意志和共同行动。社会主义核心价值体系决定着中国特色社会主义文化建设的性质和方向，是一切文化产品创作、生产、传播的生命所在，如果离开了社会主义核心价值体系，中国特色社会主义文化就会失去精神价值的支撑，就会失去吸引力、影响力。社会主义核心价值体系也需要贯穿在中国特色社会主义文化发展的全过程，依托各种文化产品和服务的物质基础和传播形态而得到不断弘扬。

坚持社会主义核心价值体系的任务主要有以下几个方面：

（1）坚持马克思主义的指导地位。毫不动摇地坚持马克思主义基本原理，坚持解放思想、实事求是、与时俱进，大力推进理论创新，不断把党领导人民创造的成功经验上升为理论，推进马克思主义中国化、时代化、大众化，赋予当代中国马克思主义鲜明的实践特色、民族特色、时代特色，用中国特色社会主义理论体系武装全党、教育人民，用发展着的马克思主义指导新的实践。

（2）坚定中国特色社会主义共同理想。坚持以理想信念教育为重点，深入开展形势政策教育、国情教育、革命传统教育、改革开放教育、国防教育，在重大思想理论问题上划清是非界限，不断增强坚持中国特色社会主义旗帜、道路、理论体系和制度的自觉性、坚定性。

（3）弘扬民族精神和时代精神。大力弘扬爱国主义、集体主义、社会主义思想，弘扬一切有利于国家富强、民族振兴、人民幸福、社会和谐的思想和精神，大力发扬艰苦奋斗、劳动光荣、勤俭节约的优良传统。不断增强民族自尊心、自信心、自豪感，始终保持与时俱进、开拓创新的精神状态。

（4）树立和践行社会主义荣辱观。推进公民道德建设工程，引导人们增强道德判断力和道德荣誉感，深化群众性精神文明创建活动，深入开展学雷锋活动，坚决反对拜金主义、享乐主义、极端个人主义，坚决纠正以权谋私、造假欺诈、见利忘义、损人利己的歪风邪气，在全社会形成知荣辱、讲正气、做奉献、促和谐的良好风尚。

2. 培育和践行社会主义核心价值观

社会主义社会具有迥异于剥削阶级社会的价值选择和价值诉求，这种独特价值选择和价值诉求凝练在社会主义核心价值观和社会主义核心价值体系之中。社会主义核心价值观是从社会主义核心价值体系之中抽象提炼出来的价值内核，是社会主义核心价值体系的聚焦点，并渗透于社会主义核心价值体系的各个方面。培育和践行社会主义核心价值观，是坚持社会主义核心价值的题中应有之义，是建设社会主义核心价值体系的根本任务。

培育和践行社会主义核心价值观，应在"三个倡导"上下功夫。一般地说，倡导富强、民主、文明、和谐，是国家层面的要求；倡导自由、平等、公正、法治，是社会层面的要求；倡导爱国、敬业、诚信、友善，是个人层面的要求。这三个层面的要求是有区别的，是培育和践行社会主义核心价值观的三个维度，分别规定着国家、社会、个人的价值取向，同时又是相互联系、相互渗透和相互包含的，其区分只具有相对的意义，不能将它们机械地对立和割裂开来。

3. 用社会主义核心价值体系引领社会思潮

社会思潮是多样化社会思想的突出表现，是一定时期内反映一定阶层、群体的利益和要求，得到广泛传播、有较大影响的思想倾向、思想潮流。社会思潮对社会价值观念、社会心理产生着不同程度的影响。当前，中国正处在社会变革、经济转型的加速期，各种社会思潮此起彼伏，各种社会力量竞相发出自己的声音，既有马克思主义的主流意识形态，也存在着各种非马克思主义、反马克思主义的社会思潮，诸如新自由主义、民主社会主义、普世价值、宪政民主等。

在这样的背景下，一元化指导思想与多样化社会意识并存，传统思想观念与现代思想观念相互交融，本土文化与外来文化相互碰撞，社会思想意识呈现出多元、多样、多变的特点。

社会思潮越是纷繁复杂，越需要主旋律，越需要用一元化的指导思想引领多样化的社会意识，牢牢掌握意识形态的领导权和主导权。社会主义核心价值体系作为社会主义意识形态的本质体现，集社会主义价值理念之大成，把中国共产党倡导的基本理念、思想观念和价值取向系统凝练地整合在一起，深刻揭示了当代中国社会共同思想道德基础的基本内涵和基本要求。

必须坚持用社会主义核心价值体系引领各种社会思潮、凝聚社会共识，尊重差异、包容多样，要利用各种时机和场合，搭建弘扬社会主义核心价值体系的平台，形成有利于培育和践行社会主义核心价值观的生活情景和社会氛围。尊重广大人民群众在思想意识、核心价值观念上的差异性，有针对性地解决群众的思想疑虑。密切关注社会思想变化，因势利导、顺势而为，在尊重差异中扩大认同，在包容多样中形成思想共识，有力抵制各种错误思想和腐朽文化的影响，发展壮大积极健康向上的主流思想舆论。

（四）增强文化整体实力与国际竞争力

推动社会主义文化大发展大繁荣，建设社会主义文化强国，必须着力提高国家文化软实力，增强国家文化的整体实力和国际竞争力。

1. 提高国家文化软实力

提高国家文化软实力，是建设社会主义文化强国的重要任务，不仅关系到中国在世界文化格局中的定位，而且关系到中国的国际地位和国际影响力，关系到"两个一百年"奋斗目标和中华民族伟大复兴中国梦的实现。

（1）建设社会主义文化强国，应着力提高国家文化软实力。改革开放以来，随着中国文化的改革发展，中华文化影响力不断扩大，国家文化软实力显著增强。同时也要看到，中国是有着悠久历史和灿烂文明的文化大国，但丰富的文化资源还没有转化为较强的文化软实力，中国文化国际影响力与经济、政治国际影响力还不相称，文化产品输出国角色与物质产品输出国地位还不匹配，维护国家文化安全的任务更加艰巨。在这样的形势下，必须切实提高国家的文化软实力。

（2）提高文化软实力，必须继承中华优秀传统文化。建设优秀传统文化传承体系，加强对优秀传统文化思想价值的挖掘和阐发，加强文化遗产的保护，发挥国民教育在文化传承创新中的基础作用和各类文化载体的重要作用，使优秀传统文化成为鼓舞人民前进的精神力量。

（3）提高文化软实力，必须推动哲学社会科学的繁荣发展。要巩固马克思主义理论学科，实施哲学社会科学创新工程，建设具有中国特色、中国风格、中国气派的哲学社会科学，使之更好地发挥认识世界、传承文明、创新理论、资政育人、服务社会的功能。

（4）提高文化软实力，必须积极吸收借鉴国外优秀文化成果。坚持以我为主、为我所用，学习借鉴一切有利于加强中国特色社会主义文化建设的有益经验、一切有利于丰富中国人民文化生活的积极成果、一切有利于发展中国文化事业和文化产业的经营管理理念和机制，在博采众长中不断赋予中华文化以强大生机。

（5）提高文化软实力，必须大力推进文化创新，把创新精神贯穿于文化创造生产全过程，适应时代和实践发展要求，积极运用高新科技成果，大力推进文化内容形式、体制机制、方法手段创新，不断创造新的文化样式，催生新的文化生态，努力创作生产更多思想性、艺术性、观赏性相统一，经得起历史和人民检验的优秀精神文化产品。

2. 增强国家文化的整体实力与国际竞争力

增强文化整体实力和国际竞争力是建设中国特色社会主义现代化的必然要求，是增强民族凝聚力和创造力的重要源泉，是综合国力竞争的重要组成部分。

增强国家文化的整体实力与国际竞争力，要牢固树立强烈的发展意识、开阔的发展思路，拓展发展途径，转变发展方式，进一步解放和发展文化生产力。要坚持把社会效益放在首位，社会效益和经济效益相统一，推动文化事业全面繁荣、文化产业快速发展。加强重大公共文化工程和文化项目建设，完善公共文化服务体系，提高服务效能。促进文化和科技融合，发展新型文化业态，提高文化产业规模化、集约化、专业化水平。构建和发展现代传播体系，提高传播能力。增强国有公益性文化单位活力，完善经营性文化单位法人治理结构，繁荣文化市场。扩大文化领域对外开放，积极吸收借鉴国外优秀文化成果。营造有利于高素质文化人才大量涌现、健康成长的良好环境，造就一批名家大师和民族文化代表人物，表彰有杰出贡献的文化工作者。

（五）深化文化体制改革

文化体制改革就是适应文化生产力发展水平和要求，体现中国特色社会主义基本制度本质要求，在文化具体制度方面的改革。在新的历史起点上深化文化体制改革，推动社会主义文化大发展大繁荣，关系到实现全面建成小康社会奋斗目标，关系到坚持和发展中国特色社会主义，关系到实现中华民族伟大复兴。深化文化体制改革，必须根据社会主义文化建设的特点和规律，科学界定文化单位的性质和功能，紧紧围绕加快文化体制机制改革创新、加快构建公共文化服务体系、加快发展文化产业、加强对文化产品创作生产的引导这"三加快""一加强"的重点任务，牢牢把握推动文化科学发展这条主线，着力破解文化发展难题，着力转变文化发展方式，促进社会主义文化又好又快地发展。

（1）加快构建有利于文化繁荣发展的体制机制。牢牢把握正确方向，建立健全党委领导、政府管理、行业自律、社会监督、企事业单位依法运营的文化管理体制和富有活力的文化产品生产经营机制，深化国有文化事业单位改革，健全现代文化市场体系，创新文化管理体制，发挥市场在文化资源配置中的积极作用，完善文化发展的政策保障机制，为文化繁荣发展提供强大动力。

（2）加快构建覆盖城乡的公共文化服务体系，保障人民的基本文化权益。坚持政府主导，按照公益性、基本性、均等性、便利性的要求，加强文化基础设施建设，完善公共文化服务网络，构建技术先进、传输快捷、覆盖广泛的现代传播体系，加快城乡一体化发展，保障人民群众的基本文化权益。

（3）加快发展文化产业，推动文化产业成为国民经济的支柱性产业。坚持把社会效益放在首位、社会效益和经济效益相统一，按照全面协调可持续的发展要求，构建现代文化产业体系，形成公有制为主体、多种所有制共同发展的文化产业格局，推进文化科技创新，扩大文化消费，推动文化产业跨越式发展，使之成为新的经济增长点、经济结构战略调整的重要支点、转变经济发展方式的重要着力点。

（4）加强对文化产品创作生产的引导。贯彻为人民服务、为社会主义服务的方向和百花齐放、百家争鸣的方针，坚持以人民为中心的创作导向，立足发展先进文化、建设和谐文化，完善文化产品评价体系和激励机制，激发文化产品创作生产力，提高文化产品质量，热情讴歌改革开放和社会主义现代化建设伟大实践，生动展示我国人民奋发有为的精神风貌和创造历史的辉煌业绩，为人民提供更多更好的精神食粮。

二、学术前沿述评

（一）文化的意涵

"文化"是中国语言系统中古已有之的词汇。"文"的本义，指各色交错的纹理。"化"，本义为改易、生成、造化，后指事物形态或性质的改变，引申为教行迁善之义。西汉以后，"文"与"化"方合成一个整词，如"圣人之治天下也，先文德而后武力。凡武之兴，为不服也。文化不改，然后加诛"（《说苑·指武》），"文化内辑，武功外悠"（《文选·补之诗》），这里的"文化"，或与天造地设的自然对举，或与无教化的"质朴""野蛮"对举。因此，在汉语系统中，"文化"的本义就是"以文教化"。随着时间的流变和空间的转移，现在"文化"已成为一个内涵丰富、外延宽广的多维概念，成为众多学科探究、阐发、争鸣的对象。

英国文化人类学家泰勒（1832—1917）在所著的《原始文化》一书中，将"文化"与"文明"两个概念共用。他认为："所谓文化或文明乃是包括知识、信仰、艺术、道德、法律、习惯以及人类作为社会成员而获得的种种能力、习性在内的一种复合整体。"[①] 这个界定被认为是最早对"文化"进行的经典性定义，这一定义对后来的文化研究产生了深远的影响。美国文化人类学家克鲁克洪（1905—1960）在《文化概念的回顾》中认为："文化是历史上所创造的生存式样的系统，既包括显性式样，也包含隐性式样；它具有为整个群体共享的倾向，或是在一定时期中为群体的特定部分所共享。"[②] 在文化史的研究中，克鲁克洪提出的"对文化作分析必然包括显露方面的分析也包括隐含方面的分析"具有划时代的意义。英国文化人类学家马林诺夫斯基（1884—1942）是文化功能学派的创始人，他从"满足人类需要"的角度

---

① ［英］泰勒著：《原始文化》，连树声译，上海文艺出版社1992年版，第1页。
② 转引自李燕：《文化释义》，人民出版社1996年版，第85页。

来阐释文化的概念,认为"文化是包括一套工具及一套风俗——人体的或心灵的特性,它们都是直接地或间接地满足人类的需要"①。他认为,一切文化要素都是在活动着、发生作用的而且是有效的。文化要素的动态性质指示了人类学的重要工作就是研究文化的功能。

国内对文化的界定也相当丰富。梁漱溟在1920年出版的《东西文化及其哲学》一书对"文化"下了这样的定义:文化乃是"人类生活的样法"②,分为精神生活、物质生活和社会生活三大内容。胡适在《我们对于西洋近代文化的态度》(1926)一文中指出:"文化是文明社会形成的生活的方式。"③当时,陈独秀对宽泛的文化定义提出了反驳,他在《文化运动与社会运动》一文中曾批评道:"有一班人并且把政治、实业、交通都拉到文化里面了,我不知道他们因为何种心理看到文化如此广泛,以至于无所不包?"④他力主文化的传统理解,即文化"是文学、美术、音乐、哲学、科学这一类的事"。在20世纪80年代初的文化讨论中,著名历史学家庞朴把文化分为三大结构,即物质层、心物结合层、心理层。

目前,对"文化"的理解有广义和狭义之分。从广义上讲,是指人类在社会发展过程中所创造的物质财富和精神财富的总和;从狭义上讲,是指社会的意识形态及民族心理积淀,指意识形态所创造的精神财富,包括宗教、信仰、风俗习惯、道德情操、学术思想、文学艺术、科学技术、各种制度等。就文化的结构来看,其主要分为三大类别,即物质文化、制度文化和精神文化。

在众说纷纭的"文化"理解和定义中,我们还是可以得出一些共识:第一,文化是指世代相传的生活方式,文化研究就是对作为一种体系的人类生活方式的研究。由于界定角度不同,文化也可以进行不同的划分,比如,从横向划分为政治、经济、社会、宗教、文学艺术、饮食娱乐等;从纵向划分为传统文化、现代文化等。第二,文化具有民族性和阶级性。第三,文化是对人的存在方式的描述。人存在于自然中,同时也存在于历史和时代中,时间是一个人或一群人存在于自然中的重要平台;社会、国家和民族(家族)是一个人或一群人存在于历史和时代中的另一个重要平台;文化是指人们在这种存在过程中的言说或表述方式、交往或行为方式、意识或认知方式。文化不仅用于描述一群人的外在行为,而且特别包括作为个体的人的自我的心灵意识和感知方式。

---

① 转引自李燕:《文化释义》,人民出版社1996年版,第85页。
② 《梁漱溟全集》第1卷,山东人民出版社1989年版,第381页。
③ 《胡适文集》(4),北京大学出版社1998年版,第4页。
④ 《独秀文存》,安徽人民出版社1987年版,第154页。

（二）社会主义核心价值观

党的十八大正式提出了"倡导富强、民主、文明、和谐，倡导自由、平等、公正、法治，倡导爱国、敬业、诚信、友善，积极培育社会主义核心价值观"的战略目标。学术界围绕社会主义核心价值观的本质、形成逻辑、基本价值理念、与中华传统文化的关系、践行路径等重大理论与实践问题进行了多维度的剖析与阐释。

1. 关于社会主义核心价值观本质的认识

社会主义核心价值观的本质是什么？这是社会主义核心价值观的基本问题。

（1）从信仰的维度看，社会主义核心价值观的本质在于对马克思主义的信仰。董振华认为："信仰就是价值观的'魂'，从而决定着一个人的本质。我们共产党人坚守的信仰就是马克思主义。"[1] 马克思主义的核心价值追求是为绝大多数人谋幸福，实现每个人的自由全面发展，这是马克思主义一以贯之的最高理想和价值追求。马克思主义是社会主义核心价值观的精髓，是社会主义核心价值观的根本。

（2）从文化的维度看，社会主义核心价值观的根在于中华优秀传统文化。社会主义核心价值观传承之根在哪里？王新刚认为："中华优秀传统文化为社会主义核心价值观提供了滋长的文化土壤，社会主义核心价值观是中华优秀传统文化在现时代的延续。"[2] 这就从民族文化的传承与转换的维度揭示了社会主义核心价值观的本质。

（3）从实践的维度看，社会主义核心价值观的本质在于内化并指导人们的实践。社会主义核心价值观为人们的行为提供思想和价值评判标准，为人们的行动提供衡量的标尺，"培育和践行社会主义核心价值观的实质是重建中国人的精神世界"[3]，社会主义核心价值观的本质在于践行。

2. 关于社会主义核心价值观的形成逻辑

社会主义核心价值观的形成和凝练并不是主观臆断的结果，而是遵循着深刻的现实逻辑、历史逻辑、认知逻辑。

（1）现实逻辑。社会主义核心价值观的形成是中国革命和建设实践的结果。李君如指出：社会主义核心价值观"是在社会主义现代化建设和改革开

---

[1] 董振华：《马克思主义的"道"与社会主义的"理"——社会主义核心价值观的灵魂》，《光明日报》2017年7月22日。

[2] 王新刚：《论中华优秀传统文化与社会主义核心价值观的内在契合》，《思想理论教育导刊》2018年第12期。

[3] 韩庆祥：《核心价值观与中国人精神世界重建》，《光明日报》2015年2月5日。

放的实践中形成的,是在总结社会主义建设历史经验的过程中提炼出来的,是当代中国历史性大反思和时代性大变动的深刻总结","正是在社会主义市场经济体制建立和发展的过程中,'自由''平等'等人类文明中的进步观念才在中国确立起来"。①

(2) 历史逻辑。社会主义核心价值观是遵循历史发展规律的结果。王飞航认为:"真正的价值观总是产生于过去与现在不间断的对话过程之中,意味着它们的成型、延续、变迁、复兴都遵循着一定的历史脉动,不会伴随已经发生过的历史而消逝。"② 社会主义核心价值观就是在对中华优秀传统文化的历史继承和弘扬中积淀和凝练而成的。

(3) 认知逻辑。社会主义核心价值观是科学社会主义认知不断深化的结果。王飞航指出,价值观是人们对世界的总体评价,人们在认知世界的过程中不断地把历史的文化与时代的现实相结合,创造性地形成符合时代特点的价值观。社会主义核心价值由"'体系'到'观'的转变,其实质是科学社会主义基本价值理念的进一步提炼,是中国特色社会主义意识形态基本主张在新时期的深入认识"③。

3. 关于社会主义核心价值观的基本价值理念

科学地理解和把握社会主义核心价值观的基本价值理念是培育和践行社会主义核心价值观的必要条件。

(1) 结合实际解读社会主义核心价值观的基本价值理念。一些学者结合中国社会实践对社会主义核心价值观的基本价值理念进行了解读,使得人们能够结合生活实际来理解社会主义核心价值观的要义。如,胡锦光从为什么把法治作为社会主义核心价值观之一出发,指出公权力的滥用、利益多元化、市场经济对社会的冲击以及中国当前国家治理规则呈现出的"双轨制"等,都需要加强法治,"把法治确立为社会必须捍卫的核心价值观"④。洪银兴则从创新的视角,提出要"把创新放在国家发展全局的核心位置"⑤。这些对社会主义核心价值观基本价值理念的解读,为培育和践行社会主义核心价值观找到了切实可行的抓手。

(2) 关于具体的价值理念在社会主义核心价值观中的地位的认识。对于各个具体的价值理念在社会主义核心价值观中的地位,专家们有不同的看法。

---

① 李君如:《社会主义核心价值观:我们共同的追求,共同的坚守》,《光明日报》2014 年 7 月 28 日。
② 王飞航:《"核心价值观百场讲坛"走进山西运城》,《光明日报》2016 年 9 月 30 日。
③ 王飞航:《"核心价值观百场讲坛"走进山西运城》,《光明日报》2016 年 9 月 30 日。
④ 胡锦光:《法治与核心价值观关系》,《光明日报》2014 年 12 月 6 日。
⑤ 谷训:《"百场讲坛"走进重庆南岸宣讲创新发展》,《光明日报》2016 年 8 月 26 日。

胡锦光认为，法治是其他核心价值观确立的基础和前提，"没有法治，其他核心价值观确立不起来"①。谭桔华则认为诚信是社会主义核心价值观的一项重要内容，指出"诚信、友善对于一个人的品行塑造有很大的影响作用，新时代我们重提这一经典观念，更是强调了诚信、友善是法治社会中人与人之间交流、合作、共赢的基础，诚信是社会主义核心价值观的一项重要内容"②。

4. 关于社会主义核心价值观与中华优秀传统文化的关系

就社会主义核心价值观与中华优秀传统文化的关系，专家、学者们主要从以下三方面进行了深入解读：

（1）中华优秀传统文化是社会主义核心价值观的思想根源。核心价值观离不开民族文化的滋养，中华优秀传统文化为社会主义核心价值观提供了丰富的养分，离开了中华优秀传统文化，社会主义核心价值观就成为无源之水、无本之木。姚才刚认为，社会主义核心价值观孕育于中华民族悠久灿烂的历史文化传统之中，具有丰富的传统文化意蕴，"中国古代不同学派倡导的价值学说为社会主义核心价值观提供了有益的养分，尤其是'讲仁爱、重民本、守诚信、崇正义、尚和合、求大同'的价值理念，可以成为社会主义核心价值观的源头活水"③。因此，要在把握中华优秀传统文化的基础上，更好地汲取传统文化中的思想精华和道德精髓，为社会主义事业服务。

（2）社会主义核心价值观是对中华优秀传统文化的创造性继承和转化。社会主义核心价值观从中华优秀传统文化中汲取了丰富养分，但并不是全盘照搬，而是在新的时代背景中实现创造性转化和创新性发展。韩星指出：中国传统文化中的民本思想在今天转化为中国共产党一切执政活动的最高标准——"以人为本、执政为民"；"和而不同"的理念对于促进当今世界各民族和平共处意义重大。"在新时代的伟大实践中不断传承创新，用当代中国人的心胸、智慧、胆识不断激活这些精神"，这样中华优秀传统文化才能真正在今天社会主义伟大事业的建设中激发出生机与活力，展现出魅力。④

（3）深入挖掘优秀传统文化资源是弘扬和践行社会主义核心价值观的必然选择。中华优秀传统文化博大精深，深入挖掘其资源与精神是弘扬中华文化、滋养社会主义核心价值观的必然选择。陶文昭指出："优秀传统文化具有

---

① 胡锦光：《法治与核心价值观关系》，《光明日报》2014年12月6日。
② 谭桔华：《论诚信在践行社会主义核心价值观中的作用》，《湖南行政学院学报》2018年第5期。
③ 姚才刚：《社会主义核心价值观的传统文化根基及其实现路径》，《湖北大学学报（哲学社会科学版）》2018年第6期。
④ 韩星：《探寻中华文化的"基因密码"》，《光明日报》2015年5月16日。

重要的维系和校正功能,是治理人们价值观问题的一剂良药。"[1] 王蒙认为:"价值认知要到我们内心和灵魂里面去找",我们民族心中那些积极的因素就"来源于中华传统文化,来源于五四时期开始的新文化,还有以井冈山精神、延安精神为代表的革命文化"。[2] 这些优秀文化本来就流淌在中华儿女的精神血脉中,如何对其进行深度挖掘并与社会主义核心价值观进行对接,是培育和践行社会主义核心价值的必要环节。徐小跃对传统文化中的"忠德"进行了全面深入的解读,指出由忠爱、忠正、忠敬、忠善、忠诚的忠德精神与仁爱、义正、礼敬、智善、信诚的仁义礼智信五常精神实现了互通互融,推崇"忠德向善"以涵养社会主义核心价值观。[3] 这些深入的探讨和挖掘为真正实现中华优秀传统文化的现代转化提供了启示和思路。

5. 关于培育和践行社会主义核心价值观的路径探索

培育和践行社会主义核心价值观是一项系统工程,要使社会主义核心价值观真正化作人们的行为准则和价值追求,这一过程则更漫长、更艰巨。对于如何践行社会主义核心价值观,专家、学者们进行了多方面的理论与实践探索。

(1) 在日常生活中培育和践行社会主义核心价值观。把社会主义核心价值观融入日常生活各方面是一项基础性、战略性的任务。作为党和政府的长期战略规划,社会主义核心价值观在民众中的生根发芽和被广泛认同需要漫长的过程。要想它从官方文件中真正走入最广大的人民群众中间、化入骨髓和血液中,必须深入到百姓的日常生活中去,融入今人们的学习、工作和生活中去,与每个人的衣、食、住、行发生紧密关联。正如有学者所分析指出的:"回归生活世界,既是传承和弘扬优秀传统文化的内在需要,也是培育和践行社会主义核心价值观并以此规范和引领生活世界的必然诉求。为此,当前就要以人们的生活世界为基本场域,坚持融入与引领的统一。融入,就是要让社会主义核心价值观走进实践、走进生活,紧贴群众的思想实际,发挥意识形态自觉,使之真正成为老百姓认同且笃行的价值观;引领,就是要善于用社会主义核心价值观来统领各种意识形态,使之与社会主义的主流意识形态相符合、相一致,这就要在利用中华优秀传统文化培育和践行社会主义核心价值观时找准它们之间的契合点。"[4] 张学森指出:"所谓核心价值观培育的日常化,即需要接地气,让每个公民从衣食住行中、从点滴生活中感

---

[1] 陶文昭:《以优秀传统文化滋养社会主义核心价值观》,《光明日报》2017年9月29日。
[2] 王蒙:《价值认知关键在于人心》,《光明日报》2014年10月6日。
[3] 徐小跃:《忠德的多重意义与价值》,《光明日报》2015年6月27日。
[4] 刘芳:《中华优秀传统文化:社会主义核心价值观的精神滋养》,《思想理论教育》2015年第1期。

受到法治、公正和自由、友善的存在,从平凡点滴中感受其重要性,领悟其内涵,并自觉去皈依和践行。"①

(2) 在家风建设中培育和践行社会主义核心价值观。家是社会的细胞,是人们长期生活的小环境。传承良好家风是培育下一代的关键所在。如何通过家风建设使得中华民族源远流长的家庭美德代代相传,对于培育和践行社会主义核心价值观具有重要意义。王磊、孙亚男认为,友善家风是培育和践行社会主义核心价值观的重要路径,"在无数中华好家风中,友善家风与社会主义核心价值观个人层面中的友善思想直接联通,它深刻地诠释了友善的价值真谛,践行了友善的价值思想"②。周文彰提出:通过"家规保障",真正将家风建设落到实处,并通过对家庭成员"约法三章"等切实可行的具体办法,保持领导干部在家风与政风之间的良性互动,以廉洁家风涵养清正党风、政风,让社会主义核心价值观在家风与政风的良性互动中落地生根。③白安良指出:"在家风建设的过程中培育和践行社会主义核心价值观,要充分发挥大众传媒的优势,加强舆论引导和传播的力度。鼓励围绕家风文化与社会主义核心价值观进行文化创作,推出一批风格独特、趣味性强、文化底蕴深厚、容易理解和传播的优秀文化作品。"④

(3) 在法治保障中培育和践行社会主义核心价值观。作为新时代全体人民共同的价值追求和社会发展的精神指引,社会主义核心价值观与社会主义法治的价值具有高度的精神契合,培育和践行社会主义核心价值观需要法治的规范引领来保驾护航。陈融提出:"入法入规有助于社会主义核心价值观的认知、传播、培育和践行。核心价值观引领立法的方向和品质,并对法律的遵守和适用提供精神动力和制度保障。"⑤ 王学俭提出:"要发挥政策的导向作用,特别要加强用法律来推动社会主义核心价值观建设,使符合社会主义核心价值观的行为得到鼓励、违背社会主义核心价值观的行为受到制约。"⑥ 李德全、邓多文探讨了在科学立法、严格执法、公正司法、全民守法等环节中培育和践行社会主义核心价值观的具体路径,提出在科学立法中培育和践行社会主义核心价值观,并非要把社会主义核心价值观的所有内容进行法律化,而是要在法律和道德之间进行区分和平衡;在严格执法中培育和

---

① 转引自邓心强:《当前社会主义核心价值观研究的趋势与展望》,《中共成都市委党校学报》2018年第2期。
② 王磊、孙亚男:《中华友善家风的传统文化意蕴及当代价值》,《长白学刊》2018年第2期。
③ 《"核心价值观百场讲坛"走进河南西峡》,《光明日报》2017年8月24日。
④ 白安良:《家风建设与核心价值观践行的互动逻辑》,《人民论坛》2018年第32期。
⑤ 陈融:《社会主义核心价值观入法的理论基础、现实需求及实现路径》,《毛泽东邓小平理论研究》2018年第10期。
⑥ 王学俭:《新时代如何培育和践行社会主义核心价值观》,《人民论坛》2017年第34期。

践行社会主义核心价值观，要严格规范公正合理执法、诚信文明执法、强化关系群众切身利益的重点领域执法；在公正司法中培育和践行社会主义核心价值观，司法机关在司法过程中应做到"以事实为根据，以法律为准绳"，坚持程序公正与实体公正并举，避免关系、人情、金钱、权力等因素对司法的腐蚀性影响，守住司法公正底线，防止冤假错案，努力让人民群众在每个司法案件中感受到公平正义；在全民守法中培育和践行社会主义核心价值观，必须倡导鼓励人民群众参与法治国家、法治政府和法治社会建设，调动人民群众的法治建设热情。①

（三）文化自信

党的十九大将文化自信与道路自信、理论自信、制度自信一道作为习近平新时代中国特色社会主义思想的重要内容，并做出了"坚定文化自信，推动社会主义文化繁荣兴盛"的战略部署，使文化自信的地位和作用提升到一个崭新高度。近年来，学术界就文化自信的内涵、文化自信的历史底蕴、文化自信的现实基础、文化自信的核心、坚定文化自信的重要意义、坚定文化自信的基本路径等议题进行了多方面探讨。

1. 关于文化自信的内涵

什么是文化自信？一些学者对文化自信提出了自己的看法。沙薏认为，文化自信是一个民族、一个国家、一个政党对自身所拥有的文化及其价值的充分肯定和积极践行，是对自身文化生命力的坚定信念和对自身优秀传统文化的坚守和创新。② 何星亮认为，文化自信既是对自身历史文化成就的崇敬与自豪，是尊重历史、尊重传统、尊重祖先智慧的一种表现，也是对先进的政治文化充分认可和高度自觉。③ 陶银鹦认为，文化自信本质上是一种文化自觉心理认同感，具体表现在文化发展和对比中，一个国家、民族或政党能够正确看待本民族文化，理解本民族文化内涵和价值，并且对这种文化的发展前途充满信心，与此同时，能够有着兼容并蓄的包容态度看待其他外来文化。他提出，理解文化自信，要从古今文化、中外文化、文化主客体的关系上辩证看待。文化自信是一种基于理性认识之上的精神成熟的表现，因此，自信绝不是自大，而是文化上知己知彼的高度自觉。④ 尽管学者们对文化自信有着不同的表述，但其对文化自信的理解却有着如下共通之处：一是文化自

---

① 李德全、邓多文：《法治观培养：深化社会主义核心价值观培育和践行的重要路径》，《社会主义核心价值观研究》2018年第3期。
② 沙薏：《文化自信的历史底蕴和现实基础》，《红旗文稿》2017年第13期。
③ 何星亮：《"文化自信"缘何重要》，《人民政协报》2017年8月24日。
④ 陶银鹦：《理解文化自信内涵的三个视角》，《社科纵横》2017年第8期。

信是对自身文化的充分肯定;二是文化自信是对自身优秀传统文化的继承和创新;三是文化自信是对自身文化的未来发展充满信心和期待;四是文化自信对于一个国家、一个民族的发展有着十分重要的意义。

2. 关于文化自信的历史底蕴

中国特色社会主义文化自信源自五千多年源远流长的优秀传统文化,有着深厚的历史文化底蕴。崔利萍、阎树群认为,中华民族在漫长的历史长河中孕育了丰富而优秀的民族文化和民族精神。"天行健,君子以自强不息","地势坤,君子以厚德载物",蕴含着努力向上、不懈奋斗、永不停止、胸怀宽广、包容万物的思想。它不仅是个人追求的道德理想,而且升华为一种民族性格,成为中华民族继续发展的思想基础和内在动力;中华文化"天人合一"的宇宙观,强调人与自然的和谐,对于维护生态平衡具有积极深远的意义;"舍生取义"的义利观,既承认物质利益,又强调精神追求,倡导道德理想高于物质利益的价值取向;"知行合一"的实践观,主张主观认知与道德践行的高度统一;等等。中华传统文化饱含的优秀道德精神、伦理价值和哲学思想"成为中华民族基本的文化基因、文化自信的历史渊源、中华民族走向未来的内在动力,也成为破解中国和世界发展面临诸多难题的有益借鉴"。①

刘从德、王晓认为,中华文化所倡导的自强不息、厚德载物、刚健有为的道德追求和讲仁爱、重民本、守诚信、崇正义、尚和合、求大同等思想理念,早已深深浸润到中华民族的血脉和基因中,积淀在我们每一个中国人的思维方式和行为方式中。中华优秀传统文化在历史上曾对中华文明的延续和发展,对维护民族的团结和统一,对推动中国社会的不断发展进步,都发挥了积极的作用。同时,这些优秀传统文化所蕴含的哲理和智慧,对当代中国治国理政以及解决人类面临的共同难题具有重要的价值,构成了我们坚定文化自信的"力量"之源。②

3. 关于文化自信的现实基础

文化自信是建立在牢固的现实基础上的。崔利萍、阎树群认为,中国特色社会主义的文化自信,不是主观的盲目自信,而是建立在现代化实践基础上的科学结论。文化自信,是以中国革命、建设和改革的巨大成就为基础的,是中国共产党和中国人民伟大实践的必然产物。中国共产党自成立以后就带领中国人民开创了农村包围城市、武装夺取政权的革命道路,经过艰苦卓绝的斗争,最终取得了新民主主义革命的胜利,重新恢复了中华民族生机勃勃

---

① 崔利萍、阎树群:《中国特色社会主义文化自信的三重逻辑》,《理论探讨》2017年第7期。
② 刘从德、王晓:《"文化自信"的"力量"之源与提升路径——学习习近平总书记文化自信思想的重要论述》,《中南民族大学学报(人文社会科学版)》2018年第2期。

的生命力和文化自信。新中国成立后,中国共产党带领人民开始了大规模的国民经济建设,在工业化的同时,确立了社会主义基本制度,初步奠定了中国较为完整的现代工业和国民经济体系。改革开放以来,中国更是发生了翻天覆地的变化,生产力快速发展,人民生活水平空前提高,综合国力大幅提升,经济上已成为世界第二大经济体,并成为影响世界格局的重要力量。文化自信,既是对未来清晰而富有吸引力的现代化目标的确认,也是立足于中国社会主义改革的巨大现实成就。①

郭华、王文兵从"四个自信"的相互关系角度阐述了文化自信的现实必要性和必然性。他们认为,全面深化改革的正确方向是不断推动社会主义制度的自我完善和发展,坚定不移地走中国特色社会主义道路,而中国特色社会主义文化自信是中国特色社会主义道路自信、理论自信和制度自信的价值主导和心理根基。一方面,理论自信是文化自信的思想精华,中华文化底蕴的深厚、文化体量的博大、文化资源的充足是理论自信取之不尽的源泉;另一方面,文化自信是中国制度和中国道路的最好呈现。从文化价值层面向全世界展示、介绍中国制度和中国道路的基本内涵、主要特征、发展模式以及对世界的积极意义,能帮助世界人民认识和了解中国制度和道路,减少无谓的偏见和敌意,营造良好环境。因此,文化自信是中国特色社会主义道路自信、理论自信、制度自信的重要体现。②

4. 关于文化自信的核心

文化自信的核心是价值观自信。价值观包含着人们对世界、社会和人生等重大问题的总体评价,它影响着人们的思维方式、价值评判和行为规范。朱康有认为,当今世界的冲突归根到底是价值观的冲突。争夺价值高地,比拼价值观的得当与否、善恶与否,成了新的战场。但价值观的构建不是一朝一夕之功,而是一个国家和民族历经千百年,经过意识形态的大力倡导、知识分子的反复论证、民间的广泛传播,渗透到人们社会生活习俗的方方面面才逐渐稳固下来的。因此,价值观的确立,不是铺天盖地的一阵风,而是润物细无声的涓涓细流。③ 郭建宁认为,价值观自信具有坚定主心骨、激发正能量、引领社会思潮的重要作用。当下,国际社会各种思想文化相互激荡,国内思想文化和价值观多元并存,人们思想活动和价值判断的独立性、差异性、选择性以及多样性进一步增强,这就需要用社会主义核心价值观来凝神聚力,把不同阶层、不同人群凝聚起来,把各方面的积极性调动起来,在多

---

① 崔利萍、阎树群:《中国特色社会主义文化自信的三重逻辑》,《理论探讨》2017年第7期。
② 郭华、王文兵:《论中国特色社会主义文化自信的现实之维》,《湘潭大学学报(哲学社会科学版)》2017年第4期。
③ 朱康有:《文化自信的核心和目标》,《中国青年报》2017年7月24日。

元中立定主导,在多样中谋求共识,从而汇聚成强大的社会正能量。①

基于上述认识,王国炜、林映梅认为,社会主义核心价值观规定了社会主义先进文化的本质属性,它既是共产主义运动价值追求的集中反映,又是中华文化优良传统、人类文明进步成果的具体体现,也是当前中国社会形成的最大价值共识。社会主义核心价值观是社会主义先进文化的精髓,是文化自信的核心要素,是兴国之魂,决定着中国特色社会主义的发展方向,代表着时代进步的潮流,代表着历史发展的要求,在多样文化观念、多种社会思潮和多元价值理念中居于主导地位。②

5. 关于坚定文化自信的重要意义

坚定文化自信,是事关国运兴衰、事关文化安全、事关民族精神独立性的大问题。肖贵清、张安认为,坚定中国特色社会主义文化自信是中华民族和中国共产党的基本立场和态度,对于提升文化软实力、推进中国特色社会主义伟大事业有着极其重要的影响。文化自信是对本国文化价值的积极肯定,在当今世界上,没有哪个国家的文化软实力是在否定自己文化的基础上形成的,无一例外都是在传承和弘扬本民族文化的过程中造就的。中华民族之所以能够经历苦难而屹立不倒,一个重要的原因就在于我们延续了一脉相承的中华文化,保存了中华民族的精神血脉。每当中华民族面临生死存亡的考验之时,文化都能感国运之变化、立时代之潮头、发时代之先声,为中华民族攻坚克难提供强大精神支撑。中国特色社会主义文化自信确立了民族独立的精神气质,是中华文化创造新辉煌的精神引领,是实现中华民族伟大复兴的精神力量。当代中国的改革进入攻坚阶段,面临一系列棘手的难题,更需要文化的支撑、精神的砥砺,需要中国特色社会主义文化自信凝聚起磅礴的力量。在全球化时代,文化交流愈趋频繁,打破了原来民族文化生存的空间界限,世界文化趋同的趋势日益明显,各国文化均面临挑战,自我身份认同出现危机。在这种背景下,高扬中国特色社会主义文化自信的旗帜,尤其是坚守中华文化立场,能够不断强化自我认同,使我们在经济全球化所带来的文化交锋和文化博弈中保持淡定,从容不迫。③

徐茂华认为,坚定中国特色社会主义文化自信有其现实价值。一是坚定文化自信能为道路、理论、制度自信提供精神动力。坚定中国特色社会主义文化自信是坚定中国特色社会主义道路、理论、制度自信中构建心理认同的

---

① 郭建宁:《价值观自信是文化自信的灵魂》,《中国教育报》2017年8月4日。
② 王国炜、林映梅:《社会主义核心价值观:习近平"文化自信"思想的价值观意蕴》,《领导之友》2017年第9期。
③ 肖贵清、张安:《关于坚定中国特色社会主义文化自信的几个问题》,《当代世界与社会主义》2018年第1期。

基础，能为坚定中国特色社会主义道路、理论、制度自信提供思想财富，能够营造出坚信中国特色社会主义道路、理论、制度的实践氛围。二是坚定文化自信是抵制外来文化冲击的坚强力量。随着经济全球化进程的加快，伴随世界各国之间经济活动的加剧，国与国之间、不同地区之间多元文化的冲突也越演越烈，坚持中国特色社会主义文化自信有利于认清自我，甄别不同国家之间的文化优劣，是抵制外来文化侵袭的坚强力量。三是坚持文化自信是丰富人民群众文化生活的需要。坚持中国特色社会主义文化自信，就能够在秉承中国优秀传统文化的基础上，加大融入现代化文化的元素，如京剧、太极、书法、绘画等可以与新技术相结合，开发出具有现代元素的动漫、科幻文化新产品，以满足人民群众更多层次、更多类别的文化需求。①

6. 关于坚定文化自信的基本途径

随着中国特色社会主义进入新时代，坚持中国道路、弘扬中国精神、凝聚中国力量需要从多方面坚定文化自信。肖贵清、张安认为，坚定文化自信要求坚持党对文化工作的领导，弘扬中华优秀传统文化，建设社会主义文化强国。由此，他们提出，一是要坚持党对文化工作的领导。要增强理论创新的本领，党要具有创新的勇气和魄力，进行新的理论创造，为中国特色社会主义文化建设提供理论支撑；要增强文化惠民的本领，要坚持以人民为中心的创作导向，正确处理经济效益与社会效益的关系，把社会效益放在首位；要增强协调各方的本领，党要发挥社会组织、人民群众、市场机制等在文化工作中的作用，积极建立社会多元参与的工作体制和工作格局，让文化工作成为凝聚各方力量的"大合唱"。二是弘扬中华优秀传统文化。中华优秀传统文化是当代中国发展的突出优势，其辉煌灿烂的成就是我们坚定中国特色社会主义文化自信的基础。对待传统文化，要坚持古为今用、推陈出新，有鉴别地加以对待，有扬弃地予以继承，要大力弘扬富有永恒魅力、具有当代价值的文化精神。问题是时代的声音，只有面向中国问题，解决现实困境，中华优秀传统文化相关内容才会得到激活和提升，才会真正实现与时俱进的发展，使中华民族的文化基因与当代文化相适应、与现代社会相协调。三是建设社会主义文化强国。当代中华文化的发展成就是中国特色社会主义文化自信底气最直接的来源。新中国成立以来特别是改革开放以来，中国特色社会主义文化发展欣欣向荣，文学艺术日益繁荣，文化事业蒸蒸日上，文化产业不断升级，增强了中国特色社会主义文化自信的底气。坚定中国特色社会主义文化自信，需要建设社会主义文化强国，提升文化创造活力、对外影响

---

① 徐茂华：《坚定中国特色社会主义文化自信的三个属性及现实价值》，《重庆日报》2017 年 7 月 6 日。

力以及凝聚力。①

刘从德、王晓则从推动中国特色社会主义文化新发展的角度，提出了提升文化自信的四种路径。一是大力推动中国特色社会主义事业新发展。中国特色社会主义事业的蓬勃发展和伟大成就，是我们坚定文化自信的力量来源和现实基础，这就需要把提升文化自信落实到中国特色社会主义事业的全面推进上来，落实到综合国力的不断提升上来。一旦失去文化自信的充足底气和力量源泉，文化自信就会变成一种口号、一句空话。二是始终以马克思主义为指导推动传统文化的创造性转化、创新性发展。对待传统文化，我们决不能一味地全盘肯定或否定，而应该在马克思主义指导下，结合新的实践和时代要求正确取舍，做到去粗取精、去伪存真、古为今用、推陈出新。我们要善于挖掘和阐发优秀传统文化，把跨越时空、超越国界、富有永恒魅力、具有当代价值的文化精神弘扬起来，不断赋予其新的时代内涵和内容表达，努力实现对传统文化的创造性转化、创新性发展。三是进一步深化文化体制改革，开创社会主义文化繁荣新景象。深化文化体制改革，需要做到始终坚持社会主义先进文化前进方向，文化体制改革必须是在保证社会主义先进文化前进方向基础上而进行的改革，要时刻坚守中国特色社会主义文化发展道路不动摇；文化体制改革要坚持以人民为中心，把人民群众是否满意作为衡量文化事业发展成败的重要尺度，把不断满足人民群众精神文化生活需要、促进人的全面发展作为文化工作的出发点和落脚点，切实做到文化发展为了人民、文化建设依靠人民、文化成果由人民共享；文化体制改革必须坚持把社会效益放在首位，实现社会效益和经济效益的统一，在推进文化事业发展的过程中，需要我们正确认识和把握文化的意识形态属性和产业属性的关系。②

总之，坚定中国特色社会主义道路自信、理论自信、制度自信，说到底是要坚定文化自信。文化体现的是深层次的精神追求和坚守。文化自信，是更基础、更广泛、更深厚的自信，是更基本、更深沉、更持久的力量。我们的道路、理论、制度与我们的文化密切相关，我们提出这样的理论、实施这样的制度、走这样的道路，有我们文化的道理。对此，我们要有充分的文化自信，并在此基础上探讨提升文化自信的有效途径。

---

① 肖贵清、张安：《关于坚定中国特色社会主义文化自信的几个问题》，《当代世界与社会主义》2018年第1期。

② 刘从德、王晓：《"文化自信"的"力量"之源与提升路径——学习习近平总书记文化自信思想的重要论述》，《中南民族大学学报（人文社会科学版）》2018年第2期。

三、重点难点热点问题解析

（一）为什么说文化软实力是综合国力的重要组成部分

第二次世界大战后，国家综合国力竞争中的主导因素，经历了军事力、经济力、资源力、科技力、信息力的历史嬗变。这种嬗变的时代标志，就是20世纪末21世纪初"软实力"概念的提出和放大。"软实力"概念最早是由美国哈佛大学肯尼迪政府学院院长约瑟夫·奈提出的，在他看来，全球化时代国家之间的竞争是综合国力的竞争，而文化力作为一种"软实力"，逐渐成为国际的核心竞争力。他认为，一个国家的综合实力，既包括经济力量、科技力量、军事力量等在内的硬实力，也包括文化、政策和价值观念等在内的软实力。在世界政治中，软实力比强制性威胁的方式更文明，也更持久，一个国家可以通过软实力，使别的国家理解、认同甚至模仿其在国际社会的主张和行为，换句话说，谁占据文化发展的制高点，拥有强大的文化软实力，谁就能够在激烈的国际竞争中赢得主动权。在此时代话语的凸显背景下，包括中国在内的全世界各国逐渐将"文化软实力"作为一项重要的国家战略提上议事日程。2006年11月10日，胡锦涛《在中国文联第八次全国代表大会、中国作协第七次全国代表大会上的讲话》中指出："面对当今世界各种思想文化相互激荡的大潮，面对国家发展和人民生活改善对文化发展的要求，面对社会文化生活多样活跃的态势，如何找准我国文化发展的方位，创造民族文化的新辉煌，增强我国文化的国际竞争力，提升国家软实力，是摆在我们面前的一个重大现实课题。"[①] "文化软实力"作为中国改革发展的一项核心国家战略被正式提出，2007年党的十七大就提升国家文化软实力的重要意义达成了共识。党的十七大报告指出："当今时代，文化越来越成为民族凝聚力和创造力的重要源泉、越来越成为综合国力竞争的重要因素，丰富精神文化生活越来越成为我国人民的热切愿望。要坚持社会主义先进文化前进方向，兴起社会主义文化建设新高潮，激发全民族文化创造活力，提高国家文化软实力，使人民基本文化权益得到更好保障，使社会文化生活更加丰富多彩，使人民精神风貌更加昂扬向上。"[②] 从学理层面来分析，文化软实力构成了一国综合国力的重要部分，主要基于以下几个方面的理由。

[①] 胡锦涛：《在中国文联第八次全国代表大会、中国作协第七次全国代表大会上的讲话》，《光明日报》2006年11月11日。

[②] 胡锦涛：《高举中国特色社会主义伟大旗帜　为夺取全面建设小康社会新胜利而奋斗——在中国共产党第十七次全国代表大会上的报告》，人民出版社2007年版，第8页。

1. 提高国家文化软实力是增强民族凝聚力的必然要求

美国著名文化人类学家露丝·本尼迪克特在《文化模式》的序言中指出:"我们必须把个体理解为生活于他的文化中的个体,把文化理解为由个体赋予其生命的文化。"① 本尼迪克特的论述充分体现了人作为个体与其文化之间的一体化关系,以至于我们可以把人的本质界定为文化的表现形式。民族的团结、国家的统一,不仅需要制度做保障,更需要精神的契合。作为一个民族长期的精神积淀,文化可以整合各行为主体的精神追求和行为规范,满足全社会参与的整体性活动的精神需求,它可以指引个体追求社会整体的完善和自身人性的和谐完美。同时,它可以依附于语言和其他载体,形成一种社会文化环境,以协调、整合各行为主体的力量,从而形成和强化为一个民族或国家的向心力和凝聚力,从这个意义上讲,我们说文化是凝聚社会的黏合剂,是连接全国各族人民的精神纽带。一个国家和民族的进步与发展的最深层的动力源自这个国家和民族的文化底蕴。中国是一个有13亿多人口和56个民族的发展中的大国,客观上存在着思想文化、生活方式、民族心理、习俗等方面的多样化与差异性,也决定了中国必须以共同的理想信念和价值观来协调内部关系,增强全社会的凝聚力。文化作为政治经济的观念反映,是维系国家、民族团结和政治稳定的重要基础,是形成民族凝聚力和文化认同感的安全屏障。综观历史和现实,只有具备文化内聚力并以此进行价值整合的国家,才能保持政权稳定,并成功地发挥其应有的作用。一旦文化遭遇威胁和侵略,则必然会给民族和国家带来深刻的文化危机乃至民族危机。在当代中国,中国特色的社会主义文化既继承了民族文化的传统,又深深植根于中国特色社会主义的实践中,是凝聚和激励全国各族人民的重要因素,是保障民族生生不息、国家兴旺发达的巨大力量。

2. 提高国家文化软实力是确保国家文化安全的必然选择

文化作为国家力量中软力量的组成部分,日益成为国家安全的有力保障,同时也是唯一能够渗透到任何领域、联结国家实力各要素的关键。一个民族在发展过程中,文化是其和世界其他民族相区别的重要标志,也是确定其人类学身份的根本依据,因此,文化安全成为确保一个民族和国家的生存安全的一种战略要素。"冷战"结束后,西方一些国家一直把意识形态、社会制度等文化因素放在与军事、经济同等重要的地位,积极利用其先进的科技和庞大的传媒,向全世界宣传其价值观(如自由、平等、民主、人权),不遗余力地以各种手段和方式输出西方文化价值、政治制度、宗教信仰等。如布

---

① [美]露丝·本尼迪克特:《文化模式》,王炜译,生活·读书·新知三联书店1988年版,第13页。

热津斯基就在《大失控》一书中明确表露：削弱民族国家的主权，增强美国文化作为世界各国"榜样"的文化和意识形态力量，是美国维持其霸权地位所必须实施的战略。历史经验表明，当一国"软实力"丧失或被严重削弱时，无论多么强大的经济实力都挽救不了这个国家衰败的命运。环顾世界，"文化全球化"已成为不可阻挡的发展趋势，面对"文化全球化"带来的机遇和挑战，中国一方面必须从文化心态上积极与世界各民族文化加强相互交流和学习，从其他民族文化中汲取有益于中国特色社会主义建设的文化资源，为我所用；另一方面必须从维护国家文化安全的高度化解和回应"文化全球化"带来的负面影响和冲击，坚定不移地坚持马克思主义的指导地位，将马克思主义中国化最新成果用于武装全党、教育人民，用中国特色社会主义共同理想凝聚人心，用以爱国主义为核心的民族精神和以改革创新为核心的时代精神鼓舞斗志，用社会主义荣辱观引领风尚，巩固全党全国各族人民团结奋斗的共同思想基础，唯此，才能在日趋激烈的国际综合国力竞争中保持不败之地。

3. 提高国家文化软实力是树立中国国家形象的根本需要

伴随着中国综合国力的发展及国际地位的不断提高，中国在国际上的影响也更加广泛而深入。对国际秩序而言，中国是一个可能挑战国际力量格局的新变量，无论是西方发达国家还是广大发展中国家，都对日益强大的中国高度关注，看重中国的战略分量，把中国的发展视为机遇，加强同中国的交流与合作。国际社会正在对中国重新定位，迫切希望了解中国发展的价值取向，明了中国自身的国家定位，知道它的未来走向。在这种背景之下，能否树立与中国国际地位相称的、为国外公众所理解的国家形象，关系到中国的国际地位、发展空间和战略资源，关系到和平发展进程。而要在国际舞台上真正获得其他民族国家尤其是世界强国的认同，提升和发展文化软实力是达成这一目标的必要途径，这就要求中国首先强化自身文化功底，加强对本民族文化的认识和理解，通过挖掘中华民族文化宝库中的重要思想资源，增强文化自信心和自豪感，也要在清楚认识本民族文化的同时加强文化外交，主动认识和理解异域文化，形成文化自觉意识。文化外交寻求的是表现和传播良好的国际形象，以推进国家整体外交的运作，世界上许多国家都高度重视以文化外交为手段来构筑良好的国际形象。就中国而言，良好的国际形象有助于政权的巩固和人民的团结；有助于在吸收国外文明的同时弘扬中国文化；有助于扩大对外文化贸易，开拓中国的国外文化市场。2008年北京奥运会、上海世博会的召开，孔子学院的发展等为我们提供了文化外交的宝贵经验，通过文化外交，既向世界说明了当代中国，展示了中华文化的魅力，也树立了中国和平发展的道路、主持正义与合作共赢的国际形象。

（二）文化建设为什么要在多元中立主导、在多样中谋共识

多元文化的孕育、生长和碰撞是中国社会转型的文化发展的必然趋势。多元文化是指文化主体在价值取向、价值规范、思想观念乃至行为方式上呈现出的异质性和多样性。这里的"多元文化"是就当代中国发展过程中的一种独特文化现象而言的，特指伴随着改革开放和全球化的发展，由东方文化与西方文化、传统文化与现代文化、主流文化与非主流文化、精英文化与大众文化等构成的系统。在当下中国，这些文化板块相互交错、碰撞，呈现出一种文化多元化的景观，这种多元文化并存的现象在社会意识形态领域表现为"一元"与"多元"的矛盾。

"一元"特指主流文化、主流意识形态和价值观，而"多元"特指与此相对应的多种多样的非主流文化、非主流意识形态和价值观。一元与多元矛盾的生成，一方面是随着中国改革开放的深化发展在全面对外开放的态势下，国外特别是西方各种思想道德、价值观念夹着经济全球化的浪潮涌入国门，日益影响着广大民众；另一方面是中国在社会主义市场经济条件下，多种经济成分的迅猛发展，利益主体的不断分化，反映这些多种经济成分和不同利益主体要求的思想道德价值观念也如雨后春笋般地涌现。在这种"外入"与"内生"双重夹击与交错发展的形势下，当今中国的思想道德价值观念已经从传统的一元转向多元。然而，任何社会的主流价值形态和思想道德观念在核心价值体系上总是一元化的，也正因此，当前中国提出了建设社会主义核心价值体系的重要思想。但是，经济主体多元化和多元化的利益诉求必然引起其道德价值观念多元化与一元化的矛盾。

这种一元与多元的矛盾，从"统一"的方面来看，固然有益于人们解放思想，激发人们的创造力，有利于"百花齐放、百家争鸣"方针的贯彻执行，有助于我们利用更多的文化资源来推动社会主义文化大发展大繁荣，但是，从"对立"的方面来看，它给我们带来的冲击是前所未有的。这种巨大的冲击造成的直接后果，一方面是由于多元的思想道德价值观念对主流思想道德价值观念的传播会形成一种强大的阻隔和消解力量，极大地影响主流思想道德价值观念传播的效果，导致民族凝聚力的削弱与民族离散力的增长；另一方面，使人们在众说纷纭的价值评价中无法把握是非真假、善恶美丑，容易造成价值观念、荣辱观念的混乱与颠倒，从而引发中国改革开放以来遭遇到的最大价值困境——道德失范现象的滋生蔓延，不利于民族凝聚力的增强，也给了社会各种消极腐败现象以可乘之机。

要解决这一矛盾，就必须通过社会主义文化大发展大繁荣，建立和完善社会主义核心价值体系和社会规范体系，使全体人民有一个共同的社会规范

和价值导向。任何一个国家、任何一个民族，不管其精神生活多么复杂、思想文化如何多样，都必然有一种占据主导地位的文化形态和思想体系，否则社会就会成为一盘散沙，从而失去思想灵魂。因此，各种思想文化要实现和谐发展，离不开一个主心骨。和谐文化不是只要多样不要统一，正如一曲美妙的音乐虽然需要不同的音符来表达，但多样的音符只有统一于共同的主旋律，才能演奏出和谐的乐章。在意识形态领域，这个主旋律就是马克思主义。众所周知，马克思主义是在吸收大量人类文明成果的基础上创立的。列宁说过，马克思的学说"依靠了人类在资本主义制度下所获得的全部知识的坚固基础"[①]。马克思主义要不断向前发展，必须研究、吸收、借鉴人类所取得的各种新的思想成果，包括自然科学和社会科学发展的最新成就。所以，社会文化和意识的多样化能为马克思主义的发展提供丰富多样的思想营养。马克思主义正是在不断吸收人类的文明成果中向前发展的，也是在同各种错误思想的辩论和斗争中向前发展的。只有坚持社会意识的多样化，才能使社会意识的内容和形式更加丰富多彩，使人们的精神生活更加生动活泼，使我们的思想文化百花齐放，呈现空前繁荣的景象，为马克思主义提供取之不尽的思想泉源。同时，马克思主义能够为社会思想文化的蓬勃发展提供科学的世界观和方法论。马克思主义是关于自然、社会和人类思维一般规律的科学，它能为我们认识和改造世界、探索和揭示科学真理、繁荣和发展思想文化提供正确的世界观和方法论。在马克思主义的指导下，我们对外部世界的认识就会比较自觉并力求按照客观规律去办事，我们的思想就会更加科学、更加符合实际，从而避免或减少盲目性。

有人担心，强调指导思想的一元化，会不会影响哲学社会科学的繁荣发展？会不会影响学术和艺术上的自由争鸣？会不会影响我们学习借鉴资本主义国家的有益文化成果？这种担心显然是多余的。

首先，坚持指导思想一元化，不会妨碍哲学社会科学的繁荣和发展。实际上，我们强调以马克思主义为指导，并不是说要简单照搬它的现成结论，用它代替具体的科学研究，用它裁剪丰富多彩的现实生活，而是强调要善于运用它的立场、观点、方法去分析问题、研究问题、解决问题。马克思主义既是近现代以来哲学社会科学发展的伟大成果，也是引领哲学社会科学进一步繁荣发展的正确向导。正是在马克思主义的影响下，五四运动以来中国现代哲学社会科学才获得了一系列重大发展，形成了新的科学方法、思维方式、学术范式和学科体系。即使在西方，一些著名学派也不讳言自己的学说受过马克思主义的影响。

---

① 《列宁选集》第 2 卷，人民出版社 1995 年版，第 418 页。

其次，坚持指导思想一元化，不会影响我们贯彻"百花齐放、百家争鸣"的方针。我们所说的"指导思想"，是指各种学术学派、艺术流派都坚持以马克思主义世界观和方法论为指导；我们所说的"百家""百花"，是指在马克思主义指导下的社会主义文化应允许有不同的学派和流派。只有坚持"百花齐放、百家争鸣"，才能避免思想停滞、观念僵化、声音单调，增强社会主义学术和文化的生命力、吸引力和影响力，这本身就是马克思主义所要求的；只有坚持以马克思主义为指导，才能使各种流派和学派更好地把握正确的方向，坚持正确的立场、观点和方法，更好地服务人民、服务社会。所以，坚持以马克思主义为指导同坚持"百花齐放、百家争鸣"相辅相成、不可分割。必须坚持在马克思主义指导下，大力营造"百花齐放、百家争鸣"的生动局面，促进各种学术学派和艺术流派的发展，促进社会主义文化的繁荣。

最后，坚持指导思想一元化，不会影响我们吸收和借鉴包括西方发达国家在内的、世界各国人民创造的有益思想文化成果。马克思主义既是与时俱进的科学理论，也是包容性很强的开放的思想体系，它勇于和善于汲取人类社会创造的一切优秀文明成果。马克思主义正是批判地汲取德国古典哲学的合理内核、英国古典政治经济学的思想成果和法国空想社会主义的理论精华才得以创立的；马克思主义也正是同中国具体实际相结合，汲取国外优秀文明成果和中国传统思想精华，才形成了毛泽东思想和中国特色社会主义理论体系；马克思主义具有与时俱进的理论品格，这使它既能海纳百川、博采众长，又能扎根实践、坚持根本。因此，坚持马克思主义的指导地位，不仅不会阻碍对其他优秀思想文化成果的吸收和借鉴，而且只会有利于我们以更加积极的态度、更加广阔的视野、更加包容的胸怀，去学习、去吸收、去借鉴。[①]

因此，新时代用马克思主义思想和社会主义核心价值体系引领、统摄、整合多样化的价值观，通过倡导积极的、支持有益的、改造落后的、抵制腐朽的，来实现社会主义核心价值体系主导下的社会思想道德价值观的和谐，意义不言而喻。这种核心价值体系与多样化价值观之间既有"一元统领""协调有序"，又有"兼容并生""和而不同"，从而体现了文化发展的一元性与多样性的统一、主导性与兼容性的统一。

（三）如何理解马克思主义指导思想是我们文化发展的根本

马克思主义在当代中国文化建设上处于主导地位，是中国文化发展的根

[①] 参见中共中央宣传部理论局《六个"为什么"——对几个重大问题的回答》，学习出版社2009年版，第13～15页。

本。对于这个判断,主要可以从以下几个方面来理解。

1. 这是由马克思主义理论本身的品质所决定的

马克思主义是当代最科学、最先进、最革命的理论。一方面,马克思主义本身就是人类优秀文化成果的精华,它既以人类先进文化为基础,又代表着人类先进文化前进的方向。马克思主义坚持辩证唯物主义和历史唯物主义的世界观和方法论,用生产力和生产关系、经济基础和上层建筑的矛盾运动来解释人类历史的发展变化,把生产力作为推动社会前进最活跃、最革命、最根本的力量,科学分析了资本主义社会的内在矛盾,深刻揭示了历史发展的客观规律,创立了科学社会主义,为人类社会发展进步指明了正确方向。在人类思想史上,还没有一种学说像马克思主义那样对世界历史产生如此巨大的影响,甚至一些并不赞同马克思主义的人也承认马克思主义是人类文明史上不朽的思想丰碑。法国学者德里达说,没有马克思,没有对马克思的记忆,也就没有将来;不去阅读而且反复阅读和讨论马克思,将永远都是一个错误。① 另一方面,马克思主义不仅揭示了人类社会发展的一般规律,为社会发展指明了正确方向,而且申明自己代表的是最广大人民群众的根本利益,是争取工人阶级和广大劳动人民解放、最终实现全人类解放的理论。马克思曾经在《关于费尔巴哈的提纲》中指出:以往一切的哲学家们只是用不同的方式解释世界,而问题在于改变世界。它道明了马克思主义不是书斋里的学问,不是用来供人把玩和欣赏的,它在本质上是世界无产阶级和劳苦大众获得自身解放的行动指南。鲜明的实践性和科学的价值指向是马克思主义的重要特征,这一点使得马克思主义彻底改变了人们关于"文化"的形而上学的看法和观念。这就是说,在马克思主义那里,"文化"不是孤立自存的,而是社会有机体的一部分,是社会上层建筑的一部分,根本上受制于社会的经济基础。挽救衰亡的文化命运,也不是单靠"文化"的手段可以解决的,根本上在于改变这个民族和国家落后的生产方式。由此而言,马克思主义作为一种社会思潮和理论观点,对于现代中国的意义,与其说是引发了文化上的变革,毋宁说是为我们的民族解放指明了方向。也正是这种理论自身的先进性和科学性,决定了它与一切剥削阶级的理论不同,与任何狭隘、自私、僵化、保守无缘,从而使它能够成为一个与时俱进的开放体系,指引着中国文化建设甚至世界文化建设的方向。

2. 这是由中国的社会性质和文化建设自身所决定的

从国体来看,中国是以公有制为主体、人民民主专政的社会主义国家,中国共产党的执政地位,作为这种经济关系和政治关系在观念形态上的反映,

---

① [法]雅克·德里达:《马克思的幽灵》,何一译,中国人民大学出版社1999年版,第21页。

只能是马列主义、毛泽东思想和中国特色社会主义理论体系而不能是任何其他意识形态在社会和国家生活中处于支配地位。从中国文化建设的自身特点来看，中国特色社会主义文化是以马克思列宁主义、毛泽东思想和中国特色社会主义理论体系为指导的社会主义性质的文化。这种性质的文化的确立是由中国的社会主义性质决定的，在任何时候都决不能改变，特别是在当今世界各种文化相互激荡交融，资本主义文化对社会主义文化进行侵蚀、瓦解并极欲取而代之的情况下，更应当保持文化上的自觉，清醒而坚定地坚持文化的社会主义性质。目前，我们既面临着加快发展的难得机遇，也面临着西方发达国家在经济、科技、军事优势方面的压力，面临着激烈的国际文化竞争，特别是西方资本主义国家凭借着经济优势、技术优势和人才优势，对中国进行文化的扩张和渗透，抢占、争夺中国的文化市场、文化资源和文化阵地。因此，如何在坚持扩大开放中积极吸收世界一切优秀文化成果，不断丰富和发展本民族文化，同时大力弘扬民族文化，振奋民族精神，旗帜鲜明地反对和坚决抵制资本主义与一切腐朽思想文化，保持中华文化的独立品格；如何使文化工作配合中国政治外交和经济外交大局，为中国改革开放营造良好的外部环境，树立中国改革开放的新形象；如何快速发展文化产业，扩大中国文化产品和服务的出口份额，缩小文化贸易逆差，扩大国际市场占有率，增强中国文化的综合实力和国际竞争力；等等，这些难题都是我们亟待研究解决的问题。而对此类难题的解决，必须坚持马克思主义对文化建设的指导地位，以中国化的马克思主义文化建设理论指导开展文化实践活动。

3. 这是由近百年来的实践证明所决定的

马克思主义从开始传播，到成为中国社会占主导地位的意识形态，它对包括精神文明在内的整个中国社会发展所起的巨大推动作用是任何西方思潮、中国传统文化所不能比肩的。正如毛泽东所说："我们说马克思主义是对的，决不是因为马克思这个人是什么'先哲'，而是因为他的理论，在我们的实践中，在我们的斗争中，证明了是对的。"中国人民正是在争取民族独立和人民解放、实现国家富强和人民富裕的长期奋斗中，选择了马克思主义作为自己的思想武器。近代以来，为拯救民族危亡，先进的中国人尝试过、寻觅过西方的各种思想武器，西方的各种思潮，如改良主义、自由主义、社会达尔文主义、无政府主义、实用主义、民粹主义、工团主义等，都在中国先后出现过甚至流行过，又都成为匆匆的历史过客，因为它们都不能解决中国的问题。十月革命一声炮响，为我们送来了马克思列宁主义。马克思列宁主义以科学的宇宙观，为中国先进分子提供了"观察国家命运的工具"。马克思主义从俄国人那里传入中国以后，很快便与当时蓬勃发展的中国工人运动结合起来，成为中国工人阶级的先锋队——中国共产党的指导思想。以后的历史进程表明,以马克思主义为理论指导的中国共产党的诞生,不仅宣告了中国旧式民主革命的终结和新民主主义革命的开始,而且意味着中国文化开始走出封建主义和革命民主主义的阶段,步入民族的、科学的、大众的新民主主义文化,进而走向社会主义文化的新时代。客观地审视一部中国现代史,不难发现,近代以来苦难深重的中华民族抵御外侮、争取民族解放的抗争历程,是以马克思主义在中国的传播并不断中国化为思想文化主线的历程;中国新民主主义革命取得最后胜利的历史过程,其实也是马克思主义不断中国化并最终成为全党全国各民族的根本指导思想的过程。因此,马克思主义之所以能够在中国这个古老的东方社会生根、发芽、开花、结果,并不是偶然的,而是有着深刻的历史文化渊源、时代要求以及实践根据的。在文化全球化的发展背景下,中国要在世界各种文明和社会制度长期共存、多种思想文化相互激荡的环境中,始终保持先进文化的发展和繁荣,仍然必须继续坚持马克思主义、毛泽东思想和中国特色社会主义理论体系的指导,可以说这是文化建设的根本原则。

(四) 为什么说文化的灵魂是核心价值观

文化主要指的是以观念形态存在的文化。它是一定现实生活的观念表现,用不同的形式反映现实的生活和实践活动,同时又积极地作用于现实生活和实践。毋庸置疑,一定的文化作品、文化形式和文化活动,都与一定的文化观念联系在一起,这些作品、形式和活动就是文化观念的外化和具体化,而文化观念主要由价值观念构成。一定的价值观总是通过文化表现出来,而一定的文化总是蕴含一定内容的价值观念,因而,不同时代、不同民族、不同社会在文化方面的差别,主要表现为价值观特别是核心价值观上的差别。比如个人主义是资本主义与自由主义的核心价值观,从意识形态上看,个人主义的核心与被视为个人权利的内容有关,它应高于社会的集体需求。而社会主义的核心价值观是与个人主义相对立的集体主义,其主要要求是追求个人利益与集体利益的和谐。与此价值观相符,资本主义社会在文化观念、文化作品、文化形式和文化活动上处处都展现了清晰的个人主义痕迹,而社会主义社会文化观念及其表现形式则充满着集体主义的色彩。从这个意义上,我们可以说:"价值是文化组成的要素。价值为文化质料的组织提供种种罗聚的方式。我们要充分了解一个文化,必须深入地去了解它的价值系统。……价值是有生物禀赋并且在社会中生活着的人之文化的心灵活动之产品。这种文化的心灵活动回头又延续,丰富,或改变文化。文化的改变常为价值的改变。"[①] 这

---

① 王中汝:《社会主义核心价值观与当代中国的文化发展》,《科学社会主义》2010年第6期。

里所说的"价值",准确地说是"价值观念"——它是文化构成的必要条件。"价值观作为人们对于价值的总体观念和看法,始终与人的生命意识、生活目标、生活理想等结合在一起,是关于人的幸福生活及其各种条件的一种总体性规定和基本态度。它植根于现实的生活,又具有一定的超越性,是对合理的理想生活及其条件的规定,是具有应然性的一种期许"[①]。现实的东西作为一种客观的东西和实然的生活过程,是人所无法逃避、必须面对的,人们通过文化创造将自己的理想和这些应然的东西在文化世界中展现出来,以弥补现实生活的不足和缺憾。同时,文化创造也提供着一种烛照现实生活的参照,引导和鼓励着人们向理想的境界迈进,至少也提供着一种精神的慰藉,以此来提升人的精神需要和现实价值。当然,价值观作为各种价值观念的总和,本身就是由多种价值理想构成的,蕴含着不同意义的价值精神,自然也就发散到文化的不同方面,发散到社会政治思想的、道德的、艺术的、宗教的、教育的各个领域,形成它们之间的一种内在的关联性和逻辑的统一性。领域的殊相、文化形式的殊性,正是借着价值观的纽带而统一,而保持着一种相互支持、相互补充的关系。在各种殊异的文化形式和文化领域中,价值观构成了文化间进行比较的核心依据,换句话说,社会多元文化的差异主要表现为价值观的差异。如,中国传统社会存在着儒、释、道所谓三教,它们各自代表着一种相对对立的文化传统,都表征对于生命意义、人生价值和社会理想状态的不同价值观。在此需要指认的是,它们之间的差异和区别并非绝对的,而是在许多具体要素和具体观念方面都具有一致性,只是最高价值或核心价值的设定、价值优先顺序的排列不同而已。同样道理,中华民族的价值观与其他一些民族的价值观的差别,也并非各个方面都不相容,更多的是要素排列或结构上的不同。由此可知,价值观的差异主要是一种系统性的差异,价值观的历史变迁表现为一种整体性的变迁。

以上论述的是文化需要通过价值观来设定自身内涵,或者说价值观构成了文化的核心内容。而从另一个方面来看,价值观也要通过文化形式、文化产品、文化活动等来塑造和传扬本身。众所周知,价值观不是一种先验的、既定的东西,而是在文化创造过程中提炼和形成的,是一种不断生成的规范性的东西。现实生活中,价值观通过文化权力、话语权力形成了一定的"规定",树立模范,确立理念,借以论证一定的秩序合理性,论证一定的制度和标准的正当性,从而范导人们的思想动机和行为。在价值观的产生和塑造过程中,拥有一定地位、掌握着社会知识资源的社会精英特别是文化精英占据着重要地位,他们借助于自己掌握的历史文化资源形成文化优势,利用自

---

① 马俊峰:《价值论的视野》,武汉大学出版社 2010 年版,第 321 页。

己的话语权力，提出一定的思想和规范，塑造出一定的模范，表现着一定时代的精神诉求，获得人们的认同，拥有一定的信众。这些模范可以是一种人格化的存在，也可以是一种境界或状态，还可以是一些理论化或观念化的东西。这些规范、模范主要是通过人们内心的信念、信仰来起作用，对自己的行为进行约束、范导、形塑，也是自觉认同一定社会规范的依据。在此价值传扬和价值引导过程中，文化精英通过知识创作和理论建构组合一系列核心价值观念，这些观念构成了一定的评价标准：合理与不合理的标准，正当与不正当的标准，忠奸、贤愚、善恶、美丑的标准，再通过一定的文化形式、文化产品，通过形象的人物、故事，化成感性的形象化的东西，影响着人们的理智，潜移默化地内化为人们的情感层面的东西，从而影响人们的价值判断和价值选择。在一定的意义上说，核心价值观的传扬普及并不是以理论知识的形式进行的，而是通过按照一定的价值观设计的制度形式，形成具有一定刚性的奖惩机制；或是通过一定的文化教育和宣传，形成一定的舆论、习俗等来普及。"价值观不是以抽象的概念形式存在于人的思想之中，而是以文化素养的形式蕴含于文化知识背景之中，是通过各种社会知识和社会观念，如哲学、政治思想、法律思想、道德、艺术、审美、科学等，以及新闻媒介、社会舆论、社会思潮、社会风俗习惯等文化的形式作用于人的价值活动和行为。"[1] 中国传统所谓的"文以载道"即为鲜明体现。各种文化都承载着一定的道，这里的道就是一定的价值观。文化宣传的实质就是一种教化活动，通过教育、媒体和一定的文化产品对现实中的个人进行自上而下的知识、理论及价值观的理解和掌握，使其对一定的价值观产生认同感，接受并内化成自己的东西。通常而言，文化宣传的形式有两种：一种是国家机关以制定的路线、方针、政策和国家主导的意识形态向社会成员灌输社会主导的价值观（或核心价值观），使社会成员认同和接受；另一种是社会上知名的文化精英人士和文化人通过举行文化活动与创造以不同形式出现的文化产品来宣传其价值观，以文化精神塑造人，以优秀的作品鼓舞人。

（五）关于社会主义核心价值体系与社会主义核心价值观的辩证关系

党的十九大报告在阐述新时代中国特色社会主义的基本方略时，把"坚持社会主义核心价值体系"作为必须坚持的十四条重要基本方略之一，并把社会主义核心价值观放在"坚持社会主义核心价值体系"的内容之中。学者们认为，与社会主义核心价值体系相比较，社会主义核心价值观体现了以下

---

[1] 马俊峰：《价值论的视野》，武汉大学出版社2010年版，第321页。

几个鲜明特点：一是更加突出了核心要素。社会主义核心价值观强调的"三个倡导"，更加清晰地揭示了社会主义核心价值体系的内核和精髓，确立了当代中国的核心价值观念。二是更加注重了凝练表达。社会主义核心价值观倡导的二十四字核心价值理念分别明确了国家层面的价值目标、社会层面的价值取向和公民层面的价值准则，是社会主义核心价值体系的凝练表达。三是更加强化了实践导向。社会主义核心价值观强调的"三个倡导"指向十分明确，每个层面都对人们有更具体的价值导向，是实实在在的具体要求，指引性、规范性和实践性都很强，便于遵循和践行。

坚持社会主义核心价值体系与积极培育和践行社会主义核心价值观，两者是紧密联系的。戴木才提出，社会主义核心价值观形成于社会主义价值体系建设的实践之中，是适应社会主义核心价值体系大众化、通俗化、社会化的需要，是对社会主义核心价值体系四个方面基本内容的高度凝练和概括，属于社会主义核心价值体系范畴，并在社会主义核心价值体系的统一体中居于"内核"地位，体现了社会主义核心价值体系的根本属性和基本特征，集中反映了社会主义核心价值体系的具体内容和实践要求，是社会主义核心价值体系的精髓和"灵魂"[①]。为此，学者们认为，理解两者的辩证关系可从如下几个方面来把握。

1. 两者具有内在一致性

社会主义核心价值观与社会主义核心价值体系的根本性质和根本方向一致，都体现了社会主义意识形态的本质要求，体现了社会主义制度在思想和精神层面的质的规定性，凝结着社会主义先进文化的精髓，是中国特色社会主义道路、理论体系、制度和文化的价值表达，是实现中国特色社会主义现代化强国和中华民族伟大复兴中国梦的价值引领。

2. 两者各有其独特地位

在建设中国特色社会主义的伟大事业中，社会主义核心价值观与社会主义核心价值体系各自发挥着不可替代的重要作用，不能把两者简单地等同起来、混为一谈，更不能非此即彼。一方面，建设社会主义核心价值体系要始终把培育和践行社会主义核心价值观作为出发点和归宿点，这样社会主义核心价值体系才能被广大人民群众所认知所认同所践行，成为党团结全国人民共同奋斗的思想道德基础。另一方面，培育和践行社会主义核心价值观必须以社会主义核心价值体系为指引，这样"三个倡导"二十四字的核心价值理念才能彰显中国特色社会主义的根本价值诉求，保障培育和践行社会主义核心价值观的前进方向。

[①] 戴木才：《把握核心价值体系与核心价值观的辩证关系》，《新华日报》2018年3月21日。

3. 两者都坚持重在建设

坚持社会主义核心价值体系，积极培育和践行社会主义核心价值观，就是要形成信念理念，弘扬共同理想，凝聚精神力量，建设道德风尚，都是为了形成全民族共同奋斗、奋发向上、团结和睦的精神动力和精神纽带，使我们的国家、民族、人民在思想和精神上"强起来"，与建设社会主义现代化强国的发展要求相适应，更好地坚持中国道路、弘扬中国精神、彰显中国价值、凝聚中国力量。①

（六）如何理解文化产品的意识形态属性和商品属性

随着社会主义市场经济的发展，文化产品作为商品进入了市场。文化产品进入市场后，就以一种特殊的功能在市场上运转流通，这个特殊的功能表现为文化产品的二重属性，一是商品属性；二是意识形态属性。

1. 文化产品的商品属性

商品属性首先表现为文化产品也是一种劳动产品，是人类脑力劳动和体力劳动的凝结，具有价值和使用价值。作为观念形态的文化产品的生产过程，是一种具有独创性、个体性、主动性特征的劳动过程，同其他物质产品一样，生产过程中消耗了一定量的社会必要劳动，而且这种劳动的复杂程度之高、劳动消耗之大非寻常物质产品可比，其价值量也就难以估量。文化商品是文化产品的特殊社会形式，是指文化产品消费者在交换过程中所得到的文化娱乐服务的总和。文化商品不是从来就有的，只是在商品生产高度发展的条件下文化产品才具有商品的形式。在相当长的历史岁月中，文化产品不用于交换，不是商品，它的创造活动只是一种特权，附属于特权阶级的特定社会集团，文化创造是特权阶级闲暇的一种方式。如，在中国漫长的封建社会，宫廷文艺居于文化发展的主导地位，主要是为皇亲贵族的享乐服务，不具有商品流通的特点。在社会主义市场经济条件下，文化产品开始进入市场，用于交换，因此，文化产品也应遵守市场规则，文化商品受到价格机制、供求机制、竞争机制等市场机制的制约，等价交换原则、利润最大化原则也在文化生产、流通和消费的全过程中起作用。文化商品同一切商品一样，具有使用价值和价值。就其使用价值而言，文化艺术产品的生产和经营活动与饮食、商业、邮电、科研、咨询、教育、卫生等行业一样，都是向社会提供劳务的行业，或者叫提供服务的行业。正如马克思所说："服务这个名词，一般地说，不过是指这种劳动所提供的特殊使用价值，就像其他一切商品也提供自己的特殊使用价值一样；但是，这种劳动的特殊使用价值在这里取得了'服

---

① 戴木才：《把握核心价值体系与核心价值观的辩证关系》，《新华日报》2018年3月21日。

务'这个特殊名词,是因为劳动不是作为物,而是作为活动提供的,可是,这一点并不使它例如同某种机器(如钟表)有什么区别。"① 马克思在谈到某些文化艺术产品与一般物质产品的不同特点时曾经说过:"一个歌唱家为我提供的服务,满足了我的审美需要;但是我所享受的,只是同歌唱家本身分不开的活动,他的劳动即歌唱一停止,我的享受也就结束;我所享受的是活动本身,是它引起我的听觉的反应。"② 这反映了文化商品的双重属性。过去,人们往往把使用价值仅仅局限在"有形性"的实物商品中,事实上,文化产品虽然不表现为商品价值的物质承担者,却表现为"观念的""想象的"东西。优秀的文化产品,会使人们更深刻地认识社会生活,启迪思想,丰富美感,解除疲劳,满足多方面的精神需求,而且它可以超越时空的界限,具有广泛的辐射性和持久的流传性,为人类所共享。

现阶段,文化产品的商品属性凸显,最主要的原因有二:一是由于社会化大生产的存在和发展。社会化大生产打破了原始状态的自给自足的产品生产结构形式,社会分工越来越细,交换越来越频繁,文化商品生产者只有通过一定的方式与社会交换自己的劳动产品,才能换回自己需要的生活资料。二是由于不同所有制形式的存在和发展。以公有制为主体、多种所有制经济共同发展,是中国社会主义初级阶段的一项基本经济制度,各单位之间是独立的或相对独立的经济利益实体。随着文化体制改革的不断深化,逐步打破了国家统包统养文化事业的传统模式,出现了国家、集体、个体、合资等文化事业发展的新格局,这些不同的所有制形式代表着不同的利益,体现着不同价值交换关系。各种所有制形式并存及物质利益的差别性,是市场经济产生和存在的根本前提,它决定了文化商品必须相互交换的商品属性。随着中国改革开放逐步深化,文化艺术事业有了迅猛的发展,出现了包括演出市场、文化娱乐市场、书刊市场、电影市场、音像市场、文化旅游市场、文物市场、业余艺术培训市场等分支在内的各类文化市场,文化商品在市场竞争中日益活跃,其发展之势势不可挡。

2. 文化产品的意识形态属性

文化商品同时具有社会意识形态属性。文化商品所反映出的思想性、艺术性和审美观,表现出它作为社会意识形态的本质特征,具有社会意识形态性。马克思、恩格斯在《德意志意识形态》一书中指出:"统治阶级的思想在每一时代都是占统治地位的思想。这就是说,一个阶级是社会上占统治地位的物质力量,同时也是社会上占统治地位的精神力量。"③ 文化是一种社会

---

① 《马克思恩格斯选集》第3卷,人民出版社1995年版,第146页。
② 《马克思恩格斯选集》第3卷,人民出版社1995年版,第147页。
③ 《马克思恩格斯选集》第1卷,人民出版社1995年版,第26页。

意识形态，属于上层建筑范畴，一定的文化艺术是一定的社会经济和现实生活的反映，并服务于一定社会的经济基础。在阶级社会中，文化艺术产品是一定阶级的意志和情感的反映，并为其阶级利益服务，超阶级的文化艺术或为艺术而艺术实际是不存在的。作为一种观念形态的东西，必然要传达某种思想、某种精神、某种价值取向、某种意识形态，否则就不构成文化的内容。

文化产品和消费物质产品不同之处在于需求层次不一样，消费物质产品是人类生存的必需，而消费文化产品是享受和自由发展的需要，是一种高层次的需求。文化产品作为精神寄托和精神归属的完美结合体，不仅代表了一个时代所具有的特征，更能表达当时人类的生活状态和精神需求。作为一种以社会意识形态性为本质的产品，文化产品必然能满足人类的某种精神因素的需求，这些因素不外乎是教育、思想、艺术、哲学意蕴、社会思想、审美价值。文化产品所表达的社会意识，其独特之处在于它是通过具体生动的艺术形象来展现社会生活和反映客观真理的，它融思想性、艺术性、知识性、审美性、群众性于一体，它的教育作用寓于潜移默化的影响之中。文化产品可以是各个时代不同人们的消费对象，人们可以根据自己的爱好自由地选择某一时代某人创造的文化产品加以消费，但许多文化产品不会在消费中立即消失。文化商品的影响是深远的，具有不可估量的社会效益，它不仅能满足某个人或某些人的消费需要，而且能满足人类世世代代的需要，对于整个人类都有价值，属于全人类共同的精神财富。在社会主义市场经济条件下，文化的意识形态性使文化产品具有社会引导的功能。因此，中国需要唱响社会主义主旋律，进一步提高引导文化产品的社会引导能力。当今全球化社会，社会主义主流意识形态不仅要靠组织力量来推行，更多地还要通过文化产品来影响社会舆论和调动群众情绪。好的文化产品可以使我们加强团结，鼓足干劲，不断增强吸引力、感染力。文化产品要不断增强政治意识、大局意识和社会责任感，遵循文化市场的发展规律，契合受众心理，使文化产品具有亲和力，让广大群众爱读、爱听、爱看，真正做到正确引导社会舆论，满足人民群众期盼社会稳定、和谐的愿望。同时，由于文化产品本身的意识形态性，其存在和发展就涉及国家文化的安全，涉及文化竞争力甚至是国家战略竞争，文化产品也就因之和国家的竞争力联系起来，特别是文化在国家竞争力的地位越来越重要的情况下，文化已经成为国家"软实力"的代表。

3. 文化产品的双重属性关系

马克思曾经指出："一切劳动，从一方面看，是人类劳动力在生理学意义上的耗费；作为相同或抽象的人类劳动，它形成商品价值。一切劳动，从另一个方面看，是人类劳动力在特殊的有一定目的形式上的耗费；作为具体的有用劳动,它产生使用价值。"① 马克思又说:"生产创造出适合需要的对象;分配依照社会规律把它们分配;交换依照个人需要把已经分配的东西再分配;最后,在消费中,产品脱离这种社会运动,直接变成个人需要的对象和奴役,被享受而满足个人需要。因而,生产表现为起点,消费表现为终点,分配和交换表现为中间环节。"② 文化艺术产品同其他商品一样,能够满足人们某种消费需求,通过流通过程,实现它的价值和使用价值。文化商品的商品属性和社会意识形态属性是文化商品具有的两种基本属性。商品属性是文化产品与其他劳动产品相交换时所体现的属性,意识形态属性是文化产品在履行社会功能时所体现的属性,二者是有机统一的。正是文化产品的特殊性使文化产业不同于其他一般的物质生产部门,一方面,它担负着宣传科学理论、传播先进文化、坚持正确导向、塑造美好心灵的社会责任和历史使命,任何时候都应该把社会效益放在第一位;另一方面,它又不能忽视经济效益,必须坚持市场取向,按照市场规律办事,尽可能地以最小的投入去创造最大的经济价值。因此,我们"要正确处理文化产品意识形态属性和商品属性的关系、社会效益和经济效益的关系,不能因为多数文化产品具有意识形态属性这一特殊性而否定其商品属性,也不能因为多数文化产品具有商品属性这一般性而忽视其意识形态属性的特殊性,任何时候都要把社会效益放在首位,努力实现社会效益和经济效益的统一"③。

四、延伸阅读与思考

(一)重要文献资料

创造中华文化新的辉煌——关于建设社会主义文化强国④

一个国家、一个民族的强盛,总是以文化兴盛为支撑的。没有文明的继承和发展,没有文化的弘扬和繁荣,就没有中国梦的实现。中华民族创造了源远流长的中华文化,也一定能够创造出中华文化新的辉煌。要坚持走中国特色社会主义文化发展道路,弘扬社会主义先进文化,推动社会主义文化大发展大繁荣,不断丰富人民的精神世界,增强人民的精神力量,努力建设社

---

① 《资本论》第1卷,人民出版社2004年版,第60页。
② 《马克思恩格斯选集》第2卷,人民出版社1995年版,第91页。
③ 《全面落实科学发展观深入推进文化体制改革——李长春同志在全国文化体制改革工作会议上的讲话》,《求是》2006年第10期。
④ 《习近平系列重要讲话读本》,学习出版社、人民出版社2014年版,第92~107页。

会主义文化强国。

1. 坚守我们的核心价值体系和核心价值观

习近平总书记强调，要"坚守我们的价值体系，坚守我们的核心价值观"。2014年2月，他在中央政治局第十三次集体学习时指出："我们要从巩固全党全国各族人民团结奋斗的共同思想基础、巩固党的执政地位的战略高度，持续加强社会主义核心价值体系建设，把培育和弘扬社会主义核心价值观作为凝魂聚气、强基固本的基础工程，作为一项根本任务，切实抓紧抓好。"要通过教育引导、舆论宣传、文化熏陶、实践养成、制度保障等，使社会主义核心价值观内化为人们的精神追求，外化为人们的自觉行动。

培育和弘扬社会主义核心价值观，教育引导是基础性工作。要在全社会深入开展理想信念教育，开展中国特色社会主义和中国梦宣传教育，积极引导各种社会思潮，坚定人们的道路自信、理论自信、制度自信，把全国各族人民紧紧团结和凝聚在中国特色社会主义旗帜下。社会主义核心价值观宣传教育要区分层次、突出重点。第一，榜样的力量是无穷的，要充分发挥广大党员、干部的带头作用，用他们的模范行为和高尚人格感召群众、带动群众。第二，要从娃娃抓起，从小抓起、从学校抓起，把社会主义核心价值观的基本内容和要求渗透到学校教育教学之中，体现在学校日常管理之中，做到进教材、进课堂、进头脑，使社会主义核心价值观的种子在少年儿童心中生根发芽、真正培育起来。广大青年要勤学、修德、明辨、笃实，身体力行社会主义核心价值观。第三，要润物细无声，发挥精神文化产品潜移默化的作用，运用各类文化形式，生动具体地表现社会主义核心价值观。

培育和弘扬社会主义核心价值观，必须使之融入社会生活，让它的影响像空气一样无所不在、无时不有。要把社会主义核心价值观与人们日常生活紧密联系起来，在落细、落小、落实上下功夫。按照社会主义核心价值观的基本要求，健全各行各业规章制度、行为准则，使社会主义核心价值观成为人们日常工作生活的基本遵循。建立和规范礼仪制度，组织开展形式多样的纪念庆典活动，传播主流价值，增强人们的认同感和归属感。把社会主义核心价值观的要求融入各种精神文明创建活动之中，利用各种时机和场合，形成有利于培育和弘扬社会主义核心价值观的生活情景和社会氛围。政策制度、法律法规、社会治理都要体现社会主义核心价值观的要求，使符合核心价值观的行为得到鼓励、违背核心价值观的行为受到制约。

培育和弘扬社会主义核心价值观，要突出道德价值的作用。国无德不兴，人无德不立。一个民族、一个人能不能把握自己，很大程度上取决于道德价值。要继承和弘扬我国人民在长期实践中培育和形成的传统美德，加强社会公德、职业道德、家庭美德、个人品德建设，激发人们形成善良的道德意愿、道德情感，培育正确的道德判断和道德责任，提高道德实践能力尤其是自觉践行能力，向往和追求讲道德、尊道德、守道德的生活。深入开展学习宣传道德模范活动，激励人们崇德向善、见贤思齐，鼓励全社会积善成德、明德惟馨，培育知荣辱、讲正气、做奉献、促和谐的良好风尚。只要中华民族一代接着一代追求美好崇高的道德境界，我们的民族就永远充满希望。

培育和弘扬社会主义核心价值观，必须立足中华优秀传统文化。牢固的核心价值观，都有其固有的根本。习近平总书记指出："中华文明绵延数千年，有其独特的价值体系。中华优秀传统文化已经成为中华民族的基因，植根在中国人内心，潜移默化影响着中国人的思想方式和行为方式。今天，我们提倡和弘扬社会主义核心价值观，必须从中汲取丰富营养，否则就不会有生命力和影响力。"[①] 要利用好中华优秀传统文化蕴含的丰富的思想道德资源，使其成为涵养社会主义核心价值观的重要源泉。

2. 中华文化是我们民族的"根"和"魂"

2013年11月26日，习近平总书记来到历史文化名城山东曲阜，参观考察孔府、孔子研究院并同专家学者座谈。他强调，中华优秀传统文化是中华民族的突出优势，中华民族伟大复兴需要以中华文化发展繁荣为条件，必须大力弘扬中华优秀传统文化。

要以科学态度对待传统文化。习近平总书记指出："不忘本才能开辟未来，善于继承才能更好创新。"中华传统文化是我们民族的"根"和"魂"，如果抛弃传统、丢掉根本，就等于割断了自己的精神命脉。要坚持马克思主义的方法，采取马克思主义的态度，坚持古为今用、推陈出新，有鉴别地加以对待，有扬弃地予以继承，既不能片面地讲厚古薄今，也不能片面地讲厚今薄古。

要很好地传承和弘扬传统文化。要讲清楚中华优秀传统文化的历史渊源、发展脉络、基本走向，讲清楚中华文化的独特创造、价值理念、鲜明特色，增强文化自信和价值观自信。系统梳理传统文化资源，让收藏在禁宫里的文物、陈列在广阔大地上的遗产、书写在古籍里的文字都活起来。认真汲取中华优秀传统文化的思想精华，深入挖掘和阐发其讲仁爱、重民本、守诚信、崇正义、尚和合、求大同的时代价值。大力宣传中国人民和中华民族的优秀文化和光荣历史，通过学校教育、理论研究、历史研究、影视作品、文学作品等多种方式，加强爱国主义、集体主义、社会主义教育，引导人们树立和坚持正确的历史观、民族观、国家观、文化观，增强做中国人的骨气和底气。

---

① 中共中央文献研究室：《十八大以来重要文献选编》（中），中央文献出版社2016年版，第5页。

要对传统文化进行创造性转化、创新性发展。中华优秀传统文化与社会主义市场经济、民主政治、先进文化、社会治理等还存在需要协调适应的地方。弘扬中华优秀传统文化，要处理好继承和创造性发展的关系，重点做好创造性转化和创新性发展。创造性转化，就是要按照时代特点和要求，对那些至今仍有借鉴价值的内涵和陈旧的表现形式加以改造，赋予其新的时代内涵和现代表达形式，激活其生命力。创新性发展，就是要按照时代的新进步新进展，对中华优秀传统文化的内涵加以补充、拓展、完善，增强其影响力和感召力。

传承和弘扬中华传统文化，并不意味着故步自封，闭上眼睛不看世界。中华民族是一个兼容并蓄、海纳百川的民族，在漫长历史进程中，不断学习他人的好东西，把他人的好东西化成我们自己的东西，这才形成我们的民族特色。文明因交流而多彩，文明因互鉴而丰富，对各国人民创造的优秀文明成果，我们当然要学习借鉴，而且要认真学习借鉴，在不断汲取各种文明养分中丰富和发展中华文化。

3. 提高国家文化软实力

2013 年 12 月，习近平在中央政治局第十二次集体学习时指出，提高国家文化软实力，关系我国在世界文化格局中的定位，关系我国国际地位和国际影响力，关系"两个一百年"奋斗目标和中华民族伟大复兴中国梦的实现。

要努力夯实国家文化软实力的根基。提高国家文化软实力要"形于中"而"发于外"，切实把我们自身的文化建设搞好，朝着建设社会主义文化强国的目标不断前进。要继续深化文化体制改革，加快完善文化管理体制和文化生产经营机制，建立健全现代文化市场体系，构建现代公共文化服务体系，提高文化开放水平，形成有利于创新创造的文化发展环境。要大力繁荣发展文化事业，以基层特别是农村为重点，深入实施重点文化惠民工程，进一步提高公共文化服务能力，促进基本公共文化服务标准化、均等化。繁荣发展哲学社会科学，广泛普及科学知识，广泛开展全民健身运动。要加快发展文化产业，着眼提高质量和效益，推进结构战略性调整，优化产业布局，提高规模化、集约化、专业化水平，推动文化产业成为国民经济支柱性产业。在推进文化体制改革、繁荣发展文化事业和文化产业的过程中，要把握好意识形态属性和产业属性、社会效益和经济效益的关系，始终坚持社会主义先进文化前进方向，始终把社会效益放在首位。无论改什么、怎么改，导向不能改，阵地不能丢。

要努力传播当代中国价值观念。当代中国价值观念，就是中国特色社会主义价值观念，代表了中国先进文化的前进方向。我国成功走出了一条中国特色社会主义道路,实践证明我们的道路、理论体系、制度是成功的。要加强提炼和阐释,拓展对外传播平台和载体,把当代中国价值观念贯穿于国际交流和传播方方面面。要加强中国梦的宣传和阐释,注重从历史层面、国家层面、个人层面、全球层面等方面说清楚、讲明白,中国梦意味着中国人民和中华民族的价值体认和价值追求,意味着全面建成小康社会、实现中华民族伟大复兴,意味着每一个人都能在为中国梦的奋斗中实现自己的梦想,意味着中华民族团结奋斗的最大公约数,意味着中华民族为人类和平与发展做出更大贡献的真诚意愿。

要努力展示中华文化独特魅力。民族文化是一个民族区别于其他民族的独特标识。要使中华民族最基本的文化基因与当代文化相适应、与现代社会相协调,以人们喜闻乐见、具有广泛参与性的方式推广开来,把跨越时空、超越国度、富有永恒魅力、具有当代价值的文化精神弘扬起来,把继承传统优秀文化又弘扬时代精神、立足本国又面向世界的当代中国文化创新成果传播出去。要以理服人、以文服人、以德服人,提高对外文化交流水平,完善人文交流机制,创新人文交流方式,综合运用大众传播、群体传播、人际传播等多种方式展示中华文化魅力。要注重塑造我国的国家形象,让当代中国形象在世界上不断树立和闪亮起来。

要努力提高国际话语权。国际话语权是国家文化软实力的重要组成部分。现在国际舆论格局总体是西强我弱,我们往往有理说不出,或者说了传不开。要着力推进国际传播能力建设,创新对外宣传方式,精心构建对外话语体系,发挥好新兴媒体作用,增强对外话语的创造力、感召力、公信力,讲好中国故事,传播好中国声音,阐释好中国特色。

(二) 典型案例

新加坡:在现代化进程中倡导共同价值观[①]

实现国家政治认同从感情认同到认知认同的转变

国家生存的基础,是人民对国家的认同和在国家根本利益下的力量凝聚。新加坡的国家认同碰到两个问题,一是新加坡是一个移民国家,国民来自中国、印度、马来半岛和印度尼西亚诸岛,不同种族带来不同的语言、文化、宗教和价值观念,组成一个罕见的多元社会、一个五彩缤纷的文化和宗教大观园。各民族保留和弘扬它们的文化传统和宗教信仰,并从各自的文化和宗教中寻找着精神支柱,铸造着自己的价值观念。由于人们还没有完全走出传

---

① 选自唐鹏:《新加坡:在现代化进程中倡导共同价值观》,《广西日报》2008年11月14日。

统的乡土眷恋，由于种族、宗教、风俗习惯和利益造成的人们之间的隔阂还没有完全消除，国民只把新加坡作为谋生地，对国家的归属感情很脆弱，只是因为大家共同生活在新加坡，存在共同地域形成的较低层次的认同。二是新加坡在现代化建设中取得良好的成就，人们在感情上也给予认同，但这些认同都表现出本能、移情的特点。

新加坡政府认为，为了根除殖民地时期留下的种种问题，以及抵制在引进西方文明的同时不可避免地伴随而来的物质至上、无视自律、容忍和社会义务等消极因素的影响，必须引导人们建立崭新的国家意识。于是"有国籍"的共同价值观教育提上了议事日程。1988年，时任第一副总理的吴作栋提出发展国家意识的主张，1990年政府提出"一个民族，一个国家，一个新加坡"的口号，1991年国会公布了共同价值观白皮书，提出在全民中开展五大共同价值观教育：国家至上，社会为先；家庭为根，社会为本；社会关怀，尊重个人；协商共识，避免冲突；种族和谐，宗教宽容。这五条共同价值观，博采新加坡各民族价值观的精华，规定了新加坡和谐、统一、繁荣、稳定的国家意识导向，蕴含着促进新加坡长治久安的精神动力。

有国籍的共同价值观教育，成为公民道德教育的核心内容，培养国民共同的基本社会行为准则、社会价值观以及道德信条，塑造完整的新加坡公民。

实现个人意识从强调权利到重视容忍的转变

新加坡逐步工业化之后，西方社会自由主义思想广泛流行，随心所欲的个人权利大为扩张，人们强调民主人权，崇尚个人至上。新加坡领导人认为，在多元民族的新加坡社会，还没有形成巩固的民族团结，加上缺乏天然资源，经济发展脆弱，不能冒自由主义的风险，应该使容忍和讲理的品质成为人们的普遍追求，构建相互容忍的社会。于是，新加坡从价值追求、思维模式、品质塑造三方面加强国民的容忍品质修养。

一是推动包容和忍让成为国民的价值追求。新加坡开展的几大价值观教育，既强调社会、国家比个人重要，又强调国家尊重个人；既强调国家之本在家庭，又强调成功之举在于协作；既强调和谐比冲突更有利于维持秩序，又强调各宗教之间应该互补和包容，其核心不是个人的权利优先，而是族群、社会利益优先；不是个人自由重要，而是容忍和团结更重要。要求群众理解本国的价值结构、序列和核心，是突出群体，突出容忍，突出和谐。新加坡把包容和忍让变成国民的价值追求的另一个做法是，把容忍、和谐精神贯穿在中小学教育之中，每天学校的学生都升国旗、唱国歌和背诵信约：我们是新加坡的公民，誓愿不分种族、语言、宗教，团结一致，建立公正平等的民主社会，并为实现国家之幸福、繁荣与进步共同努力。

二是努力培养包容和忍让文化。一个民族，一个社会，要达到民主和谐，就要有包容和忍让的思维，不能简单照搬革命时期势不两立、你死我活的思维方式，而应该强调自己活、也让别人活的思维方式。很快，新加坡人民改变了过去在英国殖民地统治时期不顾公司状况一味要求提高工资和改善福利的做法，达成一致共识：我们大家共乘一条船，劳工、经营者和政府都必须把这条船稳定下来。工会组织注意教育和培养工人的积极性和具有合作精神，工人与雇主关系改善了，与雇主合作加强了，与政府合作加强了，共同克服国家面对的挑战，团结一致，战胜影响国家、社会稳定与繁荣的威胁。

三是塑造包容的品质。新加坡从中华传统文化中吸取教育资源，倡导忠、孝、仁、爱、礼、义、廉、耻"八德"为人生哲学和价值观念，充分挖掘新加坡各种族的优秀传统，又从西方现代文化中吸取养料，使东方和西方的精华有机地融合在新加坡人的身上，儒家的伦理观念、马来人的传统、兴都人的精神气质，以及西方追根究底的科学调查方法、客观寻求真理的推理方法结合在一起。在这种文化融合中培养出来的新加坡公民，既有西方文化的长处又有东方文化的精华，既有谋生的本领又有做人的规矩，既懂现代科技又保持着东方的伦理价值观念，既能吸收别人的长处又能宽容和不存在排他性，既倡导平等竞争和个人奋斗又坚持奉行东方集体主义和国家至上。这就是新加坡公民宽容和建设性的品德。

参考书目

［1］中共中央文献研究室. 习近平关于社会主义文化建设论述摘编［Z］. 北京：中央文献出版社，2017.

［2］冯颜利，等. 中国特色社会主义文化制度研究［M］. 北京：经济科学出版社，2018.

［3］上海市中国特色社会主义理论体系研究中心. 文化自信：创造引领潮流的时代精神［M］. 上海：上海人民出版社，2017.

［4］王光秀. 中国特色社会主义文化建设研究［M］. 北京：人民日报出版社，2017.

［5］陈辉吾. 中国特色社会主义文化发展道路研究［M］. 武汉：武汉大学出版社，2017.

［6］［美］塞缪尔·亨廷. 文明的冲突［M］. 周琪，译. 北京：新华出版社出版，2017.

［7］［日］福泽谕吉. 文明论概略［M］. 北京编译社，译，北京：商务印书馆，1959.

［8］［美］丹尼尔·贝尔. 资本主义文化矛盾［M］. 严蓓雯，译，上海：

三联书店，1989.

思考题

1. 党的十八大提出扎实推进社会主义文化强国建设，增强文化整体实力和竞争力，请从理论和实践结合的角度谈谈你的认识。

2. 在现实生活中，有人提出，发展社会主义市场经济，社会经济成分多样化，指导思想可以搞多元化。也有人提出，多种分配方式并存，利益关系多样化，社会思想、价值观念日益多样化，就要搞指导思想多元化。请对上述观点做出评析。

3. 有人提出，发展就是硬道理，提高国家文化软实力也是硬道理。请谈谈你对这个问题的看法。

4. 请分析积极培育和践行社会主义核心价值观与建设社会主义核心价值体系的关系。

5. 请分析在建设社会主义文化强国过程中，文化市场化、产业化与文化事业的关系；文化的社会效益与经济效益的关系。

第六章　中国特色社会主义社会建设

一、教学大纲基本内容

（一）中国特色社会主义社会建设理论与制度

加强社会建设是中国特色社会主义事业的一项重大任务。在长期实践中，中国逐步形成和发展了中国特色社会主义社会建设理论与制度。特别是党的十八大以来，以习近平为核心的党中央，深刻把握人民群众日益增长的美好生活需要，提出了一系列具有原创性的社会建设理论，加强和创新社会治理体制机制，中国特色社会主义社会治理和社会管理制度更加健全。

1. 中国特色社会主义社会建设理论

中国特色社会主义社会建设理论的内涵十分丰富，涉及社会建设各个领域，涵盖社会建设各个方面。

一是关于建设社会文明、促进社会和谐的理论。社会文明是社会主义社会建设的重要目标和特征，全面提高社会文明水平是国家发展的需要，是人民的共同期盼。社会和谐是中国特色社会主义的本质属性，是中国共产党不断追求的社会理想。构建社会主义和谐社会，是党根据当今时代社会实践发展的新要求和人民群众生产生活的新需要提出的建设中国特色社会主义的新战略、新举措。要按照民主法治、公平正义、诚信友爱、充满活力、安定有序、人与自然和谐相处的总要求，把社会建设同社会主义经济建设、政治建设、文化建设和生态文明建设一起，作为中国特色社会主义事业总体布局的重要组成部分统一部署、整体推进。

二是关于在发展中保障和改善民生的理论。保障和改善民生是社会建设的重点。增进民生福祉是党立党为公、执政为民的根本要求，是发展的根本目的。发展社会主义民生事业，要始终站在最广大人民的立场上，着力解决好就业、教育、医疗、居住、养老等人民最关心最直接最现实的利益问题，最大限度地激发全社会的创造活力，在幼有所育、学有所教、劳有所得、病有所医、老有所养、住有所居、弱有所扶上不断取得新进展，不断满足人民日益增长的美好生活需要。

三是关于促进社会公平正义的理论。在发展基础上实现和维护社会公平正义,是马克思主义的基本立场和基本观点,是中国特色社会主义的内在要求。社会公平正义,就是社会各方面的利益关系得到妥善协调,人民内部矛盾和其他社会矛盾得到正确处理,人民的合法权益得到切实维护和实现。社会公平正义的核心是权利公平、机会公平和规则公平,其中,权利公平是基础,机会公平是前提,规则公平是保障,三者相辅相成,构成一个完整的现代社会公平正义体系。实现社会公平正义,要在全体人民共同奋斗、经济社会发展的基础上,逐步建立以权利公平、机会公平、规则公平为主要内容的社会法律和制度体系,努力营造公平的社会环境,保证人民平等参与、平等发展的权利。

四是关于精准扶贫的理论。消除贫困,改善民生,逐步实现共同富裕,是社会主义的本质要求。贫困人口脱贫是全面建成小康社会的底线任务和标志性指标。扶贫贵在精准,重在精准,成败之举在于精准。精准扶贫就是根据致贫原因有针对性地制订方案,对不同原因不同类型的贫困采取不同措施,因人因户因村施策,精确识别、精准帮扶、精确管理,做到扶持对象精准、项目安排精准、资金使用精准、措施到户精准、因村派人精准、脱贫成效精准,确保各项政策好处落到扶贫对象身上。

五是关于加强和创新社会治理的理论。打造共建共治共享的社会治理格局是社会建设的重要内容,也是一个系统工程,需要综合施策形成合力。创新社会治理,就是要实现从社会管理到社会治理的观念转变,从单一社会管理主体向多元社会治理主体转变,从简单行政命令管理方式向多元、民主、协调治理方式转变。要加强社会治理的法律法规、体制机制等建设,着力推进社会治理社会化、法治化、智能化、专业化,维护社会秩序、促进社会和谐,保障人民安居乐业,为党和国家事业发展营造良好社会环境。

六是关于坚持总体国家安全观的理论。国家安全是改革发展的前提。坚持总体国家安全观,必须坚持国家利益至上,以人民安全为宗旨,以政治安全为根本,统筹外部安全和内部安全、国土安全和国民安全、传统安全和非传统安全、自身安全和共同安全,完善国家安全体制体系,加强国家安全能力建设,坚决维护国家主权、安全、发展利益。走中国特色国家安全道路,为中华民族伟大复兴中国梦提供坚实安全保障。

2. 中国特色社会主义社会制度

这里的社会制度是指与国家经济、政治、文化、生态文明等相对应的社会领域的制度。中国特色社会主义社会建设在实践中形成了教育制度、劳动就业制度、基本医疗卫生制度、社会保障制度、社会治理制度等一系列制度,为实现构建社会主义和谐社会总体目标提供了制度保障。

一是教育制度。教育制度是为规范各类教育机构与组织体系及其运行而制定的各种规则和原则的总和，具有传承文明和传播先进文化、推进社会主义民主政治建设、促进经济科学发展、培养人才、推动自主创新等功能。

二是劳动就业制度。劳动就业制度是为调整劳动和就业社会关系而制定的各种规则和原则的总和，具有个体自由保护、个体价值实现和社会安全保障等功能，对于维护社会稳定、促进社会和谐具有重要作用。

三是基本医疗卫生制度。基本医疗卫生制度是指为规范医疗卫生行为而制定的规则和原则的总和，涵盖医疗保障、医疗服务、公共卫生、药品供应、监管体制等各个方面。中国基本医疗卫生制度的目标是人人享有基本医疗卫生服务。基本医疗卫生制度必须遵循公益性、公平性和可及性原则。

四是社会保障制度。社会保障制度是为保障全体社会成员的基本生存与生活需要而制定的有关社会福利、社会保险、社会救助、慈善事业、社会优抚和社会安置等一系列规则和原则的总和。社会保障制度对保障公民基本生活需要、增进全体社会成员的物质和文化福利、促进社会和谐稳定具有重要作用。

五是社会治理制度。社会治理制度是为维护人民群众权益、协调利益矛盾、促进社会公平正义、保持社会良好秩序而制定的关于社会治理的各种规则和原则的总和，要建立健全与中国特色社会主义经济、政治、文化、社会和生态文明要求相适应的新型社会治理制度体系，形成社会治理和服务的合力。

（二）在发展中保障和改善民生

随着中国特色社会主义进入新时代，中国社会主要矛盾已经转化为人民日益增长的美好生活需要和不平衡不充分的发展之间的矛盾，这对做好民生工作提出了许多新要求。在发展中保障和改善民生，带领人民创造美好生活，是党始终不渝的奋斗目标，也是加强社会建设的基本着力点。

1. 增进民生福祉是发展的根本目的

民生主要是指人民的基本生存和生活状态，以及人民的基本发展机会、基本发展能力和基本权益保护状况等，具体涉及劳动就业、社会福利、义务教育、医疗保障、基本住房、最低生活保障、社会救助等方面的内容。

增进民生福祉是坚持立党为公、执政为民的本质要求。民生是人民幸福之基、社会和谐之本。中国共产党是全心全意为人民服务的政党，人民对美好生活的向往，是党的奋斗目标。让人民群众过上幸福美好的生活，是党的一切工作的出发点和落脚点。检验党工作成效的最终标准，就是看广大人民群众是否得到真实惠、社会民生是否得到真改善。

增进民生福祉是推动发展的根本目的。我们的发展是以人民为中心的发展，我们一切的奋斗和工作归根结底就是要顺应各族人民过上美好生活的新期待，着力解决好人民群众最关心、最直接、最现实的利益问题，不断满足人民群众日益增长的物质文化需要，提高人民群众的生活质量和水平。如果只是为了发展而发展，只是为了追求 GDP 的增长，而忽视民生问题的改善，忽视人民群众的期待，不能真正实现好、维护好、发展好最广大人民的根本利益，这样的发展是没有意义的，也是难以持续的。

抓民生也是抓发展。经济发展是前提，离开经济发展谈改善民生是无源之水、无本之木。民生是做好经济社会发展工作的"指南针"，持续不断地改善民生，既能有效解决群众的后顾之忧，调动人们发展生产的积极性，又能释放居民消费潜力，拉动内需，催生新的经济增长点，为经济发展、转型升级提供强大内生动力。因此，既要通过发展经济，为持续改善民生奠定坚实物质基础，又要通过持续不断改善民生，为经济发展创造更多有效需求，实现两者的良性循环。

改善民生要做到尽力而为、量力而行。群众对美好生活的期待是不断提升的，需求是多样化、多层次的，而中国仍处于并将长期处于社会主义初级阶段，改善民生不能脱离这个最大的实际而提出过高目标，只能根据经济发展和财力状况逐步提高人民生活水平，做那些现实条件下可以做到的事情，决不能开空头支票，也要防止把胃口吊得过高，否则，结果只会适得其反。一些国家的教训表明，过度福利化、过度讨好民众，导致了效率低下、增长停滞、通货膨胀。要坚持从实际出发，将收入提高建立在劳动生产率提高的基础上，将福利水平提高建立在经济和财力可持续增长的基础上。

当前，保障和改善民生的主要内容包括以下几点：

一是优先发展教育事业。建设教育强国是中华民族伟大复兴的基础工程，必须把教育事业放在优先位置，要全面贯彻党的教育方针，落实立德树人的根本任务，加强社会主义核心价值观教育，增强学生社会责任感、创新精神和实践能力，培养德智体美全面发展的社会主义事业建设者和接班人。坚持正确的办学方向，建设高素质教师队伍，形成高水平人才培养体系，加快一流大学和一流学科建设，实现高等教育内涵式发展。

二是提高就业质量和人民收入水平。就业是最大的民生工程、民心工程、根基工程，要实行就业优先战略和积极就业政策。坚持按劳分配原则，完善按要素分配的体制机制，促进收入分配更合理、更有序。鼓励勤劳守法致富，扩大中等收入群体，增加低收入者收入，调节过高收入，取缔非法收入。坚持在经济增长的同时实现居民收入同步增长，在劳动生产率提高的同时实现劳动报酬同步提高。

三是加强社会保障体系建设。社会保障制度是保障人民生活、调节社会分配的一项基本制度。按照兜底线、织密网、建机制的要求，全面建成覆盖全民、城乡统筹、权责清晰、保障适度、可持续的多层次社会保障体系，全面实施全民参保计划。统筹城乡社会救助体系，完善最低生活保障制度。坚持房子是用来住的、不是用来炒的定位，加快建立多主体供给、多渠道保障、租购并举的住房制度，让全体人民住有所居。

四是坚决打赢脱贫攻坚战。让贫困人口和贫困地区同全国一道进入全面小康社会是党的庄严承诺。坚持精准扶贫、精准脱贫，瞄准特定贫困群众精准帮扶，向深度贫困地区聚焦发力。注重扶贫同扶志、扶智相结合，激发贫困人口的内生动力。深入实施东西部扶贫协作，重点攻克深度贫困地区脱贫任务，确保到2020年中国现行标准下农村贫困人口实现脱贫，做到既不降低标准，也不吊高胃口。

五是实施健康中国战略。人民健康是民族昌盛和国家富强的重要标志。要完善国民健康政策，为人民群众提供全方位全周期健康服务。深化医疗卫生体制改革，全面建立中国特色基本医疗卫生制度、医疗保障制度和优质高效的医疗卫生服务体系，健全现代医院管理制度。

2. 坚决打赢脱贫攻坚战

打赢脱贫攻坚战，是保障和改善民生的头等大事，是第一民生工程。实现全面建成小康社会的第一个百年奋斗目标，必须清除贫困。实现到2020年中国现行标准下农村贫困人口脱贫的目标，必须以更大的决心、更明确的思路、更精准的举措，推进脱贫攻坚工作向纵深发展。

一是坚持精准扶贫、精准脱贫。要找准"贫根"、明确靶向、量身定做、对症下药，真正扶到点上、扶到根上。要因地制宜探索多渠道、多样化的精准扶贫、精准脱贫路径，扎实做好产业扶贫、易地扶贫搬迁、就业扶贫、危房改造、教育扶贫、健康扶贫、生态扶贫等重点工作。

二是注重扶贫同扶志、扶智相结合。志和智就是内力、内因，没有内在动力，仅靠外部帮扶，帮扶再多，也不能从根本上解决问题。脱贫致富终究要靠贫困群众用自己的辛勤劳动来实现。

三是坚持大扶贫格局。坚持专项扶贫、行业扶贫、社会扶贫互为补充的"三位一体"大扶贫格局。脱贫攻坚是全社会的共同义务，要构建政府、市场、社会协同推进的大扶贫格局。

四是坚持脱贫攻坚责任制。完善中央统筹、省负总责、市县抓落实的工作机制，强化党政一把手负总责的责任制，强化脱贫攻坚责任考核。要结合脱贫攻坚进展和考核情况，改进完善考核评估机制，通过较真碰硬的考核，促进真抓实干，确保脱贫工作务实、脱贫过程扎实、脱贫结果真实，让脱贫成效真正获得群众认可、经得起实践和历史检验。

3. 全面建成多层次社会保障体系

社会保障是民生安全网、社会稳定器，与人民幸福安康息息相关，关系国家长治久安。党的十八大以来，以习近平为核心的党中央坚持以人民为中心的发展思想，从增强公平性、适应流动性、保证可持续性出发，提出了全面建成多层次社会保障体系的目标，让人民群众更多地分享到经济社会发展成果。

全面建成多层次社会保障体系，就是要坚持全覆盖、保基本、多层次、可持续的基本方针，按照兜底线、织密网、建机制的基本要求，实现覆盖全民、城乡统筹、权责清晰、保障适度、可持续的奋斗目标，更好地体现社会公平正义，体现人民群众差异化需求。

全面建成多层次社会保障体系，就是要在保障项目上，坚持以社会保险为主体，社会救助保底层，积极完善社会福利、慈善事业、优抚安置等制度；在组织方式上，坚持以政府为主体，积极发挥市场作用，促进社会保险与补充保险、商业保险相衔接。积极构建基本养老保险、职业（企业）年金与个人储蓄性养老保险、商业保险相衔接的养老保险体系，协同推进基本医疗保险、大病保险、补充医疗保险、商业健康保险，在保基本的基础上满足人民群众多样化多层次的保障需求。

4. 不断促进社会公平正义

公平正义是中国特色社会主义的内在要求，实现公平正义是党的一贯主张。实现社会公平正义是由多种因素决定的，最主要的是经济社会发展水平。实现社会公平正义还要分好"蛋糕"。

中国特色社会主义进入新时代，人民更好地生活的需要日益广泛，不仅对物质文化生活提出了更高要求，而且在民主、法治、公平、正义、安全、环境等方面的要求也日益增长。发展不平衡不充分，这已经成为满足人民日益增长的美好生活需要的主要制约因素。要通过完善公共服务体系，完善包括机会公平在内的社会公平保障体系、健全法律体系、改革司法体制等，更好地体现社会主义公平正义原则。

(三) 加强和创新社会治理

加强和创新社会治理，是完善和发展中国特色社会主义制度、推进国家治理体系和治理能力现代化的重要内容。要坚持问题导向、需求导向、发展导向有机结合，围绕切实影响人民安居、社会安定的重点难点问题，不断创新社会治理的理念思路、体制机制和方法手段，探索一条具有中国特色、体现时代特征的社会治理之路。

1. 推进社会治理现代化

社会治理是以社会多元主体参与为基础，以维护和改善人民群众根本利益为核心，针对社会发展中的各种问题，协调社会利益、化解社会矛盾、促进社会公平、推动社会有序发展的过程。社会治理具有以下几个主要特征：一是社会治理主体的一主多元性；二是社会治理的过程性；三是社会治理的协调性；四是社会治理的互动性。

社会治理是国家治理的重要领域，社会治理现代化是国家治理体系和治理能力现代化的题中应有之义。党的十八大以来，中国的社会治理体系不断完善，但与此同时，也要清醒地看到，社会治理面临的形势环境更为复杂，我们必须时刻居安思危，强化底线思维，进一步开创社会治理新局面。

理念是行动的先导，创新社会治理首先要创新理念。新时代进一步加强和创新社会治理，要求推陈出新、有所突破，坚持问题导向，坚持把专项治理与系统治理、综合治理、依法治理、源头治理结合起来，探索一条符合中国社会发展实际、可持续的中国特色社会主义社会治理之路，打造共建共治共享的社会治理格局。制度是理念的保障，创新社会治理必须加强社会治理制度建设。适应新形势新要求，不断创新社会治理体制机制，主要着力于以下几个方面：完善党委领导、政府负责、社会协同、公众参与、法治保障的社会治理体制；完善政府治理和社会调节、居民自治良性互动的体制机制；不断提高社会治理社会化、法治化、智能化、专业化水平。

2. 打造共建共治共享的社会治理格局

当前，中国社会结构正在发生深刻变化，社会矛盾多元多样多发，打造社会治理新格局，实现社会治理现代化，是建设社会文明、促进社会和谐的必然要求。基于社会治理的发展状况和面临形势，打造共建共治共享的社会治理格局的主要任务有以下几个方面：加强预防和化解社会矛盾机制建设；健全公共安全体系，加快社会治安防控体系建设；加强社会心理服务体系建设；加强社区治理体系建设。

3. 维护社会和谐稳定

社会和谐是中国共产党不懈追求的社会理想。社会稳定是改革发展的前提。没有和谐稳定的社会环境，一切改革发展都无从谈起，再好的规划和方案都难以实现，已经取得的成果也会失去。维护社会和谐稳定，重在妥善处理社会矛盾。维护社会和谐稳定，需要转变政府职能。维护社会和谐稳定，要着力推进平安中国建设。

（四）坚持总体国家安全观

统筹发展和安全，增强忧患意识，做到居安思危，是党治国理政的一个重大原则。党的十八大以来,以习近平为核心的党中央审时度势,与时俱进,创造性地提出总体国家安全观的系统思想,为维护国家安全提供了行动纲领和科学指南,形成了一条中国特色国家安全道路。

1. 坚持总体国家安全观的重要意义和丰富内涵

进入新时代,中国面临日益复杂多变的安全和发展环境,维护国家安全的任务更加繁重艰巨。总体国家安全观的提出,标志着党对国家安全基本规律的认识达到了新高度,具有重大的理论意义和现实意义。

坚持总体国家安全观,适应了进行具有许多新的历史特点的伟大斗争的新要求。坚持总体国家安全观,顺应了人民对国家安全的新期待。坚持总体国家安全观,顺应了世界发展变化的新趋势。

坚持总体国家安全观的重大论断,以一系列紧密联系、相互贯通的基本观点,深刻揭示了总体国家安全观的原则要求和丰富内涵,科学地回答了中国这样一个发展中的社会主义大国如何维护和塑造国家安全的一系列基本问题。

坚持统筹发展和安全两件大事。这是治国理政的一个重大原则,也是推进国家安全工作的必然要求。安全和发展是一体之两翼、驱动之双轮,发展是安全的基础,安全是发展的保障。实施发展和安全并重的国家安全战略,既要善于运用发展成果夯实国家安全的实力基础,又要塑造有利于经济社会发展的安全环境,做到坚持发展不停步、维护安全不懈怠。

坚持人民安全、政治安全、国家利益至上有机统一。人民安全是国家安全的宗旨,政治安全是国家安全的根本,国家利益至上是国家安全的准则。要坚持人民安全、政治安全、国家利益至上的有机统一,实现人民安居乐业、党的长期执政、国家长治久安。

坚持维护和塑造国家安全。这是新时代国家安全的基本定位。新时代国家安全,既要解决好大国发展进程中面临的安全共性问题,更要处理好中华民伟大复兴关键阶段面临的特殊安全问题,要立足国际秩序大变局来把握规律,立足防范风险大前提来谋划思路,立足中国发展历史机遇期大背景来统筹工作,做到国家利益延伸到哪里,安全保障就跟进到哪里,为国家发展创造良好外部安全环境。

2. 维护重点领域国家安全

当今世界正处在大发展大变革大调整时期,充满了希望,也充了挑战,恐怖主义、民族分裂活动、宗教极端活动、网络安全、气候变化等传统与非传统安全威胁交织蔓延。

要全面贯彻落实总体国家安全观,着力推进新时代国家安全事业全面发展进步,维护重点领域国家安全是主阵地、主战场。要把确保政治安全作为首要任务，从维护政治安全高度谋划和推进各重点领域国家安全工作；以防控风险为主线，既要防控本领域主要安全风险，又要防范不同领域安全风险叠加共振；落实国家安全政策，织密国家安全网。政治安全、国土安全、经济安全、社会安全、网络安全、外部安全等是国家安全工作的重点领域。

二、学术前沿述评

自党的十七大报告提出要"加快推进以改善民生为重点的社会建设"以来，社会建设作为一个理论话题引起了中国学术界的高度关注和热烈讨论。学者们从不同学科、不同视角对社会建设进行了广泛深入的研究，取得了较丰硕的研究成果，现将这四个方面的主要学术观点作如下综述和回顾。

（一）关于社会建设的内涵

关于社会建设的内涵，学者们进行了多维解读，其中有代表性的观点有以下几种。

1. 社会资源和机会配置论

郑杭生撰文指出，对于社会建设，应抓住"社会资源和社会机会合理配置"这一核心，从正向和逆向两个方面加以把握。从正向说，社会建设就是要在社会领域不断建立与完善各种能够合理配置社会资源和社会机会的社会结构、社会机制，并相应地形成各种良性调节社会关系的社会组织和社会力量；从逆向说，社会建设就是根据社会矛盾、社会问题和社会风险的新表现、新特点和新趋势，不断创造与完善正确处理社会矛盾、社会问题和社会风险的新机制、新实体和新主体，通过这样的新机制、新实体和新主体，更好地弥合分歧、化解矛盾、控制冲突、降低风险、增加安全、增进团结、改善民生。①

2. 现代化论

陆学艺对社会建设有独到理解，他认为，根据长远发展和国际国内的实践观察，社会建设就是要建设社会现代化。他提出社会建设是指按照社会发展规律，通过有目的、有规划、有组织的行动，构建公平合理的社会利益关系、增进社会全体成员共同福祉、优化社会结构、促进社会和谐、实现社会现代化的过程。根据这一定义，陆学艺列举了社会建设应当包括的九大内容，包括社会事业、民生事业、公平分配、社会组织、社区建设、社会体制、社

---

① 郑杭生：《社会建设和社会管理研究与中国社会学使命》，《社会学研究》2011年第4期。

会管理、社会规范、社会结构。①

3. 民生论

民生论的观点主要以民生作为社会建设的导向，强调发展社会事业。认为社会建设的社会是相对于政治、经济而言的社会。以民生为主的社会，强调社会保障制度的建设，关注住房、养老、收入再分配、就业、计生、教育等关乎国计民生的事业，从这个意义上讲，社会建设是有限定的。②

4. 社会管理论

社会管理论认为，当前社会建设应该加强和创新社会管理，只有加强社会建设和创新社会管理才能为社会建设提供稳定的社会环境和有序的社会秩序。并认为，应以解决影响社会和谐稳定的突出问题为突破口，提高社会管理的科学水平。完善党委领导、政府负责、社会协同、公众参与的社会管理格局，逐步建立健全中国特色社会主义管理体系。通过政府主导、多方参与，规范社会行为、协调社会关系、促进社会认同、秉持社会公正、解决社会问题、化解社会矛盾、维护社会治安、应对社会风险，为经济社会发展创造既有活力又有秩序的基础条件和社会环境，最终目标是促进社会和谐。③

5. 社会主体论

有学者认为，社会建设应该培育社会的主体，形成政府、市场、社会三元结构，充分发展社会团体和民间组织，培育公民社会。通过社会主体的培育，弥补政府和市场的失灵，为政府和市场的有效运作提供良好的社会基础。现代社会日益分化为三个既相互关联又彼此独立的领域，即政府组织、企业组织和社会组织。但当前中国三个领域联动的社会结构和整合机制还没有很好地形成。因此，如何正确处理政府、市场、社会三者之间的关系，如何把发展社会主义民主政治、完善社会主义市场经济和构建社会主义和谐社会统一起来，是当代中国特色社会主义事业需要长期面临的重大问题。④

6. 社会结合体建设论

社会结合体建设论认为"社会"是相对于"个体"而言的概念。所谓"社会建设"，就是要对"社会"当中今天依然存在并发挥着积极作用的那些结合体本身（家庭、家族、宗族、村庄、社群、社会网、各种正式组织、社会团体、国家等）进行"建设"。它一般包括四个方面的主要内容，而具体到现代社会建设，其主要内容就是：优化人口品质、完善保障机制、推进自

---

① 陆学艺：《当代中国社会建设》，社会科学文献出版社 2013 年版。
② 李强：《对"社会"及"社会建设"的思考》，《国家行政学院学报》2010 年第 1 期。
③ 陆学艺：《目前形势和社会建设、社会管理》，《中共福建省委党校学报》2011 年第 4 期。
④ 李培林：《加强社会建设理论和经验的研究》，《社会学研究》2007 年第 2 期。

由平等、理顺社会流动。①

从已有的研究来看，不同的学者对社会建设的内涵有不同的解析，但都有其合理性的一面。当然，如何综合各家之言并形成一个有关社会建设的经典内涵，还需要学术界进一步研究和探讨。

（二）关于社会建设的主要内容

社会建设的主要内容有哪些？对此，学者们从不同角度进行了阐释。

1. 从类型和层次的角度，论述了社会建设的主要内容

郑杭生认为，从类型上看，社会建设包括社会规范体系以及物质体现两种类型的建设，从层次来看，社会建设可以分为三个层次：第一层次的社会建设包括马克思主义意识形态和哲学社会科学有关社会思想的深层理念；第二层次的社会建设包括保证"小政府、大社会"的规范体系、城乡逐步一体化的规范体系、保证社会公平的规范体系；第三层次的社会建设包括社会团体、基金会和民办非企业单位等在内的各类社会组织。②

2. 从社会建设是一个特殊领域的角度，划定了社会建设的主要内容

梁树发认为，社会建设的内容所指不是包括经济、政治和文化在内的社会生活构成的一切方面，而是有其具体的确定的内容，即社会价值整合、社会制度建设、社会组织建设和社会事业发展等。正因为具有这一确定的具体的内容，社会建设才可能成为中国特色社会主义事业总体布局中的相对独立的"一体"。③

3. 从社会建设具体包括哪些方面建设的角度，阐发了社会建设的主要内容

陆学艺认为，社会建设的主要内容可以概括为九个方面：基本民生、社会事业、社会分配、城乡社区、社会组织、社会规范、社会管理、社会体制和社会结构④。邹农俭认为，社会建设的基本内容包括"社会"的要素建设、社会结构建设、社会基本关系建设等⑤。李强认为，社会建设的内容有六大方面：教育、就业是民生之本、收入分配、覆盖城乡居民的保障体系、医疗公共卫生体制、完善社会管理，维护社会稳定和团结⑥。

---

① 谢立中：《"社会建设"的含义与内容辨析》，《北京大学学报（哲学社会科学版）》2015年第2期。
② 郑杭生：《关于和谐社会建设的几个问题》，《江苏社会科学》2005年第5期。
③ 梁树发：《关于社会主义社会建设的几个问题》，《东岳论丛》2005年第11期。
④ 陆学艺：《加快社会建设：我国当前和今后的重大战略任务》，《北京工业大学学报（社会科学版）》2013年第2期。
⑤ 邹农俭：《现代化视域下的社会建设与社会管理》，《经济社会体制比较》2013年第4期。
⑥ 李强：《和谐社会与社会建设》，《中国特色社会主义研究》2007年第6期。

以上这些观点反映出我们要进行的社会建设是一个涵盖社会各个层面、各个领域的系统工程，必须根据中国具体国情和具体实践经验有步骤、有组织地加以推进。

（三）关于社会建设的目标

关于社会建设的目标，有的学者侧重于从价值层面进行研究，有的学者侧重于从实体层面进行研究，形成了一些有价值的学术观点。

1. 关于价值层面的研究

持这一思路的学者多把社会建设的目标看作价值性目标。孙立平认为，社会建设的目标是促进社会进步①。王忠武认为，富裕、文明、公平、协调、民主、自由和幸福构成了和谐社会建设的价值目标②。王小章认为，社会建设的目标是"好社会"；这个"好社会"应兼顾协调社会整合和个人的自由尊严。③ 李培林认为，实现公平正义是和谐社会建设的价值目标，必须立足国情，重点推进机会公平和能力建设。④ 杨方则单独把"正义"看作和谐社会建设的核心价值目标⑤。刘国习认为，同经济建设相比，社会建设更具有一种内向反思的特征，反映了社会成员之间持续性和动态性的博弈过程，其基本要求包括克制、协调、公平、正义等抽象目标，其核心是社会资源和机会的分配以及社会关系的处理，实际是一种同人性的弱点做斗争的艰难过程。⑥ 宋国恺认为，社会建设的目标就是建设社会现代化⑦。

2. 关于实体层面研究

持这一思路的学者多把社会建设的目标看作具体的、实在的目标。如，丁元竹分析指出，社会建设的最终目标是提高人民福祉；在新时期，中国应把提高人民生活质量作为评价社会建设的标准和目的。⑧ 陆学艺则把社会建设的目标分为三个阶段：第一阶段是从人民群众最关心、最现实、最紧迫要

---

① 孙立平：《社会建设的目标是促进社会进步》，《北京工业大学学报（社会科学版）》2009年第2期。
② 王忠武：《论和谐社会建设的价值理念主导与价值目标追求》，《东南大学学报（哲学社会科学版）》2008年第3期。
③ 王小章：《"自由"和"共同体"之间——从西方社会理论看社会建设的价值取向和实践层面》，《浙江社会科学》2011年第11期。
④ 李培林：《和谐社会十讲》，中华书局2009年版。
⑤ 杨方：《正义：和谐社会建设的核心价值目标》，《伦理学研究》2009年第1期。
⑥ 刘国习：《我国社会主要矛盾转化与新时代中国社会建设目标定位》，《大连理工大学学报（社会科学版）》2018年第4期。
⑦ 宋国恺：《论社会治理是社会建设的重要方略——兼论"社会建设就是建设社会现代化"》，《探索》2018年第1期。
⑧ 丁元竹：《中国社会建设战略思路与基本对策》，北京大学出版社2008年版。

求解决的保障和改善民生事业、社会事业建设做起，着力解决好就业难、上学难、看病难、社保难、住房难、养老难等基本民生问题；第二阶段是着力推进社会体制改革，创新社会政策，完善社会管理，推进新型的城镇化，破解城乡二元结构，逐步实现城乡一体化；第三阶段是实现社会现代化，即实现"民主法治、公平正义、诚信友爱、充满活力、安定有序，人与人和谐相处的社会主义和谐社会"。①

通过以上论述可以看出，价值层面的研究和实体层面的研究代表了两种不同的研究路径，它们各有特色，而且具有互补性。当然，随着社会建设事业的不断推进，人们对社会建设目标的认识会更加清晰具体。

（四）关于社会建设的现实进路

怎样推进社会建设？这是学术界关注和研究的重点问题，不同学科的专家学者在研究进路和论述上各有侧重，代表性的观点如下。

1. 社区建设说

焦若水、陈文江认为社区社会组织的培育与发展已经成为新时期社会建设的重要领域②。潘泽泉认为社区建设是推动社会建设的微观机制，是实现和推动社会发展项目的最有效途径。③ 李雪萍、陈伟东认为社会建设经由社区建设，社区建设经由社区公共产品供给，中国正在经由社区发展促进社会建设。从一个国家整体看，公共产品供给是社会建设的必经途径，而从地方和社区发展看，地方性公共产品、社区公共产品供给依然是地区发展、社区发展的现实路径。④

2. 中产阶级推动说

刘欣认为在社会建设中必须发挥中产阶层的作用。对现代化社会的研究表明，中产阶层，尤其是新中产阶层，在社会治理、社区建设中具有积极作用。中产阶层是现代社会的产物。中国的中产阶层已经成为不可忽视的社会力量。在当前中国以政府为主导的社会建设运动，要避免"全能政府"思路，要充分意识到中产阶层所具有的社会力量，进一步激发中产阶层参与社会建设的热情。⑤

3. 社会组织说

卢汉龙认为推进社会建设重在组织的建设。因为推进社会建设事关两项

---

① 陆学艺：《社会建设就是建设社会现代化》，《社会学研究》2011 年第 4 期。
② 焦若水、陈文江：《社区社会组织：社会建设的微观主体》，《科学社会主义》2015 年第 1 期。
③ 潘泽泉：《由社区建设达成社会建设》，《湖南师范大学社会科学学报》2010 年第 5 期。
④ 李雪萍、陈伟东：《论社会建设经由社区建设》，《社会科学研究》2008 年第 1 期。
⑤ 刘欣：《发挥中产阶层在城市社会建设中的作用》，《探索与争鸣》2010 年第 1 期。

基本的内容，一是提供实实在在的公共服务；二是实现有效和谐的社会管理，而这两项内容都涉及社会组织的建设。在市场经济条件下，一方面固然需要加强政府再分配的公共职能，另一方面也需要发挥和利用社会组织参与公共服务的积极性。从社会管理的角度，我们认识到社会的组织建设在社会建设上的重要性。① 段元芳认为，作为社会建设主体之一的民间组织，其宗旨与社会建设的目标是一致的，两者相互促进，共同发展。有必要发展民间组织这样一种社会力量为社会建设服务。② 曹飞廉认为社会组织是社会建设的主体之一，是在社会建设中发挥社会协同和公民参与作用的重要载体。③

4. 制度机制说

卢卫红认为，加强社会建设首先要加强社会制度（机制）建设，形成以激发社会活力为原则的动力机制（社会流动机制、经济社会运行机制）和以稳定有序为原则的平衡机制（社会利益协调机制、社会保障机制）。④ 苏承英认为建立社会和谐运转机制是社会建设价值目标实现的重要路径⑤。

5. 财政体制说

孙琳等认为，在中国经济转型的过程中，社会建设远远滞后于经济建设，这主要是因为缺少一个真正体现社会公共利益的政府财政体制。根据中国的现状，可以通过改善现有的政府行为，设计支撑社会建设的制度安排，建立一个以公众参与为基础、以绩效预算为手段的公共财政预算体制，改善公共财政支出结构，合理配置各级政府间的财权和事权，在避免导致社会动荡和国民财富流失的前提下，实现社会福利最大化和财富的公正分配。⑥

6. 社会管理创新与公民社会培育说

王名、李健认为，社会建设是一个较为宽泛的概念，"举凡关于人类共同生活及其安宁幸福等各种事业，皆属之"，其目标是"努力使全体人民学有所教、劳有所得、病有所医、老有所养、住有所居"。社会管理创新与公民社会培育是实践中演绎出来的两种社会建设路径，两者既相互包含，又彼此提升。这不仅由社会建设的自身结构所赋予，更由其过程和功能所决定。⑦

---

① 卢汉龙：《社会建设重在组织建设》，《探索与争鸣》2010 年第 1 期。
② 段元芳：《论民间组织与社会建设的关系》，《党史文苑（学术版）》2010 年第 2 期。
③ 曹飞廉：《论当代中国社会组织在社会建设中的主体地位》，《华东理工大学学报（社会科学版）》2013 年第 2 期。
④ 卢卫红：《社会主义社会建设理论科学内涵解读》，《东岳论丛》2009 年第 10 期。
⑤ 苏承英：《论社会建设的价值目标选择及其实现路径》，《西南民族大学学报（人文社会科学版）》2013 年第 6 期。
⑥ 孙琳、潘春阳、王天卓：《社会建设、财政分权和公共财政体制变革》，《学术交流》2009 年第 7 期。
⑦ 王名、李健：《社会管理创新与公民社会培育：社会建设的路径与现实选择》，《当代世界与社会主义》2013 年第 1 期。

综上所述，学术界关于社会建设现实进路的研究涉及政治学、社会学、哲学、管理学、经济学等多个学科领域，并取得了一系列有价值的阶段性理论成果。但需要指出的是，社会建设的现实进路是一个实践性很强的研究课题，而目前的研究理论整合多，实证研究少；宏观把握多，微观研究少；定性研究多，定量研究少，如何克服这些研究方法上的问题，将成为进一步创新和发展社会建设理论的突破口。

三、重点难点热点问题解析

社会建设是中国特色社会主义社会发展的要求，在计划向市场、传统向现代两个结构性转变背景下同时进行。改革开放以来，中国基层社会经历了从单位制向社区制的转变，社会建设面临来自社会结构变化的多方面挑战，如阶级阶层结构发生变化、城乡二元结构体系变化、收入分配结构不合理导致的利益格局变化、人口与家庭结构的变化等，以社会主义核心价值观为主的核心价值体系在逐步构建之中，但社会规范与价值理念趋向多元化，矛盾进一步凸显。社会管理创新是中国特色社会主义发展的必然选择，强调公平正义、核心社会、权利与义务的统一等价值理念。同时，逐步从社会管理发展到社会治理，并着手构建现代化的社会治理模式。在社会结构变化的挑战下，以下五个问题需要重点解决，以形成更为完善的社会建设体制，并逐步凸显社会治理的价值。

（一）在利益诉求格局变化的背景下，应如何看待和化解复杂多样的社会矛盾

马克思曾经指出："人们为之奋斗的一切，都同他们的利益有关。"① 人们围绕着自身利益而行动，在社会分工中形成了不同的利益群体。社会建设的出发点在于社会的构建，以不同社会群体的良性互动、整合为基础，如何化解不同社会群体之间的矛盾是和谐社会的重点。

1. 转型期社会矛盾和冲突的现状

目前，中国社会群体大致可分为四类：一是高收入群体，包括掌握各种社会权力及经济资源的既得利益群体，人数相对较少；二是中等收入群体，规模不断扩大，主要包括高级知识分子、中高层干部等；三是弱势群体，主要包括困难职工群体、农民群体以及其他低收入群体；四是边缘群体，主要

---

① 《马克思恩格斯全集》第 1 卷，人民出版社 1995 年版，第 187 页。

包括生活在绝对贫困线以下的人群。① 利益两极分化是导致现今社会矛盾和冲突出现的重要背景，社会冲突往往伴随着相对强势的群体对资源的垄断，弱势群体在社会结构中难以寻获利益表达途径，而往往通过群体性事件的方式表达出来。群体性事件涉及政治、经济、社会各个方面，而表现出矛盾多发时期社会冲突的多元化状况。

群体性事件是造成社会不稳定的因素之一，也是社会建设、社会治理的重要问题。在以往的社会矛盾化解机制中，信访是最重要的利益协调处理的机制，是新中国成立以来发展起来的政府与民众的链接渠道。信访是国家较为缓和的利益协调机制，而诉讼则是追寻权益更为直接的出口，但现阶段司法救济也出现了较多问题。这些社会矛盾化解机制的作用尚未完全有效发挥出来，需要进一步思考有效对策。

2. 多元价值并存背景下的利益结构失衡

在社会结构变化的背景下，价值多元化成为社会价值观念的现状，不同群体拥有不同的价值观。社会矛盾往往源于不同群体利益格局的变化，更确切地说是不同群体在多元价值认同下的利益博弈失衡。

（1）民间社会意识的同质性与异质性。在计划经济时期，市场被压制，国家和民间社会维持了意识形态的统合性，但这种表面的异质性弱化使民间社会失去了活力，不利于整体社会的发展。而在转型时期，异质性逐步加强，民间社会成为社会经济发展的动力来源，但社会结构的多元化、意识形态的异质性所带来的破坏性也是显而易见的，民众赖以信任的社会公平正义等规则倍受质疑，而政府、企业往往成为矛盾指向。

（2）地方政府的部门利益化。由于政绩展示的需要，某些政府部门往往以 GDP 为主导发展经济，而对民众利益诉求保障的机制一直未能有效地建立起来。在政绩的指引下，地方政府部门之间的竞争使民众的利益诉求陷入了无处解决的困境之中，从而引发了社会冲突。

（3）市场的不健康发展。市场的不健康发展体现为大企业对产品生产的垄断、不良竞争秩序的产生等，社会主义市场经济已经成为中国社会的经济主导形态，良性的市场是发展的重要方面。但在经济发展过程中，某些企业破坏市场规则，与政府某些部门结合在一起，成为压制弱势群体的重要力量。相对于个体来说，有的大企业拥有大量的社会资源，获得了极大的优势，它们掌握着社会的话语权，拥有统一的利益诉求，并且利用所掌握的资源谋取自身利益，而损害弱势群体的利益。这些状况给社会建设及社会治理制造了巨大的难题。

---

① 陈振明：《社会管理——理论、实践与案例》，中国人民大学出版社 2012 年版，第 216 页。

（4）弱势群体的弱组织化。在转型进程中，底层群体缺乏话语权，他们难以通过电视、网络、报纸等媒体公开宣传他们的利益诉求，而成为"失语"的群体。另外，他们也缺乏统一的社会组织为他们争取权益，而成为弱组织化的群体。权益受损的弱势群体只能通过信访（个人或集体）、诉讼等渠道去争取权益。

3. 对策：社会安全阀的构建与完善

社会安全阀（social safety valve）是社会学家科塞在《社会冲突的功能》（1956）一书中提出的用以形容社会冲突积极作用的概念。社会安全阀制度的构建与完善指出了社会利益协商的方向，给社会群体提供了正常的发声渠道，将积累的社会怨恨宣泄出来，进而维护社会稳定。

（1）弱势群体的互助机制建设。加强弱势群体互助机制建设，是将个体联合起来、整合成为共同体进而互助的思路。市场化的进程容易使人们原子化为个体，脱离集体，从而丧失了群体互助的力量。互助机制建设可增强弱势群体的话语权，解决其弱组织化的问题，从而增强其与其他社会群体（如企业、政府单位、社会组织等）的协商能力，也较便于其在有组织、有序的对话中解决社会矛盾。

（2）利益诉求渠道建设。多元化的利益诉求表达是现代社会的重要特征，如何吸纳、解决这些利益诉求则是社会现代化的重要方面，同时也是有效防范和科学化解社会矛盾或冲突的重要前提。一是必须建立不同利益诉求的表达机制，使不同的话语都有表达的空间；二是落实科学发展观，用多元化的方式化解社会矛盾，充分利用信访、诉讼等方式，使其发挥应有的作用。鉴于此，第一，要充分掌握社会不同阶层、群体的利益诉求状况，主动出击，将矛盾化解于萌芽期，建立社会矛盾预警系统；第二，落实、创新信访工作制度，使政府与民众沟通的渠道顺畅，避免阻碍信访的问题产生，使其成为真正的社会安全阀；第三，有效回应不同阶层、群体的利益诉求，避免问题的处理陷于形式化、无效化。

（3）权利保障机制建设。有效的权利保障机制是应对利益冲突的重要步骤，只有合法权益能够得到保障，人们才能够在社会公平正义的环境中良性互动。权利分配机制是权利保障机制的基础，解决该问题首先必须规范政府、企业等的运作，使其在健康、有序的制度中行动，在公正平等的准则下以竞争的方式去进行利益分配。在此基础上，当发生合法权益受损的情况时，通过严厉惩罚等措施的制定，使个体的利益诉求得到保障。

（二）在贫富差距过大的情况下，如何建立健全帮扶弱势群体的社会保障机制

贫富差距过大是中国现阶段社会经济面临的重要难题之一，也成为很多

社会问题的根源。在资源日益集聚的"马太效应"作用下,弱势群体更难以从已有的经济体中获得较多的收益。弱势群体是社会结构的产物,是中国社会保障体制建设的重要服务对象,但他们很多时候为其他社会群体所忽视。将弱势群体整合进主流社会是社会建设的重要目的,如何建设帮扶弱势群体的社会保障机制,是社会建设的难点、热点。

1. 贫富差距与弱势群体问题现状

贫富差距并非是不合理的,而是市场经济发展的必然现象。历史表明,实行市场经济的国家在初次分配中都会出现较大的差距,该差距也反映了不同的资本在经济领域中作用的结果。中国在改革开放之后,实现"先富带动后富""效率优先、兼顾公平"等政策,有效地拉动了经济的增长,但欠缺公平的竞争时有发生。人们对贫富差距的心态并非否定合理、合法地勤劳致富,而在于对不平等竞争、非法致富、以权谋私、官商勾结等现象的憎恶。

贫富差距过大已成为中国普遍认可的社会状态,但经济运行制度不健全、税收制度不合理,尤其是社会保障机制不健全,造成了庞大的弱势群体。"弱势群体"一词 2002 年首见于政府文件①,提出要对弱势群体给予特殊的就业援助,以帮助其改善生活。学界更多地将弱势群体界定为难以依靠自身能力维持基本的生活水准,而需要国家和社会给予帮助的社会群体。弱势群体的产生从表面上看是个人生存能力弱化所致,但与社会的改革、社会结构的变化等有密切的关系。中国的福利制度需进一步加强"社会福利社会化",使弱势群体通过国家、市场等获得保障,改变他们的弱势地位。

20 世纪 90 年代以来形成的底层群体主要由三部分构成:贫困农民、进城务工人员、城市中以下岗失业者为主的贫困阶层。② 底层群体在某种意义上可等同于弱势群体,包括生理性弱势群体和社会性弱势群体等,前者是个人能力上的绝对弱势群体,而后者在社会结构中处于不利地位,如贫困、失业等群体。③ 城乡户籍制度使城市居民与农民除了在政治、教育、文化、劳动与就业等诸多方面区分开来以外,在社会保障方面也区分开来,农民在社会各方面都处于边缘地位。而农民进城务工后,原先的地位并未改变,他们虽然进入了城市,但城乡二元的户籍制度影响仍然存在,在企业中,进城务工人员的权益也难以得到保障。而在城市,转型时期,下岗职工、失业人员、体弱多病的鳏寡孤独群体、低保户等构成了弱势群体的主要部分,他们处在

---

① 朱镕基:《2002 年政府工作报告》,2002 年 3 月 5 日,第九届全国人民代表大会第五次会议。
② 苑歌:《关注社会弱势群体——访清华大学社会学系教授孙立平》,《社会学(月刊)》2002 年第 6 期。
③ 王思斌:《改革中弱势群体的政策支持》,《北京大学学报(哲学社会科学版)》2003 年第 6 期。

城市社会的底层,经济上贫困,更加缺乏改变自身命运的能力。

2. 现有社会保障体系对弱势群体的支持与不足

党的十七大报告明确指出:"要加快建立覆盖城乡居民的社会保障体系,保障人民的基本生活。"社会保障体系是通过正式或非正式的制度设计,为全体国民提供安全保障的制度体系,所以,社会保障本身并非只是针对特定的弱势群体。但社会保障的初始目的在于保障弱势群体免于被社会生活完全排除在外,并获得一定的生存、发展空间。以弱势群体为重要对象的社会保障制度主要是社会救济、社会保险制度以及更高层面上的社会福利制度等。

(1)社会救济。以最低生活保障制度等为主。新中国成立以来推行的社会救济制度出现了救济对象有限、救济标准过低、救济经费严重不足的状况,迫切需要建构最低生活保障制度。① 1993年6月1日,上海市率先建立了城市最低生活保障制度,随之全国其他城市社会救济制度纷纷改革,建构了社会保障体系的最重要一环,这被称为"最后一道安全网"。1995年,有12个城市建立了城市最低生活保障制度;1997年8月,最低生活保障制度上升为国务院的一项重要决策,国务院发出了《关于在全国建立城市居民最低生活保障制度的通知》,提出实施低保制度"三步走"的时间表,要求到1999年底,全国所有的城市和县政府所在的镇都要建立这项制度。② 1999年9月28日,国务院颁布了《城市居民最低生活保障条例》,标志着最低生活保障进入规范实施阶段。

从2003年开始,城市低保资金支出稳定在150亿元以上,低保对象稳定在2200万人以上,2006年达2240.9万人。③ 随着近年精准脱贫工作的扎实推进,截至2018年2月底,全国城市低保对象已下降为1224万人。④ 可见,城市低保制度惠及范围较广,主要为城市贫困群体,也包括以上提及的若干类群体等。现阶段最低生活保障制度已经较为完善,基本实现了"应保尽保、动态管理"的政策要求。

从政策效果看,城市最低生活保障制度覆盖面广,在缓解城市贫困、缓解社会矛盾方面起了较为积极的作用,各地政府力图通过增加最低生活保障的投入来解决民生问题。但归根到底,最低生活保障制度只能是"补救型"的制度类型,并非综合的社会福利制度,最低生活保障制度并不能彻底解决

---

① 唐钧:《最后的安全网——中国城市居民最低生活保障制度的框架》,《中国社会科学》1998年第1期。
② 曹海涛:《城市居民最低生活保障制度保障效果研究》,西北大学2007年硕士学位论文。
③ 曹海涛:《城市居民最低生活保障制度保障效果研究》,西北大学2007年硕士学位论文。
④ 民政部:《目前全国共有低保对象5164.6万人》,http://news.cyol.com/content/2018-04/25/content_17133366.htm.2018-04-25/2019-04-17。

贫困问题，数量庞大且稳定的低保对象体现了弱势群体并未从最低生活保障中走出来，反而陷入了依赖福利的状况之中，使低保受众维持在低收入水平。一方面，以家庭为单位的低保制度，对于只有一个劳动者的家庭来说，如果家庭成员在3～4个或以上，不劳动获得的低保收入比正常劳动收入可能稍高，这促使其不参与劳动。另一方面，与低保制度捆绑在一起的其他福利制度也产生了一定的负面作用。现阶段社会福利供给不足，所以教育、医疗等相对应的某些福利并不能全面覆盖，只能通过低保制度来鉴别福利的享有对象，这使得低保者努力维持该身份，但这本身对其他国民不公平。另外，最低生活保障制度现阶段主要覆盖城市区域，而农村最低生活保障资金投入比例少之又少，农民、进城务工人员等弱势群体的主要组成部分并不能从此项制度中获益。

（2）社会保险。社会保险包括养老保险、医疗保险、失业保险、工伤保险等，其并非直接针对弱势群体，而是覆盖到大部分国民，使被保险者在遇到年老退休、重病、失业、工伤等事件时能够得到相应的社会经济保障，从而为国民免于沦为弱势群体创造了条件。[①]

1990—2000年，从养老保险、医疗保险、失业保险到工伤保险等制度条例的先后颁布宣告中国社会保险体系的初步建立。基本养老保险要求保持职工的基本生活水平，使老年人免于陷入穷困的境地；医疗保险的目的在于满足国民的基本医疗需求，使人不至于因病致穷；失业保险的目的在于免除职工工作的后顾之忧，使他们即使失业也能保证基本生活需求。社会保险体系的目的在于通过公民互助体系的建立，解决因个人及社会风险所导致的短时间内出现的生活困难。

多方面的社会保险条例的出台有效地推动了社会保险的制度化建设，使公民的权益得到保障，在弱势群体的权益帮扶方面也起到了积极的作用。但从总体上看，首先，社会保险覆盖面较窄。现有社会保险体系主要从就业状况和户籍两个角度来保障不同人群，排除了未就业的城市居民和大量"农转非"的被征地农民，另外，城市职工、农民等参保的比例不高。其次，统筹层次低。社会保险资金由个人、雇主和国家三方共同筹措，由个人账户和统筹账户共同管理，但未建立全国统一的社保转移制度，这对进城务工人员等高度流动的群体而言是一个极其不利的问题。[②] 社会福利社会化等福利体系的建立在一定程度上拓展了社会保险的资金来源，但也普遍存在国家的社会福利服务等投入不足的问题。

---

① 管志文：《社会保障制度下的弱势群体保护研究》，武汉大学2004年硕士学位论文。
② 彭杰：《风险预防与社会保障机制》，王宁主编：《社会管理十讲》，南方日报出版社2011年版。

3. 对策与建议：建立赋权为本的弱势群体社会保障机制

社会救济以维持基本生活水平为出发点，社会保险以降低个人社会风险为落脚点，而社会福利则以广泛覆盖为基本特征。现阶段社会保障体系尚存在盲点，政府公共投入比例小，统筹层次低，尚未建立起综合的社会保障体系。就弱势群体的帮扶机制而言，现阶段社保体系更多地以直接服务为主，而未考虑如何转变其弱势地位，促其发展。

针对弱势群体的社会保障机制应该着重于对该群体的赋权。在社区心理学的研究中，赋权是个人、组织与社区借由一种学习、参与、合作等过程或机制，以期获得掌控自己本身相关事务的力量，以提升个人生活、组织功能与社区生活品质①。

在贫困差距巨大的社会结构中，贫困的弱势群体在社会、政治、心理三方面都处于去权（disempowerment）② 状态，缺乏获得生计所必需的资源，在社会中缺乏话语权，在心理上觉得自身毫无价值，消极生存。在最低生活保障制度实施过程中，获得保障者也被贴上了"无能"的标签，但由于前述所提及的捆绑等原因导致其维持低保身份，因此，建设弱势群体的社会保障帮扶机制要着眼于"赋权"的视角，重点提升弱势群体的个人及社会的能力。

（1）注重个人能力的培训与提升是首要的，要加强弱势群体的就业与再就业的培训，通过社区、企业、政府等多方面的努力，建设良好的就业渠道，使其融入工作中。尤其是对进城务工人员群体及城市中失业群体，应多方面向他们提供就业信息。在就业中，个人能获得成就感，在心理上也能得到赋权。最低生活保障制度的构建并非直接地给予，而是通过助人自助的方式给弱势群体赋权，达成个人能力的提升。

（2）社区互助网络的构建。在农村，可通过城乡合作等方面构建社区互助经济。如广州市从化区正在实施的农村社会工作试点，则以农村社区互助、城乡合作作为主要切入点，在社区层面上提高弱势群体的能力。城乡社会保障的一体化、城市"反哺"农村是重要的一环。

（3）在社会层面上，社会保障必须提高统筹层次，实现跨地区统筹，以提高弱势群体向上流动的可能性。在珠三角的广州与佛山之间，长三角的上海、宁波、杭州三地，已经初步实现了医疗保险的异地结算。③ 社会保障机

---

① Marc A. Zimmerman, Julian Rappaport, Citizen Participation, Perceived Control, and Psychological Empowerment, *American Journal of Community Psychology*, Vol 16, No. 5, 1988.

② ［美］约翰·弗里德曼：《再思贫困：赋权与公民权》，《国际社会科学杂志（中文版）》1997 第 2 期。

③ 彭杰：《风险预防与社会保障机制》，王宁主编：《社会管理十讲》，南方日报出版社 2011 年版。

制的跨地区统筹使进城务工人员等弱势群体能够跨地区流动，而没有太多的后顾之忧。

（三）在加快城市化进程中，如何科学管理庞大而又复杂的流动人口，建立社会包容体系

现代社会是一个流动的社会，流动是社会的常态。伴随着改革开放以来城乡二元结构的逐步松动，大量农村人口流入城市务工，成为城市经济建设的主力军，他们也是中国流动人口的主要部分；另外，城市之间的人口流动也在加剧。人口流动瓦解了原先以户籍制度、档案制度等为主的社会监控体系，社会整合弱化，而带来了新的社会问题和挑战，成为现阶段社会建设的难点问题。

1. 改革开放以来的流动人口问题

2015年中国人户分离的流动人口已达到了2.94亿，约占全国人口总数的1/6。第六次全国人口普查数据显示，大陆31个省、自治区、直辖市的人口中，居住地与户口登记地所在的乡镇街道不一致且离开户口登记地半年以上的人口为2.6139亿人，同2000年第五次全国人口普查相比，居住地与户口登记地所在的乡镇街道不一致且离开户口登记地半年以上的人口增加1.16995亿人，增长81.03%。可见，人口流动已成为中国社会的一个普遍的现象，主要从西北部流入东南沿海，从农村流入城市。

城乡收入差距是中国人口流动的主要原因，新中国成立直至后改革开放前，各种制度（如户籍制度、单位制、档案制度等）隔断了从农村向城市迁移的渠道，人口在不同区域保持相对稳定的状态，而资源分布极不均匀，造成了城乡二元的经济格局。城市与农村贫富差距大。1978年城市居民收入高达农村居民收入的3.57倍，农村的贫穷成为人口外流的最大推力，而城市的相对富有则是其最大的拉力。改革开放以来各项制度的逐步放宽是人口流动的政策性背景。现阶段，北京以及天津、辽宁、上海、江苏、浙江、广东、山东、福建、海南等沿海地区都成为净迁入区，广东迁入数量最大。人口流动主要以就业为目的，从农村向城市转移，主要的流动主体为进城务工人员群体。

中国流动人口管理制度包括人口登记制度、计划生育制度、流动人口治安制度等，现阶段以属地化社会监控管理体制为主，由当地政府对流动人口进行直接管理。属地化管理的政策反映了中国对人口流动的管理趋向宽松，城市对外来流动人口逐步接受与融合。但是，该政策重管理而轻服务，以治安管理为主。在对流动人口进行管理的过程中，不同的政府部门经常协调不一致，而出现一些管理上的问题。流动人口管理是一个系统、复杂的工程，

中国的流动人口管理体制在逐步改善之中。

在中国的流动人口统计中,很多并非处于流动过程中,而是已经在城市安居。在城市居住半年以上的算是常住人口,而很多未有当地户籍的人口中有很多居住已满半年甚至十几二十年。社会建设强调不同群体的社会整合问题,对于流动人口而言,则是如何通过公共服务体系的完善使他们能够进入城市社会生活中,并成为城市的一部分。

2. 流动人口在城市中的社会融入问题

进城务工人员等流动人口离开家乡,来到城市谋生,为城市经济发展贡献了自己廉价的劳动力,却未能全面享受到城市给予的服务,更多体验到的是城市社会对他们的社会排斥,有学者称之为农村流动人口的"半城市化"[1]。

(1) 就业问题。农民流入城市之中,从事非农产业劳动,常住地在城区,以非农业收入为主要收入的劳动者,被称为"进城务工人员"。他们大量进入工厂中或从事非正规就业。非正规就业指未签订劳动合同,但已形成事实劳动关系的就业行为,由于不受法律保护,经常被剥夺了七种基本保障:劳动力市场保障、就业保障、工作保障、生产保障、技能保障、收入保障和代表性保障。[2] 在中国城市,2010年有2.192亿非正规就业人员,在城镇就业总量中占比为63.19%。[3] 进城务工人员在城市中从事的职业大部分是简单、重复的生产工作,如在工厂中生产线上的工人,日复一日,重复一个动作。这些工人报酬低,工作环境恶劣,工作时间长,缺乏发展的机会,政府、企业等很少对其进行职业提升的教育与培训等,社会保障也相对较弱。这些问题累积在一起,显然不利于农村流动人口在城市中的发展。

(2) 子女教育问题。进城务工人员进入城市社会中,子女教育大多采取两种方式:第一种是跟随其进入城市就学,进入本地的公办学校或者民办学校;第二种是在家中接受教育,如果夫妻双方进城务工,其子女则成为留守儿童。虽然现阶段城市公办学校已经逐步取消了对进城务工人员子女收取赞助费,允许符合计划生育政策的进城务工人员子女进入本地学校读书,但是学校对进城务工人员子女存在的歧视并未消除,一方面,办理入学手续需要冗繁的手续,使有些进城务工人员打退堂鼓;另一方面,即使进入公办学校,进城务工人员子女与城里的孩子在各方面的差距之大往往使前者学不下去。对于留守儿童而言,自小缺乏父母的关心与照顾,心理也很容易扭曲。

---

[1] 王春光:《农村流动人口的"半城市化"问题研究》,《社会学研究》2006年第5期。
[2] 王春光:《农村流动人口的"半城市化"问题研究》,《社会学研究》2006年第5期。
[3] 中国劳动关系学院课题组:《中国非正规就业增长的新特点与对策》,《经济纵横》2013年第1期。

（3）居住问题。大部分进城务工人员入城之后，居住大多有几种方式：其一，居住在工厂提供的宿舍之中，密集居住；其二，租住城中村、城乡接合部等低租金、非正式的房屋之中，环境较为恶劣、简陋等；其三，在郊区务农的群体，在田中央自己搭建大棚居住。进城务工人员居住的地方往往离城市中央较远，远离城市公共服务，而被边缘化，另外，密集居住、城中村、大棚等居住条件隐埋着火灾等不安全的隐患，但城中小区的租金之贵使他们只能选择简陋的住处。

（4）医疗问题。进城务工的农民往往正值青壮年阶段，身体较少病痛，但也难免会出现一些疾病。他们主要参与的是农村合作医疗，该制度实行先看病后报销的程序，而且必须在公立医院看病，以获得正式的报销票据。而进城务工人员生病之后，往往采取先拖着的态度，实在拖不下去了，就到药店买一些药吃，不然就到城中村的小诊所或社区医院就医，医疗效果难以保障。

（5）犯罪问题。流动人口的犯罪问题突出，已成为城市犯罪的主体部分。如，在城市化进程中，农民赖以生存的土地被资本所吞噬，他们却未能在城市化中获得利益，一系列的剥夺使他们中的某些人铤而走险，走向犯罪道路。

3. 对策与建议：建立社会包容的流动人口管理体系

以上问题都是社会排斥的体现，违背了社会建设的目的。完善的社会建设体系应该是社会包容的体系，针对流动人口，则应该建立以公共服务均等化为中心的综合的社会包容服务与管理体系。

（1）综合管理模式。综合管理模式要求对流动人口不再区别对待，不再实行以治安管理为主的模式，而应该全方位地管理，加强政府部门之间的协调，强调服务的职能。要改变现阶段政府对流动人口管理的分立并行、多头管理的现象，建设统一的管理部门，以协调各个部门之间的关系。对流动人口的服务要拓展至住房、医疗、子女教育、劳动和社会保障等各个方面。在综合管理模式中，与社会保障相关的城乡统筹层次相对应地需要提高，逐步淡化城乡身份之间的差异。对流动人口社会包容体系建设的核心即在于基本公共服务的均等化，中国各地已经在逐步探索及实施。

广东省于2017年9月1日起实行的《广东省流动人口服务管理条例》为保障流动人口的合法权益、加强流动人口服务管理、维护社会秩序提供了制度保障。2012年9月29日湖北省第十一届人大常委会第32次会议对《湖北省流动人口服务和管理条例》进行审议，明确了流动人口所享有的权益和公共服务，该条例规定，流动人口应当自到达居住地7日内，持本人居民身份证或者其他有效身份证明向居住地公安派出所或者社区流动人口服务和管理站申报居住登记。在具有居住地户籍的亲属家中居住的流动人口,居住时间在 30 日以下的,可以不办理居住登记。这些措施都有力地推进了基本公共服务均等化,使流动人口对公共服务有更高的可达性。

(2)社区参与式管理模式。现阶段实行流动人口属地化管理模式,但却在管理中将流动人口从社区中隔离开来,而未在行动中推动城市居民与流动人口之间的融合。社会包容体系提倡群体之间的共融,而在城市中,除了要在企业消除人与人之间的隔阂以外,还需通过生活场所的转换,实现社会生活的彻底共融,即社区参与式管理模式的构建。

社区参与式管理模式强调城市社区的开放性,对流动人口的接纳,要求居委会等基层单位从单纯的管理转向主动的服务,如社区综合服务中心的完善、活动中心的建设、帮扶小组的创建等,创造流动人口与本地居民的交流空间。更重要的是,该模式强调流动人口参与管理,逐步建立起他们对本城市的认同感,成为城市的一分子。

(四)在社会组织发展不均衡的情况下,如何使其发展成为社会建设的重要主体

在社会格局中,政府部门等公共权力机构、企业等营利机构、社会组织等第三部门是三个重要方面,政府对应政治建设,企业对应经济建设,而以非政府组织为主体的社会组织则对应社会建设。中国社会组织发展一直处于较为孱弱的状况,而未能较好地承接社会建设的任务,应如何推动其进一步发展,成为社会建设的重要任务。

1. 社会组织发展的不均衡

20 世纪 90 年代以来,中国进入"社会组织爆炸"的阶段,社会组织数量增长迅速,但出现了重数量不重质量的问题。数量的增长与政府部门的统计变化相关,民政部在 1988 年 8 月组建了社团管理司,承办全国性社团的审批工作,对社会组织进行监控管理。1989 年 10 月 25 日《社会团体登记管理条例》颁布之后,民政部开始清理整顿社会团体,用两年多时间对社团进行了复查登记,这期间基本未登记新的社团组织。而在 1990—1992 年,社会组织数量疯狂增长,1989 年为 4544 个,1990 年为 10855 个,1991 年为 82814 个,1992 年达到 154502 个。1992—1997 年进入稳步、平缓发展阶段。到 1998 年,新修订的《社会团体登记管理条例》发布,提高了社团登记注册的门槛,社会组织有所减少,1998 年比 1997 年减少了 15718 个,1999 年又比 1998 年减少了 22935 个。2000 年开始,随着社会建设纳入国家整体布局,社会组织迎来了新一轮的直线增长,到 2017 年达到 80.1 万个。

数量的增长并非意味着社会组织的发展壮大,在各地社会建设的过程中,

能较好地承接政府外包公共服务项目的社会组织少之又少。在原有登记的社会组织中，以专业性社团、行业性社团、学术性社团、联合性社团为主，这些社会组织的主要功能在于行业内的协调、合作，以社团会员之间的权益为出发点。在社会组织中，自下而上自我管理的社会组织比例较小，民间自发成立的社团只占到14%，绝大多数是由业务主管部门发起成立或相关政府机构脱钩而来的，这就导致了社会组织的非独立性，其自我管理机制的作用未能显现出来。长期对政府部门的依赖使社会组织的规模、能力方面稍显欠缺，未能承担其自主、自治的重要功能，而难以成为社会建设的重要主体。①

2. 社会组织发展的困境

美国霍普金斯大学萨拉蒙教授认为非政府组织必须具备如下五个特点：非政府性、非营利性、自治性、志愿性、组织性。总体而言，中国社会组织这五个方面都是不足的，其在现阶段发展的过程中面临着制度、社会及自身三个方面的困境。

（1）制度困境：双重监管体系的制约。社会组织强调公民自己组织起来，管理自身的生活以达成自治，其重要的特征即是独立于政府和市场企业之外。1998年，新修订的《社会团体登记管理条例》发布强化了双重管理体制，要求社会团体需有主管单位，并在民政部门进行登记，这使很多非营利组织虽然正常开展业务，却未能在政府部门合法登记，或者只能通过注册为商业机构运作，而在形式上缺乏"民办非企业"的实体。在特别法层面，现行最为重要的规范社会组织的条例有《社会团体登记管理条例》《民办非企业单位登记管理暂行条例》《基金会管理条例》等，这些条例对社会团体有诸多限制，社会组织的发展受到一定影响。

社会组织数量的多少在一定程度上反映了一个国家和地区文明民主的发展程度。欧美等发达国家中每万人拥有的非营利组织（NPO）的数量明显高于其他国家，如2009年，法国每万人拥有的非营利组织数达110.45个，日本为97.17个，比利时为80.39个，美国为51.79个。

正式社会组织登记的门槛高使体制外的非正式社会组织发展缓慢，在现实社会生活中，缺乏政府资源的民间组织只能游离于法律秩序之外，自生自灭，难以壮大，被压抑的结社需求唯有在法律框架之外寻求释放，从而出现秩序的紊乱和规范的缺失。

（2）社会困境：社会信任的弱化与公民参与不足。社会组织的发展需要一个良好的社会氛围，需要具有高度志愿精神的公民积极参与到社会服务中

---

① 何建宇、王绍光：《中国式的社团革命——对社团全景图的定量描述》，见高丙中、袁瑞军：《中国公民社会发展蓝皮书》，北京大学出版社2008年版。

来，真正体现非营利组织的社会性。在该社会氛围中，社会信任是主要的要素之一，人与人之间相互信任，整合在一起，形成一个互助合作的共同体。

在中国，社会信任危机表现在三个重要方面：其一，政府与公民之间的不信任。由于某些腐败现象的存在，政府的公信力受到一定程度的影响，导致公民对政府的不信任。其二，市场企业与消费者之间的不信任。食品安全、医疗用品安全等事故频发，导致消费者对企业行为的不信任。其三，公民个体之间的互相不信任，在社会中体现为对陌生人的不信任。

另外，在现阶段，公民在公共生活中呈现"弱参与"的状况，退而独善其身，严重地影响了社会组织的发展。

（3）自身困境：规范欠缺下的不正常发展。在正式登记的社会组织中，对于合法性的保持要求它们适应某些政策的要求，甚至将某些科层等级制度挪移到社会组织中来，实现社会组织的科层化管理。虽然科层化的管理能获得更多的资源，但并不符合非营利组织本身的自治要求，使组织出现了形同质异的状况。

另外，更大比例的正式社会组织及游离于体制之外的非正式组织面临着严重的规范不足的困境，社会资源欠缺，组织发展缓慢，时刻面临着被取消的危险。大量的文体组织规模较小，资金筹措能力较低，动员社会资源能力弱小，这都是诸类公益性团体在发展过程中面临的一大瓶颈。同时，由于团队的成员专业水平不够强，且学历水平普遍偏低，造成开展的活动质量不高，未能真正满足公民的需求，影响了团体在居民中的认同度和影响力。

3. 推进社会组织有序、健康发展

《国民经济和社会发展十三五规划纲要》第七十章指出："完善城乡社区治理体制，依法厘清基层政府和社区组织权责边界，建立社区、社会组织、社会工作者联动机制。健全城乡社区综合服务管理平台，促进公共服务、便民利民服务、志愿服务有机衔接，实现一站式服务。实现城市社区综合服务设施全覆盖，推进农村社区综合服务设施建设。""健全社会组织管理制度，形成政社分开、权责明确、依法自治的现代社会组织体制。推动登记制度改革，实行分类登记制度。支持行业协会商会类、科技类、公益慈善类、社区服务类社会组织发展。加快行业协会商会与行政机关脱钩，健全法人治理结构。推进有条件的事业单位转为社会组织，推动社会组织承接政府转移职能。加强综合监督和诚信建设，更好发挥自律、他律、互律作用。"现阶段，中央及地方政府已经逐步转变思路，以解决以上困境，走出一条具有中国社会主义特色的社会组织发展之路。

（1）制度改革：降低门槛、引导发展。社会组织的发展首先要解决的问题是政府对社会组织的观念转变，要从原先的监控转向引导，降低社会组织

的门槛。广东省社会组织发展的经验即是这种转向的体现。

广东省2006年出台了《关于加强社区民间组织培育发展和登记管理工作的指导意见》，适当降低了民间组织的注册"门槛"，如，社区社团的注册经费，国家规定要3万元，广东省规定是不低于1万元，社区民办非企业单位不低于2万元；社团人员方面，国家规定是50人，广东省规定是20人以上。

2012年4月，广州市发出《印发〈关于实施"广州市社会组织直接登记"社会创新观察项目的工作方案〉的通知》（穗民〔2012〕123号）。通知指出，社会组织坚持"简化登记、依法管理"的基本思路和"民间化、自治化、规范化"的发展方向，建立健全"登记管理机关统一直接登记、部门各司其职依法监管"的社会组织管理体制，加快推进社会组织"去行政化""去垄断化"，努力实现"民间化、自治化、法人治理规范化"的社会组织发展目标，社会组织在社会建设中的功能日益突出，作用日益凸显，地位日益重要。广州市政府对于社会组织的孵化与培育是现阶段社会组织发展的契机，由国家孵化社会组织，大力投入建设社会组织发展的平台。

（2）社会氛围：社会志愿精神的培育。社会组织在社会建设中的关键作用，在于将公民个体有效地整合进社会共同体中；反过来，公民的参与也是社会组织发展的关键因素。在此，社会志愿精神的培育是社会组织发展的必要条件，也是中国特色社会主义社会组织文化的体现。

社会志愿精神强调一种公民文化，要求培育公民的社会责任感，关怀社会。社会志愿精神的构建首先要在制度层面上建立一种参与的氛围，吸纳积极公民参与进来，再逐步影响其他人。鉴于此，准官方的非营利组织必须起示范作用，在运作上公开透明，使捐款落到实处，使参与发挥作用，重新培育人们对非营利组织的信心，进而建立起有利于其他非营利组织生存的制度氛围。

（3）社会组织自身：公共投入、规范及能力建设。社会建设需要大量专业化程度高、目的性强、结构功能完备、良性运转的社会组织。在制度环境改善、社会文化氛围营造的外部结构基础上，社会组织自身规范的建立以及自身能力的建设应成为重中之重。

首先，政府通过公共服务外包项目的方式培育社会组织发展，加大公共服务项目投入。资源的缺乏向来都是社会组织发展的瓶颈所在，而政府购买服务恰恰提供了社会组织发展的绝佳契机。

其次，社会组织必须树立崇高的服务意识，加强其规范建设。一个社会组织的宗旨意识是其发展的灵魂，是其存在的根本。

最后，社会组织本身的能力建设是最为重要的。在发展过程中，社会组织必须有目的地培育管理型骨干，吸纳社会工作专业人才参与管理与前线的服务工作，提升服务水平。

（五）新时期社会治理创新的制约因素是什么？应如何解决社会治理的阻碍因素

创新社会治理体系是党的十八届三中全会提出的重要论断。管理到治理的一字之差，折射出执政者对新时期社会治理创新的高度关怀和重拳指向。当前，自上而下的精英主义思维、阶层群体冲突和人口流动与交往方式变化等因素制约或影响着新时期社会治理的创新进程，必须用以人为本引领，实现从精英主义思维向理性妥协思维转变，用公平正义推动，实现从管理管控到服务治理的转变，用民主法治促进，实现从控制维稳到协商维稳的转变，才能有效推进社会治理创新。

1. 制约社会治理创新的主要因素

（1）自上而下的精英主义思维的制约。所谓精英主义思维，是与人民群众主体观相对立的精英主义历史观持有者所具有的思维，其观点主要是：在现代社会中，只有具备特殊技能的精英式的职业政治家才能处理日益复杂的公共事务，政治过程的核心和支配力量是少数精英，而不是人民大众。这严重制约了民意、民智、民力在社会治理创新中的主体作用，因为这一思维轻视甚至漠视群众的创造性作用，对立化、妖魔化群众，并会变质为官僚主义，从而延缓甚至阻碍社会治理创新。

（2）阶层群体冲突的影响。改革开放以来，中国工人阶级队伍不断壮大，素质不断提高，为党的发展壮大奠定了坚实的阶级基础。但是，随着中国社会经济成分、组织形式、就业方式、利益关系和分配方式日益多样化，群众这一主体结构和利益要求也出现多元化发展。突出表现在两个方面：一是新兴社会阶层大量出现；二是群众基础的弱势化。

（3）人口流动与交往方式变化的影响。一是流动大军对加强和创新社会治理提出了更高要求；二是"80后"渐成流动大军主角，但新生代进城务工人员生存发展面临新问题，迫切需要创新性治理服务予以保障与支撑；三是流动人口普遍存在社会融入难、社会保障水平低、公共服务难享受等问题，迫切需要社会治理制度创新加以解决。

2. 创新社会管理的民主路径

加强和创新社会治理是一个系统工程，当前，必须用以人为本引领、用公平正义推动、用民主法治促进才能有效推进社会治理创新。

（1）用以人为本引领，从精英主义思维向理性妥协思维转变。社会治理，说到底是对人的管理和服务，涉及广大人民群众的切身利益，必须始终坚持以人为本、执政为民，切实贯彻党的全心全意为人民服务的根本宗旨，才能不断实现好、维护好、发展好最广大人民的根本利益。以人为本的价值理念要求我们加强和创新社会治理,首先要用思维的转变打造创新社会治理的思维利器,即将自上而下的精英主义思维转变为现代民主政治下的理性妥协的思维方式。

(2) 用公平正义推动,从管理管控到服务治理的转变。传统的社会管理有一个约定俗成的观念,认为把社会管住就可以了,社会不发生乱子就可以了。但是,随着现代社会的发展,社会管理不是把社会管住、管死,而是着眼于增加社会活力,营造和谐有序的社会环境。

(3) 用民主法治促进。从控制维稳到协商维稳的转变。全面加强和创新社会治理,根本目的是维护社会秩序,促进社会和谐,保障人民安居乐业,为党和国家的事业发展营造良好社会环境。这既有管控维稳的要求,但又不是简单的管控维稳。简单的维稳是基于暴力手段之上的控制,但在新的历史条件下,面对越来越多的利益诉求,以及大量社会治理矛盾和问题,如果停留在简单的管控维稳观念上而不尽快加以纠正,社会治理就不仅不能维稳,反而会使政府和人民、社会之间进入一个恶性对立甚至对抗模式。因此,我们要用民主法治手段促进社会治理由"控制维稳"向"协商维稳"转变。①

四、延伸阅读与思考

(一) 重要文献资料

创新社会治理体制②
(节选)

创新社会治理,必须着眼于维护最广大人民根本利益,最大限度增加和谐因素,增强社会发展活力,提高社会治理水平,全面推进平安中国建设,维护国家安全,确保人民安居乐业、社会安定有序。

(1) 改进社会治理方式。坚持系统治理,加强党委领导,发挥政府主导作用,鼓励和支持社会各方面参与,实现政府治理和社会自我调节、居民自治良性互动。坚持依法治理,加强法治保障,运用法治思维和法治方式化解社会矛盾。坚持综合治理,强化道德约束,规范社会行为,调节利益关系,协调社会关系,解决社会问题。坚持源头治理,标本兼治、重在治本,以网

---

① 张雪梅:《新时期社会治理创新的制约因素与民主路径解析》,《社会主义研究》2014 年第 1 期,第 117 页。

② 节选自《中共中央关于全面深化改革若干重大问题的决定》(2013 年 11 月 12 日)。

格化管理、社会化服务为方向，健全基层综合服务管理平台，及时反映和协调人民群众各方面各层次利益诉求。

（2）激发社会组织活力。正确处理政府和社会关系，加快实施政社分开，推进社会组织明确权责、依法自治、发挥作用。适合由社会组织提供的公共服务和解决的事项，交由社会组织承担。支持和发展志愿服务组织。限期实现行业协会商会与行政机关真正脱钩，重点培育和优先发展行业协会商会类、科技类、公益慈善类、城乡社区服务类社会组织，成立时直接依法申请登记。加强对社会组织和在华境外非政府组织的管理，引导它们依法开展活动。

（3）创新有效预防和化解社会矛盾体制。健全重大决策社会稳定风险评估机制。建立畅通有序的诉求表达、心理干预、矛盾调处、权益保障机制，使群众问题能反映、矛盾能化解、权益有保障。

改革行政复议体制，健全行政复议案件审理机制，纠正违法或不当行政行为。完善人民调解、行政调解、司法调解联动工作体系，建立调处化解矛盾纠纷综合机制。

改革信访工作制度，实行网上受理信访制度，健全及时就地解决群众合理诉求机制。把涉法涉诉信访纳入法治轨道解决，建立涉法涉诉信访依法终结制度。

（4）健全公共安全体系。完善统一权威的食品药品安全监管机构，建立最严格的覆盖全过程的监管制度，建立食品原产地可追溯制度和质量标识制度，保障食品药品安全。深化安全生产管理体制改革，建立隐患排查治理体系和安全预防控制体系，遏制重特大安全事故。健全防灾减灾救灾体制。加强社会治安综合治理，创新立体化社会治安防控体系，依法严密防范和惩治各类违法犯罪活动。

坚持积极利用、科学发展、依法管理、确保安全的方针，加大依法管理网络力度，加快完善互联网管理领导体制，确保国家网络和信息安全。

设立国家安全委员会，完善国家安全体制和国家安全战略，确保国家安全。

提高保障和改善民生水平，加强和创新社会治理[①]

（节选）

习近平

全党必须牢记，为什么人的问题，是检验一个政党、一个政权性质的试

---

① 节选自习近平：《决胜全面建成小康社会　夺取新时代中国特色社会主义伟大胜利——在中国共产党第十九次全国代表大会上的报告》，人民出版社2017年版，第44～50页。

金石。带领人民创造美好生活，是我们党始终不渝的奋斗目标。必须始终把人民利益摆在至高无上的地位，让改革发展成果更多更公平惠及全体人民，朝着实现全体人民共同富裕不断迈进。

保障和改善民生要抓住人民最关心最直接最现实的利益问题，既尽力而为，又量力而行，一件事情接着一件事情办，一年接着一年干。坚持人人尽责、人人享有，坚守底线、突出重点、完善制度、引导预期，完善公共服务体系，保障群众基本生活，不断满足人民日益增长的美好生活需要，不断促进社会公平正义，形成有效的社会治理、良好的社会秩序，使人民获得感、幸福感、安全感更加充实、更有保障、更可持续。

（一）优先发展教育事业。建设教育强国是中华民族伟大复兴的基础工程，必须把教育事业放在优先位置，加快教育现代化，办好人民满意的教育。要全面贯彻党的教育方针，落实立德树人根本任务，发展素质教育，推进教育公平，培养德智体美全面发展的社会主义建设者和接班人。推动城乡义务教育一体化发展，高度重视农村义务教育，办好学前教育、特殊教育和网络教育，普及高中阶段教育，努力让每个孩子都能享有公平而有质量的教育。完善职业教育和培训体系，深化产教融合、校企合作。加快一流大学和一流学科建设，实现高等教育内涵式发展。健全学生资助制度，使绝大多数城乡新增劳动力接受高中阶段教育、更多接受高等教育。支持和规范社会力量兴办教育。加强师德师风建设，培养高素质教师队伍，倡导全社会尊师重教。办好继续教育，加快建设学习型社会，大力提高国民素质。

（二）提高就业质量和人民收入水平。就业是最大的民生。要坚持就业优先战略和积极就业政策，实现更高质量和更充分就业。大规模开展职业技能培训，注重解决结构性就业矛盾，鼓励创业带动就业。提供全方位公共就业服务，促进高校毕业生等青年群体、进城务工人员多渠道就业创业。破除妨碍劳动力、人才社会性流动的体制机制弊端，使人人都有通过辛勤劳动实现自身发展的机会。完善政府、工会、企业共同参与的协商协调机制，构建和谐劳动关系。坚持按劳分配原则，完善按要素分配的体制机制，促进收入分配更合理、更有序。鼓励勤劳守法致富，扩大中等收入群体，增加低收入者收入，调节过高收入，取缔非法收入。坚持在经济增长的同时实现居民收入同步增长、在劳动生产率提高的同时实现劳动报酬同步提高。拓宽居民劳动收入和财产性收入渠道。履行好政府再分配调节职能，加快推进基本公共服务均等化，缩小收入分配差距。

（三）加强社会保障体系建设。按照兜底线、织密网、建机制的要求，全面建成覆盖全民、城乡统筹、权责清晰、保障适度、可持续的多层次社会保障体系。全面实施全民参保计划。完善城镇职工基本养老保险和城乡居民基本养老保险制度，尽快实现养老保险全国统筹。完善统一的城乡居民基本医疗保险制度和大病保险制度。完善失业、工伤保险制度。建立全国统一的社会保险公共服务平台。统筹城乡社会救助体系，完善最低生活保障制度。坚持男女平等基本国策，保障妇女儿童合法权益。完善社会救助、社会福利、慈善事业、优抚安置等制度，健全农村留守儿童和妇女、老年人关爱服务体系。发展残疾人事业，加强残疾康复服务。坚持房子是用来住的、不是用来炒的定位，加快建立多主体供给、多渠道保障、租购并举的住房制度，让全体人民住有所居。

（四）坚决打赢脱贫攻坚战。让贫困人口和贫困地区同全国一道进入全面小康社会是我们党的庄严承诺。要动员全党全国全社会力量，坚持精准扶贫、精准脱贫，坚持中央统筹省负总责市县抓落实的工作机制，强化党政一把手负总责的责任制，坚持大扶贫格局，注重扶贫同扶志、扶智相结合，深入实施东西部扶贫协作，重点攻克深度贫困地区脱贫任务，确保到2020年我国现行标准下农村贫困人口实现脱贫，贫困县全部摘帽，解决区域性整体贫困，做到脱真贫、真脱贫。

（五）实施健康中国战略。人民健康是民族昌盛和国家富强的重要标志。要完善国民健康政策，为人民群众提供全方位全周期健康服务。深化医药卫生体制改革，全面建立中国特色基本医疗卫生制度、医疗保障制度和优质高效的医疗卫生服务体系，健全现代医院管理制度。加强基层医疗卫生服务体系和全科医生队伍建设。全面取消以药养医，健全药品供应保障制度。坚持预防为主，深入开展爱国卫生运动，倡导健康文明生活方式，预防控制重大疾病。实施食品安全战略，让人民吃得放心。坚持中西医并重，传承发展中医药事业。支持社会办医，发展健康产业。促进生育政策和相关经济社会政策配套衔接，加强人口发展战略研究。积极应对人口老龄化，构建养老、孝老、敬老政策体系和社会环境，推进医养结合，加快老龄事业和产业发展。

（六）打造共建共治共享的社会治理格局。加强社会治理制度建设，完善党委领导、政府负责、社会协同、公众参与、法治保障的社会治理体制，提高社会治理社会化、法治化、智能化、专业化水平。加强预防和化解社会矛盾机制建设，正确处理人民内部矛盾。树立安全发展理念，弘扬生命至上、安全第一的思想，健全公共安全体系，完善安全生产责任制，坚决遏制重特大安全事故，提升防灾减灾救灾能力。加快社会治安防控体系建设，依法打击和惩治黄赌毒黑拐骗等违法犯罪活动，保护人民人身权、财产权、人格权。加强社会心理服务体系建设，培育自尊自信、理性平和、积极向上的社会心态。加强社区治理体系建设，推动社会治理重心向基层下移，发挥社会组织作用，实现政府治理和社会调节、居民自治良性互动。

（七）有效维护国家安全。国家安全是安邦定国的重要基石，维护国家安全是全国各族人民根本利益所在。要完善国家安全战略和国家安全政策，坚决维护国家政治安全，统筹推进各项安全工作。健全国家安全体系，加强国家安全法治保障，提高防范和抵御安全风险能力。严密防范和坚决打击各种渗透颠覆破坏活动、暴力恐怖活动、民族分裂活动、宗教极端活动。加强国家安全教育，增强全党全国人民国家安全意识，推动全社会形成维护国家安全的强大合力。

（二）典型案例

案例一

探索"三转双向两护"基层网络空间治理[①]

武侯区是1990年四川省成都市建立的新城区，民营经济综合实力连续11年居全省首位，辖区内京东、新浪四川等各类互联网企业蓬勃发展，属地网站3万余家、党政机关和所属企事业单位网站130多家，网络空间安全治理任务重、压力大。成都市武侯区在全市先行先试、全国率先探索"三转双向两护"管服相济、协同共治的网络空间治理新模式，着力为促进基层网络空间健康安全、网络社会善治良序提供"武侯样本"。

（一）探索"三个转变"，推动网络空间治理转型

针对网络监管多环节、易脱节的堵点，职责不清、对象不明的痛点，"新办法不会用，老办法不管用，硬办法不敢用，软办法不顶用"的困境。积极探索"三个转变"，着力构建联动共治的网络空间治理新格局。

一是转变监管思维，多手段强化属地责任。针对网上违规违法犯罪行为呈现出跨领域、跨时空的新特点，监管部门属地责任不明、职责边界不清的问题，采取多种手段转变监管思维模式，强化监管部门的属地责任、主体责任，着力消除监管"真空带"和"盲点区"。

（1）坚持"行业治理"的原则，在全市首个、全国率先制定出台《加强全区属地网站服务管理试行办法》《加强全区网络空间治理办法》，明确网信、文化、体育、旅游、工商、食药监、质监、公安等部门的网络监管职责，各街道办事处负责协助配合网站线下信息核查工作。

（2）组织相关监管部门按照国家网络安全法，根据本行业、本领域有关法律法规，梳理并细化行业内网上违规违法行为，探索汇编《武侯区网络空间治理工作手册》，进一步厘清和强化相关部门的网上监管职责。目前，在

---

① 资料来源：http://leaders.people.com.cn/n1/2017/0707/c411396-29390793.html。

文化、市场和质量监管等领域，初步梳理出普遍存在的网上违规违法行为500余条。同时，坚持"依法治理"的原则，在工作手册中明确文化、公安、市场和质量监管等部门的执法步骤，绘制执法流程图，规范网络监管执法行为，从制度上实现依法管网、依法治网。

（3）坚持"目标导向"的原则，从工作机制、队伍建设、内容监管、线下巡查等方面，制定出台《武侯区网络空间治理目标考核办法》，压紧压实全区各相关单位网络空间治理的目标责任。通过从思维意识、职责职能、执法规范、目标管理等多种举措，加快推动各部门的监管思维和视线从网下向网上的转变，监管阵地从线下实体到线上虚拟的转变，切实强化监管部门的主体责任、属地责任。另外，将国家、省、市广电、工商、公安等部门开展的网络治理行动信息，及时向区内相关监管部门进行通报，进一步强化网络空间治理的责任意识。

二是转变统计路径，多渠道搜寻治理对象。创新开拓多种资源渠道，调查统计属地网站和互联网企业，着力解决网络监管对象在哪里的难题，进一步明确网络空间治理工作的目标对象。

（1）向各监管部门提供省通管局下发的属地网站名单，作为网络空间治理的主要对象。

（2）开展属地互联网企业调研统计工作，主要对象为注册或纳税在本辖区且运用互联网平台对外开展各类业务的企业，调研内容分为3个大项17个小项，包括企业的基本情况、运营情况、网络平台基本情况等，组织各街道办事处统计报送属地互联网企业70余家。

（3）积极协调市场监管、文化产业部门提供市场交易、文化类互联网企业名单1万余家。通过以上举措，在不断扩大治理对象范围的同时，也为网络空间被动治理向主动作为转变奠定了基础。

三是转变治理方式，多部门实施联动共治。坚持"共同治理"的原则，创新建立武侯区网络空间治理联席会议制度和协调机制，强化区委网信办对网信、公安、文化、市场监管等相关监管部门的统筹协调职能，着力疏通属地网站备案登记、执法查处、刑事打击和关闭注销等各关节，打通网络监管的"隔离带""断头路"，形成统一指挥调度、无缝衔接，解决网络空间治理的"最后一公里"问题，改变过去各自为政的监管局面。由区委网信办牵头组织网信、公安、文化、工商、食药监、质监等在监管部门，联合开展"绿色网络""诚信网络"两大净化网络的专项行动，增强各部门的协调作战能力，对重大的网络违规违法行为开展联合执法，重拳出击各类违规违法网络乱象。开展净化网上舆论环境督查工作，对辖区互联网企业落实网上编审制度等要求进行督查，并对违规企业及时提醒，进一步规范了互联网企业的经营行为。

(二)探索"双向服务",推动网络空间以服促管

坚持"管服相济""疏堵结合"的思维,创新政府与互联网企业的"双向服务",推动政企双向互动、共生发展,大力探索"以服促管"的网络空间治理新模式。

一是以服务鼓励企业健康发展。以组建成立区互联网协会为抓手,制定协会章程,实施行业自律,开展互联网企业服务。建立协会成员单位联系群,为互联网企业搭建资源信息交流分享、伙伴合作的平台;召开互联网企业座谈交流会,走访调研辖区互联网企业,收集和解决企业困难诉求。将分散在政府各相关服务部门的扶持发展政策,组织编印《成都市武侯区互联网企业发展扶持政策汇编》,积极向互联网企业提供办证落户、申报专项资金、政策扶持等服务。成功推荐两名互联网从业人士成为区政协委员,为互联网企业开启参政议政之路,提高了互联网企业的政治地位;开展属地互联网企业党建团建工作,组织开展了"庆七一迎十九大"学习讨论会,引导团结互联网企业增强政治意识和大局意识。通过以上服务积极引导鼓励互联网企业迈网络正步、走网络正道、传播网络正能量。

二是调动企业服务区域发展。在政府为互联网企业提供服务的同时,充分运用辖区互联网企业的网络平台资源,将武侯区民生政策信息、办事指南、各类发展规划等进行推广传播,更好地服务民生发展。运用新浪四川、成都红色力量等互联网企业强大的音乐和视频制作团队,为区域海外形象宣传、招商引资等提供有力支撑和帮助;团结引导16小时网等网络平台开展"诚信网络"、民生信息等宣传活动,在营造区域网络空间良好生态和形象方面发挥了积极作用。

(三)探索"两层防护",推动网络空间安全稳定

坚持把网络安防放在首位,积极探索"自查自纠""督查督办"的网络安全"两层防护",筑牢网络安全"防火墙",防止各类网络入侵和破坏,大力护卫区域网络空间安全稳定。

一是实施网络安全"自查自纠"。召开全区网络安全工作会,开展"网安武侯"专项行动,制定出台重大网络安全事项报告制度,在全区各单位建立网络安全工作机制,完善网络安全应急值守和应急预案制度,明确各单位网络安全主体责任,明确分管领导和网络安全员。组织全区各单位开展网络安全"自查自纠"行动,发现网站安全漏洞立即上报并及时修复整改,及时避免发生重大网络安全事件。

二是实施网络安全"督查督办"。探索以"市场化运作"的方式,与有安全认证资质的网络安全检测企业合作,对全区党政机关及所属企事业单位网站开展定期远程检测和不定期抽检督查。制定重大网络安全事件督查督办制度,

对存在网络安全风险的单位及时发布风险预警和督办整改通知书 16 期，要求相关单位在规定时间内上报漏洞危害情况、修复情况和下一步整改措施。

案例二

<h3 style="text-align:center">建设"智安小区"积极推动社会治理创新①</h3>

  嘉善作为全国唯一的县域科学发展示范点，近年来在平安创建过程中，积极推进社会治理创新，主动把握动态化条件下社会治安规律特点，紧扣智慧城市发展方向，通过全面建设"智安"标准化小区（以下简称"智安小区"），充分运用大数据技术和信息化手段破难题、补短板，以提升智慧安防水平来推进平安小区建设，进一步做强做实平安建设的"细胞单元"。在传统小区人防、物防、技防基础上，大力实施"云上公安、智能防控"战略，通过在居民小区安装智能工具和应用现代物联网技术等进行社会治安智慧防控，减少小区发案，积极探索创新社会治理、保障县域平安新模式。

  （一）强化顶层设计，各方共同发力，把"智安小区"建设置于政府工程来推进

  嘉善县把小区安防工作作为构筑治安防控体系的重点来推动，形成了"党政主导，社会参与"的建设模式，较好实现了与人民群众需求共鸣共振。一是纳入政府重点实事工程推进。2014 年开始，县委县政府把"智安小区"建设纳入县域科学发展示范点建设规划和平安建设总体布局，作为党委政府服务群众、提升群众安全感的民生实事工程来推进。成立由县委副书记、政法委书记任组长的建设领导小组，设立工作专班，出台方案，从顶层设计上搭建了县、镇（街道）、社区（村委会）和居民四级共建"智安小区"的新格局。二是试点先行确定建设标准。2014 年以来，在"嘉辰花苑""临江景苑"等 11 个"智安小区"建设试点取得成功的基础上，我们制定出台了《全县"智安小区"安防建设配置标准》，按照封闭式小区以智慧安防设备集成应用为重点、开放式小区以"虚拟封闭 + 安装摄录一体机"为重点两个不同类别进行标准配置。2015—2016 年又完成 79 个"智安小区"的改造建设。三是建立保障机制确保持续推进。规范了"智安小区"工程招投标、建设流程和资金补助等，明确县、镇（街道）建设资金按各 50% 比例进行分担。落实县、镇、村定额补助政策，2016—2018 年每年安装 1 万部摄录一体机，实现全县群租房集聚小区和城镇住宅小区楼道口摄录一体机"全覆盖"。以 PPP 模式同步开展"车卫士"物联网电动车防盗工程建设，在智安小区门口及重

---

  ① 资料来源：http://leaders.people.com.cn/n1/2017/0725/c411396-29427500.html。

点区域路段布建 1000 个射频基站点，10 万辆电动自行车安装防盗芯片，有效解决社会各界和广大人民群众反映强烈的电动自行车被盗问题。同时，将"智安小区"建设纳入平安综治考核体系，将责任细化到镇（街道）、部门，做到工作推进有通报、建设结果有奖惩。

（二）汇聚前沿技术，搭建智能平台，实现小区管理由"传统人工"向"智慧集成"转变

在小区治理过程中，嘉善县除了对人防、物防、心防等明确标准外，重点通过智能化手段提升对居民小区的治安防范和管理服务能力。一是构筑虚拟界面实现数据智能采集。在小区出入口安装车牌抓拍、人脸识别、电动车 RFID 防盗感应、MAC 信息采集和二代身份证采集等五大系统，形成一个信息采集虚拟截面，在对进出小区车辆、人员管控的同时，自动采集、记录所有进出小区人员、车辆和通信工具等静态和动态数据，实现"人过留影、车过留牌、机过留号"。截至目前，累计采集车牌数据 420 余万条、电瓶车轨迹 800 余万条、人脸轨迹数据 300 万条、无线智能终端特征码 32 亿余条，为小区社会治理工作提供了数据支撑。二是搭建分析平台实现数据智能挖掘。研发"智安小区"管理分析平台，集成人脸识别、车牌识别、电动车防盗识别、手机识别、重点部位巡更、小区公共视频、家庭摄录一体机、APP 信息传送等八大系统。经过出入口截面的数据源源不断汇聚到平台，并利用采集到的数据相互依赖的关系，实现"一站式"查询比对的"警务百度"功能。实现车牌、手机 MAC 关联查询、伴随查询等功能，通过数字化搜索碰撞关联到精确的 MAC 号、车牌号、RFID 号，达到快速锁定对象轨迹的目的，提高数据挖掘深度。三是运用物联网技术实现数据智能感知。在"智安小区"和社区警务室设立二级平台，专网连接，依托物联网技术和平台采集的数据，实时对小区社情、警情进行智能预测预警，为小区防范提供研判支撑。在小区出入口，RFID 电动自行车（人员）卡绑定住户的车辆信息，当电动车钥匙串上的码与电动车码一致时，行车道将自动抬杆，若码出现不一致时则会自动报警，使被盗车辆出不了小区大门。

（三）把握现实需求，做强三大功能，把"智安小区"建设作为基层社会治理创新的成功实践

我们把提升群众的安全感和幸福感作为"智安小区"建设的出发点和落脚点，坚持"联动融合、开放共治"理念，既注重政府职能部门实施社会治理，也调动社会多元主体参与共治，以实战应用检验"智安小区"建设成效。一是让重点人员 24 小时智能管控成为现实。以现有人员数据库为基础，对于特定关注对象，通过人脸识别抓拍、手机 MAC 地址等分析日常活动轨迹，划定管控等级，评测潜在风险，按需纳入管控视线，实现落地查人和精

确管控。二是为侦查破案提供最后一公里落地支撑。依托平台数据采集和挖掘，实现小区实采信息、现发警情的实时、快速传递、布控和处置。通过在平台内添加目标车辆车牌、目标手机 MAC，可获取目标车辆及手机进出社区的时间、次数和照片等信息，进行实时布控。2016 年 7 月，根据"智安小区"采集信息，通过对犯罪嫌疑人的电动车和手机轨迹进行研判，成功破获了发生在书香门邸小区等地的多起入室盗窃案。三是让智慧服务融入小区居民日常生活。通过"智安社区"手机 APP 软件，集成流动人口信息"一报通"、户口咨询、防范宣传、小区自动导航等功能，小区居民通过手机就能实时快速接收各类治安防范和社区服务信息。通过 RFID 无线射频技术，实时监测人群中佩戴专用智能手环的无线射频信号，实现区域看管和定位查找功能。

参考书目

［1］共产党宣言［M］. 北京：人民出版社，1997.

［2］毛泽东文集：第 8 卷［M］. 北京：人民出版社，1999.

［3］邓小平文选：第 3 卷［M］. 北京：人民出版社，1993.

［4］十八大以来重要文献选编［M］. 北京：中央文献出版社，2014.

［5］李培林. 当代中国阶级阶层变动（1978—2018）［M］. 北京：社会科学文献出版社，2018.

［6］李强. 转型时期中国社会分层［M］. 沈阳：辽宁教育出版社，2004.

［7］孙立平. 失衡：断裂社会的运动逻辑［M］. 北京：社会科学文献出版社，2004.

［8］郑杭生. 中国特色社会学理论的提升［M］. 北京：中国人民大学出版社，2015.

［9］王伟光. 社会主义和谐社会理论基本问题［M］. 北京：人民出版社，2010.

［10］魏礼群. 创新社会治理 建设法治社会［M］. 北京：红旗出版社，2015.

思考题

1. 社会建设与其他领域的建设有哪些联系和区别？
2. 如何认识中国共产党民生思想的理论渊源？
3. 如何看待当今中国社会治理的现代化？

第七章 中国特色社会主义生态文明建设

一、教学大纲基本内容①

（一）中国特色社会主义生态文明建设的理论

生态文明反映的是人与自然的和谐程度。生态文明的核心是正确处理人与自然的关系。建设社会主义生态文明，事关人民福祉与民族未来。改革开放以来，中国逐步形成了中国特色社会主义生态文明建设的理论，建立了保护环境和节约资源的基本国策。党的十八大以来，以习近平为核心的党中央进一步提出了一系列生态文明建设的理论。

1. 美丽中国的理论

生态文明是人类进步的重大成果，是人类文明发展的必然趋势，是实现人与自然和谐发展的本质要求。建设生态文明是关系人民福祉的长远大计、事关中华民族永续发展的千年大计。面对资源约束趋紧、环境污染严重、生态系统退化的严峻形势，必须把生态文明建设放在突出位置，努力建设美丽中国，实现中华民族永续发展；必须坚持节约资源和保护环境的基本国策，像对待生命一样对待生态环境，形成绿色发展方式和生活方式，坚定走生产发展、生活富裕、生态良好的文明发展道路。一句话，保护生态环境，建设美丽中国，就是为了人民的美好生活，就是为人民创造良好的生产生活环境，就是为全球生态安全做出贡献。

2. 生态文明体系的理论

生态文明建设是关系人民福祉、关乎民族未来的长远大计。贯彻落实"五位一体"的总体布局，把生态文明建设融入经济建设、政治建设、文化建设、社会建设各方面和全过程，加快构建生态文明体系，尽快实现生态环境质量的根本好转，主要包括：建立和健全以生态价值观为准则的生态文化体系，以产业生态化和生态产业化为主体的生态经济体系，以改善生态环境

---

① 这一部分参考了马克思主义理论研究和建设工程重点教材硕士研究生思想政治理论课教材《中国特色社会主义理论与实践研究》（高等教育出版社2018年版）的相关内容。

为核心的目标责任体系，以治理体系和治理能力现代化为保障的生态文明制度体系，以生态系统良性循环和环境风险有效防控为重点的生态安全体系。

3. 资源节约型和环境友好型社会的理论

建设生态文明要从资源使用这个源头抓起，树立节约集约循环利用的资源观，把节约资源作为根本之策，切实执行节约资源和保护环境的基本国策，推进资源利用方式的根本改变，关键要着力于全过程的节约管理，尽快转变过多依赖物质资源消耗增加、生产规模粗放扩张的高能耗高排放产业的发展模式，促使主体功能区布局基本形成，资源循环利用体系初步建立，单位国内生产总值能源消耗和二氧化碳排放大幅下降，主要污染物排放总量显著减少，森林覆盖率提高，资源利用综合效益大幅提高，生态系统稳定性增强，人居环境明显改善。创新环境治理理念和方式，强化排污方的主体责任，形成政府、企业、公众共治的环境治理体系，尽早实现环境质量总体改善，切实解决损害人民健康的突出环境问题，推动资源节约型、环境友好型社会建设取得重大进展。

4. 以系统工程思路建设生态文明的理论

生态文明建设是一个系统工程，必须根据"五位一体"的总体布局，按照系统工程的思路，抓好生态文明建设工作的全面落实和重点工程的推进。全面落实就是朝着建设人与自然和谐共生的现代化的目标，在经济建设、政治建设、文化建设和社会建设中全面贯彻落实节约优先、保护优先、自然恢复为主的方针，构建科学合理的城镇化推进格局、农业发展格局、生态安全格局，保障国家和区域生态安全，提高生态服务功能；形成节约资源和保护环境的空间格局、产业结构、生产方式、生活方式，还自然以宁静、和谐、美丽。重点工程是：把能源资源保障好，把环境污染治理好，把生态环境建设好，为人民群众创造良好的生产生活环境。

5. 全球生态文明建设的理论

资源枯竭、环境恶化、生态破坏和气候变暖等问题，是全世界面临的共同挑战。中国是负责任的发展中大国，要坚持环境友好，合作应对气候变化，保护好人类赖以生存的地球家园。要坚持共同但有区别的责任原则、公平原则、各自能力原则，同国际社会一道积极应对全球气候变化。要着眼全球，加快推进生态文明建设，积极承担与中国基本国情、发展阶段和实际能力相符的国际义务，推动形成公平合理、合作共赢的全球气候治理体系。要积极参与全球环境治理，落实减排承诺，推进绿色"一带一路"建设，为全球生态安全做出贡献。要引导应对气候变化国际合作，成为全球生态文明建设的重要参与者、贡献者、引领者。

(二) 中国特色社会主义生态文明的新理念

中国特色社会主义生态文明建设理论非常丰富,党的十八大以来从其中凝练出三大基本新理念。

1. 尊重自然、顺应自然、保护自然的理念

面对资源约束趋紧、环境污染严重、生态系统退化的严峻形势,必须树立尊重自然、顺应自然、保护自然的生态文明理念。尊重自然,是人与自然相处时应秉持的首要态度,要求人对自然怀有敬畏之心、感恩之心、报恩之心,尊重自然界的创造与存在,决不能凌驾于自然之上;顺应自然,是人与自然相处时应遵循的基本原则,要求人顺应自然的客观规律,按照自然规律办事;保护自然,是人与自然相处时应承担的重要责任,要求人在向自然界索取生存发展之需的同时,呵护自然,主动回报自然,保护自然生态系统。

2. 绿色发展、循环发展、低碳发展的理念

为了推进生态文明建设,必须自觉树立和主动践行绿色发展理念,使忽视生态环境保护的状况明显改善;必须牢固树立生态红线观念,对于生态保护红线,全党全国要一体遵行,决不能逾越,确保生态功能不降低、面积不减少、性质不改变。绿色发展与循环发展、低碳发展是一致的,都强调人与自然的和谐。要着力推进绿色发展、循环发展、低碳发展,形成节约资源和保护环境的空间格局、产业结构、生产方式、生活方式,从源头上扭转生态环境恶化趋势,为人民创造良好生产生活环境,为全球生态安全做出贡献。要加快建立绿色生产和消费的法律制度和政策导向,建立健全绿色低碳循环发展的经济体系。构建市场导向的绿色技术创新体系,发展绿色金融,壮大节能环保产业、清洁生产产业、清洁能源产业。推进能源生产和消费革命,构建清洁低碳、安全高效的能源体系。推进资源全面节约和循环利用,实施国家节水行动,降低能耗、物耗,实现生产系统和生活系统循环链接。倡导简约适度、绿色低碳的生活方式,反对奢侈浪费和不合理消费,开展创建节约型机关、绿色家庭、绿色学校、绿色社区和绿色出行等行动。

3. 绿水青山就是金山银山的理念

发展是硬道理,但人类对经济社会发展与生态环境的关系认识是与时俱进的,大致经历三个阶段:先是为了金山银山而去改造和征服绿水青山,接着是既要金山银山又要绿水青山,现在认识到绿水青山就是金山银山。改革开放以来,中国的现代化建设成效显著,但也造成了环境被迅速污染、生态被严重破坏的后果,付出了巨大的资源环境代价。推动生态文明建设,建设美丽中国,是中华民族永续发展的千年大计,必须树立和践行绿水青山就是金山银山的理念,才能将生态优势转化为发展优势。绿水青山就是金山银山的理念体现了人与自然和谐共生的本质内涵。天人合一，绿水青山是人的无机的身体，留得绿水青山在就是保护人类自身，破坏绿水青山最终会伤及人类自身。坚持人与自然和谐共生，守望好绿水青山，也就永恒地拥有了绿水青山。

（三）中国特色社会主义生态文明建设的制度

推进中国特色社会主义生态文明建设，不仅要牢固树立生态文明的理念，更要把理念落实到制度上，进而规范人们的行动。建设生态文明是一场涉及生产方式、生活方式、思维方式和价值观念的革命性变革。实现这样的变革，必须依靠制度和法治。只有实行严格的制度，建立保护生态环境的法治体系，才能为中国的生态文明建设提供可靠的保障。迄今，中国已经初步建立了一些生态环境保护的制度，法治环境取得明显进步。为了进一步将生态文明建设纳入制度化、法治化轨道，构建产权清晰、多元参与、激励约束并重、系统完整的生态文明制度体系，《中共中央国务院关于加快推进生态文明建设的意见》《生态文明体制改革总体方案》等对生态文明体制改革做了科学规划。

1. 自然资源资产产权制度和资源总量管理全面节约制度

中国已经面临自然资源日益枯竭和环境污染空前严峻的问题，必须建立严格的自然资源资产产权制度，首要的是根据法治化的精神和原则，建立统一的确权登记系统，这样才能建立权责明确的自然资源产权体系，明确各类自然资源产权主体的权利。同时，一方面要健全国家自然资源资产管理体制，建立分级行使所有权的体制，以及开展水流和湿地产权确权试点，着力解决自然资源所有者缺位、所有权边界模糊等问题。另一方面要完善资源总量管理和全面节约的制度。主要是从严完善耕地保护制度、土地节约集约利用制度、水资源管理制度，从严建立天然林、草原、湿地保护制度和沙化土地封禁保护制度，从严健全海洋资源开放保护制度和矿产资源开发利用管理制度。此外，为了重点解决资源浪费严重、利用率不高的突出问题，还要从严完善资源循环利用制度。

2. 国土空间开发保护制度和空间规划体系

人多地少是中国的基本国情，必须建立严格的国土空间开发保护制度，主要包括：完善主体功能区制度，健全国土空间用途管制制度；建立国家公园制度；改革自然资源监管体制，着力解决无序开发、过度开发、分散开发导致的优质耕地和生态空间占用过多、污染环境、破坏生态等方面的问题。同时，必须建立空间规划体系，主要包括：建立统一规范的空间规划编制机制，以便编制统一的空间规划；制定市县空间规划编制指引和技术规范，推进市县"多规合一";探索规范化的市县空间规划编制程序,创新市县空间规划编制方法,构建全国统一、相互衔接、分级管理的空间规划体系,着力解决空间规划重叠冲突、部门职责交叉重叠、地方规划朝令夕改等方面的问题。

3. 资源有偿使用和生态补偿制度

在实行社会主义市场经济的条件下,建设中国特色社会主义生态文明,必须深化资源性产品价格和税费改革,建立反映市场供求和资源稀缺程度、体现生态价值和代际补偿的资源有偿使用制度和生态补偿制度。积极开展节能量、碳排放权、排污权、水权交易试点。这就需要加快自然资源及其产品价格改革,完善土地、矿产资源、海域海岛的有偿使用,加快环境资源税费改革,探索建立多元化补偿机制,完善生态保护修复资金使用机制,建立耕地草原河湖休养生息制度,着力解决自然资源及其产品价格偏低、生产开发成本低于社会成本、保护生态得不到合理回报等方面的问题。

4. 环境制度治理体系和生态保护市场体系

保护环境是中国一项基本国策,在全面依法治国的条件下,它必须转化为环境制度治理体系和生态保护市场体系。建立健全的环境制度治理体系主要包括:建立统一公平、覆盖所有固定污染源的企业排放许可制,建立污染防治区域联动机制和农村环境治理体制机制,健全环境信息公开制度,严格实行生态环境损害赔偿制度,完善环境保护管理制度,着力解决污染防治能力弱、监管职能交叉、权责不一致、违法成本低等方面的问题。建立健全的生态保护市场体系主要包括:培育环境治理和生态保护市场主体,推行用能权、碳排放权、排污权、水权交易制度,建立绿色金融体系和绿色产品体系,着力解决市场主体和市场体系发育滞后、社会参与度不高等方面的问题。

5. 生态文明绩效评价考核和责任追究制度

加强环境监管,推进生态文明建设,必须健全生态文明绩效评价考核和责任追究制度。因为生态文明建设是"五位一体"总体布局的有机组成部分,完善经济社会发展考核评价体系和责任追究制度,必须把生态环境建设放在突出位置,建立生态文明目标体系,建立科学的资源环境承载能力监测预警机制,探索编制自然资源资产负债表,建立环保督察工作机制,严格落实环境保护主体责任,完善领导干部目标责任考核制度。对领导干部实行自然资源资产离任审计,建立生态环境损害责任终身追究制,着力解决发展绩效评价不全面、责任落实不到位、损害责任追究缺失等方面的问题。

综上所述,中国特色社会主义生态文明制度建设是一个系统工程,建立和健全生态文明制度体系，必须加快生态环境监管体制的改革，在全面改革中推进生态文明领域国家治理体系和治理能力现代化。为此，必须尽快改变目前资源和生态环境领域的管理体制中存在的职责交叉重复、监管者和所有者没有很好地区分开的问题；必须加强对生态文明建设的总体设计和组织领导，建立国有自然资源资产管理和自然生态监管机构，完善生态环境管理制度，统一行使全民所有自然资源资产所有者职责，统一行使所有国土空间用途管制和生态保护修复职责，统一行使监管城乡各类污染排放和行政执法职责。

（四）中国特色社会主义生态文明建设的实践

1. 建设美丽中国

中国特色社会主义进入新时代，中国社会主要矛盾已经转化为人民日益增长的美好生活需要和不平衡不充分的发展之间的矛盾。美好生活需要包括优美生态环境的需要，而且随着人民美好生活需要的日益广泛，对优美生态环境的需要也日益增长。因此，必须全面把握中国特色社会主义事业总体布局是包含生态文明建设在内的"五位一体"，必须在满足人民日益增长的美好生活需要的过程中，既创造更多的物质财富和精神财富，又提供更多的优质生态产品和优美生态环境。总的来说，建设美丽中国在中国还任重道远。虽然中国生态文明建设还处于压力叠加、负重前行的关口，但也到了有条件有能力解决生态环境突出问题的关口，进入了提供更多优质生态产品以满足人民日益增长的优美生态环境需要的攻坚期。党的十八大以来，着力建设美丽中国，大力贯彻绿色发展理念，日益增多的良好生态环境成为最普惠的民生福祉。当前，中国生态文明建设正本着人与自然和谐共生、绿水青山就是金山银山、良好生态环境是最普惠的民生福祉、山水林湖草是生命共同体、用最严格的制度最严密法的治保护生态环境、共谋全球生态文明建设六项原则，加快绿色发展，加大生态系统保护力度，不断开创美丽中国建设的新局面。

2. 解决突出环境问题

生态环境是人类存续的基础，保护生态环境就是保护人类自己。党的十八大提出，坚持预防为主、综合治理，以解决损害群众健康的突出环境问题为重点，强化水、大气、土壤等污染防治。党的十九大进一步提出，着力解决突出环境问题。坚持全民共治、源头防治，持续实施大气污染防治行动，打赢蓝天保卫战。随着环境治理力度不断加强，中国的环境状况正在一步步得到改善。但是，环境质量与人民群众的期待还有很大差距，主要表现为大气环境质量、水环境质量、土壤环境质量和自然生态等方面的达标率还不高，各种污染指数仍居高难下。这些问题制约着中国经济社会的可持续发展，影响了人民群众的生活质量和身体健康。聚焦环境保护的重点领域、关键问题和薄弱环节，推进大气、水和土壤的污染治理，打赢环境治理攻坚战，是目前和今后着力解决突出环境问题的重点任务，主要是要坚持全民共治、源头防治，持续实施大气污染防治行动，加快水污染治理，强化土壤污染管控和修复，还民众以蓝天、绿水和青山。

3. 加大生态系统保护力度

西方传统工业化的迅猛发展在创造巨大物质财富的同时，各国人民也曾付出了以世界环境八大公害事件①为标志的惨痛代价，教训极为深刻。中国是一个发展中的大国，能源资源相对不足、生态环境承载力不强已经是中国的一个基本国情，建设现代化国家，走欧美"先污染后治理"的老路行不通，必须加大生态系统保护力度，走出一条环境保护新路。中国正在加大力度探索保护生态环境的新路，主要包括：其一，实施重要生态系统保护和修复重大工程，优化生态安全屏障体系，构建生态廊道和生物多样性保护网络，提升生态系统质量和稳定性；其二，树立底线思维，完成生态保护红线、永久基本农田、城镇开发边界三条控制线划定工作；其三，开展国土绿化行动，推进荒漠化、石漠化、水土流失综合治理，强化湿地保护和恢复，加强地质灾害防治；其四，完善天然林保护制度，扩大退耕还林还草；其五，严格保护耕地，扩大轮作休耕试点，健全耕地草原森林河流湖泊休养生息制度，建立市场化、多元化生态补偿机制。迄今，京津风沙源治理工程、三江源生态保护和建设工程、三北防护林体系建设工程等重点区域进行的生态修复工作取得了很大成效，使不堪重负的森林、湿地、草地等生态系统得到了休养生息。继续实施重要生态系统保护和修复工程已经成为中国维护生态安全的战略支撑，其主要任务有：修复长江生态环境摆在了压倒性位置；继续实施京津风沙源治理二期工程；强化三江源等江河源头和水源涵养区生态保护；加大南水北调水源地及沿线生态走廊、

---

① 世界环境八大公害事件：因现代工业兴起和发展，工业"三废"排放量不断增加，环境污染和生态破坏事件频发，20世纪30—60年代，发生了八起震惊世界的公害事件：①比利时马斯河谷烟雾事件（1930年12月），致60余人死亡，数千人患病；②美国多诺拉镇烟雾事件（1948年10月），致5910人患病，17人死亡；③伦敦烟雾事件（1952年12月），短短5天致4000多人死亡，事故后两个月内又因此得病而死亡8000多人；④美国洛杉矶光化学烟雾事件（"二战"以后每年5—10月），烟雾致人五官发病、头疼、胸闷，汽车、飞机安全运行受威胁，交通事故增加；⑤日本水俣病事件（1952—1972年间断发生），共计死亡50余人，283人严重受害而致残；⑥日本富山骨痛病事件（1931—1972年间断发生），致34人死亡，280余人患病；⑦日本四日市气喘病事件（1961—1970年间断发生），受害者2000余人，死亡和不堪病痛而自杀者达数十人；⑧日本米糠油事件（1968年3—8月），致数十万只鸡死亡、5000余人患病、16人死亡。

三峡库区等区域生态保护力度,推进沿黄生态经济带建设;支持甘肃生态安全屏障综合示范区建设;完善国家地下水监测系统,开展地下水超采区综合治理;建立沙化土地封禁保护制度;有步骤地对居住在自然保护区核心区与缓冲区的居民实施生态移民。与此同时,中国正在大力优化生态安全屏障体系,要求青藏高原生态屏障重点保护好多样独特的生态系统,黄土高原川滇生态屏障重点加强水土流失防治和天然植被的保护,东北森林带重点保护好森林资源和生态多样性,北方防沙带重点加强防护林建设、草原保护和防风固沙,南方丘陵山地带重点加强植被修复和水土流失防治。此外,为避免因区域隔离、缺乏连接造成对生态系统的破坏,中国还在同步构建各生态区域的生态走廊和生物多样性保护网络。

4. 建设人与自然和谐共生的现代化

实现现代化是实现中华民族伟大复兴的中国梦的重要标志。党的十九大明确提出,中国要建设的现代化是人与自然和谐共生的现代化,到2035年要实现生态环境根本好转,美丽中国目标基本实现。中国社会主要矛盾已经转化为人民日益增长的美好生活需要和不平衡、不充分的发展之间的矛盾,现代化建设既要创造更多物质财富和精神财富以满足人民日益增长的美好生活需要,更要提供更多优质生态产品以满足人民日益增长的优美生态环境需要。为了建设人与自然和谐共生的现代化,中国正在探索一条将绿色发展理念贯彻落实于现代化建设各领域、全过程的新路,主要做法包括:一是以绿色理念引领新型工业化;二是让绿色化贯穿农业现代化发展始终;三是让城市融入大自然。今后,中国将非常注意正确处理经济发展同生态环境保护之间的关系,更加自觉地推动绿色发展、循环发展、低碳发展,决不以牺牲环境、浪费资源为代价换取一时的经济增长;将非常注意协调推进新型工业化、信息化、城镇化、农业现代化和绿色化,走出一条经济发展和生态文明相辅相成、相得益彰的新发展道路,让良好生态环境成为人民生活质量的增长点、成为展现我国良好形象的发力点。

总之,高度重视生态文明建设事关实现"两个一百年"奋斗目标,事关中华民族永续发展,是建设美丽中国的必然要求,对于满足人民群众对良好生态环境新期待、形成人与自然和谐发展现代化建设新格局,具有十分重要的意义。我们既要绿水青山,也要金山银山;宁要绿水青山,不要金山银山,而且绿水青山就是金山银山。完全可以说,保护生态环境就是保护生产力,改善生态环境就是发展生产力。生态环境问题归根到底是经济发展方式问题。要正确处理好经济发展同生态环境保护的关系,切实把绿色发展理念融入经济社会发展各方面,推进形成绿色发展方式和生活方式,协同推进人民富裕、国家富强、中国美丽。

二、学术前沿述评

(一) 关于生态文明兴起

生态文明的提出源于对工业文明的反思。1962年,美国学者蕾切尔·卡逊用《寂静的春天》一书率先向人类敲响了生态危机的警钟。1968年诞生的罗马俱乐部是人类将生态问题纳入政治视野的重要里程碑,它在1972年发表的研究报告《增长的极限》,对资本主义工业文明的不可持续性进行了深刻批判,提出了均衡发展的理念。同年,联合国人类环境会议首次召开,通过了《人类环境宣言》,标志着全世界在环境问题上的觉醒。1981年,美国学者莱斯特·R.布朗出版《建立一个可持续发展的社会》,首次系统论证了可持续发展观。稍后,苏联举行了全苏第二次"关于环境问题的教育"学术会议,探讨了对青年人进行环保教育和建设生态文明的问题。1983年,联合国成立世界环境与发展委员会,它在1987年发表长篇报告《我们共同的未来》,第一次阐述了可持续发展概念,并正式提出了可持续发展模式,得到国际社会的广泛认同。1992年,里约热内卢环境与发展大会通过《21世纪议程》;2002年,在约翰内斯堡举行的可持续发展世界首脑会议将经济发展、社会发展和环境保护确立为可持续发展的三大支柱。2012年6月,联合国可持续发展大会在巴西里约热内卢举行,大会以"可持续发展和消除贫困背景下的绿色经济"和"促进可持续发展的机制框架"作为两大主题,将"评估可持续发展取得的进展、存在的差距""积极应对新问题、新挑战""做出新的政治承诺"作为三大目标。在上述反思资本主义工业发展模式和形成可持续发展思潮的过程中,在全世界引发了对生态文明的关注。

生态文明在中国的提出大致可分为三个阶段。第一阶段是改革开放之初对生态文明的初步提出。在改革开放前,由于温饱问题长期没有得到解决,加上闭关锁国,因而中国学界几乎没有直接研究生态文明的成果。改革开放初期,随着国门的打开,国外思潮纷纷涌入中国,国外的生态思想也进入国内学者的视野。有学者开始关注生态文明,提出"只有当人与自然处在和平共生状态时,人类的持久幸福才有可能。没有生态文明,物质文明和精神文明就不会是完善的"①。此后,学界开始使用生态文明的概念,论及生态文明的思想。此后,随着工业的迅速发展和现代化进程的加速推进,生态文明也逐渐被重视起来,对生态文明概念内涵的界定成了政学两界关注的热点问题。

---

① 赵鑫珊:《生态学与文学艺术》,《读书》1983年第4期,第110页。

特别是在1987年全国生态农业问题讨论会上，叶谦吉高调提倡生态文明。他认为，"生态文明，就是人类既获利于自然，又还利于自然，在改造自然的同时又保护自然，人与自然之间保持着和谐统一的关系。……从生态文明的内容出发，人类社会同样可划分为蒙昧时代、野蛮时代和文明时代"①。但总的来说，这一阶段主要是在译介性地研究西方生态思想和绿党的基础上研究生态文明的。② 第二阶段是生态学马克思主义传入国内后出现的跨世纪的研究生态文明的热潮。20世纪80年代后期，作为西方马克思主义发展新阶段的生态学马克思主义传入中国，激发了国内研究生态文明的热潮，主要表现为在研究国外生态思潮（重点是生态学马克思主义和生态社会主义）和绿党政治的基础上阐发中国学界对生态文明概念的理解。③ 强调生态文明是对现有文明的整合和重塑，是人类文明史上的一种新型的文明形态，主张人与自然之间平等的关系，反对人类破坏自然、征服自然的理念和行为。④ 同时开始挖掘生态文明的马克思主义理论源头和提出社会主义生态文明的概念⑤。党的十七大首次明确提出建设生态文明的目标之后，开始大量涌现直接以社会主义生态文明为主题的研究成果。⑥ 第三阶段是中国特色社会主义进入新时代后形成的研究习近平生态思想的热潮。当前，人们已普遍接受生态文明是继原始文明、农业文明、工业文明之后人类社会的一种新型文明形态的观点。生态文明的科学内涵在于：它以生态产业、生态经济、绿色消费为核心，关注人与自然的和谐相处，主张生物多样性、社会文明多样化，尊重自然规律，改变以往文明形态中破坏自然的状况，维护生态平衡，是人类文明的现代形态。⑦

---

① 《真正的文明时代才刚刚起步——叶谦吉教授呼吁开展生态文明建设》，《中国环境报》1987年4月23日。

② 主要有徐崇温的著作《西方马克思主义》（天津人民出版社1982年版）、陶书的论文《西德绿党》（《世界知识》1983年第7期）和张祖谦的论文《进入联邦议院以后的绿党》（《国际问题资料》1984年第19期）等。

③ 李绍东：《论生态意识和生态文明》，《西南民族学院学报（哲学社会科学版）》1990年第2期。

④ 贾治邦：《履行建设生态文明重大使命，推进现代林业又好又快发展》，《林业经济》2008年第1期。

⑤ 刘世清：《试论生态农业》，《生态经济》1990年第8期；谢光前：《社会主义生态文明初探》，《社会主义研究》1992年第3期。

⑥ 潘岳的《论社会主义生态文明》（《中国经济时报》2006年9月26日）和《社会主义生态文明》（《绿叶》2007年9月15日）、王宏斌的《生态社会主义与社会主义生态文明》（《中国国际共运史学会2006年年会暨学术研讨会论文集》2006年10月1日）、陈瑞清的《建设社会主义生态文明，实现可持续发展》（《北方经济》2007年第7期）。

⑦ 张波：《生态文明：新世纪人类的最佳抉择》，《湖北社会科学》2012年第3期。

(二) 关于生态文明理论

1. 关于对生态文明的理解

目前学术界普遍认为，生态文明是在之前文明的基础上形成的一种新型文明。但也有学者补充指出，这种观点未能全面把握生态文明的本质以及在整个人类文明历程中的历史定位。对文明的理论和现实分析表明，文明本身蕴含着生态本性，潜在的是生态文明，而生态文明则是文明之本质的真实显现，是文明本身所追求终极目的的彻底达成。① 据此，有学者总结性地提出，生态文明"作为人类文明的一种形式，与农耕文明、工业文明在纵向上延续，与物质文明、精神文明和政治文明在横向上共生"②。而社会主义生态文明，可以在人类文明转向与资本主义文明竞争和社会主义实践反思等三重向度上使用这一概念。③ 有学者研究了生态文明的历史唯物主义范式、生态文明的制度建设理论、中国社会主义生态文明思想的发展理路和理论的构建原则以及社会主义生态文明教育理论。还有学者提出生态文明观，并总结了五种解读方式，即三重维度（自然、社会和人文）的生态文明观、结构论（观念、制度和实践三要素）的生态文明观、文化角度（突出文化内涵）的生态文明观、理念论（突出生态理念的导向）的生态文明观和三层次（问题指向、最终结果、哲学实质）的生态文明观。④

2. 关于生态文明的理论来源及其实质

国内学者主要通过阐发马克思主义生态思想为中国社会主义生态文明做理论证明。如，有学者从哲学基础范畴出发，对马克思主义生态思想进行深入的研究，试图整合与超越西方环境哲学，为构建中国特色的环境哲学进行理论探讨，具有理论和实践的双重价值。⑤ 也有学者指出，马恩的生产力理论本身蕴含丰富的生态思想，循环经济是他们的一贯主张。⑥ 另外，国内学者也广泛吸取其他的相关理论，包括生态学马克思主义理论、生态文化理论、生态系统理论和生态现代化理论等。在综合研究国内外生态文明理论的基础上，有学者认为，社会主义生态文明的基本理论框架已经形成，但其实质还是处理"生产、生活、生态"三者的关系。⑦

---

① 徐海红：《生态文明的历史定位——论生态文明是人类真文明》，《道德与文明》2011年第2期。
② 夏光：《生态文明概念辨析》，《环境经济》2009年第3期，第61页。
③ 郇庆治：《社会主义生态文明：理论与实践向度》，《江汉论坛》2009年第9期，第11页。
④ 李校利：《生态文明研究综述》，《学术论坛》2013年第2期。
⑤ 孙道进：《马克思主义环境哲学研究》，人民出版社2008年版。
⑥ 杜秀娟：《马克思主义的生态哲学思想的历史发展研究》，北京师范大学出版社2011年版。
⑦ 王明初、杨英姿：《社会主义生态文明建设的理论与实践》，人民出版社2011年版，第12页。

3. 关于中西文化中的生态思想与社会主义生态文明的关系

近年来，学界深刻挖掘了中国传统文化儒、释、道等学说中的生态思想，尤其是在研究天人合一思想的基础上，提出了天人之学、天命信仰、天生万物、天赋性命等思想，旨在说明"人与天地万物都是宇宙神秘的生命力的承载者，破坏其他存在物的生命，就是在破坏自己的生命"①，为社会主义生态文明理论奠定了重要的本土化和民族化的基础。在研究借鉴西方文化的生态思想方面，从西方的生态（环境）伦理学、生态政治学和生态哲学，到可持续发展理论、环境安全理论、生态现代化理论和环境公民权理论，再到环境运动组织和团体以及欧美绿党政治，国内学者都做了广泛而深入的研究。其中，生态社会主义和生态学马克思主义是研究重点，旨在实现西方伦理学与中国文化以及马克思主义自然观的融合，进而构建社会主义生态文明理论，同时论证人类新的生存方式——生态文明包括社会主义生态文明将会成为历史的必然选择。②

（三）关于生态文明建设

1. 生态文明建设的地位与作用

生态文明在中国特色社会主义事业中的地位，生态文明与和谐社会建设、可持续发展、科学发展观的关系等，都是研究的重点。如，吴瑾菁和祝黄河强调了生态文明建设在中国特色社会主义建设"五位一体"的系统工程中的基础地位③；郇庆治认为，社会主义生态文明构成了一个完整意义上的绿色乌托邦未来想象，这对于依然在高速推进现代化的中国未来来说至关重要。④

2. 生态文明建设与经济社会的发展

国外有学者专门研究了这方面的问题，试图在生态文明与经济发展之间实现一个最佳方案，认为人类追求经济发展对地球生态环境造成的破坏，其形势极其严峻，人类必须将现代发展模式转换到可持续发展上来，这一新的经济模式就是将追求物质和经济增长转变为追求人民幸福指数和可持续性的发展，这是人类所必须坚持的。⑤ 现代经济学对生态学和物理学规律的忽略引发了包括从全球气候变化和生物多样性丧失到自然资源耗竭、石油峰值和金融崩溃在内的一系列危机。生态经济学以物理学规律和生态学规律为基础，

---

① 单纯：《儒家思想的魅力》，中国社会出版社2011年版。
② 杨英姿：《伦理的生态向度：罗尔斯顿环境伦理思想研究》，中国社会科学出版社2010年版。
③ 吴瑾菁、祝黄河：《五位一体视域下的生态文明建设》，《马克思主义与现实》2013年第1期。
④ 郇庆治：《社会主义生态文明：理论与实践向度》，《江汉论坛》2009年第9期。
⑤ ［美］菲里普·克莱顿：《没有一种新型的经济就没有生态文明》，刘钟华译，《武汉理工大学学报（社会科学版）》2012年第1期。

以生态可持续和分配公正这些明确的道德目标为指导，把我们当前的危机视为经济不断增长产生的必然后果，并提供了可行的解决方案。然而，改变我们的复杂体系需要改变对两个问题的理解，即在生态学和物理学意义上什么是可能的，以及在社会、心理和伦理意义上什么是值得拥有的，只有这样，我们才可能采纳需要用来建设生态文明的规则和体系。① 在国内，生态文明建设日益受到学界重视，如何处理好生态文明与经济发展的关系已成为时代的重大课题之一。学者们一致认识到，生态文明要求将现代社会的经济发展转移到可持续发展这一层面。生态文明的产生需要与之相适应的物质基础，即经济发展模式，因此，支撑农业文明和工业文明的传统发展模式必须转换到经济的生态发展模式上来。② 建设生态文明，不同于过去传统意义上的污染控制和生态恢复，而是克服工业文明弊端，探索资源节约型、环境友好型以及科学发展道路的过程。当前，建设生态文明、迎接经济全球化的环境挑战，必须高度重视转变发展方式，从发展低碳经济和循环经济入手，力争做到废物最小化、资源无害化，从而最大限度地减少对资源的消耗和对环境的污染。③ 建设生态文明和发展循环经济的实践表明，可持续发展既是生态文明和循环经济在内涵上的一致要求，又是两者在实践中的共同追求。④ 目前国内诸多研究注重从多方面研究生态文明与经济发展之间的关系，确实为解决问题提供了有借鉴价值的思路和路径。

3. 生态文明建设与理念和制度的关系

首先，生态文明建设需要理念先行。这就要转变传统的发展理念，树立生态文明观、增强环保意识和倡导绿色消费。传统的发展工业只考虑产量、产值、利润、税收与经济增长，不考虑对自然生态环境带来的影响。而生态文明的发展理念把人与自然的和谐发展放在首位，生态环境建设优先，对工业项目建设带来的环境影响进行评价，分析它对整个区域和行业的影响。⑤

其次，生态文明建设需要实现"良心的革命"。必须摒弃物质主义、经济主义和消费主义价值观；必须促成科技的生态学转向；必须使制度建设摆脱"资本的逻辑"的束缚，激励生态经济的成长和发展，鼓励绿色消费。⑥ 从根本上说，则要从文化的高度提高生态消费力，这样有利于提高人的素质，促进社

---

① [美]乔舒亚·法利：《生态文明和稳态经济》，王俊译，《武汉理工大学学报（社会科学版）》2011年第5期。
② 程启智：《论生态文明社会的物质基础：经济生态发展模式》，《中国地质大学学报》2010年第3期。
③ 束洪福：《建设生态文明，转变发展方式》，《科学社会主义》2010年第3期。
④ 乔刚：《生态文明理念与循环经济新发展方式的分析》，《环境污染与防治》2010年第5期。
⑤ 黄顺基：《建设生态文明，转变发展方式》，《河南大学学报（社会科学版）》2008年第6期。
⑥ 卢风：《生态文明与绿色消费》，《深圳大学学报（人文社科版）》2008年第5期。

会、经济协调发展，促进三大消费力、三大文化协调发展，促进社会文明。①

最后，生态文明建设必须以制度为保障。生态文明是人类文明发展的必然趋势，生态文明建设需要依托制度建设才能够健康发展。中国生态文明的制度建构存在一系列不足，制约了生态文明建设。加强生态文明建设，必须强化制度保障，需要在政治、政策和法律三个方面采取相应的措施。②

4. 生态文明建设的进程

生态文明建设应该有层次性和阶段性。从初级层次看，生态文明建设指的是在工业文明已经取得的成果基础上用更文明的态度对待自然，不野蛮开发，不粗暴对待大自然，努力改善和优化人与自然的关系，认真保护和积极建设良好的生态环境。这是通常意义上建设生态文明的含义，也是生态文明所具有的初级形态。在推进中国实现可持续发展的道路上，我们现在努力建设的也是这个层次的生态文明。中国特色社会主义的生态文明建设既不能脱离人类文明的发展轨道，也不能脱离中国现代化建设的发展实际。中国处于不发达的工业文明阶段，面临的资源环境问题异常严峻，如果能够认真吸取借鉴发达国家的经验教训和先进技术，转变工业发展模式，采取有效的制度管理措施，就有可能实现走生态文明路、完成工业化进程的跨越式发展。③

（四）关于习近平生态文明思想

党的十八大以来，习近平生态文明思想在国内研究生态文明的热潮中尤其引人瞩目，学者们研究了习近平生态文明思想的历史渊源、基本内容、理论贡献、主要特点等方面。

1. 习近平生态文明思想的时代背景

习近平生态文明思想是在粗放型的发展道路导致生态制约日益严重和不可持续的情况下提出的，目的是要寻求一条适合中国国情的可持续发展道路，以更好地满足人民群众对美好生活的期待和向往。④ 换句话说，改革开放以来，在经济快速发展的同时，出现日益严峻的自然生态环境问题、中国作为一个大国的自然生态环境国际责任、中国政府必须适应治理能力现代化的生态文明要求以及对马克思主义生态文明思想的总结和创新等，是习近平生态文明思想形成的时代背景。简言之，严峻的生态环境形势倒逼；国家治理能力现代化的需求；崛起中的大国责任；对中国生态文明建设长期实践的总结

---

① 尹杰：《提高生态消费力弘扬生态文明》，《湖南社会科学》2012 年第 2 期。
② 张瑞、秦书生：《我国生态文明的制度建构探析》，《自然辩证法研究》2010 年第 8 期。
③ 徐春：《对生态文明概念的理论阐释》，《北京大学学报（哲学社会科学版）》2010 年第 1 期。
④ 王雨辰、陈富国：《习近平的生态文明思想及其重要意义》，《武汉大学学报（人文科学版）》2017 年第 4 期。

和理论创新,是习近平生态文明思想形成的时代背景。①

2. 习近平生态文明思想的基本内容

围绕如何处理生态文明建设与经济增长、技术创新、发展方式、生存方式、消费方式之间的关系,是习近平生态文明思想的基本内容。主要包括:在生态文明建设的重要性和必要性上,习近平提出了生态文明建设关系人民福祉、关乎民族未来等论断,升华了对生态文明建设地位和作用的认识,树立起走向生态文明新时代的旗帜。为澄清生态文明建设中的一些模糊认识,习近平提出了保护生态环境就是保护生产力、决不以牺牲环境为代价去换取一时的经济增长等论断,努力扫除生态文明建设中旧的思想羁绊,推动形成生态文明建设新共识。在生态文明建设的思路和措施上,习近平提出了不能把生态文明建设仅仅作为经济问题、按照系统工程的思路抓好生态文明建设等论断,为生态文明建设实践提供了根本遵循。② 在党的十九大报告中,以"加快生态文明体制改革,建设美丽中国"为题,专门论述了中国生态文明的理念、举措、要求,指明了中国未来生态文明发展的道路、方向、目标。提出生态文明建设是中华民族永续发展的千年大计。把生态文明建设提高到前所未有的高度,成为习近平新时代中国特色社会主义思想科学内涵极为重要的组成部分。

3. 习近平生态文明思想的主要特点

习近平生态文明思想以普遍联系的视野审视生态文明建设,以发展的观点把握生态文明建设进程,以矛盾分析法认识和解决生态文明建设中存在的问题。③ 它表现出强烈的问题意识、真挚的人民情怀和鲜明的民族风格④,体现出浓厚的生态关怀情结、厚重的生态惠民情怀和鲜明的中华民族风格等时代特征。⑤ 同西方生态文明理论相比,习近平生态文明思想的特点表现为:一种服务于中国国情的新型发展观,一种强调将生态文明理论真正落到实处的执政兴国理论,一种关注人类整体利益的境界论生态文明思想。⑥

4. 习近平生态文明思想的理论贡献

以习近平为核心的党中央积极探索了生态文明发展走势,发展了马克思主义生态文明思想,深化了对环境与发展辩证统一关系的认识,为新时代党

---

① 段蕾、康沛竹:《走向社会主义生态文明新时代——论习近平生态文明思想的背景、内涵与意义》,《科学社会主义》2016年第2期。
② 李玉峰:《习近平关于生态文明建设的思想略论》,《思想理论教育导刊》2015年第6期。
③ 李学林、黄明:《习近平生态文明建设思想的辩证思维探析》,《湖南社会科学》2016年第4期。
④ 李玉峰:《习近平关于生态文明建设的思想略论》,《思想理论教育导刊》2015年第6期。
⑤ 张金俊:《十八大以来习近平对生态文明思想的发展》,《科学社会主义》2017年第3期。
⑥ 王雨辰、陈富国:《习近平的生态文明思想及其重要意义》,《武汉大学学报(人文科学版)》2017年第4期。

的执政理念注入生态文明元素。① 从人类历史高度强调生态文明的趋势，突出了中国生态文明建设的时代意义；阐述了生态文明建设于国于民的重要意义，凸显了生态文明建设的全局性地位；系统强调了生态问题的刚性约束，使生态文明建设成为党的执政主题和政府责任；坚持对生态文明的系统性认识，提出了生态文明建设综合创新的方法论要求。②

总之，中国特色社会主义进入了新时代，以习近平为核心的党中央，积极探索人类生态文明的发展走势，大力发展马克思主义生态文明思想，深化了对环境与发展辩证统一关系的认识，为新时期党的执政理念注入了生态文明元素，进一步创新和发展了马克思主义生态文明思想。习近平生态文明思想对推进中国特色社会主义生态文明建设具有巨大的理论创新价值和重要的现实指导意义。③

三、重点难点热点问题解析

（一）中华传统文化中可古为今用的生态智慧有哪些

生态文明的历史潮流，是世界各国的文化拥抱生态文明和展现各自的生态智慧的契机。作为东方文化主要代表的中华传统文化，以儒为主、兼容道释，其中有着丰富的生态思想，富含高明的生态智慧。

1. 儒家的生态思想

中国儒家生态思想既缘于仁爱之心、悲悯情怀以及对生生之德的敬畏，又深深植根于其形而上的"天人合一"思想，体现了对宇宙本质、人与自然关系的独特思考。作为一种深刻的东方文化智慧，其中蕴含着人类与自然界和谐相处、共同进化的价值观念。

（1）和谐发展的"天人合一"思想。"天人合一"是中国传统文化的根本观念，认为自然界不是一个被动的、寂死的机械世界，而是一个生机弥漫、生命流行的有机世界。孔子说："天何言哉，四时行焉，百物生焉，天何言哉！"（《论语·阳货》）在孔子看来，四时运行，万物生长，是自然界的最大特点和基本功能。《易传》更为明确地说"天地之大德曰生"（《系辞下》），并且提出"生生之谓易"（《系辞》），认为自然界最大的特点和基本功能是不断开创生机。《易传·文言》明确提出："夫大人者，与天地合其德，与日

---

① 张金俊：《十八大以来习近平对生态文明思想的发展》，《科学社会主义》2017年第3期。
② 刘希刚、王永贵：《习近平生态文明建设思想初探》，《河海大学学报（哲学社会科学版）》2014年第4期。
③ 张金俊：《十八大以来习近平对生态文明思想的发展》，《科学社会主义》2017年第3期。

月合其明，与四时合其序，与鬼神合其吉凶，先天而天弗违，后天而奉天时。"可见，在儒家视野里，天地的大德是生生不息地化育万物，不断开创生机，并将这种生机弥漫一切万物，充塞一切众生。人也要秉承天地这种生生之德，不断促使万物生生不息。可见，"天人合一"思想不是以人和自然二分为认识前提，进而使人成为自然界的主宰并对自然界进行改造，而是以人和自然合一为前提，使人与自然之间成为和谐相处的有机整体。

（2）共存并生的"民胞物与"思想。先秦的孟子讲"亲亲而仁民，仁民而爱物"（《孟子·尽心上》），由"亲亲"达至"仁民"，由"仁民"达到"爱物"，形成了一种由我及人、由人及物的"宗族—国家—万物"一体化的泛血缘或拟血缘价值体系。宋儒张载明确提出了"民胞物与"的思想，其《西铭》一开篇便说："乾称父，坤称母；予兹藐焉，乃浑然中处。故天地之塞，吾其体；天地之帅，吾其性。民吾同胞，物吾与也。"这段话将天地视作人类的父母，认为人类在天地当中其实是极其渺小的，人在天地面前应保持谦卑态度，不要认为自己无所不能，可以任意宰制天地。宇宙间一切万物，无论是动物还是植物，都是伙伴式存在。张载的这一思想表明人类是万物中的成员，人类应该像对待朋友一样善待地球上的万物。人类对待天地也应有"孝"的亲情，不要任意凌虐和破坏，进行宰制和征服。"人定胜天"一旦超出"民胞物与"的制约，就会导致生态失衡，最终伤害的是人类自己。因此，人类与万物应该像家庭成员一样彼此平等友好相处，相敬如宾。可见，这种超脱人类利己之私而主动以拟血缘关系对自然肩负道德责任，并且以"人心"的感通来实现宇宙生命在人和万物中的化育流行，有利于实现人与自然万物的共存并生、协调发展。

（3）良性互动的"成己成物"思想。《中庸·尽性章》说："能尽其性，则能尽人之性；能尽人之性，则能尽物之性；能尽物之性，则可以赞天地之化育；可以赞天地之化育，则可以与天地参矣。"人作为与天地并列为三的存在，积极地完成和实现宇宙生命的流行发用，使自然界生生不息、化育万物。"如果充分完成之和实现之，则就'尽性'，能'尽性'，则就完成和实现了人的使命、天职，即尽人之性。能'尽人之性'，由于人和万物的生命一体合流，所以也就实现和完成了自然万物的生生不息，即'尽物之性'。'尽己之性'是成己，'尽物之性'是成物。'成己'即完成自己的德行生命提升，'成物'即实现万物生生不息的生命潜能。如果成物，则实现了'参天地之化育'。人就'与天地参'，取得了立于天地间的尊严和独立意义，实现与天合一。"[①]儒家

[①] 吴蕊：《新文明路标：儒家生态智慧管窥》，《山东大学学报（哲学社会科学版）》2003年第1期。

还认为"天地之道,可一言而尽也;其为物不贰,则其生物不测"(《中庸》第二十六章),即每一物都有自己独立的价值和存在的必要,从而形成形形色色、千变万化的自然万物。正是在此意义上,儒家主张以"中和"思想进行合理开发、利用和保护自然资源,实现人类社会的可持续发展和保护生物多样性。这里的"中"是一种态度,要求人类在利用资源时,不要无节制地利用。这里的"和"不是单纯的"和谐",而是在"不同"基础上的多样性的统一。所以说,达到"致中和",天地就可不断化育万物,万物生长发育各得其所,整个自然系统就能"万物并育而不相害",从而实现青山绿水间人与自然相得益彰、生机盎然。

2. 道家的生态智慧

道家思想对人与自然界的关系的概括,对自然循环过程的解释,对生态保护、健康生活方式的内在支持,在面临生态恶化、资源枯竭的今天被重新发现,并越来越赋予其世界意义,成为全人类生态文明智慧的源头活水。

(1)顺应自然的"人与天一"观。老子说:"人法地,地法天,天法道,道法自然。"在他看来,天、地、人都是"道"派生出来的,人效法天地,天地效法道,道最终要以自然为法,在自然的层面上,天与人达到了同体合一。他还说:"道生一,一生二,二生三,三生万物。万物负阴而抱阳,冲气以为和。"万物都是由"道"派生出来的,作为万物之一的人,要把握天道,顺应自然。庄子则明确提出了"人与天一"的说法:"无受天损易,无受人益难,无始而非卒也,人与天一也。"他认为包括人在内的万物都是由"道"这个共同根源所创造的,在"道"的统摄下,"万物皆一""道通为一"。各种生命体相互依存,达到自然万物的和谐共生,即"天地与我并生,而万物与我为一"。进一步追问,如何才能达到"人与天一"的境界呢?道家认为应该效法自然之道,无为而无不为。老子说:"是以圣人处无为之事,行不言之教,万物作焉而不辞,生而不有,为而不恃,功成而弗居。"人的正确行为应该顺乎自然而无为:"以辅万物之自然而不敢为"。人类的行为如果违背了自然规律,所采用的技术方法超出了生态系统的阈值,就会招致自然的报复。所以,道家要求人与自然之间相互和谐,过度地"勘天役物"是违反自然本性的,结果只能导致生态灾难乃至自然的灭亡,最终人也会受到自然的惩罚。因此,人类的活动与行为要遵循自然的规律,"举事而顺天",无为而治以达到"人与天一"的境界。

(2)万物平等的"物无贵贱"观。道家主张万物与人平等自化、物无贵贱的平等观念,在他们看来,有德之人,由于能够以慈爱之心对待万物,"生之畜之"而不伤害万物,就具有"玄德",就能够与自然和谐相处,享受"和之至也"的生活乐趣。《列子》也明确提出"天地万物与我并生",人类与万物平等，人没有什么高贵之处，而是自然生态系统内彼此共生的存在。庄子在《秋水篇》中说："以道观之，物无贵贱。"那种以自己对物的需求程度不同，有差别地对待万物，是违反自然本性的。人是万物的组成部分，和万物一样始于道终于道，因此，作为万物之灵的人类所得到的权利以及伦理关怀同样也应该赋予万物，万物生而平等。那种人类中心主义的观点是未达到道的境界，如果达到道的境界去看待万物，那么"万物一齐"，不存在"孰短孰长"的问题。总之，道家从天人并生、物我齐一的生物平等观念出发，为我们勾画了一幅人与动物、人与自然和谐相处、万物平等自化的生命图景。在此图景中，万物平等，共同繁衍发展，充分享受并育而不悖的快乐，真正是"万类霜天竞自由"的理想境界。

（3）适可而止的"寡欲知足"观。道家从道法自然、万物平等的原则出发，提出了一系列节制物欲、适度消费的价值规范。老子说："见素抱朴，少私寡欲"，"祸莫大于不知足；咎莫大于欲得。故知足之足，常足矣"，告诉人们要合理控制欲望，珍惜自然资源的宝贵。"庄子把老子知足寡欲的价值观发展为'重生轻物'；'重生'是重视生命的价值，'轻物'是轻视物质的享受，也就是轻视对名利富贵的追求"①。也就是说，要合理处理物质财富与生命存在的关系，不能把本来是用来养育生命的物质财富当作人生目的，沉溺于物质贪欲，否则就是本末倒置的错误理解。庄子说："能尊生者，虽富贵不以养伤身，虽贫贱不以利累形。今世之人居高官尊爵者，皆重失之。见利轻亡其身，岂不惑哉！"可见，道家提倡的这些思想，对于今天如何合理配置人与自然的关系、合理利用自然资源万物有很好的认知价值；对于树立淡泊财富和节制过盛的物质欲望，建立合理健康的生活消费方式，遏制暴殄天物与破坏资源环境的行为，无疑是很好的警示。

3. 佛家的生态关怀

佛家关于慈悲众生、平等无差、依正不二、圆融无碍的思想，是当今生态文明建设的重要理论资源，有利于调整人与社会、人与自然以及人类主体自身的关系，是建设和谐的生态环境的又一重要智慧源泉。

（1）人性本净的慈悲情怀。佛法作为外来文化，传入中国经历本土诠释之后，最终得以生根发芽和传播。在人性理解上，基本上是秉持人性本善的理念，推崇对"善"与"正念"的觉解，以此弘扬佛者的慈悲之心。如，华严宗以"净心缘起"为基础考察心性的善恶，禅宗强调人人本有恒常清净的佛性和自在无污的善性等，所以说，"善"是佛家伦理关怀最主要的表现形式。在此意义上，佛家和儒家的"亲亲、仁民、爱物"似乎有一定的相似

---

① 刘本锋：《对道家生态智慧的解读》，《江西教育学院学报（社会科学版）》2008年第5期。

性，不过，佛家"慈悲"情怀较儒家，无论在关怀的广度还是深度上都更进一步，"它提倡的'无缘大慈，同体大悲'精神，则是立足于万物缘起平等和皆有佛性的基础之上，上自诸佛菩萨，下至有情无情，都是佛性的体现，都有生命的尊严。其'慈悲'的着重点放置在宇宙自然之中，讲求'拔苦与乐''自觉觉他''自利利他'，设计了一套无有差别、涵盖众生且非功利主义的生态价值体系"①。可见，这种"同体慈悲"的情怀有利于引领主体用"以己度物"的方式去关怀体认自然，去体认自然万物的生命美学化境，从而有益于推进人与其他生物和谐友爱的共生关系的建立。

（2）众生平等的伦理理念。《大般若经》说："上从诸佛，下至傍生，平等无所分别"，佛陀在打破我执、破除神创论之后，从万物和合的"缘起"说出发，承认万物都有佛性，都具有内在价值，正可谓"郁郁黄花非般若，青青翠竹皆是法身"。佛家最初的所谓"平等"大致包含众生与佛的平等、人与人的平等、人与动物的平等、有情与无情的平等几个层次。但经过中国佛学者的本土化处理后，"众生"的范围已由"有情众生"扩展到"无情众生"，人类对生命的伦理疆界被革命性地进一步扩容。如，华严宗提倡"净心缘起"，倡导"一花一世界，一叶一如来"的境界，将无情之物当作佛性的显现。又如禅宗慧能主张"佛性平等"，无南北之分，这类似于现代生态主义者的哲学走向荒野的倾向，强调人类应该拥抱万物和自然。总之，佛家将万物看作佛性的显现，从观念深层消解了主客、内外、物我的分别，有利于人类与自然万物和谐共处、平等共生。

（3）依正不二的生态责任。在佛家看来，主体的任何行为都将是对客观环境所做的"业"，而这种"业"又将反过来作用于主体，因而应注重二者"牵一发而动全身"的联系性。特别是天台宗湛然的"依正不二"（《十不二门》）伦理思想，强调作为"正报"的有情众生与作为"依报"的国土世间是不可分割的，成为佛家处理主观与客观、人类与自然关系的基本立场。但是，人类在向自然疯狂攫取资源以获得经济增长的过程中，陷入了恶性循环：人类的贪欲恶化了环境，环境反过来染污人的身心，助长了人的贪婪习气，人性的贪婪是导致环境恶化的祸首。怎么办？必须寻求贪欲背后的原因。佛教认为，贪欲之根就是"我执"，就是割裂自我与世界缘起关系的自我扩张的占有欲，扩大到群体层面就是极端的人类中心主义。因此，人类必须破除"我执"，化解人类与自然的冲突，回归依正不二的思想境界，学会从与自然相互关联的角度出发，去认识自然环境状况的变化。只有这样，才能清除贪欲，树立生态伦理责任，促成生态平衡。

---

① 李琳：《佛家环境伦理与生态智慧》，《东岳论丛》2010年第7期，第28页。

（4）圆融无碍的亲和之境。如果说儒家注重天人合一下的人伦之"和"，道家注重与物齐平下的自然之"化"，那么佛家则注重事事无碍下的万物之"圆融"，都十分注重与自然间的亲和融通关系。"圆融是中国佛者在阐发佛教的过程中形成的新词汇，体现了中国佛家重视现象与现象、现象与本体间各有差异却毫无挂碍的和谐性的特质，即善于在'现象圆融'思维的引导下，清除内心欲望及功利性追求，亲证自身与自然之境的亲和关系，体验万物空灵之美与圆融之境。"① 智通禅师《法界观》也这样说道："物我元无异，森罗镜像同。明明超主伴，了了彻真空。一体含多法，交参帝网中。重重无尽处，动静悉圆通。"以上这些论述和观点都表明，在生态文明建设的今天，佛教同情有情无情，倡导宇宙万象互相映现和互相含摄的圆融平衡，充分展示了生态大美与精神领域圆融的美妙境界。

总之，在中国传统文化中，无论儒家，还是道家，抑或佛教，都主张人与自然和谐相处，都为今天的生态文明建设提供了宝贵的思想资源。但是，必须注意的是，在工业文明席卷全球、资本依旧统治世界、金钱左右人们的行为选择的情境中，以小农经济为基础、以血缘伦理为纽带、以重义轻利为尺度的中国传统智慧必须审慎运用，切不可简单照搬和过分放大其文化功能。恰恰相反，传统生态智慧思想只有根据时代变迁与价值转换进行现代性理解与整合，方可更好地为当代生态建设提供精神滋养。

（二）国外生态文明理论中可洋为中用的思想有哪些

国外对生态文明的研究主要表现在三个方面：生态主义、生态社会主义和绿党政治，其中有许多合理思想值得中国学习和借鉴。

1. 生态主义

生态主义又称生态中心主义，是在全球生态危机高压之下兴起的一股绿色思潮。它的最初阶段表现为环境主义（Environmentalism），强调在不变更既有国际体系的条件下对环境进行保护，因而实际上是一种改良环境主义。英国的安德鲁·多布森在《绿色政治思想》中总结了环境主义主张：不质疑当前的政治、经济和社会制度，在人与非人类世界的关系上，它只关心人类的介入在什么程度上不会威胁到人类自身的利益。随着生态运动的发展，生态主义演变到激进环境主义阶段，先后经历了动物福利论、生命中心论和生态中心论三种理论形态，并以深层生态学为极端理论形态。动物福利论（Animal Welfare）以辛格的动物解放论和雷根的动物权利论为代表。前者认为，绝大多数动物有感受力，因而拥有利益，应得到道德地位和"被考虑的

---

① 李琳：《佛家环境伦理与生态智慧》，《东岳论丛》2010 年第 7 期，第 29～30 页。

平等"。辛格说:"如果一个存在物能够感受苦乐,那么拒绝关心它的苦乐就没有道德上的合理性。"① 后者从康德的义务论出发,以权利为基础为动物辩护。雷根认为,某些动物,至少哺乳动物,符合成为生命主体的条件,因而具有固有价值,拥有受到道德关心的权利。最低限度,意味着人类有"起码的义务"不去伤害它们。生命中心论(Biocentrism)是一种把道德对象的范围扩展到人以外的所有生命上去的自然价值观。它抛弃生命等级的观念,不把道德对象的范围局限于狭小的动物范围,主要包括史怀泽的"敬畏生命"论和泰勒的"尊重自然"论。前者主要是一种内在的道德要求,即要求人们时时刻刻都要有使生命实现其价值的内在信念,后者构建了一套完整的生物中心论伦理学体系,提出"尊重自然"是一种对待自然的终极道德态度,应当将一切有生命的自然物看作具有"自身的善"因而具有固有价值的存在物。生态中心论(Ecocentrism)又叫生态中心主义,它进一步将价值概念从生命扩展到生态系统,赋予有生命的有机体和无生命的自然界以同等的价值意义。其主要观点有:自然客体具有内在价值,这种价值不依赖于其对人的用途;在生态系统内,自然客体和人类一样具有独立的道德地位以及同等的存在和发展权利;人类应当担当起道德代理人的责任。这就为生态主义的极端理论形态——深层生态学的出场做了铺垫。深层生态学(Deep Ecology)是一种要求基于生态进行广泛的文化、政治、经济和社会变革的极端理论。它最早由挪威学者阿伦·奈斯提出。奈斯认为,浅层生态学只关心人类的利益,属于人类中心主义;深层生态学是非人类中心主义和整体主义的,关心整个自然界的利益,追问环境危机的根源,要求重建人类文明的秩序,使之成为自然整体的有机部分。他把生态危机的根源归结为制度危机和文化危机,他的社会变革方案集中于个体意识的转变上,首先要求个体改变态度、价值观和生活方式,尊重自然,与自然和谐共处。生态主义的最新发展阶段为生态女权主义和生态后现代主义等特殊理论形态。生态女权主义(Ecological Feminism)是把妇女解放与"大自然的解放"联系起来的属于女权主义的理论派别。它认为西方文化在贬低自然和贬低女人之间存在着某种历史的、象征的和政治的关系,因而它的"许多工作仍在简单地探索女权主义者与生态环境运动之间的关系"②。它批判传统的二元论思维方式,否认男权优于女权、理性高于感性、人类高于自然,认为只有消除二元论思维方式,女性和自然才能得到真正的解放。生态后现代主义(Ecological Postmodernism)是生

---

① Peter Singer. "*All Animal Equal*", *Environmental Ethics: Readings Louis P. Poiman*. Jones Bartlett Publishers. Inc 1994, p. 38(参见李培超《伦理拓展主义的颠覆》,湖南师范大学出版社2004年版)。
② [美]戴斯·贾丁斯:《环境伦理学》,林官明、杨爱民译,北京大学出版社2002年版,第280页。

态主义与后现代主义因具有广泛的共同语言而实现的"联姻"。后现代主义要解构的也是生态主义要批判的；后现代主义要建构的也是生态主义要致力树立的。后现代主义的理论建构也在很大程度上来源于生态主义。该理论首先由美国后现代主义思想家、生态女权主义理论家查伦·斯普瑞特奈克提出并建构的。她先后出版了《绿色政治：全球的许诺》（1984）、《绿色政治的精神维度》（1986）、《真实的复兴：极度现代世界的身体、自然和地方》（1997）和《思念玛丽：天后及其在现代宗教中的再度出现》（2004）等著作，还发表了大量的文章、演讲和访谈录，都直接或间接地阐述了生态后现代主义思想。生态后现代主义拒斥现代性，因为"在许多深层意义上，现代性并没有实现它所许诺的更好的生活"[①]。于是，"寻找另外的生存方式的动力孵育了生态后现代主义"，"我们被迫寻找新的，或许是已被发现的理解自然以及我们与自然的关系的方式"。[②]

2. 生态社会主义

在不严格意义上，生态社会主义（Eco-socialism）与生态学马克思主义是同一类型的理论体系。20 世纪下半叶兴起，生态社会主义以马克思主义理论解释生态危机，试图寻找一条既能消除生态危机又能实现社会主义的新道路。早在 20 世纪 50 年代就有人把生态问题纳入革命的轨道。如美国 K. 博尔丁在他 1953 年出版的《组织革命》一书中就提出了"生态革命"的问题。此后，法兰克福学派的思想家们对人与自然的关系、资本主义生产中出现的生态危机等问题进行研究与批判。如霍克海姆和阿多尔诺在《启蒙的辩证法》等著作中，均把人同自然的关系以及生态问题当作一个主要的理论主题进行研究。20 世纪 70 年代，生态社会主义正式诞生于联邦德国，它的产生和发展同绿色生态运动的发展分不开，大致可分为三个历史阶段。

（1）第一阶段："从红到绿"。以 20 世纪 70 年代的鲁道夫·巴罗和亚当·沙夫为代表。巴罗原是民主德国统一社会党党员，他出逃西方后大力倡导"社会主义生态运动"，研究"生态学马克思主义"，谋求"绿色"和"红色"政治力量的结合，要求建立一个由绿党、生态运动、妇女运动和一切进步的非暴力社会组织组成的群众联盟，他的主要著作有《从红到绿》《创建绿色运动》等。沙夫原是波兰共产党意识形态负责人和马克思主义哲学家，后成为罗马俱乐部最早的成员之一，1980 年任罗马俱乐部执行委员会主席。这二人是共产党人中最早介入生态运动的人，也是第一代生态社会主义的代表，被看作"红色"（共产主义运动）的"绿化"。

[①] 王治河主编：《后现代主义辞典》，中央编译出版社 2004 年版，第 550 页。

[②] Charlene Spretnak. *State of grace*: *The Recovery of Meaning in the Postmodern Age*. Harper San-franciso: A Division of Harper Collins Publishers, 1991, p. 12.

(2) 第二阶段:"红绿交融"。以20世纪80年代的加拿大的威廉·莱易斯、美国的本·阿格尔和法国的安德烈·高兹以及苏联的一些学者为代表。莱易斯在《对自然的统治》中阐述了生态社会主义的基本观点,即人对自然控制的加强并不是转移或削弱了对人的统治,反而加剧了对人的统治。他在《满足的极限》中提出,要解决生态危机问题,必须重新评价人的物质需求,并大大减少这种需求,改变人的现行的消费方式,并且要调整人与自然的关系,实现一种新的发展观,即必须实行一种新的"稳态经济",扩大资本主义国家的调节功能。阿格尔在《西方马克思主义概论》中认为,马克思主义关于工业资本主义生产领域的危机理论已失去效用,今天危机的趋势已转移到消费领域,亦即生态危机取代了经济危机。这一时期,苏联生态理论也十分活跃,出现了"生物圈""智慧圈""协同演化"等许多新概念,还提出了"社会生态学"学科,初步拟订了马克思主义生态理论的框架。

(3) 第三阶段:"绿色红化"。以20世纪90年代法国的乔治·拉比卡、英国的瑞尼尔·格伦德曼和大卫·佩珀等为代表。苏东剧变以后,拉比卡发表了《生态学与阶级斗争》等论文,着力研究全球生态危机与生态社会主义的关系问题,认为生态社会主义标志着工人运动进入了一个新阶段,即"工人运动的文化革命阶段"。格伦德曼主张以马克思主义的历史唯物主义为指导解决全球生态危机问题。他在《马克思主义和生态学》中为马克思的"人类中心主义"正名,捍卫了马克思主义关于人化自然理论所代表的哲学理性传统。佩珀的代表作有《现代环境主义的根源》和《生态主义——从深生态学到社会主义》等,他勾勒了生态运动中的"红色绿党"和"绿色绿党"的轮廓,深化了生态社会主义与生态主义之间关系的争论,提出了生态社会主义的基本原则。值得一提的是,此阶段,日本的岩佐茂率先把西方的生态学马克思主义和生态社会主义传播到了日本,并于1994年出版了被誉为"日本版"生态学马克思主义理论的经典之作《环境的思想》。2005年的《马克思主义与现实》第8期还刊发了岩佐茂等人的《社会主义在本质上是生态社会主义》一文。

总之,生态社会主义经历了"从红到绿""红绿交融"和"绿色红化"三个阶段,已发展为当代西方生态运动中一个强大的理论流派,新世纪以来仍方兴未艾。从理论体系上说,生态社会主义还比较粗糙,不够系统,不很成熟,且有很多空想成分。但不得不承认,它在许多方面是有理论价值的,也是顺应世界潮流的,特别是它把斗争的主要矛头对准垄断资本,从各个方面批判了现代垄断资本主义的弊端,提出了保护生态平衡反对生态殖民主义等主张,这些都是资本主义世界广大人民迫切要求的反映,其基本面是积极的。

3. 绿党政治

随着绿色思潮的发展，西方政治开始"绿化"，绿党的迅速崛起，学界也相应出现了研究绿党的理论成果。稍早一些国外这方面的著作主要有：美国学者弗·卡普拉和查·斯普雷纳克合著的《绿色政治》以及埃利姆·帕帕达吉斯的《联邦德国的绿色运动》（1984），英国学者克林斯基的《联邦德国绿党：组织与决策》（1989），德国学者拉施克的《绿色党人：他们的演变与现状》（1993），德国普朗特的《红绿联盟：初步总结》（1999），拉施克的《绿党的未来》（2001）。近 10 年来欧美学者对绿党及其政治的关注集中于部分绿党参与全国性政府之后所导致的选民基础变化、组织结构变革、意识形态革新及战略选择调整等议题①。有一定影响的著作主要有：2006 年沃夫冈·吕蒂希和贝诺特·里豪克斯编辑的执政绿党特刊《欧洲政治研究学报》主要探讨了绿党的执政参与和战略选择、组织变革和适应需要、参与欧盟和选举政治等议题；里克·威利的《绿党在何种意义上是绿的？来自边缘的故事》（2007），主要用诗歌和故事的形式反思绿党从绿色运动向选举性政党演变中的得与失，表达了重建绿党的若干主张；2008 年詹尼·弗兰克兰德编辑的《转型中的绿党：基层民主的终结？》，重点研究了绿党的组织变革和基层民主之身份认同的持续性问题等。这期间也有一些代表性的论文问世，主要有绿党个案研究和绿党特定议题两种研究路向。虽然国外学者试图用更宽广的视野去研究绿党，但仍有不足之处，比如欧美绿党的比较、地方执政和全国执政的比较、绿党国际化与本土化的关系、绿党历史和重塑绿党的关系等方面研究不足。

（三）中国生态文明建设面临的问题以及对策有哪些

中国的生态文明建设是随着工业化、城镇化的快速推进，经济社会发展与环境保护的矛盾日益突出而产生的，在不同的发展阶段，其关注的问题与建设重点不同，并在实践中形成了具有中国特色的生态文明建设模式与经验，取得了令人瞩目的成就，但依然存在不少值得关注的问题。②

1. 城市生态文明建设的问题

1984 年，中国的城市改革开始启动，城市建设开始一路高歌猛进，但环境污染问题也日益严重。近些年，中国高度重视生态文明建设，城市的生态文明建设可谓是重中之重。一些学者很重视对城市生态文明建设的实证研究。有人以中国 35 个省会城市和副省级城市及某省 7 个中小城市为对象，具体分

---

① 郇庆治、王聪聪：《近十年来西方绿党政治研究述评》，《国外理论动态》2014 年第 1 期。
② 单菁菁：《中国生态文明建设：进程、问题与对策》，《中州学刊》2013 年第 12 期。

析评价中国城市生态文明建设情况，得出以下结论：中国大城市面临着中心城区人口密度过高、交通拥挤、公共服务资源配置不均等问题；而中小城市则面临着土地资源闲置和浪费现象较为突出、生态环境保护意识较为薄弱、资源能源利用效率不高等问题。构建差异化指标体系应基于不同规模城市所面临的资源环境问题和社会经济发展的突出矛盾。因此，大城市应增加人均道路面积、单位面积二三产业增加值、工业成本费用利润率、高新技术产业增加值占 GDP 比重、单位工业增加值水耗、工业用水重复利用率、燃气普及率、环境污染治理投资占 GDP 比重、噪声治理、空气质量优良天数、环境来访处理率等指标；中小城市则应增加每万人拥有公共交通车辆、城镇化率、人均 GDP、第三产业增加值占 GDP 比重、环境监测仪器数量、卫生厕所普及率等指标。① 随着生态文明建设的大力推进，全国各地掀起了建设生态城市的热潮。也有学者在中央城市工作会议提出"城市修补、生态修复"的背景下，专门探讨了城市生态修复的问题及难点，认为生态修复不是简单的绿化、封禁和低产群落改造，其关键在于生态系统是否健康、生态功能是否改善、生态结构是否合理等，建议学习国际上近年来较为成功的三个案例：莱茵河生态修复偏重于大尺度跨行政区划的河流生态修复，首尔清溪川生态修复偏重于"蓝绿结合"振兴城市核心区的河流生态修复，新加坡加冷河碧山公园偏重于结合城市雨洪控制的河流生态修复。② 另有一些学者则认为，这一过程中出现了许多新情况，特别是一些地方出现了违背生态规律的"伪生态文明建设"，局部范围甚至出现蔓延倾向，生态城市建设存在认识误区、建设误区、生态折腾等问题，对生态城市建设进行了反思性的研究，解决生态城市建设中出现的新问题，走出建设误区，已成为亟待解决的问题。他们通过剖析生态城市建设存在的这类问题后提出，可借鉴日本《生态城市法》等规范，提出中国生态城市建设的法律对策，保障生态城市建设的健康有序发展。③

2. 农村生态文明建设的问题

在中国经济快速发展过程中城市的生态环境问题凸显后，人们很快也觉察到农村其实早就存在生态环境的问题。2006 年《中国环境状况公报》开始增加对"农村环境"的年度评估，此后连续多年在评估中采用了"形势严峻"一词。2011 年的描述是："随着农村经济社会的快速发展，农业产业化、城乡一体化进程的不断加快，农村和农业污染物排放量大，农村环境形势严峻。突出表现为部分地区农村生活污染加剧，畜禽养殖污染严重，工业和城

---

① 成金华、彭昕杰、冯银：《中国城市生态文明水平评价》，《中国地质大学学报（社会科学版）》2018 年第 2 期。
② 魏巍、冯晶：《城市生态修复国际经验和启示》，《城市发展研究》2017 年第 5 期。
③ 罗艺：《生态城市的建设困境与法律对策》，《理论月刊》2017 年第 7 期。

市污染向农村转移。"随着党的十八大将"生态文明建设"纳入中国特色社会主义建设的总体布局,农村自大力实施美丽乡村建设以来,生态文明建设成效明显,但也存在一些问题,比如,认识不够,思想不统一;参与部门多,组织协调难度较大;重建设轻规划的现象比较突出,项目建设规划和标准缺失;政府唱独角戏,市场机制和社会力量的作用发挥不够;"软件"建设不同步;等等。因此,推进美丽乡村建设需要处理好政府主导与农民主体、政府与市场及社会、一事一议财政奖补与美丽乡村建设、统一标准与尊重差异、美丽乡村"硬件"建设与"软件"建设等几个方面的关系,把美丽乡村建设成为农民自身感到幸福的家园。① 有学者重点研究了农村生态文明建设中的农民主体,研究了农村生态文明建设成就与农民认同和农民幸福感不一致、农民素质不高等方面的问题,为保证农村生态文明建设顺利进行,强调既要转变"歧视农民"的旧观念,确保农民返乡能获得稳定的收入,又要通过生态文明宣传、生态科技培训、生活垃圾处理、生态文明制度建设等多途径来提高农民的素质。②

3. 干旱区生态文明建设的问题

目前,中国仍是一个生态脆弱、生态产品供应不足的国家,特别是广大西部地区的生态环境整体上仍未好转,生态文明建设还任重道远。一方面,由于经济总量长期偏低、贫困人口长期居高难下,西部地区经济发展面临着比东部地区更大的压力,近年来人类对自然资源的过度开发及不合理的利用方式,导致广大干旱区草地退化、生物多样性减少、水土流失、土地荒漠化等生态问题频发。另一方面,人口的迅速增长和社会经济发展又导致人类对自然资源需求的不断增加,使得干旱区人地矛盾更加突出。干旱区生态恢复与治理是一个世界性难题,中国干旱区生态文明建设更是这一难题中的难题,因而也必然成为中国生态文明建设最核心的重点、难点和热点问题。这一研究的第一个重要内容是干旱区"山地—盆地"相间分布的自然地理。对干旱区资源的开发利用应基于它的特征来处理人地关系,因地制宜地进行空间有序开发。但山盆生态系统整体恶化,严重制约着干旱区生态、经济与社会的正常发展。2003 年中国科学院"西部生态环境建设与可持续发展"西北干旱区咨询组提出"绿桥系统"的战略构想,强调"山地休养生息、荒漠封育保护、优化与提高绿洲生产力",以超前发展的新观念和重大的改革举措,将山盆系统作为一个整体的系统工程进行全面规划,实施山地用材林业和畜牧

---

① 王卫星:《美丽乡村建设:现状与对策》,《华中师范大学学报(人文社会科学版)》2014 年第 1 期。

② 杨海蛟、张翠翠:《农村生态文明建设中提高农民素质面临的问题及其对策探讨》,《河南农业科学》2013 年第 8 期。

业的战略转移，进行绿洲生产结构调整和改造以及对整个荒漠生态系统的保育。由此，山盆系统与绿桥系统的空间有序开发不断推进，有效促进了干旱区生态的恢复。① 第二个重要内容是草地生态文明建设。新世纪以来，随着畜牧业快速发展而导致的超载放牧，加之全球变暖和自然灾害等影响，干旱区草地生产力大幅度下降，生态功能严重减退。当前，中国干旱区畜牧业仍然以游牧放牧为主，以牺牲生态为代价来换取极低的生产力，使草地生态系统进入一个不能自我维持、经济巨额亏损的不可持续发展状态。因此，中国草地的生产方式亟须转型，由传统、粗放、低生产力和生态不友好的天然草地放牧的畜牧业生产方式，向以优质高产人工草地和草地农业为基础的现代化畜牧业生产方式转型。②

4. 海洋生态文明建设的问题

中国有 300 万平方公里的蓝色国土，沿海地区是中国人口最为集中、经济最发达的地区。中国海洋生态文明建设中凸显的问题主要有：一是海洋生态环境破坏严重。陆源污染、海洋垃圾污染和突发事故、海洋灾害污染等还是海洋生态文明建设的重点整治内容。目前，中国河流排海污染物总量居高不下，2016 年陆源入海排污口达标率仅为 52%。二是海洋资源开发不合理。一方面是海洋生物资源的过度开发。近年来，中国近海捕捞渔船数量和总功率仍然超过海区最适合捕捞作业量的 3 倍以上，捕捞强度已经大大超过了生物资源的良性再生能力。另一方面是海洋矿产资源开发的水平低下。中国仅对近海的石油、天然气等进行了部分开发，对大洋矿产资源的开发利用还处在起步阶段。科研能力和技术装备水平相对落后，选矿和开采还依赖土法和半机械化作业，机械化程度和矿物回收率都远低于世界发达国家。与世界上的海洋强国相比，中国目前的深海资源勘探、采挖、加工能力都有不小的差距。三是海洋产业结构落后，海洋生态承载力下降。沿海地区集中了全国 70% 以上的工业人口和基础设施，很多沿海企业、社区进行粗放甚至野蛮的海洋资源开发，无序、无度的污染排放，是在完全无视海洋生态承载力的情况下进行的。在某些本身生态环境较为脆弱的地区，海洋生态承载力受全球气候变化、不合理开发活动等影响，已退化至不适宜人类生存的境地。生物多样性的降低、海水富营养化等问题突出，赤潮等海洋生态灾害频发，进一步恶化了这些地区的生态环境。加之人口增加，资源环境压力进一步加大，用海规模与用海强度正在逐步扩大和提高，而目前相应的海洋生态保护、环境科学研究和区域规划等先进管理经验尚未有效展开，导致海洋自身生态平

---

① 李波、付奇、张新时：《干旱区生态文明建设的关键问题》，《学习与探索》2017 年第 9 期。
② 张新时、唐海萍、董孝斌：《中国草原的困境及其转型》，《科学通报》2016 年第 2 期。

衡力难以维持、服务能力降低。① 就重点建设的海洋生态文明示范区而言，面临的根本问题是海洋经济发展与环境治理之间的矛盾，具体表现为：一方面是产业转型升级任务艰巨，经济发展方式仍然较为粗放，重发展、轻生态的情况仍然存在；另一方面是海洋生态环境问题依然突出。伴随着海洋经济的快速发展，各类涉海行业对海域、海岛、海岸带开发利用的广度和深度不断拓展，致使部分海域的海洋资源受到损害，破坏了海洋生态保有平衡，导致"自然岸线不断减少、部分岸线受到损害、沙滩遭到侵蚀、部分海岛受损、局部海域生态质量下降，海洋资源配置效率不高等"②。具体到各个海洋地区，沿海城市海洋生态文明建设总体呈中等水平，但各地级市之间差异明显，其中，青岛市海洋生态文明建设水平最高，唐山市海洋生态文明建设水平最低；按省域、直辖市分布来看，上海市、海南省建设水平最高，天津市、山东省为较高水平，广东省和福建省等五省为中等水平，河北省、江苏省建设水平最低；分布于黄海海域的城市海洋生态文明建设水平明显高于其他海域；海洋资源禀赋与海洋生态环境质量是影响海洋生态文明建设的基础因素，海洋经济发展是影响海洋生态文明建设的关键因素，海洋文化与海洋制度是影响海洋生态文明建设水平的提升因素。③ 因此，新时代加强海洋生态文明建设，必须加强宣传引导，增强海洋生态文明理念；必须优化产业结构，推进经济发展方式转变；必须坚持陆海统筹，科学利用海洋空间；必须实施科技兴海，加大海洋环境保护力度；必须发展海洋文化，保护海洋文化遗产；必须强化综合协调，建立健全海洋法律法规。④

5. 生态文明建设的政府治理问题

建设生态文明是一项具有重大现实意义和深远历史意义的国家战略。中国现阶段的生态文明建设，政府机制发挥着主导作用，市场机制作用正日趋凸显，社会机制有待进一步强化。即便这样，生态文明建设中的政府机制或政府治理依然存在不足。政府也是经济增长的受益主体，经济利益至上容易导致政府无视社会和公众的利益诉求，往往以牺牲生态环境来确保经济高速发展。一方面是各级政府生态意识不够强，没有充分认识到生态保护与经济发展之间的关系；另一方面是环境保护和生态建设的制度性约束不强，因此，

---

① 鹿红、王丹：《我国海洋生态文明建设主要问题分析及对策思考》，《理论月刊》2017年第6期。

② 张一：《海洋生态文明示范区建设：内涵、问题及优化路径》，《中国海洋大学学报（社会科学版）》2016年第4期。

③ 孙剑锋、秦伟山、孙海燕、李世泰、杜岩：《中国沿海城市海洋生态文明建设评价体系与水平测度》，《经济地理》2018年第8期。

④ 刘健：《浅谈我国海洋生态文明建设基本问题》，《中国海洋大学学报（社会科学版）》2014年第2期。

生态文明建设也成为现代政府治理的重中之重,是政府绩效考核的主要标准。为了应对环境问题全球化和适应经济发展模式转型,生态文明建设视野下的政府治理必须尽快创新,包括:改变政府治理理念,加强生态教育宣传;调整政府职能体系,形成生态治理整合效应;完善生态治理绩效考核机制,加强生态监管能力。① 其实,作为具有行政主体和机关法人双重人格的政府,在生态文明建设中可以担负起更大的作用,以"生态文明政府"的角色来扮演生态文明建设的推动者和生态文明建设的示范者。这一角色既成为法定的生态环境"守护神",又依法履行生态文明建设推动者的责任,还担负起生态文明建设示范者的义务。一句话,要成为生产发展、生活富裕、生态良好的"三生"共赢状态的政府:一方面要发挥自身的优势,推动权力机关、审判机关、法律监督机关按照各自的职能和职责,参与生态文明法治建设;另一方面还要充分运用各种政策手段,推动全社会参与生态文明建设。同时,政府还应当率先树立生态文明理念,在摒弃与生态文明理念相抵触的不良行为的同时,从绿色政府采购、绿色建筑、绿色办公、绿色出行等方面践行生态文明,对公众起到引领作用,促使生态文明理念成为社会的主流价值观。在打造生态文明建设示范者方面,美国联邦政府开展的绿色政府行动计划在规范建设和实施体制等方面具有很好的借鉴意义。根据中国的国情,建议从顶层设计入手,按照自上而下的方式,循序渐进推动生态文明政府建设,并将实施绩效向社会公布。这既是对生态文明政府建设的监督,也是对全社会最好的生态文明宣传教育。总之,建设生态文明政府,要以提升政府的生态文明建设能力为出发点,以促进全社会形成"尊重自然、顺应自然、保护自然"的生态文明理念为落脚点。只有建设生态文明政府,才能建成生态文明社会。②

综上所述,中国生态文明发展整体水平还不容乐观。中国工程院"生态文明建设若干战略问题研究(二期)"综合组评估研究得出③,中国生态文明

---

① 胡其图:《生态文明建设中的政府治理问题研究》,《西南民族大学学报(人文社会科学版)》2015 年第 3 期。

② 梅凤乔:《论生态文明政府及其建设》,《中国人口·资源与环境》2016 年第 3 期。

③ 为全面客观地反映和描述中国生态文明建设的发展水平,评估生态文明建设成效,综合衡量生态文明各领域协调程度,结合中国生态文明建设的总体目标,构建包含绿色环境、绿色生产、绿色生活、绿色治理四个领域的指标体系,中国工程院"生态文明建设若干战略问题研究(二期)"综合组,采用双基准目标渐进法赋分,以 2014 年为评估年,以全国 337 个地级及以上城市(不含香港特别行政区、澳门特别行政区、台湾省及三沙市)为单元,以《中国环境统计年鉴 2015》和《国民经济和社会发展统计公报 2015》作为主要数据来源,根据各地级及以上城市的主体功能定位,从国家、省、市三个层次开展评价,根据得分情况将评估结果由高到低划分为 A、B、C、D、E 五个等级("生态文明建设若干战略问题研究(二期)"综合组:《生态文明建设若干战略问题研究》,《中国工程科学》2017 年第 4 期)。

发展水平综合平均得分为 59.73，属于 D 级水平，在 31 个省、市、自治区中，没有达到 A 级的省区，达到 B 级的仅有浙江省和广东省，福建省、海南省等 14 个省区达到 C 级，江苏省、内蒙古自治区等 14 个省区属于 D 级，甘肃省的生态文明发展水平为 E 级，排名最后。2014 年占中国国土面积 70% 以上的地区生态文明发展水平未达及格水平（D 级、E 级）。要从根本上扭转中国生态环境脆弱问题，建成一个生态文明的社会，需要处理好两类基础性问题：第一类基础性问题是关于社会的生态化发展的生态学基础问题。社会的生态化发展意味着生态学的思想、原理或规律应当是我们在生态文明建设的过程中必须遵循的科学前提，它构成了社会发展的科学规定性和内在尺度。第二类基础性问题是在现实的社会发展中存在的各种反生态的社会现象和社会行为问题，对这类问题的明确有助于我们发现现实的社会与生态学的科学规定性之间存在的差距。这类问题对生态文明建设的正常运行构成程度不同的消极影响。① 这两类基础性问题共同决定着生态文明的实践及其实现程度，现在各领域进行的生态文明的理论研究和实践工作，都要接受二者的考量，并在其规制下展开工作，只有这样，才是进行真正的生态文明建设。

四、延伸阅读与思考

（一）重要文献资料

党的十九大报告中关于生态文明的论述②
（节选）

——生态文明建设成效显著。大力度推进生态文明建设，全党全国贯彻绿色发展理念的自觉性和主动性显著增强，忽视生态环境保护的状况明显改变。生态文明制度体系加快形成，主体功能区制度逐步健全，国家公园体制试点积极推进。全面节约资源有效推进，能源资源消耗强度大幅下降。重大生态保护和修复工程进展顺利，森林覆盖率持续提高。生态环境治理明显加强，环境状况得到改善。引导应对气候变化国际合作，成为全球生态文明建

---

① 郑慧子：《生态文明建设需要关照的两类基础性问题》，《河南大学学报（社会科学版）》2017 年第 1 期。
② 习近平：《决胜全面建成小康社会　夺取新时代中国特色社会主义伟大胜利——在中国共产党第十九次全国代表大会上的报告》，人民出版社 2017 年版，第 5～6 页、第 9 页、第 11～12 页、第 23～24 页、第 22～29 页、第 50～52 页。

设的重要参与者、贡献者、引领者。

——生态环境保护任重道远。

——要在继续推动发展的基础上，着力解决好发展不平衡不充分问题，大力提升发展质量和效益，更好满足人民在经济、政治、文化、社会、生态等方面日益增长的需要，更好推动人的全面发展、社会全面进步。

——坚持人与自然和谐共生。建设生态文明是中华民族永续发展的千年大计。必须树立和践行绿水青山就是金山银山的理念，坚持节约资源和保护环境的基本国策，像对待生命一样对待生态环境，统筹山水林田湖草系统治理，实行最严格的生态环境保护制度，形成绿色发展方式和生活方式，坚定走生产发展、生活富裕、生态良好的文明发展道路，建设美丽中国，为人民创造良好生产生活环境，为全球生态安全做出贡献。

——从现在到二〇二〇年，是全面建成小康社会决胜期。要按照十六大、十七大、十八大提出的全面建成小康社会各项要求，紧扣我国社会主要矛盾变化，统筹推进经济建设、政治建设、文化建设、社会建设、生态文明建设，……使全面建成小康社会得到人民认可、经得起历史检验。

——第一个阶段，从二〇二〇年到二〇三五年，在全面建成小康社会的基础上，再奋斗十五年，基本实现社会主义现代化。到那时，……生态环境根本好转，美丽中国目标基本实现。

——第二个阶段，从二〇三五年到本世纪中叶，在基本实现现代化的基础上，再奋斗十五年，把我国建成富强民主文明和谐美丽的社会主义现代化强国。到那时，我国物质文明、政治文明、精神文明、社会文明、生态文明将全面提升，……中华民族将以更加昂扬的姿态屹立于世界民族之林。

——要坚持农业农村优先发展，按照产业兴旺、生态宜居、乡风文明、治理有效、生活富裕的总要求，建立健全城乡融合发展体制机制和政策体系，加快推进农业农村现代化。

——九、加快生态文明体制改革，建设美丽中国

人与自然是生命共同体，人类必须尊重自然、顺应自然、保护自然。人类只有遵循自然规律才能有效防止在开发利用自然上走弯路，人类对大自然的伤害最终会伤及人类自身，这是无法抗拒的规律。

我们要建设的现代化是人与自然和谐共生的现代化，既要创造更多物质财富和精神财富以满足人民日益增长的美好生活需要，也要提供更多优质生态产品以满足人民日益增长的优美生态环境需要。必须坚持节约优先、保护优先、自然恢复为主的方针，形成节约资源和保护环境的空间格局、产业结构、生产方式、生活方式，还自然以宁静、和谐、美丽。

（一）推进绿色发展。加快建立绿色生产和消费的法律制度和政策导向，

建立健全绿色低碳循环发展的经济体系。构建市场导向的绿色技术创新体系，发展绿色金融，壮大节能环保产业、清洁生产产业、清洁能源产业。推进能源生产和消费革命，构建清洁低碳、安全高效的能源体系。推进资源全面节约和循环利用，实施国家节水行动，降低能耗、物耗，实现生产系统和生活系统循环链接。倡导简约适度、绿色低碳的生活方式，反对奢侈浪费和不合理消费，开展创建节约型机关、绿色家庭、绿色学校、绿色社区和绿色出行等行动。

（二）着力解决突出环境问题。坚持全民共治、源头防治，持续实施大气污染防治行动，打赢蓝天保卫战。加快水污染防治，实施流域环境和近岸海域综合治理。强化土壤污染管控和修复，加强农业面源污染防治，开展农村人居环境整治行动。加强固体废弃物和垃圾处置。提高污染排放标准，强化排污者责任，健全环保信用评价、信息强制性披露、严惩重罚等制度。构建政府为主导、企业为主体、社会组织和公众共同参与的环境治理体系。积极参与全球环境治理，落实减排承诺。

（三）加大生态系统保护力度。实施重要生态系统保护和修复重大工程，优化生态安全屏障体系，构建生态廊道和生物多样性保护网络，提升生态系统质量和稳定性。完成生态保护红线、永久基本农田、城镇开发边界三条控制线划定工作。开展国土绿化行动，推进荒漠化、石漠化、水土流失综合治理，强化湿地保护和恢复，加强地质灾害防治。完善天然林保护制度，扩大退耕还林还草。严格保护耕地，扩大轮作休耕试点，健全耕地草原森林河流湖泊休养生息制度，建立市场化、多元化生态补偿机制。

（四）改革生态环境监管体制。加强对生态文明建设的总体设计和组织领导，设立国有自然资源资产管理和自然生态监管机构，完善生态环境管理制度，统一行使全民所有自然资源资产所有者职责，统一行使所有国土空间用途管制和生态保护修复职责，统一行使监管城乡各类污染排放和行政执法职责。构建国土空间开发保护制度，完善主体功能区配套政策，建立以国家公园为主体的自然保护地体系。坚决制止和惩处破坏生态环境行为。

（二）典型案例

案例一

自我反思：共享单车成了"双刃剑"[①]

近日，北京某法院受理一起案件，一物业公司认为"摩拜单车"在停车

---

① 陈雍君：《共享单车别忘环境责任》，《人民日报》2017年6月19日，第5版。

场乱停乱放，影响了其物业管理秩序，因此起诉摩拜，索要管理费用。据悉这是因共享单车停放混乱而致的首例民事诉讼。

这不禁令人联想起目前一线城市的部分地区已单车"成灾"，尽管各地也出台了一些共享单车管理规定，但收效不大。然而还有更加令人不安的一则消息。据媒体调查，2016年，近20个品牌投放了约200万辆共享单车，2017年预计投放总量接近2000万辆，这些自行车报废之后，会产生近30万吨废金属，相当于5艘航空母舰结构钢的重量。如果它们被丢弃在各个角落，将对环境造成巨大影响。

一方面是共享单车急速扩张。据调查，平均每15秒即可组装一辆共享单车。另一方面是共享单车即将因维保、回收难题而"撞墙"。据测算，每辆自行车维修保养成本约为1000元，这甚至超过了一辆新车的价格。由于单车所含最有价值的回收物——废钢铁，其价格便宜且量少，而且回收企业对回收共享单车的兴趣不大。而留给单车企业解决这一问题的时间并不宽裕。虽然如北京、杭州要求共享单车连续使用3年即强制报废，但很多单车显然要提前报废。

因此，以方便出行、价格低廉、创新型经济等面貌问世的共享单车，在尚未探索到盈利模式前，就已经给社会管理造成困扰，甚至有破坏生态环境的潜在威胁。任何一种经济模式或产业，除了考虑盈利和收益外，该怎样评估环境危害，防止环境污染？

2016年12月《国务院办公厅关于印发生产者责任延伸制度推行方案的通知》提出，推行生产者责任延伸制度。这一制度的内核简单来说，即生产者对其产品承担的资源环境责任，从生产环节延伸到产品设计、流通消费、回收利用、废物处置等全生命周期。拿共享单车为例，单车生产前其生产者就有责任了解并解决当单车废弃后，如何从环境和节约资源的角度，以适当的方式处理废弃单车的问题。

思路既有，只差落实。共享单车从一降生就身披创新的光环，推动了城市健康出行理念普及、物联网技术应用与发展，当前既已面临维护和回收等问题，则理应当仁不让，从自身做起，探索落实生产者责任延伸制度，为其他行业做出表率，推动整个社会对于环境保护工作认识的提升。倘如此，相信大众仍将对共享单车热烈欢迎，继续抱有宽容，并积极参与到环保流程中去。

案例二

他山之石：德国生态文明建设的几点经验①

德国历届政府一直为实现经济、生态环境和社会的良性循环不断地推出和完善相关的政策，并将其作为国家社会经济发展的重要目标之一列入德国的基本法。经过多年的努力，德国被公认为在改善生态环境和促进可持续发展方面走在世界前列，其成功的新模式值得借鉴。

第一，德国模式高度重视以人为本，以和谐求发展。联邦政府认为，生态环境保护与可持续发展的核心观点在于：以人为本，促进人与自然的和谐发展。根据生态学和市场经济的准则，经济、社会和生态三位一体是可持续发展模式的本质要求，只有这三个方面达到彼此协调，才能认为是可持续发展的。德国政府认为，实施可持续发展不仅仅是政府部门的职责，还需要各种非政府力量的积极参与。在推进21世纪议程中，不仅各级政府发起各种活动以加强非政府力量在环境保护和可持续发展中作用，而且社会公众也自发地开展活动以改进自己行为方式的生态影响。目前有400万德国民众加入各种环境团体和自然保护协会，许多民众把环境保护融入他们的日常生活中。

第二，德国模式注重大力开发可再生能源和降低能源消耗。为促进可再生能源的开发和利用，德国决定逐步放弃已初具规模的核电，并以此为契机，大力开发太阳能、风能、生物能等可再生能源。德国政府希望通过能源结构调整，到2010年使可再生能源成为国民使用的主要能源。为达到上述目标，德国制定了《可再生能源法》等政策法规，并实施了一系列鼓励使用新型能源的计划。德国已经安装了1.3万个风力发电机组，总功率超过了1万兆瓦，达到了全球风力发电总量的36%，居世界之首，超过了美国和丹麦。在太阳能开发利用方面，1998年，联邦政府提出了用6年时间投资9亿马克，启动"10万座屋顶太阳能"项目，在一些住宅区安装10万套光电设备，总容量达30万千瓦，为居民提供足够的电量；夏天盈余的电量可并入电网中。德国通过大力促进可再生能源的发展，取得了多重效益：一是利用风能和太阳能这样的可再生能源，使得德国温室气体排放量近年来减少了200余万吨，为德国竭力实现《京都议定书》的减排目标做出了巨大贡献；二是可再生能源的开发利用极大地促进了德国能源全行业的战略调整，使德国可持续发展动力增强；三是在目前德国经济持续低迷、失业人数屡创新高的情况下，可再生能源行业成为一个全新的"就业发动机"：在过去4年内，制造商和供应商

---

① 刘助仁：《德国改善生态环境和实施可持续发展战略的经验启示》，《节能与环保》2005年第1期，第38～40页。

的员工数量翻了一倍，与此同时，该行业销售额每年增长45%。

第三，德国模式大力发展资源回收再利用和减少存量资源消费。德国对生活垃圾的管理是建立生产者责任制度，它要求生产者和销售者有收集、再利用和处置废弃物的责任，更全面体现了"污染者付费"原则，生产者和销售者需按照法律规定，承担生活垃圾的收集、分类和处置工作或费用，尽可能达到"物质闭合循环的回路"。生产者责任制度的确立不仅解决了垃圾的管理和后续处置费用，而且通过影响产品成本起到引导生产者行为、鼓励生产者减少原材料的使用量以及采用可回收利用的材料制造产品的作用。德国的垃圾处理技术等级规定垃圾的处理顺序为：源削减→回收利用→焚烧回收能源→最终填埋处理。只有在高层次的技术方案不能利用时，才能使用低层次的技术方案，并规定包装废弃物只能以物质回收的方式，不可以采用能源回收的方式。该技术等级保证了最大程度上的物质回收和能量回收。

第四，德国模式全力打造有竞争力和可持续发展的环保农业。目前，德国农业政策的根本点是发展有竞争力和可持续的环保农业，在提高农业现代化水平的同时，促进生态平衡，保护环境。德国制定环境无害化可持续农业的主要目标有：促使农业为社会公众提供优质粮食，确保农民收入和财产的增加，保护人类生活的自然基础和生物多样性，保护和发展农村地区的生态和景观。因此，德国的农业政策要求土地所有者严格按照适当的耕作技术和环境无害化方式使用植物保护剂和化肥，进一步减少所有土地的污染物投入，大力发展环保农业，认真执行"优质农业耕作规则"，改善环境能够承受的常规耕作方式，保护自然的生存基础，特别是物种的多样性、地下水、气候和土壤的良性发展，同时保护自然景观不受破坏，使自然资源可以持续使用。为此，德国制定了多部相关法律，如《植物保护》法和《土壤保护》法等；向农业提供财政补贴，促进农村地区的经济和自然保护；还通过对农户的培训，使他们有意识地减少对生态体系的人为损害。

第五，依靠法制规范可持续发展战略实施。德国政府强烈意识到，实现经济与生态的协调和可持续发展需要有关可持续发展的战略方针与基本政策长期稳定不变，并能有效地贯彻执行，而法律的稳定性能满足这一稳定政策的要求。可持续发展涉及所有产业和众多的产业部门，发展战略的变革，不可避免地带来不同产业部门和产业部门资源的重新分配，涉及各行各业、个人的利益。必须依靠法制加以规范。德国实施可持续发展战略的最基本手段就是立法与可持续发展有关的法律涉及面很广，包括生态、环境资源、能源、人文、经济、社会等领域。联邦德国从20世纪60年代制定第一部环保法即《保护空气清洁法》以来，先后出台了《垃圾管理法》《三废清除法》《环境规划法》《有害烟尘防治法》《洗涤剂法》《水管理法》《区域整治法》《自然保护法》《森林法》《渔业法》《循环经济法》等。德国的《循环经济法》是目前最完整地体现废物减量化、资源化和无害化，符合可持续发展要求的废弃物管理的专门性法规。该法强调了对固体废弃物的处理是为了实现整个环境、资源与经济的良性循环，而不再是对废弃物简单的处置，应该作为资源加以回收利用，实现物质"摇篮—坟墓—摇篮"的闭合循环，充分体现了循环经济的思想。

参考书目

[1] 中共中央文献研究室. 习近平关于社会主义生态文明建设论述摘编[Z]. 北京：中央文献出版社，2017.

[2] 中共中央马克思恩格斯列宁斯大林著作编译局. 自然辩证法[M]. 北京：人民出版社，1971.

[3] [美] 蕾切尔·卡逊. 寂静的春天[M]. 吕瑞兰，李长生，译. 吉林：吉林人民出版社，1997.

[4] [美] 约翰·贝拉米·福斯特. 生态危机与资本主义[M]，耿建新，宋兴元，译. 上海：上海译文出版社，2006.

[5] [加] 威廉·莱易斯. 满足的极限[M]. 多伦多：多伦多大学出版社，1976.

[6] [美] 丹尼斯·米都斯，等. 增长的极限[M]. 李宝恒，译. 长春：吉林人民出版社，1997.

[7] [美] 戈尔. 濒临失衡的地球[M]. 陈嘉映，等，译. 北京：中央编译局，1997.

[8] [英] 戴维·佩珀. 生态社会主义：从深生态学到社会正义[M]. 刘颖，译. 济南：山东大学出版社，2005.

[9] [美] 詹姆斯·奥康纳. 自然的理由：生态学马克思主义研究[M]. 唐正东，臧佩洪，译. 南京：南京大学出版社，2003.

[10] [美] 霍尔姆斯·罗尔斯顿. 环境伦理学：大自然的价值以及人对大自然的义务[M]. 杨通进，译. 北京：中国社会科学出版社，2000.

[11] 刘湘溶. 生态文明论[M]. 长沙：湖南教育出版社，1999.

思考题

1. 为什么必须把生态文明建设融入经济建设、政治建设、文化建设、社会建设各方面和全过程？

2. 生态文明建设不只是政府的事，也不只是企业的事，它更是关乎每个人的重要事情。因此，需要提倡从我做起，使生态文明建设真正成为每一位公民的自觉行动。请你谈谈在日常生活中，我们能为生态文明建设做些什么。

3. 在现实生活中为什么会出现先污染、后治理的现象？你认为这些现象产生的根本原因是什么？

4. 怎样认识当前中国面临的重大环境问题挑战？

第八章　坚持和平发展道路与构建人类命运共同体

一、教学大纲基本内容

（一）当代中国同世界关系的历史性变化

1. 世界正处于大发展大变革大调整时期，世界格局正在深刻调整

（1）世界多极化趋势进一步加强。虽然西方发达国家仍处主导地位，但新兴大国和广大发展中国家继续保持发展势头，联合自强意识增强，日益成为全球增长引擎、解决全球性问题的利益攸关方。

（2）经济全球化趋势不可逆转。这是生产力发展要求和科技进步的结果。当前世界经济复苏乏力，主要经济体走势和政策取向分化，不确定性突出，保护主义明显升温，但随着中国、印度等新兴国家经济作用日益凸显，经济全球化规模正空前扩大，相互依赖日益加深。

（3）社会信息化发展迅猛。当今信息技术革命日新月异，对社会各领域影响深刻。互联网成为先导，深刻改变着生产生活方式，真正让世界变成地球村，同时对国家主权、安全、发展利益提出了新挑战，迫切需要国际社会认真应对、谋求共治、实现共赢。

（4）文化多样化及其碰撞和交融呈现新特点。文化与经济、政治的联系日益紧密，越来越多的国家把提高国家文化软实力作为重要发展战略，各种思想文化交流交融交锋更加频繁，思想文化领域的斗争依然深刻而复杂。

（5）科技革命和产业革命正在孕育成长。带动许多领域发生了以绿色、智能、泛在为特征的群体性技术革命，科技创新链条更加灵巧，技术更新和成果转化更加快捷，产业更新换代不断加快。科技创新活动不断突破地域、组织、技术的界限，演化为创新体系的竞争，创新战略在综合国力竞争中的地位日益重要。

（6）全球治理体系变革加速推进。金融危机以来，以西方占主导、国际关系理念以西方价值观为主要取向的"西方中心论"难以为继，西方的治理理念、体系和模式越来越难以适应国际格局和时代潮流。和平赤字、发展赤字、治理赤字的严峻挑战以及国际力量对比的变化,加速推动了全球治理体系变革。

2. 和平与发展仍然是世界主题

正确认识和把握时代主题,是制定国内发展战略以及外交战略方针政策的基本出发点,是当代中国发展的重要经验之一。改革开放初,邓小平做出了"和平和发展是时代主题"的科学论断,扭转了战争不可避免且迫在眉睫的固有观念,为党制定正确的战略策略提供了理论依据,顺利实现了党和国家工作重心转移。

党的十九大报告指出:"世界正处于大发展大变革大调整时期,和平与发展仍然是时代主题。"经济全球化形成了"你中有我、我中有你"的命运共同体;世界多个发展中心逐渐形成,爱好和平、推进发展的力量持续增长,国际力量对比继续朝着有利于世界和平与发展的方向发展;世界和平力量的上升远远超过战争因素的增长,和平、发展、合作、共赢的时代潮流更加强劲;"冷战"思维、零和博弈、阵营对抗愈发陈旧落伍,已不符合时代要求;大国全面冲突对抗只会造成两败俱伤,和平发展大势不可逆转;挑战层出不穷,风险日益增多,全球性问题日益突出,发展已成为解决各国内部以及国际社会矛盾和问题的主要途径,各国加快自身发展的要求更加迫切;和平与发展是世界各国人民的共同要求,但维护世界和平、促进共同发展依然任重道远。

和平与发展的内涵和实现方式还在发展变化:国际恐怖主义、民族分裂势力、网络安全威胁等非传统安全因素日益影响世界和平,维护世界和平的任务更加繁重;各国发展更加紧密地联系在一起,谁都不能独善其身。

3. 中国日益走近世界舞台中央

改革开放以来,中国取得了举世瞩目的成就,综合国力不断增强,国际地位和国际影响力空前提升,成为国际社会中不可或缺的重要力量。

中国成为拉动世界经济增长的最大引擎。截至 2018 年 4 月,中国已成为世界第二大经济体、第一大工业国、第一大货物贸易国、第一大外汇储备国。改革开放 40 年,按可比价,中国 GDP 年均增长约 9.5%;以美元计中国对外贸易年均增长 14.5%。中国作为最大新兴经济体,给国际社会带来更多机遇,特别是有效应对国际金融危机,为世界经济稳定与复苏做出了重要贡献。联合国 2015 年《千年发展目标报告》显示,中国对全球减贫贡献率达 70%。

中国作为参与者、推动者、引领者,积极促进全球治理体系改革和建设,事关应对各种全球性挑战,事关给国际秩序和国际体系定规则、定方向,事关对发展制高点的争夺,事关各国在国际秩序和体系长远制度性安排中的地位和作用。中国积极发挥负责任大国作用:在重大国际和地区热点问题上坚持劝和促谈,发挥建设性作用;积极参与维和行动,派出维和人员最多;与国际社会共同努力积极应对全球性挑战;提出建立以合作共赢为核心的新型国际关系、坚持正确义利观、构建人类命运共同体等理念和举措,顺应了时代潮流,符合各国利益,增加了中国同各国利益的汇合点,为全球治理体系的改革和建设不断贡献着智慧和力量。

(二) 坚持和平发展道路

改革开放以来,中国共产党依据国际国内形势变化,不断赋予中国外交新的内容。党的十八大以来,以习近平为核心的党中央在对外工作上进行了一系列重大理论和实践创新,形成了习近平新时代中国特色社会主义外交思想,为开创中国特色大国外交新局面提供了根本遵循和行动指南,即:坚持以维护党中央权威为统领加强党对对外工作的集中统一领导;坚持以实现中华民族伟大复兴为使命推进中国特色大国外交;坚持以维护世界和平、促进共同发展为宗旨推动构建人类命运共同体;坚持以中国特色社会主义为根本增强战略自信;坚持以共商共建共享为原则推动"一带一路"建设;坚持以相互尊重、合作共赢为基础走和平发展道路;坚持以深化外交布局为依托打造全球伙伴关系;坚持以公平正义为理念引领全球治理体系改革;坚持以国家核心利益为底线维护国家主权、安全、发展利益;坚持以对外工作优良传统和时代特征相结合为方向塑造中国外交独特风范。其中,坚持和平发展、促进民族复兴是这一思想的主线,坚持走和平发展道路是中国根据时代发展潮流和国家根本利益做出的战略选择。

1. 奉行独立自主的和平外交政策

这是新中国一贯倡导的外交政策。基本目标是维护中国独立、主权和领土完整,创造良好的国际环境,维护世界和平,促进共同发展。主要内容包括:始终奉行独立自主原则;反对霸权主义,维护世界和平;主张顺应世界多极化和经济全球化的历史潮流,积极推动建立公正公平的国际政治经济秩序;愿意在互相尊重主权和领土完整、互不侵犯、互不干涉内政、平等互利、和平共处五项原则基础上,同所有国家建立和发展友好合作关系;实行全方位对外开放政策,愿在平等互利原则基础上,同世界各国和地区广泛开展贸易往来、经济技术合作和科学文化交流,促进共同繁荣;积极参与多边外交活动,做维护世界和平和地区稳定的坚定力量。

中国坚持走和平发展道路,既通过维护世界和平发展自己,又通过自身发展维护世界和平;在强调依靠自身力量和改革创新实现发展的同时,坚持对外开放,学习借鉴别国长处;顺应经济全球化发展潮流,寻求与各国互利共赢和共同发展;同国际社会一道努力,推动建设持久和平、共同繁荣的和谐世界。中国和平发展道路最鲜明的特征,就是坚持科学发展、自主发展、开放发展、和平发展、合作发展、共同发展。中国和平发展的不懈追求是对内求发展、求和谐,对外求合作、求和平,通过中国人民的艰苦奋斗和改革创新,通过同世界各国长期友好共处、平等互利合作,让中国人民过上美好生活,并为全人类发展进步做出应有贡献。

2. 坚决捍卫国家核心利益

国家核心利益是主权国家生存和发展的前提和基础,不同国家不同历史时期的国家核心利益包含不同的具体内容。中国的国家核心利益包括主权、国家安全、领土完整、国家统一、国家政治制度和社会大局稳定、经济社会可持续发展的基本保障等内容。中国是人民当家作主的社会主义国家,国家和人民的根本利益一致,维护国家核心利益就是维护最广大人民群众的根本利益,其意义在于维护构成我们国家的基本要素,为中国社会主义建设创造和平稳定的国际国内环境。

中国坚定不移地走和平发展道路,始终不渝地倡导合作共赢理念,是中国外交的神圣使命,底线就是坚决维护国家核心利益,决不以牺牲别国利益为代价发展自己,也决不放弃自己的正当权益,任何势力不要幻想我们会拿核心利益做交易,不要指望让中国吞下损害自身主权、安全、发展利益的苦果。70年来,中国在维护国家独立和主权、捍卫民族尊严上的立场是一贯的。

中国特色大国外交始终把坚决维护国家核心利益作为外交工作的基本出发点和落脚点。坚持把国家和民族发展放在自己力量的基点上。坚决维护国家利益,捍卫世界和平,是中国坚如磐石的意志和决心,也是中国外交一以贯之的使命和追求。中国稳妥应对涉及中国领土主权和海洋权益的争端,坚决维护国家的领土主权。在钓鱼岛问题上坚持原则,捍卫国家领土主权;对所谓南海仲裁案坚决回击,维护了南海局势总体稳定;践行"外交为民"的宗旨,从也门、尼泊尔、南苏丹等国成功撤侨。坚决遏制"台独""藏独""东突"等分裂势力的破坏活动,防范国际暴力恐怖活动向境内渗透,维护国家主权与安全。

中国不回避矛盾和问题,妥善处理同有关国家的分歧和摩擦,同时推动各领域交流合作,通过合作扩大共同利益的汇合点,努力维护同周边国家关系及地区和平稳定大局。和平发展道路不会一帆风顺。在涉及违规核心利益的问题上,我们要敢于画出红线、亮明底线。随着中国和平发展进程的不断深入,我们维护国家利益的资源和手段将会越来越多,维护国家利益的地位也会越来越主动。

3. 永远不称霸不搞扩张

人类发展史形成了一条强而必霸的逻辑,近现代以来,资本主义大国的兴衰依旧延续了这个逻辑，中国的发展将打破这个逻辑，走与它们不同的道路。

新中国成立后，中国政府提出和坚持和平共处五项原则，确立和奉行独立自主的和平外交政策，向世界做出永远不称霸、永远不搞扩张的庄严承诺。中国无论发展到什么程度，始终是维护世界和平的坚定力量。中国把自己的事情做好本身就是对人类社会的贡献，同时通过推动自身发展给世界创造更多机遇。中国不"输入"外国模式，也不"输出"中国模式，不要求别国"复制"中国做法。把中国倡导并致力于同各国合理合法地维护国家权益说成"咄咄逼人""傲慢""强硬"，鼓吹"中国威胁论"等论调，都是站不住脚的。

中国不走强而必霸的道路有多方面依据：中国传统文化强调"天下为公""和同天下""行王道而非霸道"等思想；强而必霸的逻辑与唯物史观所揭示的世界历史发展大趋势以及社会交往的价值观背道而驰；中国始终坚持反对霸权主义和强权政治的立场，坚定地与广大发展中国家站在一起；中国近代以来长期遭受西方列强的侵略欺凌，亲身经历过霸权主义带来的深重苦难；世界历史上强而必霸紧跟着的必然是霸极而衰，过度扩张必然导致力量透支并走向衰落。

（三）推动构建新型国际关系

面对新变化，中国完善全方位多层次立体化国际关系布局，积极打造国际合作新平台，积极参与全球治理体系改革与建设，致力于构建以合作共赢为核心的新型国际关系。

1. 高举和平、发展、合作、共赢的旗帜

中国恪守维护世界和平、促进共同发展的外交政策宗旨，坚定不移地在和平共处五项原则的基础上发展同各国的友好合作，坚定维护国际公平正义，反对霸权主义和强权政治，不断推动建设相互尊重、公平正义、合作共赢的新型国际关系。

高举和平旗帜，坚定奉行独立自主的和平外交政策，尊重各国自主选择发展道路的权利，反对强加于人，反对干涉内政，反对以强凌弱，奉行防御性国防政策；高举发展旗帜，积极发展全球伙伴关系，扩大利益交汇点，推进构建总体稳定、均衡发展的大国关系框架，深化同周边国家关系，加强同发展中国家团结合作；高举合作旗帜，积极打造国际合作新平台，加大对发展中国家特别是最不发达国家援助力度，支持多边贸易体制，促进自由贸易区建设，推动建设开放型世界经济；高举共赢旗帜，奉行互利共赢的开放战略，分享发展机遇，发挥"形势的稳定锚、增长的发动机、和平发展的正能

量、全球治理的新动力"的作用。秉持共商共建共享的全球治理观，倡导国际关系民主化，坚持国家平等，支持联合国发挥积极作用，支持扩大发展中国家在国际事务中的代表性和发言权，不断贡献本国智慧和力量，以负责任大国的担当，积极参与全球治理体系改革和建设。

和平、发展、合作、共赢的理念，正在全球范围收获越来越多的共鸣，产生越来越强的凝聚力。中国特色大国外交开拓进取，砥砺前行，正在以一种与传统大国不同的方式，更加自信、更加开放地为自身发展营造有利的外部环境，也为世界的和平与发展、人类的繁荣与进步发挥越来越重要的促进作用。

2. 完善全方位立体化国际关系布局

以周边和大国为重点，以发展中国家为基础，以多边为舞台，以深化务实合作、加强政治互信、夯实社会基础、完善机制建设为渠道，全面发展同各国的友好合作，不断完善全方位、立体化的国际关系布局，打造覆盖全球的"朋友圈"，与各国人民结伴而行，共创美好未来。

积极运筹大国关系。大国是影响世界和平的决定性力量，保持与大国关系的总体稳定，对于中国深化全方位对外合作、维护良好的外部环境至关重要。党的十八大以来，中国积极运筹中俄、中美、中欧等主要关系，取得了明显成效：推动中俄全面战略协作伙伴关系不断迈向更高水平。俄罗斯是中国最大的邻国，高水平、强有力的中俄关系，符合双方利益，是维护国际战略平衡与世界和平稳定的重要保障。推动新时期中美关系持续健康稳定向前发展，中美关系令世人瞩目，两国关系改善可以为世界稳定提供"压舱石"、为世界和平提供"助推器"，中美可以也应该走出一条不同于历史大国冲突对抗的新路，双方需要把握两国关系正确方向不动摇，尊重彼此核心利益和重大关切，积极拓展务实合作，妥善处理敏感问题和分歧，努力构建不冲突不对抗、相互尊重、合作共赢的中美新型大国关系。共同建设中欧和平、增长、改革、文明四大伙伴关系。欧洲是多极化重要一极，同中国经济互补性很强，充分挖掘中欧合作潜力，有利于中国和平发展和世界繁荣稳定，中国与欧盟及其许多成员国建立了伙伴关系，各领域合作不断深入。

按照"亲、诚、惠、容"理念和"与邻为善、以邻为伴"方针深化同周边国家关系。中国有14个陆地邻国和8个海上邻国，是世界邻国最多的国家。周边是中国安身立命之所、发展繁荣之基，周边外交具有极为重要的战略意义，始终置于外交全局的首要位置，中国积极营造更加和平稳定、发展繁荣的周边环境，视促进周边和平、伟大、发展为己任，深化同周边国家的互利合作和互联互通，共同打造周边命运共同体。但中国周边国家的差异性和多样性较为突出，经济发展不平衡，历史文化、民族和宗教信仰各异，存在某些历史遗留问题和地区热点问题。中国全面发展同周边国家的关系，巩固睦邻友好，努力使周边国家同中国政治关系更加友好、经济纽带更加牢固、安全合作更加深化、人文联系更加紧密。坚持睦邻、安邻、富邻，从战略高度分析处理问题，提高驾驭全局、统筹谋划、操作实施的能力，着力维护周边和平稳定大局，决不允许在我们自己家门口生乱生事，决不接受中国的发展进程再度受到干扰和打断。着力深化互利共赢格局，统筹经济、贸易、科技、金融等方面资源，利用好比较优势，找准同周边国家深化互利合作的战略契合点。着力推进同周边国家的安全合作，主动参与区域和次区域安全合作，深化有关合作机制，增进战略互信。巩固和扩大中国同周边国家关系长远发展的社会和民意基础。

秉持正确义利观和"真、实、亲、诚"理念，加强同发展中国家团结合作。广大发展中国家是中国走和平发展道路的同路人。对发展中国家，要践行正确义利观，义利相兼、义重于利，把中国发展与广大发展中国家的共同发展紧密联系起来。政治上秉持公道正义，坚持平等相待，遵守国际关系基本准则，反对霸权主义和强权政治，反对为一己之私损害他人利益、破坏地区和平稳定。经济上坚持互利共赢、共同发展。对那些长期对华友好而自身发展任务艰巨的发展中国家，更多地考虑对方利益，不损人利己。当前，发展中国家有所分化，但它们仍是反对霸权主义、维护世界和平、推动建立国际政治经济秩序变革的中坚力量。中国努力同广大发展中国家加强合作，深化传统友谊，扩大务实合作，提供力所能及的援助，维护发展中国家的正当要求和共同利益。

加强同非洲国家的团结合作是中国长期坚持的战略选择，讲求"真、实、亲、诚"，以全面战略合作关系建设为引领，继承真诚友好的传统，把互助合作精神发扬光大，坚持互利共赢的平等合作、开放包容的多方合作、能力导向的务实合作、绿色低碳的可持续发展、基础优先的重点合作。中国与拉美和加勒比地区国家虽然相距遥远，但友好关系源远流长，主张双方共同致力于构建政治上真诚互信、经贸上合作共赢、人文上互学互鉴、国际事务中密切协作、整体合作和双边关系相互促进的中拉关系"五位一体"新格局，打造中拉携手共进的命运共同体。愿意同阿拉伯国家共同做中东和平稳定的维护者、公平正义的捍卫者、共同发展的推动者、互学互鉴的好朋友，增进战略互信、实现复兴梦想、实现互利共赢、促进包容互鉴，努力打造中阿命运共同体。

3. 拓展多边多层次国际交往领域

新世纪以来，中国积极参与多边事务，承担相应国际义务，推动重大热点问题和全球性问题的妥善解决，推动国际秩序和国际体系朝着更加公正合理的方向发展，积极树立负责任大国形象。一直支持并积极参与亚太经济合作组织各层次、各领域的合作，长期致力于推动亚太经济实现平衡、包容、可持续、创新、安全增长，推进贸易和投资自由化便利化，加强经济技术合作，加快区域经济一体化；推动二十国集团建立更加紧密的伙伴关系，加强宏观经济政策协调，共同采取负责任的宏观经济政策，共同应对世界经济金融领域重大风险和挑战，共同开创世界经济更加美好的未来；力求用伙伴关系把金砖各国紧密联系起来，下大力气推进经贸、金融、基础设施建设、人员往来等领域合作，朝着一体化大市场、多层次大流通、陆海空大联通、文化大交流的目标前进；继续提高亚非合作水平，继续做休戚与共、同甘共苦的好朋友、好伙伴、好兄弟；不断推进以相互尊重、平等相待为政治基础的南北合作，倡导共同、综合、合作、可持续安全的新理念，坚持通过对话协商和平解决分歧争端，共同应对全球性问题，共同维护地区和世界和平稳定。

党的对外交往工作是党的一条重要战线，是国家总体外交的一个重要组成部分。党的十八大以来，中国按照"独立自主、完全平等、互相尊重、互不干涉内部事务"的原则，不断深化与外国各类政党和政治组织的交流，探索在新型国际关系的基础上建立求同存异、相互尊重、互学互鉴的新型政党关系，搭建多种形式、多种层次的国际政党交流合作网络，不仅有利于同周边国家关系发展，也为促进区域合作、妥善处理历史遗留的热点问题做出了贡献。此外，中国还不断加强同各国其他政治组织的交流合作，推进人大、政协、军队、地方、人民团体等的对外交往。中国以开放的眼光、开阔的胸怀对待世界各国人民的文明创造，同世界各国人民开展对话和交流合作，支持各国人民加强人文往来和民间友好关系。

（四）推动构建人类命运共同体

当今世界，各国之间联系空前紧密，世界人民对美好生活的向往空前强烈，人类战胜困难的手段空前丰富，但人类面临的全球性问题也前所未有，世界各国人民前途命运越来越紧密地联系在一起，需要以负责任的精神同舟共济，共同维护和促进世界和平与发展。随着人类社会生产交往方式的不断进步以及世界形势的深刻变化，国际关系的理论与实践也在不断重塑。

当今国际社会迫切呼唤新的全球治理理念，构建更加公正合理的国际政治经济秩序，开辟人类更加美好的发展前景。习近平站在人类历史发展进程的高度，深入思考"建设一个什么样的世界，如何建设这个世界"等关乎人类前途命运的重大课题，提出了构建人类命运共同体的思想，反映了人类社会共同价值追求，汇聚了世界各国人民对和平、发展、繁荣向往的最大公约数，为人类社会实现共同发展、持续发展、长治久安绘制了蓝图，对中国和平发展、世界繁荣进步具有重大而深远的意义。

构建人类命运共同体思想，是一个科学完整、内涵丰富、意义深远的思想体系。人类命运共同体，就是每个民族、每个国家的前途命运都紧紧联系在一起，风雨同舟、荣辱与共，努力把生于斯、长于斯的这个星球建成一个和睦的大家庭，把世界各国人民对美好生活的向往变成现实。

构建人类命运共同体，提倡创新、协调、绿色、开放、共享的发展观，践行共同、综合、合作、可持续的安全观，秉持开放、融通、互利、共赢的合作观，树立平等、互鉴、对话、包容的文明观，坚持共商共建共享的全球治理观。构建人类命运共同体思想有着深厚的思想渊源和丰富深刻的内涵，使中华优秀传统文化基因和马克思主义的先进内涵相结合，同时批判地吸收了人类世界历史发展进程中形成的基本价值共识，形成了丰富、深刻的内涵。

坚持对话协商，建设持久和平的世界。要相互尊重、平等协商，坚决摒弃冷战思维、集团对抗。坚持和平共处五项原则，尊重各国自主选择的社会制度和发展道路，尊重彼此核心利益和重大关切，走对话而不对抗、结伴而不结盟的国与国交往新路，不搞你输我赢的零和游戏。人类命运共同体是一个持久和平的世界，根本要义在于国家之间构建平等相待、互商互谅的伙伴关系。大国需要相互尊重彼此的核心利益和重大关切，管控矛盾分歧，努力构建不冲突不对抗、相互尊重、合作共赢的新型关系。大国对小国要平等相待，消除唯我独尊、恃强凌弱、强买强卖的霸道行径。任何国家都不能随意发动战争和破坏国际法治。通过平等协商处理国家间矛盾分歧，共同发展、和平相处。

坚持共建共享，建设普遍安全的世界。要坚持以对话解决争端、以协商化解分歧，反对以牺牲别国安全换取自身绝对安全的做法，统筹应对传统和非传统安全威胁，反对一切形式的恐怖主义，实现普遍安全。国家不分大小、强弱、贫富以及历史文化传统、社会制度存在多大差异，都要尊重其合理安全关切。恪守尊重主权、独立和领土完整、互不干涉内政等国际关系基本准则，深化双边和多边协作，促进不同安全机制间协调包容、互补合作。各国都有参与地区安全事务的权利，也都有维护地区安全的责任，应以对话协商、互利合作的方式解决安全难题。加强协调、共担责任，建立全球反恐统一战线，为各国人民撑起安全伞。

坚持合作共赢，建设共同繁荣的世界。要实现各国经济社会协同进步，解决发展不平衡带来的问题，缩小发展差距，促进共同繁荣；拒绝自私自利、短视封闭的狭隘政策，维护世界贸易组织规则，支持维护开放、透明、包容、非歧视性的多边贸易体制，构建开放型世界经济。人类命运共同体是一个远离贫困、共同繁荣的世界。应坚持走开放融通、互利共赢之路，加强多边框架内合作，推动经济全球化朝着更加开放、包容、普惠、平衡、共赢的方向发展。各国特别是主要经济体需要加强宏观政策协调，兼顾当前和长远，着力解决深层次问题。抓住新一轮科技革命和产业变革的历史性机遇，转变经济发展方式，坚持创新驱动，共同打造新技术、新产业、新业态、新模式，进一步发展社会生产力、释放社会创造力。人类命运共同体追求的是共同发展，需要引导经济全球化健康发展，既做大蛋糕，又分好蛋糕，着力解决公平公正问题。加强全球经济治理，健全发展协调机制，为世界经济增长提供新动力，让发展成果更多惠及世界各国人民。

坚持交流互鉴，建设开放包容的世界。要尊重世界文明多样性，以文明交流超越文明隔阂，以文明互鉴超越文明冲突，以文明共存超越文明优越。人类文明的多样性既是世界的基本特征，也是人类进步的源泉。文明没有高下、优劣之分，只有特色、地域之别。文明差异不应该成为世界冲突的根源，而应该成为人类文明进步的动力。多样带来交流，交流孕育融合，融合产生进步。要促进和而不同、兼收并蓄的交流对话，加强双边和多边框架内文化、教育、旅游、青年、媒体、卫生、减贫等领域合作，在竞争比较中取长补短，在交流互鉴中共同发展，使文明交流互鉴成为增进各国人民友谊的桥梁、推动人类社会进步的动力、维护世界和平的纽带。

坚持绿色低碳，建设清洁美丽的世界。要坚持环境友好，合作应对气候变化，保护好人类赖以生存的地球家园。人与自然共生共存，伤害自然最终将伤及人类，建设生态文明关乎人类未来。要以人与自然的和谐相处为目标，牢固树立尊重自然、顺应自然、保护自然的意识，解决好工业文明带来的矛盾，实现世界的可持续发展和人的全面发展。敬畏自然、珍爱地球。加强气候变化、环境保护、节能减排等领域的交流合作，共享经验、共迎挑战，坚持走绿色、低碳、循环、可持续发展之路，平衡推进联合国2030年可持续发展议程，采取行动应对气候变化等挑战，不断开拓生产发展、生活富裕、生态良好的文明发展道路，构筑尊崇自然、绿色发展的全球生态体系。

这几个方面描绘了世界发展的美好前景，揭示了构建人类命运共同体的总体布局和实践路径，回答了"世界怎么了、我们怎么办"的世界难题，为新时代中国特色大国外交指明了方向。构建人类命运共同体是一个历史过程，不可能一蹴而就、一帆风顺，需要一步一步沿着正确道路前进。

二、学术前沿述评

（一）新时代中国的国际地位、国际影响与国际责任

新中国成立以来，中国社会、经济、政治、文化等各方面都取得了翻天

覆地的变化，综合国力显著增强，国际地位显著提升。中国的崛起被称作"21世纪最激动人心的大事"。"中国特色社会主义进入新时代，意味着近代以来久经磨难的中华民族迎来了从站起来、富起来到强起来的伟大飞跃，迎来了实现中华民族伟大复兴的光明前景"。①

中国"主动与世界融合，坚定走和平发展道路，努力开创中国模式，已成为新兴经济体的领头羊，日益被视为当今世界前所未有的大变化中最重要的变量"②。"在西方大国看来，遏制中国的崛起势头和把中国排斥在国际体系之外已经不可能，而且也会导致其自身利益受到损害"，"中国在全球治理中的作用越来越重要，正在从参与者、建设者转变为引领者"，"中国在全球治理中担当着越来越重要的角色，既是中国自身国家实力和国际地位的体现，也使中国增强了与世界各国进行国际交往的底气，并提升了塑造新型国际关系的能力"。③

也有学者认为，"中国目前虽然在经济总量上位列世界第二，但人均国内生产总值排名世界100位之后，还是一个不折不扣的发展中国家"④。党的十九大报告明确提出："我国仍处于并将长期处于社会主义初级阶段的基本国情没有变，我国是世界最大发展中国家的国际地位没有变。"⑤ 可见，中国要从经济大国变成经济强国、综合国力大国的道路仍然漫长，实现全面现代化尤其是文化、体制、社会发展等方面仍需艰苦努力。

中国坚持独立自主的外交原则，彰显了大国风范。中国"国内政局稳定，有中国特色社会主义的发展模式和经验，得到世界上越来越多不同类型国家和人民的理解和肯定"。"对外关系领域，外交政策日益成熟稳定，独立自主和平外交政策长期得到坚持和贯彻，不断得到充实和完善，在国际事务中按照事情本身的是非曲直来决定自己的立场和政策，赢得了世界各国的信任，大国风范空前显著"。⑥

有学者认为，应慎重使用"负责任大国""大国责任"及"国际责任"等概念，采用"国际贡献"和"国际共同责任"等说法更为恰当"⑦。一方

---

① 习近平：《决胜全面建成小康社会　夺取新时代中国特色社会主义伟大胜利——在中国共产党第十九次全国代表大会上的报告》，人民出版社2017年版，第10页。
② 崔立如：《关于中国国际战略的若干思考》，《现代国际关系》2011年第11期，第2页。
③ 文君：《中国在全球治理中角色的变化与新型国际关系的塑造》，《思想理论教育导刊》2018年第7期，第63、68页。
④ 陶文昭：《论中国的国际责任》，《高校理论战线》2011年第12期，第70页。
⑤ 习近平：《决胜全面建成小康社会　夺取新时代中国特色社会主义伟大胜利——在中国共产党第十九次全国代表大会上的报告》，人民出版社2017年版，第10页。
⑥ 蒲俜：《和平发展道路与和谐世界理念》，《教学与研究》2007年第11期，第53页。
⑦ 李东燕：《从国际责任的认定与特征看中国的国际责任》，《现代国际关系》2011年第8期，第52页。

面"中国作为当今国际体系中的一个大国,应当承担国际责任,履行对国际社会的义务。另一方面,中国经济社会的不断发展,中国与国际社会的相互融合、相互依赖日益加深,导致中国利益不断拓展,中国在世界各地无处不在,中国必须承担相应的国际责任,在维护中国日益扩大的海外利益的同时,树立良好的国际形象,促进国际社会的整体发展,推动人类文明不断进步"①。"承担更多的国际责任是中国实现自身国家利益的需要,是中国在国际社会中发挥更大作用的切入点"②。

有学者认为,"西方大国是根据其国家利益来确定中国国际责任的","中国究竟要承担什么样的国际责任,不应该由西方大国来认定,而只能是中国根据自身能力和国家利益来确定","国家利益是确定中国国际责任的根本依据"。③"中国应该根据自己的国家身份来确定国际责任","中国承担国际责任要积极而为,量力而行"。④ 当然,也要"以开放的心态和胸怀界定自身利益。在了解自身利益所在和维护自己利益的同时,不应狭隘地界定本国利益,克服完全从一己利益出发的片面性。不光考虑自己,也要考虑他人"。"在可能的条件下,中国要努力为国际公共物品的提供做出较大的贡献"。⑤学界普遍认为,"一带一路"倡议、新型国际关系、人类命运共同体等都是中国为国际社会提供的某种"公共产品",是中国发挥国际大国责任的重要表现。

中国国际地位的显著提升和国际影响力显著增强是不争事实。相对而言,文化发展薄弱是一个瓶颈。党的十七大报告提出掀起文化建设新高潮、党的十七届六中全会专门通过《中共中央关于深化文化体制改革推动社会主义文化大发展大繁荣若干重大问题的决定》,党的十九大报告提出坚定文化自信,推进社会主义文化繁荣兴盛,正是对这一命题的深刻把握。

有学者认为,"中华传统文化博大精深,在历史发展中逐渐形成了讲仁爱、守诚信、崇正义、尚和合、求大同等优秀传统文化思想,习近平从源远流长的中华文化中汲取了丰厚的文化滋养,将中华优秀传统文化的智慧和精髓运用于构建新型国际关系的理念和实践中,从而形成了具有鲜明的文化特色、深厚文化的底蕴、坚定的文化自信、永恒的文化魅力的国际关系思想,展现了具有中国特色、中国风格、中国气派的大国外交新形象"⑥。然而,

---

① 周桂银:《中国崛起过程中的国际责任》,《江海学刊》2009 年第 5 期,第 171～172 页。
② 吴兵:《身份与责任:中国国际责任观研究》,《社会主义研究》2011 年第 2 期,第 138 页。
③ 胡键:《"中国责任"与和平发展道路》,《现代国际关系》2007 年第 7 期,第 43 页。
④ 吴兵:《身份与责任:中国国际责任观研究》,《社会主义研究》2011 年第 2 期,第 140 页。
⑤ 任晓:《研究和理解中国的国际责任》,《社会科学》2007 年第 12 期,第 27 页。
⑥ 刘从德、王晓:《习近平新型国际关系思想中的中华优秀传统文化基因》,《社会主义研究》2017 年第 3 期,第 9 页。

"中国文化软实力的国际地位与中国的国际政治、经济地位不相称,现状不容乐观,问题比较突出。中国是文化资源大国但不是文化大国或文化强国,丰富的文化资源并没有转化为现实的文化软实力,中国对外文化交流与传播比较困难,面临诸多外部挑战,文化对外贸易逆差严重"①。

近年来,随着中国军舰参与联合国非洲护航、金砖国家峰会"扩容"、中国主导建立亚洲基础设施投资银行背后的波折纷争、国际货币基金组织和世界银行改革、新兴国家和发达国家在气候变化问题上的交锋和提出"一带一路"合作发展倡议等,中国扮演的国际角色不断变化,承担的国际责任也不断突破和发展,西方国家对中国应承担更多国际责任的呼声也越来越高,由此成为学术界关注的热点之一。有学者辩驳西方的"中国责任论",认为最初是"西方大国因忧虑中国发展模式而要求中国承担更多责任"②,因此,"中国责任论"对中国来说是阴谋还是机遇,学者意见各异。但学者普遍认为,中国发展的过程是不断融入现有国际秩序的过程,应在现有国际秩序框架下承担一定的国际责任。中国要承诺做一个负责任的大国,量力而行地承担国际责任,把握好国家利益和国际责任的平衡,决不钻西方设定的"责任"圈套。

(二) 新时代中国的国家安全环境与新安全观

1. 中国国家安全环境的主要变化

国家安全环境"涉及军事安全、政治安全、经济安全及非传统安全等等诸多内容"③,受世界大国、区域大国、周边国家影响较大。中国的国家安全环境的主要角色包括"世界超级地缘政治大国美国;俄罗斯、日本、印度等中国周边的区域性地缘政治大国;东南亚、朝鲜半岛、中亚等中国周边的敏感性地缘政治区域;中国周边其他地缘政治对象;欧洲、中东、非洲等其他外围地缘政治对象;次国家形态的组织与力量;等等"④。"冷战"后美国必视中国为其战略目标的主要集中点,近年来,美国先后提出"重返亚太"和"亚太再平衡"战略,大搞单边主义、保护主义等递全球化。在经济、政治、军事、战略等多方面推出一系列针对中国的举措,日益将中国视为主要战略竞争对手,未来中美战略竞争将成为常态,成为影响中国安全环境最为重要的因素。近年来,中国周边出现了美国主导的"雁阵安全模式":"美国是

---

① 刘少华、唐洁琼:《论中国文化软实力的国际地位》,《求索》2010 年第 9 期,第 52 页。
② 胡键:《"中国责任"与和平发展道路》,《现代国际关系》2007 年第 7 期,第 44 页。
③ 张小明:《影响未来中国周边安全环境的因素》,《当代世界》2010 年第 6 期,第 26 页。
④ 陆俊元:《中国安全环境结构:一个地缘政治分析框架》,《人文地理》2010 年第 2 期,第 142 页。

'领头雁',第二梯队是美日、美韩同盟,第三梯队是美国与澳大利亚、泰国和菲律宾的盟国关系,第四梯队则是美国与印度、越南和印度尼西亚的伙伴关系。美国试图通过这种结构性安排,塑造自己在亚洲地区安全秩序中的中心地位"①。俄罗斯、日本、印度等相邻强国能在特定区域或某一方向对中国产生重大甚至决定性影响,其他普通周边国家是中国安全环境的潜在压力地带,在受到其他国家挑衅或在国际交往中处理不当,也可能对中国的国家安全造成威胁。个别因素是影响中国长期国家安全环境走向的重要变量:大部分周边国家仍在政治转型,如泰国、缅甸等国近年发生的政治动荡;与日本、印度、越南等国久拖未决的领土争端;中国周边已出现核扩散局面。崛起的中国"一方面增强了中国维护自己安全利益的能力,另一方面也会引起一些周边国家的焦虑和加深外部大国的介入周边地区事务之中"②。

2. 新安全观的特点与原则

新安全观是一种综合安全观,具有综合性、共同性、合作性等特点③,"不仅将安全领域由军事、政治扩展到经济、科技、环境、文化、社会等诸多方面,并关注恐怖主义、跨国犯罪、毒品走私、人道主义救援等非传统安全威胁,在政治安全上有着强烈的主权意识"④。"网络信息安全已然上升到国家核心战略层面,成为国家综合性安全战略的制高点和新载体"⑤。2014年4月15日习近平在中央国家安全委员会第一次全体会议上首次提出"总体国家安全观",并系统提出"11种安全"。同年5月21日首次全面阐述了中国的新安全观。中国的新安全观是习近平在提出总体国家安全观的基础上,摒弃零和博弈、结盟理论等陈旧观念提出来的,倡导共同安全、综合安全、合作安全、可持续安全,最终形成人类命运共同体。⑥

学者研究认为,中国国家安全的实现离不开其他国家,特别是美国。美国把中国作为主要竞争对手,实施"亚太再平衡"战略,多方拉拢中国周边国家,特别是2018年以来更是发动大规模贸易战,这种极限施压对中国形成了严峻安全威胁。因此,中国国家安全环境的营造,既要发展军事实力以应

---

① 任晶晶:《美国军事新战略与中国周边安全环境的嬗变》,《领导科学》2011年第6期,第59页。
② 张小明:《影响未来中国周边安全环境的因素》,《当代世界》2010年第6期,第27页。
③ 刘国新:《论中国新安全观的特点及其在周边关系中的运用》,《当代中国史研究》2006年第1期,第6页;任晶晶:《20世纪90年代中期以来中国新安全观的理论与实践》,《理论学刊》2012年第1期,第89页。
④ 刘国新:《论中国新安全观的特点及其在周边关系中的运用》,《当代中国史研究》2006年第1期,第6页。
⑤ 惠志斌:《新安全观下中国网络信息安全战略的理论构建》,《国际观察》2012年第2期,第17页。
⑥ 刘文斌:《建立公正合理国际新秩序的新安全观》,《经济导刊》2018年第5期,第61页。

对潜在威胁,消除安全压力,也要增强文化软实力以提高他国认同,消除对中国的抵触、戒备、遏制心理,更要坚持总体国家安全观,推动新型国际关系和人类命运共同体建设。

(三) 新时代坚持和平发展道路,建立新型国际关系,建立人类命运共同体

改革开放以来,中国始终坚持和平发展道路。2005年发表《中国的和平发展道路》白皮书,2011年发布《中国的和平发展》白皮书,党的十九大报告提出中国特色大国外交就是坚持和平发展道路,推进建立新型国际关系,建立人类命运共同体,已引起了广泛探讨,这探讨主要集中在以下几个方面。

1. 和平发展道路的必然性

认为和平发展有理论和实践的必然性,是国际国内形势发展的客观要求,具有唯物论、认识论、辩证法和唯物史观哲学基础,同时也具有深厚的中国哲学传统根基。①

2. 和平发展道路的意义和价值

认为和平发展道路有利于提高国家软实力,赢取更大的发展空间,开拓新的大国发展道路。"中国发展的和平主义道路将具有这样一种世界历史意义:它把不以扩张主义为出发点也不以霸权主义为必然归宿的发展前景启示给人类向着未来的历史筹划"②。"致力于世界和平发展,是中国自身的和平发展对外的延伸"③。

3. 和平发展道路的条件

"中国走和平发展道路不是中国一家的事情,它需要国际社会的理解、支持与合作"④,"将长期需要并支撑和平友好的全球发展环境"⑤。也强调国际国内条件的结合,"从国际条件来讲,需要美国这一国际霸主不主动挑起军事冲突,破坏我国和平发展的道路,从国内条件来说,需要在我国物质实力基础上保持强大的协作实力,有效威慑潜在军事威胁"⑥。

4. 和平发展道路的内涵与归宿

"中国的发展是和平的发展、开放的发展、合作的发展。中国将主要依

---

① 巩在峰:《中国和平发展道路的哲学思考》,《前沿》2012年第4期,第55页。
② 吴晓明:《论中国的和平主义发展道路及其世界历史意义》,《中国社会科学》2009年第5期,第46页。
③ 熊光楷:《坚持走和平发展道路 致力于世界和平发展》,《求是》2007年第11期,第58页。
④ 戴秉国:《中国坚定不移走和平发展道路》,《国际问题研究》2011年第6期,第3页。
⑤ 黄仁伟:《中国和平发展道路的历史超越》,《社会科学》2011年第8期,第17页。
⑥ 王欢、郭彦英:《我国走和平发展道路的条件和策略选择》,《国际论坛》2010年第2期,第38页。

靠自身力量和改革创新来实现发展,同时坚持对外开放的基本国策,在平等互利的基础上同世界各国开展交流合作,努力实现互利共赢"①。"和平发展道路集中体现的是和平、合作、共赢"②。突出和平,重视合作,追求共赢。"中国的发展不会妨碍任何人,也不会威胁任何人"③。这些都从理论上表明中国和平发展道路的归宿不是扩张称霸,而是合作和互利共赢,有效回应了"中国威胁论"。

5. 和平发展道路的战略

首先,应重视大国联盟关系,制止美国对华遏制;其次,应维护联合国集体安全体系;最后,应提高国家威慑力的可信度,维护和平发展的可持续性。④ 要实现和平发展,应当与时俱进, "展示形象,承担责任,开拓创新"⑤。"一个国家的崛起应该是综合实力的全面提升,即'硬实力'和'软实力'的平衡发展,二者缺一不可"⑥。尤其要注重软实力的发展,扩大中国文化的影响力和吸引力,要强调中华民族文化的普适性,准确把握和判断软实力和硬实力的相互关系,积极加强对全球传播的规划和实施。⑦

尽管新中国不同时期外交策略不同,但和平外交本质未变。和平发展道路是和平外交思想的时代表达,已庄严载入党的十七大、十八大、十九大报告,既是中国发展道路的重大抉择,也是中国发展立场的重大宣示。

2004年博鳌论坛上,胡锦涛首次提出和平发展道路,2005年和2011年中国政府先后发布两个白皮书对此进行系统阐述,指出和平发展是中国能为世界持久和平、共同繁荣做出贡献所选择的必由之路,有力地回应了"中国威胁论""中国责任论""中国崩溃论""中国无用论"等质疑。

党的十八大以来,党中央统筹国内国际两个大局,继续坚定不移地走和平发展道路,改善和发展大国关系、周边关系、与广大发展中国家关系,全面推进"一带一路"建设,为中国进一步对外开放和各国合作共赢打开了崭新局面。

---

① 张云飞、李旻泰、岳明君:《"中国和平发展道路对于亚洲各国的影响国际学术研讨会"综述》,《教学与研究》2006年第12期,第86页。
② 王毅:《始终不渝走和平发展道路》,《求是》2007年第23期,第61页。
③ 赵海月、王瑜:《中国走和平发展道路的国际背景与国际战略选择》2010年第11期,第31页。
④ 王欢、郭彦英:《我国走和平发展道路的条件和策略选择》,《国际论坛》2010年第2期,第3637页。
⑤ 王毅:《始终不渝走和平发展道路》,《求是》2007年第23期,第63页。
⑥ 黄婧、岳占菊:《"软实力"建设与中国的和平发展道路》,《当代世界与社会主义》2006年第5期,第105页。
⑦ 黄婧、岳占菊:《"软实力"建设与中国的和平发展道路》,《当代世界与社会主义》2006年第5期,第107页。

不难发现，经过40年改革开放和各种考验，中国的和平发展道路越来越受到国际社会的关注和认可。中国走和平发展道路，具有可能性、现实性和必然性，是中国基于国情、传统以及当代世界发展趋势的理性抉择。正如习近平指出的："我们的和平发展道路来之不易，是新中国成立以来特别是改革开放以来，我们党经过艰辛探索和不断实践逐步形成的。"①

三、重点难点热点问题解析

（一）新时代中国特色大国外交

作为迅速崛起的新兴大国，中国已进入新时代，正日益走近世界舞台的中央。中国旗帜鲜明地宣示了新时代中国特色大国外交：坚持和平发展道路，构建新型国际关系，构建人类命运共同体。

1. 新时代中国特色大国外交的必然性

坚持和平发展道路、构建新型国际关系和人类命运共同体的中国特色大国外交是由多种因素决定的，是从对历史、现实、未来的客观判断中得出的结论。中国走和平发展道路的自信和自觉，源于中华文明的深厚渊源，源于对实现中国发展目标条件的认知，源于对世界发展大势的把握。中华文明始终崇尚和平，和平、和睦、和谐的追求深深植根于中华民族的精神世界之中，融入了中国人民的血脉。

（1）中国传统文化的基本特征。中国传统文化蕴含的"和合"理念强调"天人合一""和而不同""协和万邦"，这种"和同天下"的思想，不是抹平一切差异，而是在尊重差异的前提下，实现关系和谐，同时不断合理有序地解决矛盾，实现功能互补，推动整体的发展演进。中华文化历来讲信修睦，崇尚和平，强调和为贵、求大同存小异的价值观念，强调和而不同、和而不流、和必中节的和合文化。国际社会需要和合文化予以调和，以"和"为终极目标，包括人和、国家之和、人与自然之和；以"中"为实现途径，即以兼容并包、互补相推、不取极端的心态求得动态平衡，并以执两用中、无过无不及的中庸之法达致中和，从而实现天下普遍和合的最高境界以及途径。"尚和合、求大同"的中华文化既是中国外交厚积薄发的力量之源，也蕴含了人类命运共同体的思想基因，和平发展道路立足于中国优秀传统文化，既是中国对世界文明的巨大贡献，也是人类命运共同体建立的根本路径。

---

① 《更好统筹国际国内两个大局　夯实走和平发展道路的基础》，《人民日报》，2013年1月30日第1版。

(2) 中国国情的必然选择。中国是世界最大发展中国家,将长期处于社会主义初级阶段,人多地少,基础薄弱,生存压力大;发展环境约束严峻;自然灾害频繁;传统社会亟待转型;社会各种平衡还很脆弱,新的制度秩序与国民素质急待改善;等等,这些决定了中国必须把实现现代化作为追求的伟大目标。同时,新中国已经站起来,已经拥有"两弹一星"等伟大军事成就,国家安全已经有了相当程度的保障,因此,中国没有必要为了国家安全而脱离和平发展的轨道。

(3) 中国特色社会主义本质。和平发展是中国特色社会主义的题中应有之义。1989年邓小平会见泰国总理时说:"我们搞的是有中国特色的社会主义,是不断发展生产力的社会主义,是主张和平的社会主义。"① 1992年邓小平指出:"社会主义中国应该用实践向世界表明,中国反对霸权主义、强权政治,永不称霸,中国是维护世界和平的坚定力量。"② 中国追求的是和平、和谐的社会主义。

(4) 中国独立自主的和平外交政策。1949年9月29日通过的《中国人民政治协商会议共同纲领》指出,新中国外交政策的原则是:为保障本国独立、自由和领土主权的完整,拥护国际的持久和平和各国人民间的友好合作,反对帝国主义的侵略政策和战争政策。1954年通过的新中国第一部宪法明确提出,在国际事务中,中国坚定不移的方针是为世界和平和人类进步的崇高目的而努力。此后新中国外交进行过重大战略调整,但都始终不渝地奉行独立自主的和平外交政策。

(5) 中国近现代历史发展实践与经验教训。中华民族历来爱好和平,从不搞对外扩张和殖民主义,否则,中国既可能幅员更为辽阔,也可能因此导致民族衰落而灭亡。1840年以来西方列强入侵使中国饱受伤害,因此中国最懂得安定和平之珍贵和战争残酷之伤害,我们决不会把自己遭受的苦难强加于别人。而且,新中国一直积极努力争取和平,创造社会主义现代化建设的和平国际环境,才取得了令人瞩目的成就。一个在探索中走向繁荣的国家最懂得和平发展的重要,和平发展道路是中国近现代的境遇和新中国伟大实践的总结。

(6) 当代世界主题、当前国际格局和世界历史经验教训。邓小平在20世纪70年代后期就做出了世界主题已经从战争与革命转为和平与发展的科学判断,认为世界大战在相当长时期内打不起来,中国可以利用这一难得的和平时期加快和平发展,因此,和平发展道路实际上是由这个时代主题所决定

---

① 《邓小平文选》第3卷,人民出版社1993年版,第328页。
② 《邓小平文选》第3卷,人民出版社1993年版,第383页。

的。当前急剧变革中的国际格局也要求中国走和平发展道路。当今美国仍然坚持实施全球性称霸战略，积极实施针对中国的亚太再平衡战略，不断插手东海、南海纷争，其他强国和周边国家也在谋划布局，各种军事联盟与合作环绕中国。而中国正日益走进世界舞台的中央，也引起不少国家特别是美国的猜忌与围堵，因此，我们只有坚持和平发展道路才能走向强大，否则就可能出师未捷身先死，葬送和平发展的战略机遇期。求和平、促发展、谋合作，是当今世界各国人民的共同心愿，也是不可阻挡的历史潮流，尽管天下并不太平，但和平仍是主流，和平的力量仍在增长，这一趋势不可改变，为顺应这一潮流与趋势，中国才旗帜鲜明地宣示走和平发展的道路。

2. 新时代中国特色大国外交取得成功的可能性

新时代中国特色大国外交是中国在全面分析国内国际局势、深刻总结中外历史经验教训基础上审慎选择的，完全有可能走向成功。

（1）具有雄厚的历史基础与坚实的现实基础。中华文明绵延数千年，既具有足够强大的实力，又坚持与邻为善，只要不威胁民族安危和整体秩序，中国就能够善待周边弱小民族，在弱肉强食的丛林年代这确实难能可贵，是东亚文明相对发达持久的重要因素。新中国多次亮剑、迅速崛起与实力骤升，近现代的屈辱已经洗刷，国际地位极大提升，国家安全有了较好保障，因此，中国既能秉持雄厚的历史传统经验，又能凭借坚实的现实国力基础，所以和平发展道路才有可靠保障。

（2）有中国共产党的坚强领导和中国特色社会主义理论的指引。中国人口众多，国情复杂，对国家发展道路与方式难免有多种多样的看法和主张。近代以来国家面临转型，如何在中央集权和地方分治间保持平衡、同时发挥中央和地方两个积极性成为中国人必须思考的大问题。中国共产党改变了中国近代转型中出现的一盘散沙的局面，重新把国家团结凝聚成一个有活力的整体，同时又尽可能保证各个地方、部门和领域的积极性与创造性，特别是中国特色社会主义理论提出以来，国家社会经济发展焕发出新的活力，显示出中国共产党及其中国特色社会主义理论所具有的巨大统摄力量。因此，只要中国坚定"四个自信"，强化"四个意识"，坚决做到"两个维护"，和平发展道路就一定能坚持，人类命运共同体就一定有建立起来的那一天。

（3）当代国际社会主流发展趋势仍然有利于中国走和平发展道路、加强人类命运共同体建设。尽管国际上有少数国家对中国抱有成见偏见，个别国家甚至有亡我压我围我之心，但整体上求和平谋发展仍然是当前国际社会的主流趋势：追求和平爱好和平的国际舆论越来越成熟，和平运动成为强大的社会力量，对个别霸权国家是强大约束；多极化趋势发展迅猛，有助于形成相互制约制止战争和霸权政治的作用；美国等传统强国实力和影响相对下降，而以中国为代表的金砖国家和其他新兴工业化国家正在群体性崛起,并都采取了和平发展模式;目前国际秩序是在逐步调整而不是尖锐挑战与剧烈动荡;发展中国家实力不断上升,国际关系民主化趋势不断加强,世界和平有了更大保障。所有这些都在增加和平力量、稳定和平局面、浓化和平氛围、强化和平机制,这既促使中国只能选择和平发展道路,也使得人类命运共同体建设有了更稳定的环境条件。

(4) 中国已经进入新时代,坚持和平发展道路,建设新型国际关系和人类命运共同体是习近平新时代中国特色社会主义思想的主要内容,也是新时代中国建设社会主义现代化的基本方略。1989年邓小平提出要冷静观察、稳住阵脚、沉着应付、韬光养晦、善于守拙、决不当头、有所作为的和平外交方针,中国一直坚持韬光养晦战略。现在中国进入新时代,国力显著上升,一举一动都引人注目,即使和平崛起,也会挡住别人的阳光雨露,给别国造成阴影,因此国际社会出现各种顾虑疑问、怀疑恐惧、担心害怕、期待渴望、羡慕妒忌是正常的,所以,我们需要始终保持谦虚谨慎的作用,戒骄戒躁,切不可盲目自大,以免滋生非正常的民族主义情绪,破坏中国和平国家形象,同时,随着中国日益走近世界舞台的中央,中国需要加强有所作为,承担更多的国际责任,要在坚持韬光养晦战略的前提下保持战略定力,在进一步稳住阵脚的基础上沉着应付。因此,中国才有了立足于本土防御的国防与军事战略、立足于共同发展的经济战略、立足于合作互信的大国关系战略和立足于和谐共处、亲诚惠容的睦邻友邻富邻战略等和平发展道路相关的战略。面向未来,顺应时代潮流,各国需要平等相待、合作共赢、共同发展、相互尊重自主选择的社会制度和发展道路,尊重彼此核心利益和重大关切,客观理性地看待别国发展壮大和政策理念,努力求同存异、聚同化异。要摒弃零和游戏、你输我赢的旧思维,树立双赢、共赢的新理念,在追求自身利益时兼顾他方利益,在寻求自身发展时促进共同发展。各国应该合作应对人类共同面临的问题和挑战,走共商、共建、共享、共赢之路。

有五千年传统智慧的熏陶,有新中国奋发图强打下的雄厚基础,有坚强的领导核心,有与时俱进的统一理论指导,有难得的战略机遇期,只要中国继续坚持韬光养晦战略,和平发展道路就一定能够走成功,既能保证中国和平崛起和长期繁荣,也能保证和谐世界的形成。

和平发展道路,是中国探索出的一条新型发展道路。世界繁荣稳定是中国的机遇,中国发展也是世界的机遇。和平发展是中国基于自身国情、社会制度、文化传统做出的战略选择,顺应时代潮流,符合世界各国利益。中国愿意同世界各国人民和睦相处、和谐发展、共谋和平、共护和平、共享和平。随着时间的推移,这条道路已经并将继续显示出其世界意义,对世界的和平与发展产生深远影响。

3. 新时代中国特色大国外交的目标与意义

新时代，中国特色大国外交的目标就是构建新型国际关系，构建人类命运共同体，这对中国和平发展、世界繁荣进步具有重大而深远的意义。

首先，新时代中国特色大国外交是回应全球治理问题的中国方案。现行全球治理体系跟不上时代发展、不适应现实需要的地方越来越多。现行全球治理体系建立于第二次世界大战之后，曾经发挥了一定的积极作用，但在全球金融危机和反全球化运动的冲击下，已经落后于时代发展，与现实需要不匹配，治理赤字积重难返。保护主义、排外主义、极端民族主义和民粹主义思潮抬头，国际社会要求变革全球治理体系的呼声越来越高。推动全球治理体系朝着更加公正合理有效的方向发展，符合世界各国的普遍要求。对此，中国提出了自己的方案，即建立人类命运共同体思想。

现行全球治理体系主要有以下问题：一是政治领域不平等。现行体系以西方发达国家为中心，其前提是西方的模式和价值观最优越和具有普世性，部分西方国家按西方标准将世界各国划分成三六九等，往往将非西方的模式、道路和价值观视为落后和反动的，俨然以高高在上的世界警察自居，动辄以"保护人权"为由干涉他国内政，甚至发动战争。西方价值观很多时候成为西方发达国家恃强凌弱、实施霸权主义的工具，不但不能有效缓解局势、解决问题，反而加剧了对抗和冲突。二是已不能有效保障世界和平。当今传统安全和非传统安全问题相互交织，恐怖主义、网络安全、民族分裂势力等一些非传统安全威胁在很大程度上是不公正不合理的国际秩序造成的。"9.11"事件以来，地区性局部战争与恐怖主义袭击使相关地区人民的和平安全的权利得不到保障，西方发达国家对影响本国经济和政治利益的国家横加干涉，动辄采取军事打击，引发了极端主义和恐怖主义的泛滥，严重危害了世界安全。三是无法弥合南北差距。虽然西方国家所提倡的自由主义强调"自由竞争"，但在不公正、不合理的国际秩序下，发展中国家在"自由竞争"中丝毫不占优势，国际分工、发展机会、利益分配、成果共享等方面都更多地承担了成本、风险和代价，却远远没有得到与之相匹配的机会和收益。发展中国家的发展权，甚至人民的基本生存权得不到保障，这对世界各国发展差距的缩小造成了严重的障碍。四是一些西方国家不能真正包容文化差异。一些西方国家向世界输出其价值观，用西方模式和道路去框定人类社会丰富多彩的生活。一些西方国家对许多非西方的文明模式和价值体系加以污名化，甚至通过各种方式试图解构和颠覆其他非西方国家，导致各种隔阂、误解与冲突的产生。五是使人与自然的不和谐关系难以消除。各国往往从自身利益出发，无节制地向自然索取，所引发的环境污染、全球变暖、资源枯竭等问题层出不穷，发达国家还利用全球分工优势，将污染严重、能源消耗量大的一些产业转移到发展中国家，加剧了发展中国家的生态危机，各国人民和全人类的环境权也得不到保障。美国资源消耗总量较多，但在应对气候变暖方面态度消极，甚至宣布退出全球应对气候变化的《巴黎协定》，使世界各国保护人类生存环境的共同努力遭受严重挫折。

针对上述问题，中国提出了自己的方案。2013年3月23日，习近平在莫斯科国际关系学院发表演讲时首次系统阐释了"人类命运共同体"概念并指出："这个世界，各国相互联系、相互依存的程度空前加深，人类生活在同一个地球村里，生活在历史和现实交汇的同一个时空里，越来越成为你中有我、我中有你的命运共同体。"① 中国方案的核心是坚持对话协商，建设一个持久和平的世界；坚持共建共享，建设一个普遍安全的世界；坚持合作共赢，建设一个共同繁荣的世界；坚持交流互鉴，建设一个开放包容的世界；坚持绿色低碳，建设一个清洁美丽的世界。2017年2月，联合国社会发展委员会第55届会议首次将"构建人类命运共同体"理念写入联合国决议，2017年11月，"构建人类命运共同体"理念首次被纳入联合国安全决议，这表明构建人类命运共同体的中国方案在国际上受到了高度赞赏和广泛认同。

其次，积极打造构建人类命运共同体的国际合作新平台。在高水平、高起点上打造国际合作新平台，是推动构建人类命运共同体的重要任务。当前，为了更好地推动人类命运共同体的构建，中国积极推动"一带一路"重大倡议、上海合作组织、金砖国家、G20长效治理机制、中非"十大合作计划"、中国—东盟合作机制、澜沧江—湄公河合作机制、中拉关系"1+3+6"合作新框架、中阿合作论坛、中国与中东欧国家的"16+1合作"、中国—太平洋岛国论坛对话会等一系列国际合作平台建设。这些平台有些是新搭建的，有些虽是既有的，但是也在构建人类命运共同体新思想的指引下被赋予了全新的内涵和功能。以"一带一路"建设为代表的国际合作新平台的打造，改写了全球经济版图和政治格局，为世界增添了共同发展的新动力，引导了全球化和国际关系构建的新方向。中国将依托一系列重要平台，继续与世界同行，积极发展全球伙伴关系，参与推动全球治理体系变革，为推动构建人类命运共同体做出更大、更重要的贡献。

新时代中国特色大国外交要推动构建新型国际关系和人类命运共同体，具有重要意义。

第一，这一思想顺应了历史潮流，紧扣和平发展主题，是凝聚各国共识，为人类社会实现共同发展、持续繁荣、长治久安所绘制的宏伟蓝图，是当代

---

① 《习近平谈治国理政》第一卷，外文出版社2018年版，第272页。

中国对世界的重要思想和理论贡献,已成为中国引领时代潮流和人类文明进步方向的鲜明旗帜。

第二,是对新中国不同时期重大外交思想和主张的继承与发展。中国一直高度重视推动构建和平稳定、公正合理的国际关系和国际秩序,先后提出和平共处五项原则、坚持走和平发展道路、构建和谐世界等重要外交理念。党的十八大以来形成了习近平新时代中国特色社会主义外交思想,其中,坚持以维护世界和平、促进共同发展为宗旨推动构建人类命运共同体是这一重要思想的主要内容之一。

第三,反映了中外优秀文化和全人类共同价值追求。和平、发展、公平、正义、民主、自由是全人类共同的价值追求。建立公正合理的国际秩序,维护世界和平,实现共同繁荣,是人类孜孜以求的目标。《联合国宪章》等重要文件确立了主权平等、不干涉内政、和平解决国际争端等国际关系基本准则,集中反映了国际社会谋求持久和平、维护公平正义的崇高理想。此外,中国传统文化的"和合"理念蕴含着丰厚的人类命运共同体基因。这一思想既反映了当代国际关系现实,又将人类共同价值和中华优秀传统文化在新高度上发扬光大,反映了全人类的普遍愿望和共同心声,产生了广泛而强烈的国际共鸣。

第四,适应了新时代中国与世界关系的历史性变化。中国与世界的关系正站在新的历史起点上,中国越来越离不开世界,世界也越来越离不开中国。事实证明,只有世界好,中国才能发展好;只有中国发展好,世界才能变得更好。实现中华民族伟大复兴的中国梦,同持久和平、共同繁荣的世界梦密不可分。中国取得的巨大成就离不开世界的支持合作,日益发展的中国有责任也有能力同各国分享发展机遇。这一思想的提出说明,中国发展得越好,就越有能力塑造和影响世界,为国际社会做出更大贡献。

第五,指明了世界发展和人类未来的前进方向。该思想充分展现了中国特色社会主义道路自信、理论自信、制度自信、文化自信,体现了中国将自身发展同世界发展相统一的全球视野、世界胸怀和大国担当,具有强大的理论吸引力、思想感召力和实践生命力。当今世界和平发展所面临的各种问题和挑战,使国际社会对未来发展方向感到迷茫彷徨。该思想所倡导的要和平不要战争、要发展不要贫穷、要合作不要对抗、要共赢不要单赢的核心主张,直面当今世界最重要的问题,为世界的和平与发展和人类的未来指明了正确的方向。

4. 新时代中国特色大国外交的基本方略

新时代中国特色大国外交就是要为中国在新时代实现社会主义现代化提供外交支持,需要坚持如下方略:

（1）坚持开放理念，统筹国内国际两个大局。全球化发展迅猛，中国资源贫乏，要实现中华民族伟大复兴的梦想，坚持打开国门搞建设，离不开整个世界，因此，同各国人民的梦想息息相通，离不开和平的国际环境和稳定的国际秩序。为此，中国要坚持和平发展、坚持互利共赢的开放战略，始终做世界和平的建设者、全球发展的贡献者、国际秩序的维护者。解决中国现代化发展难题，需要统筹国际国内两个方面的因素，形成良性互动，利用国际环境条件发展自己，为发展自己创造更好的国际环境条件。

（2）加强主动性，增强战略性，提高中国外交的战略塑造力，积极发挥负责任大国的作用，为人类社会做更大贡献。中国共产党强调为人民谋幸福，为人类进步事业而奋斗，要始终把为人类做出新的更大的贡献作为自己的使命。中国不但要推动构建新型国际关系，推动构建人类命运共同体，成为世界和平发展的主要力量，而且要利用自身不断增长的力量与作用，主动引导国际社会朝着更加公正合理的方向发展，积极参与全球治理，引导全球治理体系改革，与世界各国一道努力解决全人类面临的重大挑战，推动人类命运共同体建设，共同创造人类的美好未来。

（3）外交无小事，加强全方位外交工作。国际关系归根到底是人际关系。中国开放改革40年，深度融入全球化，外交工作应该有新局面，需要全方位参与，不但涉外部门需要进一步加强全面的外交工作，其他部门与人员也有了涉外交流的机会与责任。因此，需要加强同各国政党和政治组织的交流合作，推进人大、政协、军队、地方、企业、人民团体、个人等的对外交往，迫切需要提高国民的外交认知能力和涉外交往的水平。

（4）培育良好的国民心态和理性爱国主义，注重培育、塑造、维护和营销和平的国家形象。国家形象是国际社会对一个国家长期历史发展进程中的表现与特征所形成的相对稳定清晰的看法，主要是针对国家行为的表现，当然也包括国民的行为。现在中国正和平崛起，国民心态走向正常化和大国化，拥有更大的容量、气度和胸怀。同时，时代要求国民心态国际化，不能盲目对待外界的非议、质疑、批评和指责，要学会尊重不同文明的行为与思维习惯，冷静理性地维护国家利益与尊严，不卑不亢，在国际法和公认的国际关系准则框架内采取行动和制定政策。培育良好国民心态的关键是培养理性的爱国主义精神。爱国主义是中华民族精神传统的重要特征，是凝聚中华民族的重要支柱，但如果激情有余而理性不足，就容易滑向狭隘的民族主义，导致民族情绪非理性上涨。培养理性爱国主义需要正确的国家观，要理解全球化时代国际法与国际关系发展的趋势和特点，理解国家利益的界定、边界和维护途径，理解国家的根本利益和长远利益。因此，我们的爱国精神与爱国行为也需要现代化。中国要真正崛起，就要得到国际社会普遍认可和欢迎，就要遵守国际规范、世界规则和基本的普世价值，就要做事讲原则，展现一以贯之的价值标准，保证国家形象的完整性，彰显中国和平、友好、负责任的大国形象。

（二）"一带一路"重大倡议

为了推进新型国际关系和人类命运共同体建设，中国近年来搭建了一系列重要平台，其中地位最重要和最具有战略意义的平台就是"一带一路"，它作为习近平深刻思考人类前途命运以及中国与世界发展大势做出的重大倡议和战略决策，成为构建人类命运共同体规模最大、最有特色的国际合作新平台，也是今后相当长一段时间内中国外交最重要的平台、中国经济转向高质量发展的主要平台、中国和平崛起的主要平台。

"一带一路"源自中国，但属于整个世界。在新的历史条件下，中国国家主席习近平2013年9月在哈萨克提出共建丝绸之路经济带，同年10月在印度尼西亚提出共建21世纪海上丝绸之路的倡议，就是要继承和发扬丝绸之路精神，把中国发展同沿线和世界各国发展结合起来，把中国梦同沿线和世界各国人民的梦想结合起来，赋予古丝绸之路以全新的时代内涵。自提出这一倡议后，中国积极促进"一带一路"国际合作，不断完善这一伟大构想，努力实现"一带一路"沿线各国和世界各国之间的政策沟通、设施联通、贸易畅通、资金融通、民心相通。"一带一路"建设从理念转化为行动、从愿景转变为现实，已经成为各方合作共赢的全球公共产品和广受欢迎的国际合作平台。

1. "一带一路"成为破解人类发展难题的新平台

2008年国际金融危机后，世界经济深度调整、贫富分化加剧，反全球化、贸易保护主义、民粹主义等思潮抬头，其深层次根源仍然是发展不平衡问题。"一带一路"紧紧抓住发展这个最大公约数，着眼于世界各国人民追求和平与发展的共同梦想，致力于推动经济全球化朝着更加开放、包容、普惠、平衡、共赢的方向发展，以共商共建共享为原则，通过铁路（高铁）、公路、港口、机场、油气管道、光纤电缆、电网、导航系统、互联网等基础设施网络框架实现互联互通互动，给各方带来人流、物流、信息流、能源流、服务流、资金流等以及越来越多的共同利益，以利益吸引各国参与，以政策沟通民心相通，促进共同维护合作与利益的责任，以共同责任维护和促进共同利益，以共同利益维系连接共同命运，以共同责任保障共同命运，致力于打造不同文明和谐共融的利益共同体、责任共同体、命运共同体，成为有关各国实现共同发展的巨大合作平台。围绕"一带一路"建设，中国2017年成功举办了首届"一带一路"国际合作高峰论坛，2019年成功举办了第二届

"一带一路"国际合作高峰论坛,今后将形成两年一次的常规性的国际合作高峰论坛,以大力推动"一带一路"建设。中国还与世界其他国家一道推动成立了亚洲基础设施投资银行、丝路基金等国际机构;通过中投汇通公司、中国新开发银行、中非基金、中非产能合作基金、东盟基金、中拉基金等一系列基金和金融机构为"一带一路"建设筹集资金;与世界各国特别是"一带一路"沿线国家实施了一大批互联互通规划。中国为推动相关地区繁荣和发展搭建的"一带一路"重要平台,在实现中国经济高质量发展的同时,也促进世界经济发展,让世界各国搭上中国经济发展的快车,共同走出一条和平发展的合作道路。"一带一路"平台有助于破解当前人类发展难题,有助于新时代中国外交工作更好地坚持和平发展道路,更好地推进新型国际关系和人类命运共同体建设。

2. "一带一路"成为深化中国同世界各国特别是沿线国家、周边国家经贸、人文等领域交流合作的新平台

"一带一路"贯穿欧亚大陆,东边连接亚太经济圈,西边进入欧洲经济圈,中间穿过印度洋、南亚、西亚和非洲大陆。无论是发展经济、改善民生,还是应对危机、加快调整,许多沿线国家都同中国有着共同利益。中国提出"一带一路"倡议,就是要加强传统陆海丝绸之路沿线国家基础设施互联互通,深化贸易投资合作,加强创新能力开放合作,构筑多层次人文交流平台,推动沿线国家和地区实现经济共荣、贸易互补、民心相通。中国通过"一带一路"这个平台,以基础设施和国际产能合作等务实合作为基础,加强全方位的对外开放,促进新时代中国外交工作开辟新局面。这一平台的建立标志着中国外交从过去单纯强调韬光养晦、善于守拙、决不当头等低调风格转向更加积极主动,更加强调有所作为,更加发挥大国作用,引领国际合作议程和世界发展潮流,为国际社会发挥更重要的作用,有助于中国新时代更好地扩大朋友圈,更好地夯实对外关系的物质与人文基础,更好地服务于中国实现和平崛起的目标。

3. "一带一路"有助于中国经济实现高质量转型,同时促进世界各国经济发展

这个平台有助于中国把高铁、核电、港口、公路等中国优势产业做大做强,利用中国相对过剩的产能,帮助基础设施比较薄弱的发展中国家和需要更新换代的发达国家加强基础设施建设,促进互联互通互动,为进一步促进经贸关系夯实物质基础;有助于中国利用不断走出去的基础设施等优势产业带动钢铁、水泥、玻璃、铝、建材、工程机械等产品走出去,加强国际产能合作,化解中国过剩产能,提高其他需要这些产业的国家的产能;有助于将中国目前已经不再具备比较优势的低端产业转移到劳动力、土地等成本相对较低的国家,在首先帮助这些低成本国家建设能源交通等基础设施的前提下推动国际经贸合作园建设,大力推动纺织、电器、鞋子、玩具、日用品、箱包、礼品等劳动力密集型产业转移到亚洲、非洲等国家,延续中国产业链,并帮助亚非拉等发展中国家提高工业化水平;有助于中国通过产业转移、产能输出腾出宝贵的空间与资源发展高端产业,促进高科技产业做大,实现高质量发展;有助于中国成为创新型国家,通过创新驱动战略,带动世界经济不断升级换代,向前发展。

4. "一带一路"成为未来确保中国和平崛起的重要平台

历史上,资源相对贫乏的大国在崛起过程中一旦遇到资源能源供应不足时就难免有发动战争的强大动机,也容易与控制这些资源的旧大国落入"修昔底德陷阱"。中国人多地少,资源能源短缺严重,进口量越来越大,近年来一直是美国以及他国家炒作"中国威胁论"的重要借口。因此,中国必须想办法开辟新的途径和平台来解决未来中国崛起所依赖的资源能源供应问题,以避免走向战争之路。"一带一路"这一平台就是利用中国擅长的基础设施建设能力和相对丰裕的资金、相对过剩的产能帮助其他国家加强基础设施建设,并希望以此为推进开发沿线沿路的资源能源创造条件,并为中国提供资源能源供应保障,中国以促进相关国家共同发展为条件保障中国崛起的资源能源供应,从而走出和平崛起与共同和平发展的新路。

5. "一带一路"成为探索和创新全球经济治理新模式的重要平台

推动建立公正合理的国际秩序,实现持久和平与繁荣开放,一直是人类社会努力的方向。当今世界,国际格局深度调整,全球治理体系处于历史转折点。在这一时代背景下,习近平多次强调,"一带一路"秉持共商共建共享原则,它不是封闭的,而是开放包容的;不是中国一家的独奏,而是沿线国家的合唱。在"一带一路"建设过程中,中国主动参与和引领全球经济议程,参与全球治理和公共产品供给,推动现有国际秩序、国际规则增量改革,增强新兴经济体和发展中国家在国际事务中的代表权和发言权,为完善全球治理体系、推动形成更加公正合理的国际经济秩序提供了重要的合作平台。

(三)中美关系、中日关系与修昔底德陷阱

1. 中国高度重视中美关系、中日关系

中美和中日是中国最重要的两个单边对外关系,是中国外交的重中之重,这是因为:①关涉中国改革开放大局。日本是亚洲唯一现代化发达国家,国际社会普遍认为,日本最了解中国,中日关系极易影响国际社会对中国改革开放的印象;美国最强大、最发达、最具国际影响力,中美关系极易影响中

国改革开放的成败。②美、中、日是世界上前三大经济体,相互是对方最主要的贸易对象和经贸伙伴,是拉动各自国家经济增长的主要外部力量。日美两国资本富裕,技术与管理经验先进,具有成熟的全球经济组织和庞大市场,与中国丰富的劳动力、庞大的消费市场相结合,潜力巨大。③三国国际社会影响力巨大,中美、中日关系好坏对东亚乃至世界都会产生重量级的影响,和则两利,斗则两伤,甚至会危及地区性与世界性的安全与稳定。④中日、中美关系很大程度上决定着中国能否坚持走和平发展道路,能否建成人类命运共同体,中华文明能否再度辉煌,如果三国之间找不到和平共处、共同发展的途径和方法,就极易陷入地缘战略冲突之中。中国高度重视发展与两国的关系,绝不是寻求对抗,而是运用中国传统智慧化解冲突,求同存异,发展新型大国关系。

2. 从根本的利害冲突看中美关系、中日关系

两国双边关系好坏与发展难易很大程度上取决于双方之间是否存在根本的利害冲突。影响两国关系的因素很多,但影响最大、带根本性的利害冲突主要有三个:

(1) 单方面感情伤害。国际关系归根结底是人际关系,极易受到国民感情基础与认识差别等因素的制约。因此,两国较近历史上如果发生过单方面的感情伤害如侵略战争,就极容易影响两国人民之间的感情,特别是在更加强调情感、"复仇"意识的国家,如果没有机会"复仇",国民仇恨情绪就很难释放并原谅对方,容易造成双方民众的严重敌视情绪,导致两国关系的群众基础薄弱,在媒体高度发达的今天尤其如此,任何损害双边关系的言行一经媒体渲染,就会迅速放大,必然对双边关系造成伤害。中国近现代史上受日本伤害最多最深,日本在中国得利也最多,"二战"后日本政府对战争的反省却又最不诚恳,还屡屡冒出伤害中国的言行,无疑难以得到中国人民的谅解。而近代美国在中国创办的大学、医院等最多,抗日战争中对中国给予了较大的帮助,虽然新中国成立后双方在朝鲜、越南有过两次交手,但在双方民众看来,两国历史负担最轻,关系相对容易改善。而中日双方民众心理阴影都比较大,对涉及两国关系的事件言行容易敏感,这极不利于关系的改善和发展。这些已直接影响到中日、中美关系发展的群众基础。

(2) 重大领土争端。领土是一国主权最根本的要素与特征,如果两国间存在领土争议,特别是历史渊源深厚、自然资源丰富、战略意义巨大、地缘政治敏感的领土争议,更易影响关系的改善或稳定。如,欧洲史上的战争大多是因德法世仇引起的,而焦点就是阿尔萨斯和洛林的领土争端。中日之间钓鱼岛争端因涉及数十万平方公里的大陆架和经济专属区(也就是海洋领土)而变得非常敏感,东海丰富油气资源使得争议具有了巨大的地缘政治经济意义,更何况钓鱼岛关涉近现代史上中日关系的历史伤害,因此成为中日最为关注的领土争端。按照现行国际法,在领土问题上既要尊重历史,又要照顾现实,这样就容易产生差异,导致问题严重化。本属于中国固有领土的钓鱼岛因为"二战"后被美国控制并移交日本管治而成为双边关系中的重大隐患,造成中日关系经常出现波折。而中美则不存在直接的领土争端,但是因为台湾问题关涉中国领土完整的核心利益,而美国是造成台湾问题的主要原因,因此也成为目前双方之间最为敏感的矛盾。

(3)地缘政治经济文化的战略冲突。地缘政治经济文化的战略冲突类似于生物学意义上的"天敌",是由双方的自然物质条件和国家基本属性特征所决定的,本质上不易改变,世界历史上大部分战争都因此发生,如汉武帝时期与匈奴的决战、英法两次百年战争争夺欧洲和世界霸权、"二战"后美苏几十年"冷战"争夺世界霸权等。现代国际关系中,每个国家根据自己的领土、地理地形、气候、资源等自然物质条件和人口、历史传统、精神文化、政治氛围等条件形成的国家发展战略,一般就称为地缘政治经济战略。由于各个国家禀赋条件不同,所制定的地缘政治经济战略难免出现不协调甚至相互冲突,即地缘战略冲突。衡量两国间地缘战略冲突严重程度的标准既包括资源结构相似性(包括自然资源和人文资源)、产业结构相似性、进出口产品重叠率等可以量化的指标,也包括国家发展战略之间的相似性与内在冲突性、文化与民族性格间的矛盾性等无法量化的指标。当然,虽然是基于自然地理条件等相对客观的要素形成的地缘政治与经济战略冲突,但是并不是完全不能化解的,如果能够坦诚相见、平等协商、求同存异,或者联合创造新的途径,也是可以找到能够包容各自战略的共同点的。

中日地缘战略冲突影响很大。历史上,日本长期以中国为师,也大体上遵守东亚长期形成的以中国朝拜纳贡制度为中心的国际秩序。但随着人口增长,生存压力日益加大,日本开始不遵守东亚秩序,不断组织伤害朝鲜和中国沿海,即倭寇之患,给中国沿海的安全与秩序造成极大威胁。明朝时期,中国加大打击力度,特别是1480年实行禁海政策,更是对倭寇以致命打击。之后丰臣秀吉提出并实施大陆政策,意在"超越山海、直入于明,使其四百州皆如我俗",企图仿效蒙古吞并中国。可见中日之间已经由生存与发展出路冲突上升到地缘政治战略冲突,禁海政策没有困死日本,反使得中国沿海方兴未艾的资本主义萌芽被摧毁,中国发展的一次战略机遇被葬送,还激起日本吞并中国的野心。近代日本迅速走上军事扩张道路,把中国作为扩张对象,每次军事扩张都是对中国的伤害:吞并中国属国琉球,占领中国属国朝鲜并打败支援朝鲜的中国军队；甲午海战打败中国；1904—1905 年在中国东北发动日俄战争，占领中东铁路；"一战"时在中国山东打败德国，占领青岛；九一八事变占领东北，发动全面侵华战争；等等，通过战争，日本掠夺了大量权益以支撑经济发展和军事扩张，并迅速崛起成为东亚第一强国，取代了中国在东亚的领导地位，形成针锋相对的严重的地缘政治经济战略冲突。日本基于资源贫乏的地缘条件制定了吞并中国的国家发展战略，"大东亚共荣圈"计划更是企图确立日本东亚霸主地位，这必然导致日本想要控制甚至肢解中国，这与中国抵御侵略维护民族独立的地缘政治经济战略严重抵牾、针锋相对。当代中国的经济发展与和平崛起，被很多日本人视为要重新夺回东亚地区领导权，经济上超越日本更被视为对日本东亚经济主导权的巨大威胁，这些都被日本理解为中日间的地缘战略冲突。因此，近年来日本紧靠美国，提出日美防卫新指针，挑衅中国核心利益，插手南海纷争，参与围堵中国。可见，数百年来中日之间确实存在一定程度的地缘战略冲突，近现代恶化到极点。新中国成立后曾一度有所缓和，但 20 世纪 90 年代中期以来，随着寄希望于中国和平演变企图的失败、中国经济发展迅猛、日本泡沫经济破灭等变化，日本对中国的疑虑、妒忌、担心甚至恐惧与日俱增，地缘战略冲突重新凸显。

严格来讲，中美之间到现在为止尚未出现真正的地缘战略冲突。近现代史上，美国虽然追随欧洲列强侵略中国，但是相对而言伤害程度小一些，并做了一些客观上有益于中国的事情，如，建立了一些著名大学和医院；提出的"门户开放"政策，客观上有利于中国领土和主权完整；抗日战争中中美结成同盟共同抗击日本；等等，1972 年后双方关系迅速解冻并不断改善。在中国的改革开放进程中，美国甚至起过非常重要的促进作用。但是，近年来，随着中国社会经济迅速发展，西方世界特别是美国舆论开始认为中美之间逐渐出现了地缘战略冲突，中国会逐步将美国驱出亚太地区，甚至会逐步取代美国的世界领导者地位，这样就难免形成中美之间对世界霸权的争夺，中美必然落入"修昔底德陷阱"。其实，这是对中国和平发展道路缺乏信任的表现，也存在故意曲解、误解、理解偏差等因素。现在，美国仍然坚持全球战略，2009 年提出重返亚太战略，2012 年实施亚太再平衡战略，确有围堵、牵制中国之意图。2016 年特朗普上任以来，更是把中国视为主要的战略竞争对手和国家安全威胁，甚至不断激化中美贸易摩擦，渲染"中国威胁论"。把中国推进人类命运共同体建设的主要平台"一带一路"看作与美国争夺世界霸权的进攻性战略，美国副总统彭斯甚至称为"束缚带不归路"；把中国提出的"工业制造 2025"看作政府支持不正当竞争抢夺美国与其他西方国家的饭碗；把中国维护沿海主权的合理行动视为破坏国际海洋自由通行原则；把

"亚投行""丝路基金"等中国倡导建立的国际金融机构看作与美国争夺国际金融控制权;把中国正常的强军战略计划看作霸权主义;把中国的"四个自信"看作推广中国模式,与美国模式竞争;等等。针对这些言论,首先要看到中国已今非昔比,涉及国家核心利益的任何挑战,中国都是有能力应对的;同时,中国一再表示不惹事也不怕事,始终强调、反复宣示坚定不移地走和平发展道路,不断推进新型国际关系,不断推进建设人类命运共同体,始终做世界和平的建设者、国际发展的贡献者、世界秩序的维护者,不与美国争夺亚洲领导权或世界霸权。美国担心中国崛起会取代美国只是单方面的臆想。两国地缘战略冲突的后果是灾难性的,中国主张中美建立不冲突不对抗、相互尊重、合作共赢的新型大国关系。目前,中美关系中出现的波折动荡基本上都是美国霸权霸凌与强权政治造成的,随着美国这种霸权霸凌做法不断失灵、中国和平发展道路越来越深入人心、人类命运共同体建设不断推进,最终两国关系也就容易维持稳定。当然,如果美国不愿也不能体会中国的善意,一意孤行,压制甚至伤害中国的核心国家利益,变本加厉地全方位压制中国,中国也可能会在一段时间内被迫有所应对,但即使中美之间出现暂时的对抗,就我方而言,也决不会把这种对抗视作国家的重要战略。

3. 中日关系的症结——日本不能以史为鉴

21世纪以来,中日关系不断陷入低谷,多次出现危机,两国之间存在的很多历史遗留问题和现实利益争端纷纷浮出水面,症结还是日本未能做到以史为鉴,在历史问题上反省不彻底,军国主义阴魂不散,汲取历史教训不够,主要表现为:政府官员和国会议员屡屡发表歪曲历史事实、否认战争责任的不良言论,参拜供奉甲级战犯的靖国神社,右翼分子编写的教科书大肆歪曲历史事实,等等。

相比德国,日本对战争责任反省不够,主要原因有:①战争责任人处理不同。德国战犯全部被处理和清算,而日本只有极少数甲级战犯被处理,没有追究最大战犯天皇的责任,大部分战犯最后都被宽大处理,岸信介和佐藤荣作等战犯后来还成为国家首相,很多战犯重新成为国家官员,战犯继续执政就不可能对战争做出深刻反省。②统治方式不同。德国被彻底打败,国家由几个战胜国直接统治控制,不容许军国主义有任何苟延残喘的机会。日本是战败投降,美国单独占领,为减轻负担,便于把日本变成"冷战"前沿,美国重用战犯实现间接统治,没有穷追猛打和及时清算军国主义影响。③战争反思的起点不同。德国一般都会到犹太人大屠杀纪念馆参观和举行纪念"二战"大会,前总理勃兰特曾在犹太人墓前下跪,德国民众能够看到屠杀犹太人的大量刑具和犹太人的大量尸骨,等等。因此,德国人民在反思战争的过程中能发自内心地感受到法西斯的罪恶和战争残酷。而日本本土没有遭受到大规模战争,纪念"二战"的活动基本上都是在广岛、长崎举行,民众感受的只是原子弹对他们的伤害以及所带来的痛苦、自己作为受害者的一面,反思战争自然很难深刻彻底。④日本的诸多错误认识。比如,有的把日本发动战争的原因归于西方国家控制下生存条件恶劣;有的把日本发动的战争美化为为了从西方国家控制中解放东亚国家,帮助共同发展,形成"大东亚共荣圈";有的认为日本当年的战争内阁是发动政变上台的,不是民众选择的,因此,民众没有责任,不必像德国民众那样道歉和反省;等等。

4. 中美关系的核心——共同走出修昔底德陷阱

当代中美关系总体上在不断向前发展,但仍然存在不少障碍,目前争议最多的是经贸问题和台湾问题,实质上还是美国对可能出现的中美战略性竞争猜忌怀疑与"冷战"思维的持续影响。

经贸问题主要围绕两国贸易不平衡展开。按照美国统计,2017年美中贸易有3776亿美元逆差,2018年增至4192亿美元,美方认为是中国市场不够开放、国家产业政策扶持、国有企业垄断、破坏美国知识产权、人民币低估等原因造成,而中方认为主要是双方统计方法不同、全球产业链格局、中国市场规模大、美方对华高科技制裁与贸易限制等因素造成。自中美建交后,双方在纺织品等领域就存在贸易争端,20世纪90年代以来更是多次发生激烈的贸易争端,每次都是通过谈判解决了争端。但是,2018年以来,由于美国奉行单边主义、保护主义,民粹主义盛行,导致中美贸易摩擦迅速升温。美方多次不负责任地指责中国,提出不切实际的要求,对中国极限施压,态度蛮横,使得中美经贸关系一波三折,造成双方贸易谈判停滞不前,严重影响了双方乃至全世界的经济发展与经济预期。

台湾问题是美国插手中国内政造成的,成为目前中美关系最难解决的问题。美国政府与中国有1972年上海公报、1979年建交公报和1982年公报为发展关系的基础,而美国国会又有《与台湾关系法》作为保护台湾的所谓法律依据,最近美国国会又炮制了《台湾旅行法》《台湾保证法》,这样就造成法律制度上的困境。近年来,"台独"势力猖獗,这与美国的纵容与支持分不开,向台湾地区出售技术含量高的武器、超标准的政治交流等都不利于海峡两岸走向和平,最终也不利于中美关系的正常发展。

(1)中美关系影响因素。当前中美关系面临一定的困难,还存在以下四个长期性影响因素,这些因素如果不能从根本上得到解决,中美就不容易走出相互对抗对立的"修昔底德陷阱":

第一,中美力量对比变革引发美国担心自己霸权地位受到冲击。这就是西方国家现实主义学派习惯说的争夺世界权力的"修昔底德陷阱"。美国与部分西方国家存在相当程度的冷战思维和零和思维,强调国家权力至高无上,希望长期控制国际社会权力,把控国际机构,长期占据国际产业链高端,不能容忍其他发展中国家崛起,因此,它们认为中国崛起一定会构成对西方发达国家的威胁,一定会破坏西方发达国家建立的国际秩序,抢夺发达国家的高端饭碗,遏制发达国家的竞争力,为此不惜制造种种"中国威胁论",对中国的崛起一直持抵制、围堵、打压的态度。其实,中国经济总量还不到美国的 2/3,人均量相差 5 倍,综合实力更是相差悬殊,中国还存在各种各样的内部发展问题需要长时间去解决,根本无意与美国竞争世界霸权。

第二,中国发展模式的影响。中国的迅速发展主要还是因为中国逐渐摸索出属于自己的发展模式,这就是中国特色社会主义道路、制度和理论,对此,美国及西方国家还不能完全理解,甚至有很多怀疑与猜忌,有的更是把中国发展模式同意识形态与社会制度联系在一起,认为中美之间还会出现社会主义与资本主义的意识形态和社会制度的新"冷战"。中国特色社会主义道路、制度与理论是根植于中国特色社会主义的文化,既包括中国五千年悠久历史传统文化,也包括中国共产党近百年形成的革命文化、新中国 70 年来形成的社会主义先进文化,与美国文化及西方国家文化存在较大差异,确实需要双方进一步加强交流和理解,避免误判误解。美国对中国政治经济军事等方面的制度模式都心生疑虑,不能从中国传统文化强调集体主义、家国一体、团结互助等角度理解中国的发展,也不能从集中力量办大事等社会主义制度优势去理解中国的发展优势,往往只是从自身个人主义、市场竞争、产权明晰、人权、民主等角度要求其他国家包括中国遵从,具有一定的霸权与霸凌色彩。美国这种唯我独尊的强权做法影响了中美关系的发展。

第三,不同宗教与文明之间的冲突。中国是世界上最主要的世俗文明,中国也是典型的文明性国家,与美国等西方国家拥有基督教传统不同,中国的崛起与现代化模式容易引起基督教世界以及其他具有宗教传统国家一定程度上的怀疑与恐惧,现在中国又前所未有地接近与走进世界舞台的中心,前所未有地接近实现中国特色社会主义现代化与中华民族伟大复兴,更是让美国等西方相信上帝万能的国家难以理解和接受。中国正在进一步加大改革开放力度,不断拉近与世界各国之间的差距,不断强调中国梦与世界人民的梦想息息相通,就是希望最终能够让全世界都理解和接受中国特色社会主义的现代化,接受中华民族的伟大复兴。

第四,目前美国国内出现的分裂性因素一时难以消除,很多政客和保守右翼人士习惯于"诿过于外",美国最近出现的反全球化现象与贸易保护主义无疑都是这一背景的反映,作为新崛起的中国自然更容易成为他们攻击的目标和美国国内问题产生的所谓原因。美国产业空心化越来越严重；跨国资本越来越全球化，越来越难以判定与厘清美国公司的国家忠诚倾向；大规模的外来移民使得美国越来越彩谱化，生育率差异使得传统的美国白人产生成为少数民族的恐惧；日益严重的贫富差距与中产阶层不断减少；国家发展方向与价值观分歧严重日益对立；三权分立的民主体制运作日益低效；等等，美国国内存在的这些严重问题如果不能解决，对中美关系都将是一种挑战。

（2）中美关系发展前景。中美关系存在以上看似不可避免、难以解决的结构性矛盾与问题，也都不可能一下子得到解决，因此，我们需要高度重视中美关系，从长计议，做好持久努力、长期斗争、妥善处理的准备。从长期来看，中美关系的前景还是相对乐观的，主要根据有以下几点：

首先，中美经济交融密切，对抗对立的代价是双方都难以承受的。全球化时代的中美关系今非昔比，40 年改革开放使得两国早已相互依赖融合，互为对方的主要贸易伙伴。中国廉价商品越来越多地输入美国，极大地降低了美国人民的生活成本，是抑制美国通货膨胀率上升的主要因素。中国经济结构中日益包含美国经济要素，比例很大，一时难以替代。如美国的飞机、汽车、芯片等产品都是大比例输入中国的。中美贸易的顺差既是中国货币发行的重要渠道，又是美国国债的主要资金来源，中国一直是美国国债最大持有国，维护了美国金融市场的稳定。中国出口美国的产品中，美国公司生产的产品至今仍然占近六成，都是美国公司搬迁到中国并以中国为生产基地，然后出口美国或其他国家；中美产业链紧密相连，虽然有一定的竞争甚至就业冲突，但是主要还是相互合作；美国的页岩气革命带来的巨大能源市场未来势必需要找到中国这样需求量增长迅速的市场；美国的农业资源极为丰富，中国人多地少、环境治理与生态修复等将需要越来越多的农产品进口，这将与美国形成长期合作；等等。因此，相当长时期内双方经济关系不可能割断，部分政客认为可以同中国经济技术脱钩的想法是不现实的。

其次，美国不可能抑制中国的和平崛起。随着新科技革命迅猛发展，美国能够用于制裁压制中国的手段日益减少，而中国拥有的反制裁反压制的手段日益增多，抗压制能力不断提高。历史上，大国制裁通常利用军事、经济、外交与高科技四种手段。现在中国在实施新时代强军战略，不断实现军事现代化，美国越来越不可能在军事上压制中国。中国是世界上唯一能够生产联合国工业产品名录上所有产品的国家，工业产量占世界近 1/3，经济体系全面完整，产业链完整，门类齐全，拥有的最大贸易伙伴 130 个左右，而美国不到 30 个，因此，美国对中国实施经济制裁不可能奏效。与中国建交的国家已经达到 178 个，中国的朋友圈越来越大，国际影响力不断上升，中国长期的和平外交赢得了国际社会认可，美国越来越不可能组成"冷战"时期的联盟对抗中国。高科技制裁特别是核心技术制裁杀伤力最大，但是相对而言，由于中国具有相对较高的高科技自我研发能力、强大的政府动员资源能力、广阔的市场需求驱动力，美国越来越不可能通过高科技有效制裁和压制住中国发展。近年来，在中国超算芯片、5G、北斗导航系统、大飞机、航母等大国重器不断涌现，不断打破美国和西方发达国家的垄断，表明美国抑制中国崛起的可能性在不断下降。

第三，核武器时代不可能出现中美关系失控并导致大规模武装冲突。美国是世界最大核拥有国，拥有7000颗原子弹，中国核弹拥有量虽然较少，但也具有第二次核打击能力，即对美国完全反击能力，即使是第二次世界大战后美苏"冷战"时期双方全面对抗，也没有任何一方敢于诉诸核打击，也不敢直接大规模兵戎相见。因此，随着世界和平形势的发展，中美关系不可能走向极端对抗，双方都不可能通过直接武装战争取得胜利。

第四，中国梦一定会逐步融入世界人民的梦想。中国已经开始新一轮改革开放，加大国家治理走向现代化步伐，开放的大门越开越大，通过搭建"一带一路"、金砖国家集团等各种平台，不断推动新型国际关系和人类命运共同体建设，不断推动和主导世界政治经济文化各方面的全球化，使得中华民族伟大复兴的中国梦越来越与包括美国人民在内的世界人民的梦想息息相关、融为一体，中美双方之间的误会误解歧视会越来越在全球化中化解，美国也会逐步适应中国的和平崛起，逐步理解中国特色社会主义现代化和中国发展道路与模式。

第五，中美关系是世界上最具分量的重量级双边关系，国际意义重大。中美经济总量超过全世界四成，政治上都是举足轻重的安理会常任理事国，是东西方不同文化的代表性国家，分别是最大的发达国家和最大的发展中国家，代表不同的文明传统，影响都非常巨大，制约着全世界的和平稳定与发展繁荣，因此，双方应共同努力，求同存异，扩同化异，共同承担推动人类命运共同体建设重任。

四、延伸阅读与思考

（一）重要文献资料

中国人民的梦想同各国人民的梦想息息相通，实现中国梦离不开和平的国际环境和稳定的国际秩序。必须统筹国内国际两个大局，始终不渝走和平发展道路、奉行互利共赢的开放战略，坚持正确义利观，树立共同、综合、合作、可持续的新安全观，谋求开放创新、包容互惠的发展前景，促进和而不同、兼收并蓄的文明交流，构筑尊崇自然、绿色发展的生态体系，始终做世界和平的建设者、全球发展的贡献者、国际秩序的维护者。[1]

我们呼吁，各国人民同心协力，构建人类命运共同体，建设持久和平、普遍安全、共同繁荣、开放包容、清洁美丽的世界。要相互尊重、平等协商，坚决摒弃冷战思维和强权政治，走对话而不对抗、结伴而不结盟的国与国交往新路。要坚持以对话解决争端、以协商化解分歧，统筹应对传统和非传统安全威胁，反对一切形式的恐怖主义。要同舟共济，促进贸易和投资自由化便利化，推动经济全球化朝着更加开放、包容、普惠、平衡、共赢的方向发展。要尊重世界文明多样性，以文明交流超越文明隔阂、文明互鉴超越文明冲突、文明共存超越文明优越。要坚持环境友好，合作应对气候变化，保护好人类赖以生存的地球家园。[2]

（二）典型案例

案例一

黑瞎子岛模式：和平解决历史争端的典型模式[3]

黑瞎子岛是由黑瞎子岛、银龙岛、明月岛等3个岛系93个岛屿和沙洲组成，位于黑龙江和乌苏里江的交界。1929年中东路事件中，苏联从东北军手中非法武力侵占黑瞎子岛。2004年中俄签署协定：银龙岛归中国所有，黑瞎子岛一分为二。至此，中俄长达4300多公里的边界线全部确定。2008年10月14日，中俄在黑瞎子岛上举行"中俄界碑揭牌仪式"，一半面积的黑瞎子岛正式回归中国。2010年11月23日中俄总理定期会晤，表示"双方将共同对黑瞎子岛进行综合开发"。黑瞎子岛的潮起潮落及开发发展，见证了中俄边界的纷争起伏，也见证了中俄关系的变迁发展。黑瞎子岛的部分回归是中俄友好、和平解决领土纷争的一个成功案例，是中国和平发展道路在领土纠纷问题上的成功运用。作为成功的外交实践，"黑瞎子岛模式"为21世纪的现代中国解决外交和领土争端提供了一种新思路，即：在尊重历史的前提下，通过和平谈判的方式，最大限度地保护国家利益和领土完整，同时对目前已经造成的现实问题给予一定的承认。

---

[1] 习近平：《决胜全面建成小康社会 夺取新时代中国特色社会主义伟大胜利——在中国共产党第十九次全国代表大会上的报告》，人民出版社2017年版，第25页。

[2] 习近平：《决胜全面建成小康社会 夺取新时代中国特色社会主义伟大胜利——在中国共产党第十九次全国代表大会上的报告》，人民出版社2017年版，第58～59页。

[3] 根据百度百科整理。

案例二

上海合作组织：中国新安全观的成功实践①

上海合作组织（以下简称"上合组织"）是第一个由中国参与创建、在中国境内成立、第一个以中国城市命名、总部设在中国的多边国际组织，由中、俄、哈、塔、吉五国在解决历史遗留的边界问题基础上创立的，2001年乌兹别克斯坦加入，2017年6月9日印度和巴基斯坦加入，形成八国模式，还有阿富汗、白俄罗斯、伊朗、蒙古四个观察员国和阿塞拜疆、亚美尼亚、柬埔寨、尼泊尔、土耳其、斯里兰卡六个对话伙伴国。

1996年4月26日，五国元首在上海首次会晤，签署《关于在边境地区加强军事领域信任的协定》，正式启动"上海五国"进程。1997年4月24日，五国在莫斯科签署《关于在边境地区相互裁减军事力量的协定》，2000年7月，五国签署《杜尚别声明》，决定深化在政治、外交、经贸、军事、军技和其他领域的合作，标志着"上海五国"机制由定期会晤向长期合作发展。当年6月六国正式签署《上海合作组织成立宣言》《打击恐怖主义、分裂主义和极端主义上海公约》，在国际上首次对恐怖主义、分裂主义和极端主义作了明确定义，提出了合作打击"三股势力"的具体方向、方式及原则，为上海合作组织的安全合作奠定了法律基础。2004年6月塔什干峰会吸收蒙古为观察员，2005年7月阿斯塔纳峰会给予巴基斯坦、伊朗、印度观察员地位。上海合作组织机制不断完善。2001年9月宣布建立总理定期会晤机制。2002年6月圣彼得堡峰会签署《上海合作组织宪章》，标志着该组织从国际法意义上得以真正建立。次年5月莫斯科峰会签署《上海合作组织成员国元首宣言》，中国的张德广被任命为该组织首任秘书长。2004年1月，上海合作组织秘书处在北京正式成立。至今已经形成了包括国家元首会议、政府首脑（总理）会议、外交部长会议、各部门领导人会议、国家协调员理事会、地区反恐怖机构在内的成熟机构。

2018年6月9—10日在山东青岛举行峰会，签署了《上海合作组织成员国元首理事会青岛宣言》以及包括《〈上海合作组织成员国长期睦邻友好合作条约〉实施纲要（2018—2022年）》《上海合作组织成员国打击恐怖主义、分裂主义和极端主义2019年至2021年合作纲要》《2018—2023年上海合作组织成员国禁毒战略》及其落实行动计划、《上海合作组织成员国粮食安全合作纲要（草案）》《上海合作组织成员国环保合作构想》《〈上海合作组织成员国元首致青年共同寄语〉实施纲要》《上海合作组织秘书处与联合国教

---

① 根据百度百科整理。

科文组织合作谅解备忘录（2018—2022年）》等一系列决议。

上合组织秉承互信、互利、平等、协商、尊重多样文明、谋求共同发展的"上海精神"，树立起和平、合作、开放、进步的良好形象。上合组织对于中国实现其所倡导的新安全观，维护中国西北边陲的稳定与安全，进而建立新型国际关系，创立新型国际安全制度，都是一个成功的范例。其宗旨是"加强各成员国之间的相互信任与睦邻友好；鼓励各成员国在政治、经贸、科技、文化、教育、能源、交通、环保及其他领域的有效合作；共同致力于维护和保障地区的和平、安全与稳定；建立民主、公正、合理的国际政治经济新秩序"。大力倡导不结盟、不对抗、不针对第三方的安全合作模式，顺应了"冷战"后和平与发展的历史潮流，展示了不同文明背景、传统文化各异的国家通过互尊互信实现和睦共处、团结合作的巨大潜力，是中国多边外交的重要成就，已经成为在世界上具有重要影响力的综合地区性组织。

案例三

亚洲基础设施投资银行[①]

亚洲基础设施投资银行（以下简称"亚投行"）是一个政府间性质的亚洲区域多边开发机构，宗旨是为了促进亚洲区域建设互联互通化和经济一体化的进程，是首个由中国倡议设立的多边金融机构，总部设在北京，法定资本1000亿美元。

该机构的成立背景是：新兴国家的崛起与当前西方发达国家控制的国际金融治理体系与机制不适应，需要新兴国家发挥更大作用；亚洲占1/3世界经济总量，六成人口，最具经济活力和增长潜力，但基础建设严重不足，一定程度上限制了该区域经济发展；亚洲基础设施投资需求大，现有亚洲开发银行和世界银行无法满足资金需求；由于基础设施投资量大时长、收入流不确定等因素，私人投资有难度；中国已成为世界第三大对外投资国，在基础设施装备制造方面已经形成完整产业链，在公路、桥梁、隧道、铁路等方面工程建造能力世界首屈一指，中国经济进入新常态，相关产业期望更快地走向国际；亚洲经济体之间缺乏有效的多边合作机制，缺乏把资本转化为基础设施建设的投资。

2013年10月2日，中国国家主席习近平在雅加达同印度尼西亚总统苏西洛举行会谈时倡议筹建亚投行，促进本地区互联互通建设和经济一体化进程，向包括东盟国家在内的本地区发展中国家基础设施建设提供资金支持，

---

① 根据百度百科整理。

将同域外现有多边开发银行合作,相互补充,共同促进亚洲经济持续稳定发展。2014年10月24日21个首批意向创始成员国代表在北京签约。2015年12月25日亚投行正式成立。在此过程中,部分西方国家一直非议阻挠,但是,在中国耐心细致的说服与公开公平运作之下,各国纷纷放弃偏见,加入亚投行或与之建立合作关系。截至2018年12月19日,亚投行有93个正式成员国。

亚投行对推动亚洲区域互联互通和一体化方面具有重要意义,有助于推进亚洲经济增长和社会发展,进而为全球经济发展提供新动力;通过与现有多边开发银行开展合作,将更好地为亚洲地区长期的巨额基础设施建设融资缺口提供资金支持;有助于从亚洲域内及域外动员更多的亟须资金,缓解亚洲经济体面临的融资瓶颈,与现有多边开发银行形成互补,推进亚洲实现持续稳定增长;有助于推动国际货币基金组织和世界银行等国际金融机构改革,补充当前亚洲开发银行的投融资与国际援助职能;是继提出建立金砖国家开发银行、上海合作组织银行之后中国推动国际金融体系改革的又一举措,体现出中国的国际担当与贡献;是国际经济治理体系改革进程中具有里程碑意义的重大事件。

参考书目

[1] 习近平谈治国理政:第一卷[M]. 北京:外文出版社,2014.

[2] 习近平谈治国理政:第二卷[M]. 北京:外文出版社,2017.

[3] 习近平. 决胜全面建成小康社会 夺取新时代中国特色社会主义伟大胜利——在中国共产党第十九次全国代表大会上的讲话[M]. 北京:人民出版社,2017.

[4] 王帆. 大国外交[M]. 北京:北京联合出版公司,2016.

[5] 金灿荣等. 大国的责任[M]. 北京:中国人民大学出版社,2011.

思考题

1. 当今世界格局发生了哪些新变化?
2. 哪些因素会冲击到中国坚持走和平发展道路建设人类命运共同体?
3. 你认为中国能不能和平解决与周边国家的领土争端?为什么?
4. 你认为中美关系能否走出修昔底德陷阱?为什么?

第九章　坚持党对一切工作的领导与全面从严治党

一、教学大纲基本内容

（一）坚持党对一切工作的领导的依据和制度安排

中国共产党是中国特色社会主义事业的领导核心，处于总揽全局、协调各方的地位。中国特色社会主义最本质的特征是中国共产党领导，中国特色社会主义制度的最大优势是中国共产党领导。坚持党对一切工作的领导，才能在更高水平上实现全党全社会思想上的统一、政治上的团结、行动上的一致，才能进一步增强党的创造力、凝聚力、战斗力，为夺取新时代中国特色社会主义伟大胜利提供根本政治保证。

1. 坚持党对一切工作的领导的依据

"东西南北中，党政军民学，党是领导一切的"，这里所说的"一切"，从横向来看，是指党和国家各个方面、各个领域工作的全方位；从纵向来看，是指党和国家各个方面、各个领域工作的全过程。坚持党对一切工作的领导，也就是坚持党的全面领导。党的全面领导是具体的，必须体现在国家政权的机构、机制、制度等治国理政方方面面的设计、安排和运行中，确保党的领导全覆盖和始终坚强有力。

坚持党对一切工作的领导，是对党的优良传统的继承和发展。无论是新民主主义革命时期，还是社会主义革命和建设时期，抑或改革开放时期，中国共产党都高度重视并反复强调坚持党的领导、坚持党的全面领导的重要性。

坚持党对一切工作的领导，是对党的十八大以来党和国家各项事业取得历史性成就的经验总结。事实证明，改革开放任务越繁重，越要加强和改善党的领导，越要确保党始终成为中国特色社会主义事业的坚强领导核心。

2. 坚持党对一切工作的领导的制度安排

党对一切工作的领导，需要通过党的组织体系贯彻落实。党的组织体系包括中央组织、地方组织、基层组织、设在中央和地方的各级国家机关以及其他非党组织中的党组。为履行相关职责，每一组织内部还设有相应的工作部门，必要时根据工作需要设立协调机构。

党对一切工作的领导，需要通过党的制度保证实施。其中，党的民主集中制、代表大会制度、委员会制度、请示报告制度是党的领导制度和组织制度的重要内容。

党对一切工作的领导，需要具有一整套完善的领导体制和工作机制。主要包括领导和支持国家政权机关、人民政协、人民团体依法行使职权。建立健全党的决策议事协调机构，是加强党的统一集中领导、推动重大工作落实的一条成功经验。

此外，党对一切工作的领导，需要建立完善的思想政治工作制度。这有利于奠定坚实的思想基础，营造良好的社会文化氛围。

3. 坚持和完善党对一切工作的领导

坚持和完善党对一切工作的领导，必须坚定维护党中央权威和集中统一领导，这是中国革命、建设、改革的重要经验，是一个成熟的马克思主义执政党的重大建党原则。坚持和完善党对一切工作的领导，必须完善坚持党的全面领导制度，重点体现在以下四个方面：

一是必须健全和认真落实民主集中制的各项具体制度，健全党领导国家权力机关、行政机关、监察机关、司法机关和人民团体的制度，健全各级党委（党组）的工作制度和行为规范，健全正确处理上下级党组织工作关系的具体制度，健全各级党委议事规则，把党章规定的基本原则具体化、制度化，进一步健全党的请示报告工作制度。

二是健全决策议事协调机制，加强党对重大工作的集中统一领导。健全党中央对重大工作的领导体制机制，要求在中央政治局及其常委会领导下，优化党中央决策议事协调机构，提高对重大工作的顶层设计、总体布局、统筹协调、整体推进的领导能力和水平。各地区各部门党委（党组）要坚持依规治党，完善相应体制机制，提升协调能力，把党中央各项决策部署落到实处。

三是强化党的组织在同级组织中的领导地位。在国家机关、事业单位、群团组织、社会组织、企业和其他组织中设立的党委（党组）要接受批准其成立的党委统一领导，定期汇报工作，确保党的方针政策和决策部署在同级组织中得到贯彻落实。党组织要善于使党的主张通过法定程序成为国家意志，善于使党组织推荐的人选通过法定程序成为国家政权机关的领导人员，善于通过国家政权机关实施党对国家和社会的领导，善于运用民主集中制原则维护党和国家权威、维护全党全国团结统一。

四是健全和完善权力监督体系。通过强化自上而下的组织监督，改进自下而上的民主监督，发挥同级相互监督作用，加强对党员领导干部的日常管理监督。建立健全巡视制度，对巡视对象执行政治纪律和政治规矩的情况、执行《中国共产党章程》和其他党内法规，遵守党的纪律，对落实党风廉政建设主体责任和监督责任等情况进行监督。进一步深化政治巡视，牢牢把握政治定位，紧紧围绕坚持党的领导这一根本，坚持发现问题，形成震慑不动摇，建立巡视巡察上下联动的监督网，把权力关进制度的笼子里。

（二）新时代党的建设的总要求

中国共产党能够带领人民进行伟大的社会革命，也能够进行伟大的自我革命。在科学把握新时代党的建设面临的新形势的基础上，以习近平为核心的党中央提出了新时代党的建设的总要求，为推进党的建设指明了努力方向和前进路径。

1. 党的建设面临的新形势

勇于进行自我革命是中国共产党鲜明的政治品格。新时代党的自我革命必须直面解决党内存在的突出问题。一方面，过去一个时期，市场经济的利益交换原则渗入党内政治生活，导致党的领导弱化、党的建设缺失，管党治党"宽松软"，党的观念淡薄、组织涣散、纪律松弛问题突出，不正之风和腐败现象严重侵蚀党的肌体。另一方面，决胜全面建成小康社会的艰巨任务、实现中华民族伟大复兴的历史使命，对党提出了前所未有的新挑战新要求。同时，党面临的执政考验、改革开放考验、市场经济考验、外部环境考验依然长期和复杂，党面临的精神懈怠危险、能力不足危险、脱离群众危险、消极腐败危险依然尖锐和严峻。为此，党必须勇于进行自我革命，勇于直面问题，敢于刮骨疗毒，消除一切损害党的先进性和纯洁性的因素，清除一切侵蚀党的健康肌体的病毒，不断增强党的政治领导力、思想引领力、群众组织力、社会号召力，确保党永葆旺盛生命力和强大战斗力。

深入推进全面从严治党，以永远在路上的执着把从严治党引向深入，要把握好"六个相统一"：一要坚持思想建党和制度治党相统一，既要解决思想问题，也要解决制度问题，把坚定理想信念作为根本任务，把制度建设贯穿到党的各项建设之中；二要坚持使命引领和问题导向相统一，既要立足当前、直面问题，在解决人民群众最不满意的问题上下功夫，又要着眼未来、登高望远，在加强统筹谋划、强化顶层设计上着力；三要坚持抓"关键少数"和管"绝大多数"相统一，既对广大党员提出普遍性要求，又对"关键少数"特别是高级干部提出更高更严的标准，进行更严的管理和监督；四要坚持行使权力和担当责任相统一，真正把落实管党治党政治责任作为最根本的政治担当，紧紧咬住"责任"二字，抓住"问责"这个要害；五要坚持严格管理和关心信任相统一，坚持真管真严、敢管敢严、长管长严，贯彻惩前惩后、治病救人的一贯方针，抓早抓小、防微杜渐，最大限度防止干部出问题，最大限度激发干部积极性；六要坚持党内监督和群众监督相统一，以党内监督带动其他监督，积极畅通人民群众建言献策和批评监督渠道，充分发挥群众监督、舆论监督作用。这"六个相统一"是对党的历史上行之有效的好经验好做法的继承发扬，更是党在十八大后全面从严治党中创造的新经验。成绩来之不易，经验弥足珍贵，需要长期坚持、不断深化。

2. 党的建设总要求的基本内涵

新时代党的建设总要求是：坚持和加强党的全面领导，坚持党要管党、全面从严治党，以加强党的长期执政能力建设、先进性和纯洁性建设为主线，以党的政治建设为统领，以坚定理想信念宗旨为根基，以调动全党积极性、主动性、创造性为着力点，全面推进党的政治建设、思想建设、组织建设、作风建设、纪律建设，把制度建设贯穿其中，深入推进反腐败斗争，不断提高党的建设质量，把党建设成为始终走在时代前列、人民衷心拥护、勇于自我革命、经得起各种风浪考验、朝气蓬勃的马克思主义执政党。具体而言：第一，坚持和加强党的全面领导，是新时代党的建设的根本原则，是党的建设的根本出发点和落脚点，也是全面从严治党的核心；第二，坚持党要管党、全面从严治党，是新时代党的建设的根本方针；第三，加强党的长期执政能力建设、先进性和纯洁性建设，是新时代党的建设的工作主线；第四，以党的政治建设为统领，全面推进党的政治建设、思想建设、组织建设、作风建设、纪律建设，把制度建设贯穿其中，深入推进反腐败斗争，是新时代党的建设的总体布局；第五，不断提高党的建设质量，把党建设成为始终走在时代前列、人民衷心拥护、勇于自我革命、经得起各种风浪考验、朝气蓬勃的马克思主义执政党，是新时代党的建设的总目标。

新时代党的建设总要求，来自加强党的建设、推进全面从严治党的现实需要，来自解决党内存在的突出矛盾和问题的现实需要，来自保持党的先进性和纯洁性、增强党的创造力凝聚力战斗力的现实需要，来自永葆党的性质和宗旨、保持党同人民群众血肉联系的现实需要，来自坚持党的执政地位、提高党的执政能力、扩大党的执政基础的现实需要。

（三）推动全面从严治党向纵深发展

1. 把党的政治建设摆在首位

把党的政治建设放在首位，凸显了党的政治建设的极端重要性，是马克思主义党建理论的一个重大创新，也是党的建设思路和布局的一个重大创新。党是政治组织，政治建设是党的根本建设，决定党的建设方向和效果。政治建设抓好了，政治方向、政治立场、政治原则、政治大局把握住了，党的建设就铸了魂、扎了根，对党的其他建设可以起到纲举目张的作用。

加强党的政治建设的任务和要求主要体现在五个方面：一是保证全党服从中央，坚持党中央权威和集中统一领导，这是党的政治建设的首要任务；二是尊崇党章，严格执行新形势下党内政治生活的若干准则，增强党内政治生活的政治性、时代性、原则性、战斗性，自觉抵制商品交换原则对党内生活的侵蚀，营造风清气正的良好政治生态；三是完善和落实民主集中制的各项制度，坚持民主基础上的集中和集中指导下的民主相结合，既充分发扬民主，又善于集中统一；四是弘扬忠诚老实、公道正派、实事求是、清正廉洁等价值观，坚决防止和反对个人主义、分散主义、自由主义、本位主义、好人主义，坚决防止和反对宗派主义、圈子文化、码头文化，坚决反对搞两面派、做两面人；五是加强党性锻炼，不断提高政治觉悟和政治能力，把对党忠诚、为党分忧、为党尽职、为民造福作为根本政治担当，永葆共产党人政治本色。

2. 思想建党和制度治党同向发力

党的思想建设和制度建设紧密结合，是中国共产党自身建设的显著特点和特有优势，在全面从严治党中具有基础性、综合性的地位和作用。思想建党打造的是从严治党的思想防线，制度治党打造的是从严治党的制度防线。思想教育要结合落实制度规定来进行，落实制度规定需要通过思想教育来启发自觉。既要使加强制度治党的过程成为加强思想建党的过程，也要使加强思想建党的过程成为加强制度治党的过程，二者相互促进，相得益彰，不可偏废。

注重从思想上建党，是马克思主义政党建设的基本原则和根本要求，也是中国共产党自成立以来不断发展壮大的宝贵经验和重要法宝，是党的光荣传统和政治优势。思想建设是党的基础性建设。坚持以科学理论引领、用科学理论武装，是党永葆先进性和纯洁性的根本保证。要把坚定理想信念作为党的思想建设的首要任务，教育引导全党牢记党的宗旨，挺起共产党人的精神脊梁，解决好世界观、人生观、价值观这个"总开关"问题，自觉做共产主义远大理想和中国特色社会主义共同理想的坚定信仰者和忠实实践者。坚定理想信念离不开对马克思主义理论的自觉学习和深刻理解。在当前国际国内环境和党的自身状况发生深刻变化的新形势下，把思想建党摆在更加突出的位置，加大思想建党的力度，关键是要把党的思想理论建设推向新高度。新时代的思想理论建设的主要任务，是用习近平新时代中国特色社会主义思想武装全党，推动全党更加自觉地为实现新时代党的历史使命不懈奋斗。

制度治党是从严治党的根本。全面从严治党，必须依规管党治党。党的制度不仅具有根本性、全局性、稳定性和长期性，而且具有极大的综合性。

党的制度建设需要体现在政治建设、思想建设、组织建设、作风建设、纪律建设等各方面建设之中，各方面建设也需要以制度建设来保证、落实。制度的关键在于务实管用，新时代党的制度建设要突出针对性和指导性。主要有三点：一要严格遵循执政党建设规律进行制度建设，不断增强党内生活和党的建设制度的严密性和科学性，既要有实体性制度，又要有程序性制度，推进党的建设的科学化、制度化、规范化；二要编密扎紧制度"笼子"，搞好配套衔接，把科学的制度设计、严格的制度执行、有力的检查惩处结合起来，不留"暗门"，不开"天窗"，使制度成为硬约束而不是"橡皮筋"；三要加强制度文化建设，营造人人敬畏制度、遵守制度、按制度办事的氛围，使之成为一种自觉、一种习惯、一种行为方式。

3. 加强干部队伍建设和基层组织建设

党的干部是党和国家事业的中坚力量，建设高素质专业化干部队伍，是推进新时代中国特色社会主义事业的关键。党历来高度重视选贤任能，始终把选人用人作为关系党和人民事业的关键性、根本性问题来抓。进入中国特色社会主义新时代，党和国家事业的新发展对加强干部队伍建设提出了明确要求，其中最重要的就是突出政治标准。突出政治标准，体现了组织路线为政治路线服务的根本原则，凸显了干部工作的政治定性，具有鲜明的导向性和现实的针对性。这是马克思主义政党的政治属性所决定的，是保证全党团结统一、实现党的政治主张和政治目标的必然要求，也是进一步树立正确选人用人导向、建设高素质执政骨干队伍、夺取新时代中国特色社会主义伟大胜利的迫切需要，有着特别重要的意义。除此以外，选拔培养干部还要注重培养专业能力、专业精神，增强干部队伍适应新时代中国特色社会主义发展要求的能力。同时，注重选拔培养年轻干部、女干部、少数民族干部、党外干部，做好离退休干部、干部考核评价等方面的干部工作。

党的基层组织是确保党的路线方针政策和决策部署贯彻落实的基础。不断提升党的基层组织的组织力、政治领导力、组织覆盖力、群众凝聚力、社会号召力、发展推动力、自我革新力，是新时代对党的基层组织的必然要求。其中，组织力是基层组织生命力的具体体现。

加强基层党组织建设的具体要求：一是在履行职能方面，党支部要负好直接教育党员、管理党员、监督党员和组织群众、宣传群众、凝聚群众、服务群众的职责，引导广大党员发挥先锋模范作用；二是在组织设置和活动方式方面，坚持"三会一课"制度，推进党的基层组织设置和活动方式创新，加强基层党组织带头人队伍建设，扩大基层党组织覆盖面，着力解决一些基层党组织弱化、虚化、边缘化问题；三是在发展党内民主方面，扩大党内基层民主，推进党务公开，畅通党员参与党内事务、监督党的组织和干部、向上级党组织提出意见和建议的渠道;四是在组织发展方面,注重从产业工人、青年农民、高知识群体中和在非公有制经济组织、社会组织中发展党员;五是在关心党员生活方面,加强内激励关怀帮扶;六是在党员教育管理方面,增强党员教育管理针对性和有效性,稳妥有序地开展不合格党员组织处置工作。

(四) 正风肃纪和反腐败斗争

党的优良作风是马克思主义执政党强大人格力量的集中体现,直接关系到党的形象和威望。因此,党的作风建设始终是摆在党面前的一项重大而紧迫的任务。中国共产党来自人民、植根人民、服务人民,夺取政权靠的是赢得民心,巩固政权也必须凝聚人心。新时代加强党的作风建设,必须保持党同人民群众的血肉联系,增强群众观念和群众感情,不断厚植党执政的群众基础。凡是群众反映强烈的问题都要严肃认真对待,凡是损害群众利益的行为都要坚决纠正。坚持以上率下,巩固拓展落实中央八项规定精神成果,坚决反对特权思想和特权现象。

正风必先肃纪。作风背后反映的是纪律问题。党的纪律是党的各级组织和全体党员必须遵守的行为规范和规则,是党的生命线。纪律建设是全面从严治党的治本之策,为其他各项建设提供规范和保障。党纪严明,就能有效防范和遏制不正之风的滋长;纪律松弛,则会纵容和助长不正之风的泛滥。在党的所有纪律和规矩中,政治纪律和政治规矩处在第一位,是全党在政治方向、政治立场、政治言论、政治行动方面必须遵守的刚性约束,也是最重要、最根本、最关键的纪律和规矩。要重点强化政治纪律和组织纪律,带动廉洁纪律、群众纪律、工作纪律、生活纪律严起来。坚持开展批评和自我批评,坚持惩前毖后、治病救人,抓早抓小、防微杜渐。赋予有干部管理权限的党组相应的纪律处分权限,强化监督执纪问责。要加强纪律教育,强化纪律执行,让党员、干部知敬畏、存戒惧、守底线,习惯在受监督和约束的环境中工作生活。

旗帜鲜明、坚定不移地开展反腐败斗争。反腐败是中国共产党一贯坚持的鲜明政治立场。只有以反腐败永远在路上的坚韧和执着,深化标本兼治,保证干部清正、政府清廉、政治清明,才能跳出历史周期率,确保党和国家长治久安。必须继续坚持无禁区、全覆盖、零容忍,坚持重遏制、强高压、长震慑,坚持受贿行贿一起查,坚决防止党内形成利益集团。据此,党提出了一系列重大举措:一是在市县党委建立巡察制度,加大整治群众身边腐败问题力度;二是不管腐败分子逃到哪里,都要缉拿归案、绳之以法;三是推进反腐败国家立法,建设覆盖纪检监察系统的检举举报平台;四是强化不敢腐的震慑，扎牢不能腐的笼子，增强不想腐的自觉，通过不懈努力换来海晏河清、朗朗乾坤。

加强制度建设，健全党和国家监督体系。增强党的自我净化能力，根本上靠强化党的自我监督和群众监督。这是对执政党建设规律和国家治理规律的深刻总结，具有很强的思想指导性和现实针对性。中国共产党在中国的全面领导和长期执政地位，决定了党内监督在党和国家各种监督形式中是最基本的、第一位的。党内监督缺失，其他监督必然失效。坚持党的群众路线，是增强监督实效、形成监督合力的锐利武器。增强党的自我净化能力，必须坚持党的群众路线，坚持党内监督和群众监督相统一，以党内监督带动其他监督，积极畅通人民群众建言献策和批评监督渠道，充分发挥群众监督、舆论监督作用，建立更加科学、更加严密、更加有效的中国特色监督体系。

打铁还需自身硬。领导14亿人的社会主义大国，党既要政治过硬，也要本领高强。全面增强执政本领是党的优良传统和宝贵经验。中国共产党自成立以来，正是凭借各方面的高强本领，才赢得了一个又一个胜利。当前，面对复杂多变的国内外形势，中国共产党要以时不我待的精神，一刻不停地增强学习本领、政治领导本领、改革创新本领、科学发展本领、依法执政本领、群众工作本领、狠抓落实本领、驾驭风险本领，着力提高把方向、谋大局、定政策、促改革的能力和定力。全面增强党的执政本领，才能使党团结带领人民有效应对重大挑战、抵御重大风险、克服重大阻力、解决重大矛盾，赢得主动、赢得优势、赢得未来。

二、学术前沿述评

（一）关于党的政治建设

党的政治建设是党的根本性建设。党的十八大以来，政治建设的重要性和紧迫性进一步彰显。习近平在中共中央政治局第六次集体学习时强调："要把准政治方向，坚持党的政治领导，夯实政治根基，涵养政治生态，防范政治风险，永葆政治本色，提高政治能力，为我们党不断发展壮大、从胜利走向胜利提供重要保证。"围绕这一主题，相关研究者从历史和现实、理论和实践的辩证关系中进行了阐释，并提出了对策主张。①

1. 什么是党的政治建设

（1）党的政治建设"三要义"。第一，旗帜鲜明讲政治。这是马克思主

---

① 参见《新时代深入推进党的建设新的伟大工程》，http://www.qstheory.cn/zt2018/ddjsxlzt/30jzzjs/index.htm。

义政党的根本要求；第二，政治建设放首位。它决定了党的建设的方向和效果；第三，全党服从中央是首要任务。

（2）政治建设旨在实现党肩负的历史使命。通过正确的政治纲领、政治路线、政治立场、政治目标以及严明的政治纪律，保证全体党员具有高度的政治觉悟，坚持正确政治方向，维护党的团结统一，实现党肩负的政治使命。

（3）党的政治建设的要求。党的政治建设是统领党的其他方面建设的灵魂，深刻体现在政治立场、政治方向、政治原则、政治道路、政治纪律、政治规矩、政治能力、政治文化等各个方面，有着实实在在的要求。当前，加强党的政治建设，要把保证全党服从中央、坚持党中央权威和集中统一领导作为首要任务，尤其要在坚守党的政治立场、严肃党内政治生活、提升政治能力上下功夫。

2. 为什么政治建设是党的根本性建设

（1）政治建设是"灵魂"和"根基"。在党的建设总体布局中，政治建设是管总、管根本的，对党的其他建设具有统领提携、纲举目张的作用。政治建设抓好了，政治方向、政治立场、政治大局把握住了，党的政治能力提高了，党的建设就铸了魂、扎了根。

（2）政治建设决定党的建设的效果。把党的政治建设作为党的根本性建设，第一，这是政党的内在本质属性要求，也是确保政党政治良序发展的根本保障；第二，这是党的十八大以来管党治党的鲜活经验和重要创新成果，也是新时代推动全面从严治党向纵深发展的重要实践原则和内在要求。

3. 怎样加强党的政治建设

从战略性全局性层面加强管党治党顶层设计，锲而不舍地加强党的建设；从创新实践路径切实提高党的建设质量，把政治建设的统领作用落到实处。第一，保证全党服从中央，坚持党中央权威和集中统一领导，不折不扣地贯彻落实党中央做出的决策部署；第二，尊崇党章，严格执行新形势下党内政治生活若干准则，增强党内政治生活的政治性、时代性、原则性、战斗性；第三，加强党内政治文化建设，营造风清气正的良好政治生态；第四，加强党性锻炼，坚定党员干部的理想信念，提高全党同志特别是高级干部的政治觉悟和政治能力。

（二）关于依法治国与党的执政方式转变的问题

2014年10月，党的十八届四中全会在北京胜利举行。会议以"依法治国"为主题，这在改革开放以来历次党的全会中还是第一次，因而引起举国关注。习近平在会上重申了党的十八大报告中的提法："依法治国是党领导人民治理国家的基本方略，法治是治国理政的基本方式。"在党的十九大报告中他再次强调,"全面依法治国是中国特色社会主义的本质要求和重要保障"。依法治国既是当下中国社会的一种共识,也是对中国共产党转变执政方式提出的更高要求。

1. 转变执政方式的必要性

随着"五四宪法"的颁布和社会主义改造的基本完成,中国从法律和实践两个层面实现了由各革命阶级联合专政向人民民主专政的转变。然而,接踵而来的政治运动使国家政权建设遭到严重破坏。党的十一届三中全会后,政治体制改革逐步铺开,中央和地方陆续进行了各种理论创新和一系列实践探索,但传统的金字塔式的权力架构并没有实现突破。这种管理方式将经济、社会、文化等都纳入政治的视野和控制范围之内,构成了特殊的权力系统并产生了重大影响。它同时也决定了在当前政党—国家的政治生态中,其他主体究竟能扮演什么角色、发挥什么功能,既取决于各自的发展状况,更取决于整体的环境和氛围。换言之,基层探索固然重要,顶层设计才是关键。从这个意义上讲,只有不断更新执政理念,转变执政方式,将越来越多的组织和个人吸纳到既有的政治框架和发展轨道,才可能增强持续改革的动力,才可能逐渐实现国家治理的现代化。

2. 转变执政方式的整体思路

(1) 转变思维。新中国成立以来,中国共产党领导人民取得了举世瞩目的成就,从目前情况来看,中国在经济发展方面已基本转型,但政治和精神领域的改革还存相当难度,并由此导致了一系列悖论。首先,革命信仰的乌托邦与物质利益最大化追求之间的矛盾;其次,政治话语体系和社会话语体系渐相背离的矛盾;最后,宏大理论叙事与具体社会实践之间的矛盾。这是执政党转型首先要克服的一大难题,不仅需要广大党员干部与时俱进,更需要高层决策者的勇气、智慧和担当。

(2) 创新理论。面对形势巨变,执政党亟须解决的另一难题是理论创新的速度和力度难以满足现实的需要,其最大症结在于研究者囿于意识形态难以实现突破,一方面,教条式的马克思主义不断遭到批判;另一方面,对新问题、新情况的解析和论证却总要有意无意回到马克思主义的著作中寻找依据,似乎只有马恩说过的才够权威,这是一种不自信的表现。同时,在理论创新的过程中,有一种倾向值得特别关注,即以国情为说辞,排斥并拒绝学习别国的长处;以普世为借口,漠视甚至否认自身存在的弊端。如果理论创新建立在这种双重标准之上,不仅其可信度、说服力大打折扣,而且最终将沦为自说自话。为此,要坚定"四个自信",尤其是理论自信和文化自信。

(3) 限制权力。权力在使用过程中清单不明、边界不清,造成了严重后果,最劣者当属腐败滋生,其解决之道在于限制权力,即"把权力关进制度的笼子里"。首先是确权。执政党要有画地为牢的魄力，通过建立权力清单制度并广而告之，在全社会形成党权的边界意识。其次是放权。除核心权力外，将其他权力分由政府、社会、市场各自承担，"党权""国权""社权"各有所归、各行其责。最后是督权。通过建立专门独立的监察机构，既要督查权力的运行，避免权力滥用；又要监督权力的行使，避免权力的不作为；还要规范监督者的行为，使决策、执行、监察相互协调、彼此促进。在此过程中，执政党要做好顶层设计，既要加强中央的大局控制力，也要强化地方的具体执行力，严防和严惩权力触角的四处伸展。

（三）关于党的基层组织建设

党的十九大报告指出："党的基层组织是确保党的路线方针政策和决策部署贯彻落实的基础。要以提升组织力为重点，突出政治功能，把企业、农村、机关、学校、科研院所、街道社区、社会组织等基层党组织建设成为宣传党的主张、贯彻党的决定、领导基层治理、团结动员群众、推动改革发展的坚强战斗堡垒。"其中，对非公有制企业党建、进城务工人员党建、社会组织党建的研究尚不够深入，但其重要性却随着社会发展和政治改革而日益彰显。

1. 非公有制企业党建

目前，中国60%的国内生产总值由非公有制企业创造，80%以上的城镇就业、90%以上的新增就业岗位由非公有制企业提供。独特的地位和贡献，决定了非公有制企业党建是党建工作的重要领域和重点任务。结合党和政府的会议和文件精神，学界主要从以下几个方面进行了探讨：

（1）非公有制企业党建的重要意义。加强和改进非公有制企业党的建设工作，是坚持和完善中国基本经济制度、引导非公有制经济健康发展、推动经济社会发展的需要，是加强和创新社会治理、构建和谐劳动关系、促进社会和谐的需要，是增强党的阶级基础、扩大党的群众基础、夯实党的执政基础的需要，是以改革创新精神提高党的基层组织建设科学化水平、全面推进党的建设新的伟大工程的需要。

（2）非公有制企业党建的功能定位。非公有制企业党组织是党在企业中的战斗堡垒，在企业职工群众中发挥政治核心作用，在企业发展中发挥政治引领作用。

（3）非公有制企业党建的领导体制和工作机制建设。包括：健全领导机构和管理体系；建立直接联系工作机制；推进党的组织和工作覆盖；探索党组织和党员发挥作用的有效途径；加强以党组织书记为重点的党务工作者队伍建设；加强对非公有制企业出资人的教育引导；强化非公有制企业党建工作保障。

2. 农民工党建

随着改革的不断深入和社会的日益开放,中国人口的流动性更强、流动范围更广。就数量而言,农民工无疑占了大多数。根据统计,至"十一五"末,中国的农民工总数已达 2.42 亿,其中也包括 300 多万党员(主要是流动党员)。由此,如何加强农民工党建,尤其是做好流动党员的组织和管理工作,就成为基层和企业党建工作的职责之一。这不仅是维护农民工合法权益的迫切需要,也是扩大党的群众基础、提高党的社会影响的必然选择。目前,已经出版的为数不多的研究成果,主要从以下方面做了探讨:

(1) 农民工党建的特点。农民工党员人数总量少,比例低;农民工党员涉及地域广,流动性强;农民工有较强的入党意愿;输入地的农民工党建工作亟待加强;多数农民工认同输入地管理。

(2) 农民工党建的意义。农民工党建对于发挥农民工党员的先锋模范作用和农民工党组织的战斗堡垒作用、引领企业转变经济发展方式具有重要意义;对于加强党的领导,引领农民工发挥生力军作用,推进工业化、城镇化、信息化进程具有重要意义;对于发挥党建独特政治优势、加强城乡流动人口的社会管理工作、促进社会和谐稳定具有重要意义;对于增强党的阶级基础、扩大党的群众基础具有重要意义。

(3) 农民工党建的对策。首先,建立健全"接续培养、双向考察、两地公示、责任追究"等符合农民工流动特点的入党机制,实现流出地、流入地一盘棋,形成齐抓共管的责任体系;其次,做好政策倾斜,在发展党员计划安排上,把发展重点向农民工群体倾斜,做到发展有硬性的数量指标约束;再次,落实异地入党责任,将农民工异地入党工作纳入各党(工)委书记履行基层党建工作责任考核范围,加强对非公有制经济组织和社会组织农民工入党的指导和监管,做到有人管事、有地议事、有章理事;最后,要在普通农民工中选树党员典型,宣传先进事迹,通过典型示范,引导农民工增强入党积极性,加大农民工党员源头培养力度。

3. 社会组织党建

社会组织主要包括社会团体、民办非企业单位、基金会、社会中介组织以及城乡社区社会组织等。近些年中国社会组织迅速发展,已成为社会主义现代化建设的重要力量、党的工作和群众工作的重要阵地。加强社会组织党建工作,对于引领社会组织正确的发展方向、激发社会组织活力、促进社会组织在国家治理体系和治理能力现代化进程中更好地发挥作用;对于把社会组织及其从业人员紧密团结在党的周围,不断扩大党在社会组织中的影响力,增强党的阶级基础、扩大党的群众基础,夯实党的执政基础,都具有重要意义。随着中共中央办公厅 2015 年 9 月印发并实施《关于加强社会组织党的建设工作的意见（试行）》，社会组织党建受到了日益广泛的关注。

（1）社会组织党建存在的问题。虽然不同的社会组织情况不一，但具有一定的共性。主要体现在以下几个方面：一是对党建工作重视程度不够，流于口头或形式；二是缺乏专门或专职的党务工作人员、活动场所和活动经费；三是管理不规范，没有建章立制和工作台账；四是党务和业务界限不清，"两张皮"和"以业务代党务"现象突出。另外，活动形式陈旧、缺乏吸引力等问题也比较明显。由此，社会组织党建出现了组建难、把握难、指导难、协调难、管理难等诸多状况。

（2）社会组织党建的因应对策。从党和政府层面，一是健全社会组织党建工作管理体制和工作机制；二是推进社会组织党的组织和党的工作有效覆盖；三是拓展社会组织中党组织和党员发挥作用的途径；四是加强社会组织党务工作者队伍建设；五是加强对社会组织党建工作的组织领导。从社会组织自身层面，一是从思想上充分认识新时代社会组织党建的重大意义；二是在实践中建立社会组织党建的长效机制；三是党务和业务紧密结合，把握好恰当的度；四是创新载体和形式，在强化党建的专业性、严肃性的同时提升针对性和吸引力。时下，社会组织党建备受重视，随着相关研究的不断深入，对社会组织的分类研究例如按单位、行业、区域等将成为热点。通过个案和实证分析，总结和概括经验，并在此基础上形成具有普遍指导意义的理论和模型，是新时代社会组织党建工作研究的重中之重。

（四）关于反腐倡廉问题

反腐倡廉一直是党建工作的重中之重。习近平多次强调，反腐倡廉必须常抓不懈，拒腐防变必须警钟长鸣，要坚持"老虎""苍蝇"一起打，切实维护人民合法权益，努力做到干部清正、政府清廉、政治清明。当前，反腐倡廉研究主要集中在两个方面。

1. 网络反腐

随着网络的普及和技术的进步，综合运用现代高科技手段，将信息技术、网络技术等引入反腐倡廉成为一种趋势。尤其是"互联网＋"的反腐新模式近些年风生水起，发挥了积极作用。对此，学界予以了高度关注。

（1）网络反腐的起因。第一，网络因素。网络创造了公民对政治和社会问题展开讨论的公共领域。由于网络的交互特性和及时性，各种公共论坛应运而生，公众拥有了对公共事务进行评论、交换意见、形成舆论的场所。第二，网民因素。一是自身权益受到侵害，举报或揭发是维权的需要；二是出于义愤，或感同身受，或对受害者同情，因而在追求社会公平正义和从众心理的驱使下,加入到声讨大军中。第三,社会因素。现实的反腐渠道不畅,民意不达,上访困难,打官司费时费力,新闻媒体曝光有限,成本高且风险大。同时,法制不健全,自上而下的监督又受到本身权力分配的制约,平行监督过于形式,使得在利益博弈中民诉官的成本大大上升。第四,文化因素。中国的法治化进程由来已久,但法律未能成为一种全民信仰,中国特有的"情—理—法"的官场文化也没有得到明显改观。第五,制度因素。社会群体事件、高官落马现象,其背后反映出的是机制体制的危机和挑战。表现在:贪污腐败的成本低,风险小;权钱交易,寻租空间大;人情往来、关系复杂,隐形和隐性规范上位流行。

(2) 网络反腐的问题和争议。第一,网络举报投诉尚存在一些非理性因素。在当前网络反腐成为一种潮流的情况下,出现了反腐过急、过度的现象。在个别情况下,还导致了大量"网络暴民"的出现,甚至成为引发群体性事件的策源地。第二,网络反腐与现实尚缺乏有效对接。就早期而言,它基本上沿着"个人发帖检举—网民跟帖围观—媒体跟进报道—政府介入回应"的路径展开,也就是说,网络反腐还带有很强的偶然性。如今,随着自媒体形式的多样化和官方网络举报人口的数量增长,网络反腐趋于平缓,但其规范性建设仍远远不够。第三,网络反腐在一定程度上容易影响司法公正与程序正义。网络通过形成强大民意,对案件的调查、取证、审理形成掣肘,从而从一种监督力量异化为一种情绪化的发泄。同时,对涉案的法官、证人、犯罪嫌疑人等都可能造成一定的心理影响。

(3) 对网络反腐的基本态度和关系处理。首先,基本态度。网络反腐主要是一种自下而上的途径,最终的解决还要依靠自上而下的监督、依靠法治的力量来加以规范和治理。所以,对于网络反腐,既不能排斥,也不要热衷。其次,处理好几对关系。包括网络反腐的自发与自律、网络反腐的隐匿性与公开性、网络反腐的自下而上和自上而下、网络反腐的虚拟空间与现实空间、网络反腐的伦理与治理等的关系。

(4) 网络反腐的政府角色。第一,主动监督。首先,政府领导、公务员等是网络反腐的重点,因此,要主动接受监督,并加强上下级、同级间的监督;其次,政府机关和相关职能部门要积极参与而非被动回应。第二,完善制度。一是制定和实施相关法律法规;二是使网络反腐工作常态化,建立长效机制。第三,积极扶持。对于各类反腐网站,特别是民间反腐言行,要从资金、人力、技术方面提供帮助,对其检举方法、言辞态度、批评尺度等保持较高的自由度和宽容度。第四,大力保护。要发挥司法的权利救济和权力制约功能,通过立法保护检举人的合法权益,保持表达渠道通畅。

2. 制度反腐

随着机制体制的建立健全,制度反腐的作用得以彰显。党的十八大以来,中国共产党不断加强党内治理，重要的举措之一就是凸显党内法规制度在全面从严治党中的作用。正如习近平所说："铲除不良作风和腐败现象滋生蔓延的土壤，根本上要靠法规制度。要加强反腐倡廉法规制度建设，把法规制度建设贯穿到反腐倡廉各个领域、落实到制约和监督权力各个方面，发挥法规制度的激励约束作用，推动形成不敢腐不能腐不想腐的有效机制。"① 据此，理论界的研究呈现出两个动向。

（1）关于党内法规制度的研究。第一，党内法规制度建设的历史进程，涉及党在革命、建设、改革等各个时期的实践和经验。其中，既有基于不同时期的阶段性研究，也有对建党以来或新中国成立以来较长历史时期的整体性、宏观性研究。第二，党内法规与国家法律的衔接和协调。首先，党内法规的地位及其与国家法律之间关系；其次，党内法规与国家法律之间的冲突及其化解方案。

（2）关于监察制度的研究。第一，监察委的职责权限以及其与纪委的关系；第二，监察委在监督执纪中的作用和方式；第三，监察委如何组织协调开展反腐败合作；第四，如何对监察委的工作进行监督以避免腐败。

总的来说，作为党风廉政建设的重要内容，网络反腐和制度反腐实际上构成了一个问题的两个方面。网络反腐具有一定的偶然性，但因其具有信息传播快、方便操作、易被关注的特点，因而受到社会公众的普遍欢迎；制度反腐的规范性、稳定性优势突出，但对普通人而言存在沟通不便、周期较长等缺点，因而更受体制内人员的青睐。学界将其纳入理论研究视野，直击权力异化这一本质所在，不仅体现了党建理论工作者的勇气和魄力，而且将推动反腐败事业进入理论和实践相结合的更深层次。目前，对网络反腐问题的讨论已渐趋平淡，但对制度反腐的研究则方兴未艾。然而，现有成果大都限于描述性介绍和理论性分析，今后将更侧重实践层面的可操作性探讨。此外，对整个反腐倡廉工作而言，关于腐败的分类研究和地方、基层的研究以及跨学科研究，也是未来研究中值得关注的方面。

三、重点难点热点问题解析

（一）在一党长期执政条件下，怎样保持党的活力，提高党的执政能力

在中国政治生活中，中国共产党长期处于执政地位，八个民主党派则一

---

① 习近平：《以加强党建来纪念党的生日》，《人民日报（海外版）》2015年6月29日，第1版。

直扮演参政党角色。这种制度的形成，既有现实的考量，也有历史的缘由，是中国政党制度的一大特色。

1911年辛亥革命结束了中国长达两千多年的封建帝制。次年元旦，孙中山就任中华民国临时大总统，提出要以"英、美先进国为模范"，实行政党政治。当时，中国出现了大大小小、形形色色的300多个政党。然而，由于时局不稳，乱象丛生，政党政治最终只是昙花一现。抗日战争时期，中国共产党主张改组国民党一党政府，建立联合各党各派共同抗日的民主联合政府，受到社会各界的欢迎。抗日战争胜利后，由于蒋介石坚持一党独裁，悍然发动内战，中国丧失了建立两党制的时机。1948年4月30日，中共中央发布《纪念五一劳动节口号》，提出"各民主党派、各人民团体及社会贤达，迅速召开政治协商会议，讨论并实现召集人民代表大会，成立民主联合政府"倡议，并得到热烈响应，它们公开表示，愿意在中国共产党的领导下，共同为建立新中国而奋斗。1949年9月中国人民政治协商会议召开，标志着中国共产党领导的多党合作和政治协商制度的正式确立。新中国成立后，中国共产党在执政条件下进一步加强同各民主党派的团结合作，不断推进多党合作的理论创新和实践发展。1957年后特别是"文化大革命"期间，多党合作制度一度遭受严重挫折。改革开放后，多党合作得以重新确认，逐步制度化，并发挥着日益重要的作用。

当今，国际环境变幻莫测，总体经济形势不稳，而中国却靠自己走出了一条符合实际、富有特色的中国道路，保持了社会经济相对平稳的发展，获得了越来越多的国际关注。许多国家在考察中国成功的原因时，也更多地把目光放到政治领域，特别是对一党执政的考量上。英国前首相撒切尔夫人的私人秘书和外交政策顾问查尔斯·鲍威尔认为，中国具有掌握未来的策略，要求得到它在世界范围内应得的领导地位，而且拥有能实现这种目标的政府体制，这种政府体制纪律严明、坚定一致并充满活力，这是民主体制无法做到的。① 鲍威尔的评论不乏偏颇之处，但也确实明白无误地认识到中国政治制度设计和安排上的优势。新加坡《联合早报》也曾撰文对中国共产党一党体制做过专门论述。它认为，中国的一党体制相对于西方多党制的六大优势在于：一在于可以制定国家长远的发展规划和保持政策的稳定性，而不受立场不同、意识形态相异政党更替的影响；二在于高效率，对出现的挑战和机遇能够做出及时有效的反应，特别是在应对突发灾难事件时；三在于在社会转型期这一特殊时期内可以有效遏制腐败的泛滥；四在于这是一个更负责任

---

① 《外交辉煌60年——从"东亚病夫"到东方巨人》，http://shishi.china.com.cn/txt/2010/05/25/content_3529096htm。

的政府；五在于人才培养和选拔机制以及避免人才的浪费；六在于它可以真正地代表全民。

事实上，任何政党制度都有自己的优势和劣势，中国如此，西方亦然。诚如恩格斯所言："历史同认识一样，永远不会把人类的某种完美的理想状态看作尽善尽美的；完美的社会、完美的'国家'是只有在幻想中才能存在的东西。"① 对于外界的赞美之词我们无须沾沾自喜，对于诽谤攻击也无须妄自菲薄，而是在遵循历史的条件下，根据现实情况，不断改革完善，吸收国外政党制度的优点，扬长避短，更好地服务于中国的现代化建设。中国共产党作为执政党，正面临着诸多考验。所谓正本清源，党的执政能力建设起着关键作用。为此，可以从以下几个方面积极入手，保持党的活力，提高党的执政能力。

1. 通过从严管党治党，固本强基

"打铁还需自身硬"。然而，随着形势的变化，党的建设方面也出现了一些新问题，其中最为群众诟病的莫过于官员的贪腐和行政的低效。基于党员干部自律的道德约束以及各种形式的学习培训，或许能起一时之效，但从长远来看，整肃官纪、加强监督才是反腐倡廉、正本清源的必由之路。一方面，通过严刑重典，强化官员的执行力，以形成良好的群体规范。要将强化政治意识作为党内治理的首选，这是重塑政治生态的逻辑起点，是一个自上而下、由强力灌输转化为认同、习惯的过程。另一方面，通过公众、舆论与媒体对党员干部进行监督，促使权力的行使更加公开透明。这是一个自下而上、由自发到自觉逐渐成为一种社会共识和社会责任的过程。双管齐下，长期坚持，才能保持党的先进性和纯洁性。

2. 通过理论创新，解除疑问

在党情、国情、世情发生巨大变化的情况下，能否做到既坚持马克思主义，又发展马克思主义，这是对当代中国共产党人执政能力的重大考验。面对理论和现实的巨大差距以及随之而来的各种各样的质疑，若无视中国现代化建设的复杂性和艰巨性，单从理论上空谈治国治党之道，很容易引发思想混乱。特别是在矛盾凸显期的改革攻坚阶段，任何风吹草动都可能引起连锁反应，削弱政府的公信力和党执政的合法性。社会主义国家的一党执政制度，在全球化浪潮的冲击下如何抗击各类风险？能否坚持到底？怎样在一党执政的条件下，更好地发挥各民主党派的参政议政作用？怎样防治腐败、更好地执政为民？中国政党制度改革的突破口在哪里？一系列的问题摆在党的面前。我们应着眼于转变党的作风，尤其是思想作风和工作作风，深入实践，深入

---

① 《马克思恩格斯选集》第4卷，人民出版社1995年版，第212～213页。

群众，调查研究，了解实际。只有把党的理论创新活动同人民群众的实践活动紧密结合起来，才能使创新的理论产生巨大的力量，发挥巨大的作用，从而真正体现理论创新的巨大价值。

3. 通过制度构建，发挥实效

要切实推进政治改革、充分发挥执政党的政治优势，制度创新是关键。它可分为三个层次，即以法律为基础的正式规则，以道德和传统为基础的行为准则，包括监督、惩处在内的执行准则。2011年3月10日，全国人大常委会委员长吴邦国宣布"中国特色社会主义法律体系已经形成"①，这是制度完善的一个重要方面，意味着我们已经具备了"法治国家"的第一层含义，具备了制度有效实施的前提。现在关键是第二步。制度能否逐步改造、逐步理性化，能否得到切实执行，在很大程度上取决于人的思想，特别是民主法治思想。中国作为一个发展中国家，正经历着从传统社会向现代社会转型的历史性转变，仍处于思想建设不足阶段。中国现代行政文化从理论建构到制度设计的框架和规范已然形成，但尚缺乏与之相适应的核心价值体系。可以说，没有精神的内核，制度的外壳即使再厚重，也承载不起现实的压力。为此，需要不断强化执行程度和监督力度。需要特别指出的是，制度的制定者、执行者、执行对象都是人，所以，制度构建，不是一味地排斥人治，而是将人治纳入规范科学合理的治理框架内和运行轨道上。

（二）在坚持深入反腐的同时，如何评估和防范反腐的风险

反腐败斗争发展到今天，执政党正面临着严峻的挑战与考验：如不进一步加大反腐力度，不彻底根除已经存在的严重腐败现象，党的形象将会受到极大损害，党的执政根基将可能被严重蛀空；但如果不处理好加大反腐力度与科学防范反腐所引发的各种风险的关系，也可能犯下习近平所警示的"颠覆性错误"，其后果更加不堪设想。这个问题必须引起执政党的高度重视和警惕。

中国共产党历来十分重视党的自身建设和反腐败斗争，尤其是改革开放后，党不断加大反腐败斗争的力度，惩治了不少贪官污吏，但腐败现象并未从根本上杜绝。反腐要取得让人民满意的效果，就必须进一步加大斗争力度，既要大力"捕蝇"，更要强力"打虎"，特别是要彻底铲除其背后的腐败网络。

为此，必须加大反腐斗争的风险评估和防范，充分估计反腐可能引发的

---

① 吴邦国：《在形成中国特色社会主义法律体系座谈会上的讲话》，http://www.gov.cn/ldhd/2011-01/26/content_1793094.htm

风险，这不是要降低反腐力度，相反，正是为了制定科学周密的防范对策，将反腐斗争进行到底。

首先，反腐斗争要有顶层设计。彻底根除腐败是一个世界性难题，也是执政党自身建设中一项长期而艰巨的任务。随着反腐败斗争力度的进一步加大，所遇到的阻力会更大、困难也会更多，因而不能盲目地反到哪算哪，更不能逞一时之快。面对错综复杂的利益斗争与盘根错节的利益链条，必须充分论证，制订出一套目标明确、计划周详、程序科学、方法得当的顶层设计方案。

其次，公布腐败案件要循序渐进。冰冻三尺非一日之寒，严重的腐败现象非一朝一夕所能形成，惩治腐败分子也不可能一蹴而就，必须做好打持久战的准备。对腐败分子要始终保持严打、重打的高压势头，但也要注意有计划、按步骤地进行，避免因短时间内"疾风骤雨"式的反腐而引发的风险。

最后，反腐败斗争的重点要放在制度建设上。大力查办各种腐败案件，严厉惩戒腐败分子的违纪违法行为，固然是反腐斗争的重要任务，但并不是最终目标，最终目标应该是构建一套科学有效的反腐防腐制度体系。因此在反腐斗争取得重大阶段性成果后，要逐步把工作重点从"打虎"转移到"建笼"上。只有构建起全面系统的防范和惩戒腐败的制度体系，才能让各级官员"不想腐、不必腐、不能腐、不敢腐"，也才能从根本上遏制腐败蔓延的势头。

（三）怎样解决当前某些党员干部的理想信念缺失问题

岁月荏苒，中国共产党已经走过了近百年。从当初一个50多人的革命党，到今天成为一个拥有8000多万党员的执政党，其间看似寻常，却饱含艰辛，险象环生之中几次转危为安，靠的是什么？毫无疑问，坚定的理想信念发挥了不可或缺的作用。从李大钊"试看将来的环球，必然是赤旗的世界"的豪迈，到夏明翰"砍头不要紧，只要主义真"的壮怀；从王进喜"宁可少活二十年，拼命也要拿下大油田"的开拓勇气，到袁庚"时间就是金钱，效率就是生命"的改革魄力……理想信念，犹如一盏明灯，在夜色茫茫的征程中给人们带来恒久的温暖；又如一面旗帜，在荆棘密布的道路上给人们带来不尽的希望。也正因如此，中国共产党才能从小到大、从弱到强，不断成长壮大。

党的十一届三中全会以来，国内外形势发生了前所未有的变化。党带领全国各族人民披荆斩棘，改革弊制，在各方面都获得了长足发展。然而，"经济体制深刻变革，社会结构深刻变动，利益格局深刻调整，思想观念深刻变化"也促生了诸多新矛盾和新问题，就是部分党员干部理想信念缺失、政治信仰淡化。主要表现为：对马克思主义、社会主义、共产主义的迷茫、冷漠、动摇甚至颠覆，对社会主义国家的政治制度和主流意识形态表现出不断疏离的倾向。出现这种状况的原因是多方面的，单就思想文化方面的缘由来说，一是受改革开放前各种政治运动，特别是"文革"的影响，人们的传统价值体系受到严重冲击，对具有强烈意识形态特征的政治信仰产生了质疑；二是由于改革开放后西方思潮的传入，长期压抑紧绷的思想空间出现了强力反弹，导致人们对外部文化的过度追求，进而发展为对自我政治文化和政治信仰的否定；三是随着社会主义市场经济体制的建立，市场经济中的某些负面因素严重冲击着人们既有的思想观念和生活方式，消解了部分党员干部的理想信念。这些对党的形象、党的执政地位以及社会和谐而言都是一种极大的挑战和威胁。

为此，应该从思想到制度、从形式到内容等方面入手，强化理想信念教育，坚定党员干部的政治信仰。具体而言，要做到以下几点：

（1）坚持主流政治文化，坚定政治信仰的发展方向。政治文化包含若干内容，可以分为不同层次，其中居于主导地位的被称为主流政治文化。当下，最重要的是抓住以马克思列宁主义、毛泽东思想和中国特色社会主义理论体系为核心的主流文化。事实表明，中国社会主义基本制度与改革开放基本政策为几十年的实践所证明是正确的、成功的。习近平新时代中国特色社会主义思想的形成与发展则说明我们对社会主义的认识和理解达到了一个新的高度，为社会主义政治信仰体系增添了更加科学、丰富和更具说服力的内容。然而，面对急剧变化的国内外形势，当前理论仍须进行完善和创新，不断增强解释力和吸引力。马克思说："理论一经掌握群众，也会变成物质力量。理论只要说服人，就能掌握群众；而理论只要彻底，就能说服人。所谓彻底，就是抓住事物的根本。"[①] 我们要高度重视在新形势下倡导科学精神和践行新发展理念，密切关注并认真践行社会主义核心价值观，科学把握对社会主义政治制度和改革开放重大政策以及政治领导人的正确信息的传播和教育，强化宣传保持和发展中国特色社会主义制度的重要性。一句话，必须大力倡导和弘扬主流政治文化，牢牢把握政治信仰的社会主义方向，避免重蹈苏共垮台、苏联解体的覆辙。

（2）借鉴西方政治文化中的有益成果，拓展政治信仰的深度和广度。坚持主流政治文化并不是要消灭多元化。当今时代是全球化的时代，全球化源于经济领域但又非仅限于此，而是一个包括政治、经济、文化和社会等各个方面的历史进程，并始终伴有文化渗透、价值变迁、制度移植等内容。在此

[①] 《马克思恩格斯选集》第1卷，人民出版社1995年版，第9页。

过程中，一方面，西方政治文化传播着西式的政治理念和价值原则，扩散着西式政治发展道路的示范效应，对中国既有的政治文化产生了强大冲击，加剧了两者之间的冲突。另一方面，西方文化中蕴含的科学精神、民主思想、法治观念、人权理论，以及自由意识、公共意识、市场意识等，也恰恰是中国政治信仰重塑可以借鉴的元素。可以说，中国的政治信仰从来就不缺乏高度，无论是马克思主义、社会主义抑或共产主义，都不同程度包含着人类终极的政治追求和政治理想，但由于历史境遇和现实利益，特别是两大阵营之间的意识形态之争，大大压缩了政治信仰的互动性和传承性，从而将其从一个三维立体形态简化成一项单纯强调结果而忽视过程的平面指标。但事过境迁，我们今天对外来文化不应是简单禁止，而应适当借鉴，关键是要结合中国国情，尝试从不同角度看待和处理出现的问题。诚如毛泽东在《论十大关系》中所说的："一切民族、一切国家的长处都要学，政治、经济、科学、技术、文学、艺术的一切真正好的东西都要学。但是，必须有分析有批判地学，不能盲目地学，不能一切照抄，机械搬用。"①

（3）推进政治社会化，疏通政治信仰的实现路径。政治社会化是指人们在特定的政治关系中，通过社会政治生活和政治实践活动，逐步获得政治知识和能力，形成和改变自己的政治心理和政治思想的能动过程。它可以使人们确立某种政治信仰，最终在思想认识上统一，在普遍、最高的政治价值取向上达到一致。由于面临政治信仰重建的任务，因此，政治社会化对处于转型期的中国来说显得尤为迫切和重要。在中国，思想政治教育是政治社会化的一个重要途径，它通过有目的地对人们施加意识形态的影响，引导人们树立正确的政治观，关心国家和社会的前途与命运，进而指导人们的社会行为。家庭、学校、大众传媒、政治社团等，分别以不同的方式影响公民的政治态度，形成了一个立体交叉、纵横交错的网络系统。当前，以互联网为代表的新兴媒体迅速崛起，为政治社会化带来了前所未有的挑战和机遇，必须占领和使用好这块阵地。就长远而言，青年学生的政治信仰至关重要，是关系"培养什么人，如何培养人"的重大问题，不仅影响他们自身的发展，而且事关党和国家的执政基础和前途命运。因此，信息时代的政治信仰塑造，应针对教育对象、教育方法、教育环境、教育内容及过程的新变化，充分借助新兴媒体，真实全面地传递政治信息及其内存价值，以保持社会成员特别是学生群体对政府权威的忠诚与合法性认同。

（4）发掘传统文化的时代内涵，构筑政治信仰重塑的传播载体。中国传统文化蕴藏着深刻的政治思想和人文关怀，包含着人与自然、社会的处世智

---

① 《毛泽东文集》第7卷，人民出版社1999年版，第41页。

慧与治世原则。近代以来，随着西学东渐，传统文化逐渐式微，并几度成为社会政治运动首当其冲的矛头指向。改革开放后，连续40年的经济高速发展，使中国实现了社会财富的海量增长，但阶层的分化、利益的交锋、矛盾的碰撞，也让其遭遇了难以承受之重，而这恰恰凸显了文化的社会功能和当代价值。与此同时，伴随市场化而来的道德迷失和精神颓唐，也促使西方世界在对自身文化进行深刻反思之余，再度把目光投向了历史悠久的中国文化，这从另一侧面体现出传统文化的世界性和时代性。特别是中国文化中道德信仰与政治信仰相融互动的特点——以圣人君子和大同世界为共同的信仰对象，以天人合一和先验的人性论为共同依据，以为政以德、内圣外王为共同的实现途径，对摆脱现时的道德和信仰困境，具有特殊的价值和作用。面对中国重大社会转型期的政治信仰危机，深挖传统文化的现代意蕴和世界意义，借助其传播方法和传播渠道，将对信仰重塑起到事半功倍的效用。

法国思想家托克维尔说过："一个社会要是没有这样的信仰，就不会欣欣向荣；甚至可以说，一个没有共同信仰的社会，就根本无法存在。"① 在一个相对封闭且变动不大的社会环境中，共同信仰易于维系与保存，因此，社会的政治价值取向相对稳定；而在一个开放且急剧变化的社会环境中，危机的出现则是不可避免的。面对理想信念缺失和信仰危机，我们不应把产生危机的根源归因于改革开放和多元文化，而应在关注这种危机的同时努力重构新时期的政治信仰。

（四）在不搞多党制的情况下，怎样加强党的权力监督与制约

中国的政党制度既不是当今世界各国流行的多党制，也不是传统意义上的一党制，而是在中国共产党领导下的多党合作与政治协商制度这种制度，既尊重历史，又符合现实，在中国社会主义现代化建设中发挥着举足轻重的作用。然而，毋庸讳言，在现实的政治运行中，执政党在没有选举压力的情况下，也容易产生精神懈怠、能力不足、脱离群众和消极腐败等负面效应，这其中既有制度设计上的缺陷，也有执政党和民主党派成员思想认识上的偏差与个体能力素养的欠缺。当前，中国政党制度存在的突出问题是，在一党长期执政的情况下，如何加强对执政党的权力监督与制约，这也是迄今为止世界上所有社会主义国家执政党面临的共同难题，必须进行调整和改革。

1. 健全权力的授予机制，强化对权力代行者产生方式的制约

完善党和国家的选举制度，改变目前不同程度存在着选举形式化的倾向，逐步实行党代表、人民代表的直选，进一步扩大各级党代表、人民代表和领

---

① ［法］托克维尔：《论美国的民主》，董果良译，商务印书馆1998年版，第524页。

导人差额选举的范围与比例，改革候选人提名方式，更加注重民意和公认度，引入候选人的竞争机制，等等，真正体现权力所有者与权力代行者之间的授权关系，切实体现大多数选举人的意志，最大限度地把权力代行者的选择权控制在权力所有者手中，从而形成最基本的权力制约。

2. 建立合理的分权、限权机制，强化对权力运行过程中的制约

所谓分权，就是分散权力，即在现有权力机构设置基础上，重新明确其功能，以解决党委既当董事长又当总经理和既当运动员又当裁判员的问题：①党内权力决策机构——党代会。党代会是党内权力最高决策机构，也是党内权力最高制约监督机构。②党内权力执行机构——党委会。党委会是党内重大决策的具体执行机构，同时也是日常工作的决策者。③党内权力纠错机构——纪委。纪委是党内权力专职监督机构。所谓限权，就是要限制权力的滥用。必须明确权力的来源与授受关系，理顺党代会、党委会、常委会之间的隶属关系，并形成报告和质询制度，以解决权力倒置问题。必须明确权力的边界，不能越级越界干预正常的权力运行程序和机制。必须实行党务公开，把议事规则、议事程序、议事结果暴露在阳光下。

3. 加强权力获得途径的监督，增强执政为民的合法性基础

党领导人民奋斗的历程充分说明，党的执政权力来自人民，是人民群众赋予的。但是，仅仅从历史和党的性质宗旨的角度来阐明党对执政权力本源的理解和界定，并不能从根本上解决权为民所用的问题。从根本上防止权力滥用和权力腐败，一方面，要在一切涉及国家权力的法规法律中，从法理、程序和具体操作上，切实明确和体现权力的来源，体现出人民作为权力赋予者对权力所具有的限定、监督和裁撤权力。另一方面，要切实加强对干部提拔任用工作的监督，堵塞跑官、要官、骗官、买官的渠道。唯其如此，"权力是人民赋予的"才有现实意义。

4. 加强对权力行使情况的监督，推进法规制度建设

权力行使有多方面的内容，包括权力行使的目的、方式、后果等。加强对权力行使情况的监督，就是要看领导干部用手中的权力来干什么。由于权力行使具有外在性，加强对权力行使情况的监督也就具有了更强的可操作性。要把对权力的监督具体化，在相关法规中体现人民群众权力赋予者的地位，使权力执掌者对权力来自人民有感性和理性认识，这是解决好执政为民的重要步骤。同时，制度建设是带有根本性、全局性、长远性的问题，尽管中国特色社会主义法律体系已经基本形成，但腐败等权力运行的不法现象仍然不同程度地存在着，究其原因，有法不依、执法不严是其中最重要的因素。只有在真正落实现有法规的基础上，我们才能发现权力监督的盲点、空白和薄弱环节，为权力监督的法规建设提供充分的实践依据。

（五）在全面从严治党的背景下，如何加强对党内权力监督者的监督

随着反腐斗争的不断深入，人们越来越深刻地认识到，要从根本上遏制住权力腐败现象，必须从人治反腐转向法治反腐，从权力反腐转向制度反腐。然而，近年来，伴随作为党内权力监督机构纪委的地位和作用提升，一方面，反腐成效显著提高，另一方面，在一些地方和单位却又发生了纪委主要负责人权力腐败的现象。因此，怎样从制度机制上加强对权力监督者的监督制约，就成为当前反腐倡廉建设中的一个新的重大课题。对此，不能孤立地就监督者研究监督问题，而必须把它放在整个权力运行体系中，从权力监督制约理念到权力运行结构机制乃至权力监督制约程序进行科学、系统的顶层设计。正如习近平在党的十八届中纪委六次全会上说的："要完善监督制度，做好监督体系顶层设计，既加强党的自我监督，又加强对国家机器的监督。"具体来说，要从以下几方面入手：

一要牢固树立权力相互监督制约的理念。理念既是人的思维活动结晶，也是人的实践活动指南。从这个意义上说，在权力监督制约问题上，有没有权力监督制约理念，在一定程度上影响甚至决定着权力运行者是否接受权力监督。那么，怎样才能牢固树立权力相互监督制约的理念？

首先，必须使领导干部明白"权为谁所授，权为谁所用"的道理。在权力来源问题上，除了古代封建帝王宣扬的"君权神授"外，近现代，无论是资产阶级思想家还是马克思主义者，几乎都认为一切权力来自人民，因而一切权力都必须服务于人民。但现实中不少领导干部并不明白这个道理，他们认为自己之所以能坐到某种权力位置上，完全是因为其工作能力受到上级领导的赏识，并由此导致其对上不对下，甚至出现买官卖官现象。反之，如果他们明白其手中的权力乃人民所授，就会服务于人民，并自觉接受党组织和人民的监督。

其次，必须弄清楚权力的二重性以及由此而产生的两种完全不同的后果。权力是一把双刃剑，它既可以用来为广大公众造福，也可以为个人或少数人谋私利。如果领导干部看重公面，他就会珍惜这种权力，运用它尽可能多地为人民大众多谋福利，并以此受到群众爱戴。反之，如果领导干部只看私面，他就会想尽一切办法为自己或少数人服务，最终难免受到人民的唾弃和严厉的惩罚。这种权力的二重性及其引发的两种不同后果值得每一个领导干部认真思考和严肃对待。

最后，加强权力的相互监督制约，既是对权力决策者和权力执行者的保护，也是对权力监督者的保护。应该说，加强权力监督制约固然首先是出于

对公权力的维护,以免公器私用,但实际上也是对掌权者自身的保护。因为严格的权力监督制约既可保护公权力不被滥用,也可以减少领导干部滥权渎职的机会。从这个意义上说,管理者即使不从执政为民的公义考虑,仅从个人的政治生命和职业安全的私利做出权衡,也应该接受和树立权力相互监督制约的理念。

二要建立健全决策权、执行权、监督权适度分离、相对独立、相互制约的权力结构与运行机制。

首先,在权力配置上适度分离。所谓适度分离,就是既不能三权高度集中于一身,也不能像西方那样三权鼎立、平起平坐。科学的三权分离是三权虽然分离,但各自的地位并不完全平等。其中,决策机构党代会的地位是最高的,它既是最高领导机构、最高决策机构,也是最高监督机构、最高协调机构。其下面是权力执行机构党委会和权力监督机构纪委会,两者是平等的。

其次,在权力关系上相对独立。要建立健全权力相互监督制约机制,不仅要使三权适度分离,还要让三权各自具有相对的独立性和权威性。

最后,在权力运行上相互制约。权力执行机构党委除了要负起党章赋予的监督制约纪委的权力和责任以外,还要把过去党委与纪委的领导与被领导关系转变为相互监督制约关系。在相互监督制约关系中要平等地行使自己的权力和权利,依据现行的党纪党规制止、约束对方的违纪违规行为,如果制约者双方不能达成一致,就要提请上一级权力机构协调裁决。

三要科学制定化解权力监督制约中出现摩擦的程序。当权力执行机构在监督制约权力监督机构过程中双方意见不一致时,第一步应该是通过同级权力执行机构与权力监督机构联席会议协商解决。联席会议的人数可适当多一些,以便通过双方广泛、充分的协商解决矛盾。如果协商解决不了,第二步就应提交同级决策机构党代会的常设机构初审裁决。同级决策机构党代会的常设机构是同级权力决策机构的代表者,有权力也有责任协调裁决二者之间的争议。如果双方不服初审裁决,第三步就应提交上级权力执行机构与上级权力监督机构协商裁决。如果说同级决策者的常设机构可能因为各种人际和利益关系太近,在协调过程中难免偏袒某一方的话,上级权力执行机构与上级权力监督机构因为与之关系较远,就会相对比较客观公正地协调裁决它们的争议,因此,一般性摩擦与矛盾的协调就应到此为止,不再上诉。但针对问题特别重大、分歧特别严重者,第四步也是最后一步才提交同级决策机构召开临时代表大会终审裁决。在党代会尚未实行常任制并成立常设机构之前,如果党委与纪委在相互监督制约中意见不一致时,就直接提交上级权力执行机构与上级权力监督机构协商裁决,裁决不服再由同级党代会裁决。

总之,通过上述程序,既要让权力监督制约双方充分表达诉求和协商,又不能无止境地对峙下去,使双方的摩擦与矛盾久拖不决,影响权力运行效率。在权力相互监督制约过程中,既要考虑公平正义,也要考虑成本效率,二者不可偏废。

(六) 在新的历史条件下,如何避免执政党脱离人民群众的危险

中国共产党自建立以来,无论在革命战争年代还是在和平建设时期,之所以坚强有力、屡战屡胜,关键就在于坚持群众路线,同人民群众结成了密不可分的鱼水关系。早在1945年毛泽东就在《论联合政府》一文中指出:"我们共产党人区别于其他任何政党的又一个显著的标志,就是和最广大的人民群众取得最密切的联系。全心全意地为人民服务,一刻也不脱离群众,一切从人民的利益出发,而不是从个人或小集团的利益出发,向人民负责和向党的领导机关负责的一致性,这些就是我们的出发点。"在深化改革、推进有中国特色社会主义现代化建设的今天,自觉地继承和发扬密切联系群众的优良传统和作风,切实加强党同人民群众的密切联系,具有更加重大的意义。

当前,有些党员干部脱离群众、脱离实际,不深入基层了解群众疾苦,把为人民服务的宗旨当成空洞的口号,官僚主义、形式主义严重。

改革开放初期,邓小平就强调:"在目前的历史转变时期,问题堆积成山,工作百端待举,加强党的领导,端正党的作风,具有决定的意义。"[①] 在新的形势下,切实以服务人民为宗旨,以群众路线为法宝,以实现人民利益为根本,把党重视群众工作的优良传统发扬光大,把党做好群众工作的政治优势充分发挥出来,对于筑牢党的执政基础、提高党的执政效能可谓意义非凡。历史经验反复证明,能否保持和发展同人民群众的血肉联系,直接关系到党和国家的盛衰兴亡。在新的历史发展时期,党员干部只在办公室坐而论道,不掌握实情,是解决不了问题的;只喊口号说套话空话,是难以推动工作的;只讲求形式上的热闹,不注重实质实效,是抓不住根本的;只满足于会上部署,会后不抓落实,不督查到底,是没有实效的;只照旧办法、老手段办事,不善于创新,不形成新的认识,并创造性地开展工作,是会被时代淘汰的。这就要求我们与人民群众保持最密切的联系,与群众同甘苦、共命运。在任何时候,都要把群众利益放在第一位,绝不允许任何党员脱离群众,凌驾于群众之上。

1. 必须感情上贴近群众,思想上尊重群众

古人云:"圣人无常心,以百姓之心为心。"对中国共产党来说,"从群

[①] 《邓小平文选》第2卷,人民出版社1994年版,第177~178页。

众中来,到群众中去"是其一贯坚持的群众路线。作为党员干部,一定要把群众当作与自己血脉相连的亲人,放下架子,俯下身子,深入群众生活,广开言路,倾听民意,了解群众所思、所盼,及时解决群众生产生活中的实际困难,在为群众排忧解难中建立感情。同时,"群众在我们心中有多重,我们在群众心中就有多重"。党员干部要把群众放在很高的位置,把自己放在很低的位置,坚持用平等的眼光看待群众,对待群众一视同仁;坚持用平等的身份接待群众,不在群众面前打官腔、摆官架子、说官话;坚持用平等的心态联系群众,不高高在上,不以权压人,让群众说心里话,道烦心事,讲真想法,提好建议。要把自己当作普通一员,和群众打成一片,在与他们同劳动、同生活中访民生、察民情、知民愿、暖民心。只有这样,当群众的贴心人、老伙计、好朋友,群众才能与党一条心、同呼吸、共命运。

2. 必须深入实际,开展调查研究

"没有调查就没有发言权"。邓小平曾经严厉批评说:"有些人喜欢指手画脚,把群众路线的优良传统也丢掉了。"① 党政领导干部及一般干部,要改变那种下去走一走、看一看、问一问,一群人下去检查多、解决实质问题少或是碰到重大问题才"亲临现场"的现象,要真正在"深入"上下功夫,在针对性解决问题上下功夫。领导干部不下基层,不到农村,手不沾灰,高高在上,群众把他们当稀客,这样的干群关系要不得。

3. 必须为群众办好事、办实事,为群众谋利益

树立群众观点,真心实意地为群众办好事、办实事,是全心全意为人民服务的关键问题,是密切联系人民群众的具体表现。"当官不为民作主,不如回家卖红薯","当官为民办事天经地义,当官不为民办事天理难容"。党员干部要以群众是否答应、是否高兴、是否满意作为检验和衡量是否把好事办实、实事办好的重要标准。如果只做"表面文章",搞搞"形象工程""政绩工程",群众就不可能得到实惠,工作也就不可能取得成效。要克服官僚主义作风,坚决破除"官本位"意识,认真倾听群众呼声,解决群众迫切要求解决的问题,努力为群众排忧解难。要把群众满意作为工作的最高标准,以"群众利益无小事"的态度,诚心诚意地为老百姓解难事、办实事、做好事,着力解决人民群众最关心、最直接、最现实的利益问题,着力解决群众生产生活中的实际困难,让广大群众共享改革发展的成果。

4. 必须为群众当好楷模,做好表率

党员干部当好发扬党的优良传统和作风的模范,是搞好党风建设的关键。只有上级身体力行、为下级做出表率,其才有说服力和感召力;要求下级做

---

① 《邓小平军事文集》第3卷,军事科学出版社、中央文献出版社2004年版,第23页。

到的，上级首先要做到；要求下级不做的，上级首先不做；要求群众做到的，党员干部自己要先做到，不能只要求别人而不要求自己。比如要求群众风气好，领导干部就要首先把党风政风搞好，做到清正廉洁、公道正派；要求群众遵纪守法，领导干部就要首先坚持法治，不搞特殊，自觉遵纪守法；要求群众勤俭节约，领导干部就要首先端正生活作风，自觉艰苦奋斗，做到不讲排场、不大吃大喝、不铺张浪费。为此，党员干部要从实际出发，立足新的实践，把需要与可能统一起来，把对群众负责与对党负责统一起来，把工作热情与科学态度统一起来，促进良好领导方法方式在工作作风中真正得到体现，以推动各项工作的全面开展。

（七）为什么必须维护党中央权威和集中统一领导

维护党中央权威和集中统一领导是马克思主义政党区别于非马克思主义政党的重要标志，也是中国革命、建设和改革取得成功的重要经验总结。但近年来，无论理论界还是社会上，有少数人对维护中央权威和集中统一领导产生了误读误解，出现了不当甚至严重的违法乱纪行为。这些问题如果得不到及时澄清和坚决制止，任其发展下去，轻则将导致党的路线方针政策发生"肠梗阻"，中央重大决策难以顺利得到贯彻落实，从而影响党的执政能力和治理水平；重则将破坏党的团结统一，玷污党的形象，动摇党的执政地位，甚至造成党内分裂。

维护党中央权威和集中统一领导不仅是党的优良传统和政治优势，也是当前党所肩负的历史使命和面临的国内外形势所决定的。一是实现中华民族伟大复兴历史使命的需要。中国共产党从建党伊始就立下了为人民谋幸福、为民族谋复兴的初心与使命。在革命战争年代，面对各种条件优于自己数倍的敌人，只有通过高度维护中央权威和加强集中统一领导，才能团结全党率领人民战胜敌人，夺取政权。今天，中国共产党作为执政的党，肩负着中华民族伟大复兴的重任，这远比夺取政权和巩固政权要艰巨复杂得多，因而更需要高度维护中央权威和集中统一领导。尤其在一个幅员辽阔、人口众多、国情复杂的大国，没有一个坚强有力的中央权威和集中统一领导的政党，重任的实现将茫茫无期。二是应对国内外复杂局势的需要。首先是来自西方大国的提防和遏制。长期以来，西方大国基于意识形态和"修昔底德陷阱"的惯性思维，利用其经济、军事、外交、文化和科技优势，全方位地围堵和打压中国。以美国为首的西方大国对中国的围堵和打压绝不是某位总统的一时冲动，而是两种社会制度和两个新旧大国长期博弈的继续。其次是来自国内全面深化改革的阻滞和挑战。改革开放已进入深水区和攻坚克难的关键期，面临的阻力和挑战远比改革前期要严峻得多。经过40年的改革后，容易改革的都改了，剩下的都是一堆难啃的"硬骨头"，正因为如此，要有效应对国际上西方大国的围堵打压、国内全面深化改革和党内持续高压反腐引发的三重挑战，只有高度强化党员干部维护中央权威和集中统一领导的自觉性与主动性，才能提升执政党化解各种风险、应对严峻挑战的能力。

要真正维护中央权威与集中统一领导，首先，必须用科学的语言和适当的方式准确诠释维护中央权威与集中统一领导的内涵，避免以片面化和绝对化的宣传误导党员干部对这一重要原则的理解和把握。从某种意义上说，中国共产党无论强调党的集中统一还是党内民主，都是把它作为民主集中制的整体来建设的，集中是民主基础上的集中，民主是集中指导下的民主，集中与民主相辅相成，二者在任何情况下都不可偏废。历史已经反复证明，集中统一只有建立在广泛充分的党内民主基础上才有权威和实效，没有党内民主做基础的集中统一只能是专制独裁；同理，党内民主只有在党中央的集中统一领导下才能有序有效运行，没有集中统一指导下的民主只能是反民主的民粹主义。因此，党员干部只有正确处理好集中统一与党内民主的关系，才能真正带头维护党中央权威，巩固党的集中统一领导。其次，坚决同破坏中央权威和集中统一领导的错误行为做斗争，营造一个健康发展的党内政治生态环境。部分党员干部在思想认识上不能准确理解和维护中央权威和集中统一领导的深刻内涵，在实际行动中不能正确处理集中统一领导与党内民主的关系，就不利于维护中央权威和集中统一领导。对思想认识上有偏差的党员干部，主要还是通过批评与自我批评的思想教育工作来解决，斗争的目的是为了坚守党的政治理想，纯洁党的政治组织，巩固党的执政地位。

四、延伸阅读与思考

（一）重要文献资料

中共中央关于全面推进依法治国若干重大问题的决定
（2014年10月23日中国共产党第十八届中央委员会
第四次全体会议通过）
（节选）

七、加强和改进党对全面推进依法治国的领导

党的领导是全面推进依法治国、加快建设社会主义法治国家最根本的保证。必须加强和改进党对法治工作的领导，把党的领导贯彻到全面推进依法治国全过程。

（一）坚持依法执政

依法执政是依法治国的关键。各级党组织和领导干部要深刻认识到，维护宪法法律权威就是维护党和人民共同意志的权威，捍卫宪法法律尊严就是捍卫党和人民共同意志的尊严，保证宪法法律实施就是保证党和人民共同意志的实现。各级领导干部要对法律怀有敬畏之心，牢记法律红线不可逾越、法律底线不可触碰，带头遵守法律，带头依法办事，不得违法行使权力，更不能以言代法、以权压法、徇私枉法。

健全党领导依法治国的制度和工作机制，完善保证党确定依法治国方针政策和决策部署的工作机制和程序。加强对全面推进依法治国统一领导、统一部署、统筹协调。完善党委依法决策机制，发挥政策和法律的各自优势，促进党的政策和国家法律互联互动。党委要定期听取政法机关工作汇报，做促进公正司法、维护法律权威的表率。党政主要负责人要履行推进法治建设第一责任人职责。各级党委要领导和支持工会、共青团、妇联等人民团体和社会组织在依法治国中积极发挥作用。

人大、政府、政协、审判机关、检察机关的党组织和党员干部要坚决贯彻党的理论和路线方针政策，贯彻党委决策部署。各级人大、政府、政协、审判机关、检察机关的党组织要领导和监督本单位模范遵守宪法法律，坚决查处执法犯法、违法用权等行为。

政法委员会是党委领导政法工作的组织形式，必须长期坚持。各级党委政法委员会要把工作着力点放在把握政治方向、协调各方职能、统筹政法工作、建设政法队伍、督促依法履职、创造公正司法环境上，带头依法办事，保障宪法法律正确统一实施。政法机关党组织要建立健全重大事项向党委报告制度。加强政法机关党的建设，在法治建设中充分发挥党组织政治保障作用和党员先锋模范作用。

（二）加强党内法规制度建设

党内法规既是管党治党的重要依据，也是建设社会主义法治国家的有力保障。党章是最根本的党内法规，全党必须一体严格遵行。完善党内法规制定体制机制，加大党内法规备案审查和解释力度，形成配套完备的党内法规制度体系。注重党内法规同国家法律的衔接和协调，提高党内法规执行力，运用党内法规把党要管党、从严治党落到实处，促进党员、干部带头遵守国家法律法规。

党的纪律是党内规矩。党规党纪严于国家法律，党的各级组织和广大党员干部不仅要模范遵守国家法律，而且要按照党规党纪以更高标准严格要求自己，坚定理想信念，践行党的宗旨，坚决同违法乱纪行为做斗争。对违反党规党纪的行为必须严肃处理，对苗头性倾向性问题必须抓早抓小，防止小错酿成大错、违纪走向违法。

依纪依法反对和克服形式主义、官僚主义、享乐主义和奢靡之风，形成严密的长效机制。完善和严格执行领导干部政治、工作、生活待遇方面各项制度规定，着力整治各种特权行为。深入开展党风廉政建设和反腐败斗争，严格落实党风廉政建设党委主体责任和纪委监督责任，对任何腐败行为和腐败分子，必须依纪依法予以坚决惩处，决不手软。

（三）提高党员干部法治思维和依法办事能力

党员干部是全面推进依法治国的重要组织者、推动者、实践者，要自觉提高运用法治思维和法治方式深化改革、推动发展、化解矛盾、维护稳定能力，高级干部尤其要以身作则、以上率下。把法治建设成效作为衡量各级领导班子和领导干部工作实绩重要内容，纳入政绩考核指标体系。把能不能遵守法律、依法办事作为考察干部重要内容，在相同条件下，优先提拔使用法治素养好、依法办事能力强的干部。对特权思想严重、法治观念淡薄的干部要批评教育，不改正的要调离领导岗位。

（四）推进基层治理法治化

全面推进依法治国，基础在基层，工作重点在基层。发挥基层党组织在全面推进依法治国中的战斗堡垒作用，增强基层干部法治观念、法治为民的意识，提高依法办事能力。加强基层法治机构建设，强化基层法治队伍，建立重心下移、力量下沉的法治工作机制，改善基层基础设施和装备条件，推进法治干部下基层活动。

（五）深入推进依法治军从严治军

党对军队绝对领导是依法治军的核心和根本要求。紧紧围绕党在新形势下的强军目标，着眼全面加强军队革命化现代化正规化建设，创新发展依法治军理论和实践，构建完善的中国特色军事法治体系，提高国防和军队建设法治化水平。

坚持在法治轨道上积极稳妥推进国防和军队改革，深化军队领导指挥体制、力量结构、政策制度等方面改革，加快完善和发展中国特色社会主义军事制度。

健全适应现代军队建设和作战要求的军事法规制度体系，严格规范军事法规制度的制定权限和程序，将所有军事规范性文件纳入审查范围，完善审查制度，增强军事法规制度科学性、针对性、适用性。

坚持从严治军铁律，加大军事法规执行力度，明确执法责任，完善执法制度，健全执法监督机制，严格责任追究，推动依法治军落到实处。

健全军事法制工作体制，建立完善领导机关法制工作机构。改革军事司法体制机制，完善统一领导的军事审判、检察制度，维护国防利益，保障军人合法权益，防范打击违法犯罪。建立军事法律顾问制度，在各级领导机关设立军事法律顾问，完善重大决策和军事行动法律咨询保障制度。改革军队纪检监察体制。

强化官兵法治理念和法治素养，把法律知识学习纳入军队院校教育体系、干部理论学习和部队教育训练体系，列为军队院校学员必修课和部队官兵必学必训内容。完善军事法律人才培养机制。加强军事法治理论研究。

（六）依法保障"一国两制"实践和推进祖国统一

坚持宪法的最高法律地位和最高法律效力，全面准确贯彻"一国两制"、"港人治港"、"澳人治澳"、高度自治的方针，严格依照宪法和基本法办事，完善与基本法实施相关的制度和机制，依法行使中央权力，依法保障高度自治，支持特别行政区行政长官和政府依法施政，保障内地与香港、澳门经贸关系发展和各领域交流合作，防范和反对外部势力干预港澳事务，保持香港、澳门长期繁荣稳定。

运用法治方式巩固和深化两岸关系和平发展，完善涉台法律法规，依法规范和保障两岸人民关系、推进两岸交流合作。运用法律手段捍卫一个中国原则、反对"台独"，增进维护一个中国框架的共同认知，推进祖国和平统一。

依法保护港澳同胞、台湾同胞权益。加强内地同香港和澳门、大陆同台湾的执法司法协作，共同打击跨境违法犯罪活动。

（七）加强涉外法律工作

适应对外开放不断深化，完善涉外法律法规体系，促进构建开放型经济新体制。积极参与国际规则制定，推动依法处理涉外经济、社会事务，增强我国在国际法律事务中的话语权和影响力，运用法律手段维护我国主权、安全、发展利益。强化涉外法律服务，维护我国公民、法人在海外及外国公民、法人在我国的正当权益，依法维护海外侨胞权益。深化司法领域国际合作，完善我国司法协助体制，扩大国际司法协助覆盖面。加强反腐败国际合作，加大海外追赃追逃、遣返引渡力度。积极参与执法安全国际合作，共同打击暴力恐怖势力、民族分裂势力、宗教极端势力和贩毒走私、跨国有组织犯罪。

(二) 典型案例

案例一

时代楷模——已故全国优秀共产党员、吉林大学黄大年教授①
（节选）

侠之大者，为国为民。黄大年，就是这样一位侠者。一般侠者，顶多"江湖"上流传着他的传说，而"黄大侠"却在太平洋上威名远扬。话说2009年，恰逢某国航母舰队耀武扬威正在太平洋演习。听说黄大年回到中国，这个舰队自动后退100海里。此事，外媒有报，新华社有转，惊动中外。航母舰队何以后退？盖因黄大年身怀绝技使然。他是国际知名地球物理学家、战略科学家，擅长"给地球做CT"。他回国前研发的高科技整装技术装备，能在快速移动条件下探测地下和水下隐伏目标，广泛应用于油气和矿产资源勘探，尤其是潜艇攻防和穿透侦查等军民两用技术领域。他带领团队成功研制出的航空重力梯度仪系统，能精确探测位于国界和交战区地下隧道以及隐藏在民用建筑物地下的军事设施。他曾在某国军队的"潜艇"和"飞机"上做过试验，搞过技术攻关。

1982年，黄大年从长春地质学院大学毕业，题赠友人以照片，上书九字："振兴中华，乃我辈之责！"感叹号落笔之际，侠气跃然纸上。1993年初冬，他奔赴英伦深造，启程前回望同学，大声说："等着我，我一定会把国外的先进技术带回来。"2009年，他51岁，正是科学家的黄金年龄，绝学练成，声播宇内，却选择归来，成为东北地区引进的第一位"千人计划"专家。一边是洋房名望，英伦风景，剑桥流水；一边是祖国召唤，从头开始，道远任重。选择面前，黄大年义无反顾。他最短时间辞职、售卖别墅、办回国手续。"他肯定会回来。"熟悉他的亲友无不如是说。"多数人选择落叶归根，但是高端科技人才在果实累累的时候回来更能发挥价值。"他说："现在正是国家最需要我们的时候，我们这批人应该带着经验、技术、想法和追求回来"。

黄大年是一个"被仰望、被追赶的传奇人物"。作为侠者，与高手过招，他从未败过。他在英国剑桥ARKeX地球物理公司任研发部主任时，手下管着300号"高配"人马，包括他国院士。大家服他。在英国，他带领团队实现了"在海洋和陆地复杂环境下通过快速移动方式实施对地穿透式精确探测的技术突破"。回国不久，他出任"深部探测技术与实验研究"项目第九分项

---

① 节选自陈振凯：《侠者黄大年》，《人民日报（海外版）》2017年7月21日，第1版。

的首席专家，这是国内有史以来最大规模深探项目。作为侠者，他志存高远，不愿做花匠。英国的生活很好。但在他看来，"在这里，我就是个花匠，过得再舒服，也不是主人。国家在召唤，我应该回去！""作为一个中国人，国外的事业再成功，也代表不了祖国的强大。只有在祖国把同样的事做成了，才是最大的满足。"他回国后，国家"巡天探地潜海"得以填补多项空白。因为他，中国深部探测能力已达国际一流水平，局部处于国际领先地位。作为侠者，他拼命"疯魔"，将生死看淡。他说，"中国要由大国变成强国，需要有一批'科研疯子'，这其中能有我，余愿足矣！"他身体不好，常年大把吞速效救心丸，却说"我是活一天赚一天，哪天倒下，就地掩埋"。去年底，他晕倒在万米高空，被送医院，人未醒，双手却紧抱电脑，掰不开。醒后第一句话是："我要是不行了，请把我的电脑交给国家，里面的研究资料很重要……"作为侠者，他不图名利，却名动朝野。有一项地球勘探项目缺领军人物，但这个上亿元项目却一分钱也分不到他头上，他二话不说，披挂上阵。学校屡次催他抓紧申报院士，他说，"先把事情做好，名头不重要"。

2017年1月8日，黄大年因胆管癌去世，享年58岁。整个中国都在怀念他，怀念这位侠者，怀念他微笑的面庞、开阔的胸襟、精深的业务。2017年，习近平这样赞扬黄大年："我们要以黄大年同志为榜样，学习他心有大我、至诚报国的爱国情怀，学习他教书育人、敢为人先的敬业精神，学习他淡泊名利、甘于奉献的高尚情操，把爱国之情、报国之志融入祖国改革发展的伟大事业之中、融入人民创造历史的伟大奋斗之中，从自己做起，从本职岗位做起，为实现'两个一百年'奋斗目标、实现中华民族伟大复兴的中国梦贡献智慧和力量。"

案例二

贵州金沙：推行党员管理"双十分制"激发党员内生动力[①]
（节选）

党的十八届六中全会明确提出："党的组织生活是党内政治生活的重要内容和载体，是党组织对党员进行教育管理监督的重要形式。必须坚持党的组织生活各项制度，创新方式方法，增强党的组织生活活力。"习近平指出："党要管党、从严治党，必须落实到党员队伍的管理中去。"为认真贯彻落实党要管党、从严治党的要求，贵州省毕节市金沙县针对基层党员管理工作中存在的评价标准难量化、评价方式单一等问题，在总结过去党员管理经验的

---

① 人民网，2017年3月6日。

基础上，紧紧围绕党章等规定，创新推行党员管理"双十分制"，找准了从严管理党员的突破口，激发了党员内生动力，推动党员自觉履行党员义务、积极参加党内政治生活，推进从严管党治党落细落小落实。

（一）"一条主线"建机制

把落实从严从实要求作为加强党员管理的主线，根据党员权利和义务等内容，针对新时期党员难管理、考核难量化、作用难发挥等问题，在充分调查研究和广泛征求意见的基础上，制定《关于实行党员"双十分制"管理的暂行方案》《金沙县党员"双十分制"管理记分参考细则》，创新建立"正向十分激励、负向十分惩戒"的党员管理"双十分制"。坚持分类管理、一人一档，明确各党支部为具体实施主体，党支部书记为第一责任人，对全体党员进行全程记分管理，平时记录、季度对账、年底核账、照章处理，严格根据党员记分累计情况给予相应的奖励或惩罚，为基层组织管理党员找准了抓手。

（二）"两个方向"定情形

分别设定15种支持鼓励党员做到的正向记分基本情形和25种日常工作、学习与生活中党员不应当发生的负向记分基本情形。对记分情形的设定，既考虑党章党规面前人人平等设定共性指标，又结合农村、社区、机关、企业等不同领域特点设定个性化指标，用管理机制的导向作用和杠杆作用，激励先进、鞭策后进。正向记分情形包含积极参加党内政治生活、认真完成组织交给的各项任务、发挥作用明显、事迹突出等事项。负向记分情形包含理想信念缺失、政治立场动摇、道德行为不端、治家不严、作风不正等事项。在具体实施过程中，鼓励基层党组织结合自身实际创新。例如，金沙县岚头镇三桥村党支部为强化党员示范作用，突出把党员带头办好事、干实事、带头创业等作为加减分重要依据；西洛街道位于山区的几个村针对脱贫攻坚任务重的实际，把脱贫攻坚和基础设施建设作为设定情形的重要考虑，而地处新城区的金槐、中心、阳灯等社区在棚户区改造、征地拆迁、美丽乡村建设等方面加大赋分力度。

（三）"三种方式"记分值

坚持"优秀评得准不准，先让党员审一审"的原则，通过三种方式记分。第一种是党员申报记分，党员对照记分情形，认为自己应该加分、减分主动申报，经党员大会通过后记分；第二种是支委提出记分，对党员发生的情形不复杂、对应分值明确，而党员又没有主动申报时，由支委提出经党员大会通过后记分；第三种是党员评议记分，对党员发生的记分情形相对复杂、应该记多少分有弹性时，通过党员大会进行讨论，民主评议后再确定所记分值。每季度对记分情况通过公开栏、广播、QQ、微信等形式进行公示，广泛接受党员群众监督，切实加强党员日常管理、动态管理、细节管理。例如，2016年9月，金沙县西洛街道红星村修建公路时，老党员范华泽主动无偿献出自家的2分土地，模范带动群众积极支持公路建设，在村党员大会上，经党员民主评议，给予老党员范华泽正向加3分。

（四）"四条红线"严奖惩

将记分结果与党员评先选优、提拔任用、奖励扶持等挂钩。在正向记分10分范围内，设定鼓励、扶持、推优、奖励四条线，满10分的，年度民主评议直接定为优秀等次建议人选；在负向积分10分范围内，设定预警、召回、约谈、退出四条线，负向满10分的，直接定为不合格等次。在实际运用中，各党支部依托考核细则，结合自身工作实际设立激励或惩戒的事项。例如，金沙一中将"双十分制"管理结果与职称评定挂钩，金沙县中医院还将记分结果与绩效奖金挂钩，部分村党支部将记分结果作为村集体资金收益分红的重要依据。

参考书目

［1］毛泽东. 改造我们的学习［M］//毛泽东选集：第3卷. 北京：人民出版社，1991.

［2］刘少奇. 论共产党员的修养［M］. 北京：人民出版社，2005.

［3］邓小平. 党和国家领导制度的改革［M］//邓小平文选：第2卷. 北京：人民出版社，1994.

［4］江泽民. 论党的建设［M］. 北京：中央文献出版社，2001.

［5］胡锦涛. 在庆祝中国共产党成立九十周年大会上的讲话［M］. 北京：人民出版社，2011.

［6］习近平. 铁打还需自身硬——关于党要管党、从严治党. 中共中央宣传部编［M］//习近平系列重要讲话读本. 北京：学习出版社，人民出版社，2014.

［7］习近平在庆祝中国共产党成立95周年大会上的讲话. 人民日报，2016-07-02.

思考题

1. 在新的历史条件下如何提高党的建设科学化水平？
2. 在一党长期执政的条件下怎样保持党自身发展的动力与活力？
3. 在改革开放和市场经济条件下怎样保持党的先进性和纯洁性？

后　记

著述的此次修订是在2012年、2015年版本的基础上编写的。

参加本书第一、二版编写工作的主要是中山大学马克思主义学院的骨干教师，部分博士生也参与了资料收集和部分初稿撰写。第一版由郭文亮教授和杨菲蓉教授策划与统稿。具体分工如下：

导论，叶启绩教授；第一章，袁洪亮教授、郭万敏博士生；第二章，傅春光副教授、陶卿洋博士；第三章，杨菲蓉教授、项赠讲师；第四章，李辉教授；第五章，黄晓星讲师、蒋红群博士；第六章，龙柏林副教授、张永刚博士；第七章，郭文亮教授、胡庆亮讲师；第八章，谭毅副教授、金素端博士；后记，郭文亮教授。

第二版编写工作的人员和承担的任务有了变化，分别是：

前言、内容简介，谭毅副教授；导论，郭文亮教授；第一章，袁洪亮教授；第二章，傅春光副教授；第三章，谭毅副教授；第四章，李辉教授；第五章，沈成飞副教授；第六章，龙柏林副教授；第七章，胡庆亮讲师；第八章，谭毅副教授；后记，郭文亮教授。全书由郭文亮教授和谭毅副教授统稿。

本次出版已经是第三版。而随着中国特色社会主义进入新时代，习近平新时代中国特色社会主义思想的发展成熟，我们也对原书做了较大的调整，并重新进行了分工组合：

序、前言、导论、后记，沈成飞教授；第一章，朱亚坤助理教授；第二章，柳媛副教授；第三章，付春光副教授；第四章，薛蓉副教授；第五章，何旗讲师；第六章，项赠副教授；第七章，彭先兵副研究员；第八章，谭毅副教授，第九章，胡庆亮副教授。全书由谭毅副教授和沈成飞教授统稿。

三个版本的完成，自然得益于参与教育部编写《中国特色社会主义理论与实践研究》大纲的各位专家学者的工作，他们精心编写的教学大纲成为本书依据的纲目，增加了本书的科学性和权威性；同时也衷心感谢各学术界前辈同行，他们的最新研究成果为本书增添了学术性和理论性。

衷心感谢中山大学马克思主义学院各位领导和同事的大力支持与配合，

感谢郭文亮教授的指导；感谢中山大学出版社社长王天琪同志，出版社编审、本书责任编辑邹岚萍老师，正是他们的关心、支持、指导和事无巨细的劳作，才使得本书得以快速和读者见面。